PÁTRIA SOCIALISTA OU MORTE
MARXISMO LATINO-AMERICANO E CARIBENHO

PÁTRIA SOCIALISTA OU MORTE
MARXISMO LATINO-AMERICANO E CARIBENHO

ORG. JONES MANOEL E GABRIEL LANDI

2023

© Autonomia Literária, 2023.

Título original: Pátria Socialista ou morte: marxismo latino-americano e caribenho

Coordenação Editorial: Cauê Seignemartin Ameni, Hugo Albuquerque, Manuela Beloni

Conselho Editorial: Carlos Sávio Gomes (UFF-RJ), Edemilson Paraná (UFC/UNB), Esther Dweck (UFRJ), Jean Tible (USP), Leda Paulani (USP), Luiz Gonzaga de Mello Belluzzo (Unicamp-Facamp), Michel Lowy (CNRS, França), Pedro Rossi (Unicamp) e Victor Marques (UFABC).

Organizadores: Jones Manoel e Gabriel Landi

Editor: André Takahashi

Tradução: Red York e Gabriel Landi

Preparação, edição e revisão do texto: Arthur Dantas e André Takahashi

Capa: sobinfluencia/ Rodrigo Correa

Diagramação: Danielle Fróes

Imagens da capa: Wikimedia Commons; Memórias Farianas de Martin Batalla @ memoriasfarc (twitter).

ISBN: 978-85-69536-94-9

Dados Internacionais de Catalogação na Publicação (CIP)
(eDOC BRASIL, Belo Horizonte/MG)

P314   Pátria socialista ou morte: marxismo latino-americano e caribenho / Organizadores Jones Manoel, Gabriel Landi. – São Paulo, SP: Autonomia Literária, 2023.
508 p. : 14 x 21 cm – (Quebrando as Correntes)

ISBN 978-85-69536-94-9

1. Socialismo. 2. Marxismo. 3. América Latina – Política e governo. I. Manoel, Jones. II. Landi, Gabriel.
CDD 320.98

Elaborado por Maurício Amormino Júnior – CRB6/2422

Autonomia Literária
Rua Conselheiro Ramalho, 945
CEP: 01325-001 – São Paulo – SP
autonomialiteraria.com.br

SUMÁRIO

**PREFÁCIO – A ENCRUZILHADA LATINO-AMERICANA:
REFORMA, REVOLUÇÃO E CONTRARREVOLUÇÃO** 9
Por Jones Manoel e Gabriel Landi Fazzio

1   JOSÉ CARLOS MARIÁTEGUI LA CHIRA 69

    Programa do Partido Socialista Peruano 71

    União das Repúblicas Socialistas da América Latina 77

    Ponto de Vista Anti-Imperialista 83

    A Questão Racial na América Latina (excerto) 91

2   ROSA SCHEINER 103

    A Libertação das Mulheres e a Revolução Proletária 105

    Rosa Luxemburgo: Símbolo da Rebeldia
    Proletária (excerto) 110

3   CYRIL LIONEL ROBERT JAMES 113

    Marcus Garvey 115

    O Preconceito Racial É um Produto Capitalista 119

    Fanon e os Caribenhos 123

4   GUILLERMO LORA ESCOBAR 129

    Teses de Pulacayo 131

5   ERNESTO "CHE" GUEVARA DE LA SERNA 153

    Contra o Burocratismo 155

    Mensagem aos Povos do Mundo Através da *Tricontinental* ... 163

6   WALTER ANTHONY RODNEY................................179

　　　Massas em Ação...181

7   CARLOS MARIGHELLA.. 207

　　　Luta Interna e Dialética.. 209

　　　Ecletismo e Marxismo.. 215

8   RUY MAURO MARINI..221

　　　Crítica de *A revolução brasileira*, de Caio Prado Jr.............223

　　　Prólogo Ao Livro *A Revolução Cubana:*
　　　Uma Reinterpretação, de Vânia Bambirra........................228

　　　A Acumulação Capitalista Mundial e o Subimperialismo.....238

9   MIGUEL ENRÍQUEZ E O MIR.................................... 277

　　　Convocatória do MIR aos operários, camponeses e
　　　soldados..279

　　　Para enfrentar a guerra civil..282

　　　As tarefas do povo contra a ofensiva golpista..................284

　　　Entrevista com Miguel Enríquez (excerto)......................289

10   VÂNIA BAMBIRRA..291

　　　Excerto: Revolução democrática e revolução socialista
　　　(revolução mexicana e revolução cubana).....................293

　　　Projeções da Revolução Cubana na América Latina.........329

11   CONFERÊNCIA DOS PARTIDOS COMUNISTAS DA
　　　AMÉRICA LATINA E DO CARIBE................................ 335

　　　Declaração da Conferência dos Partidos Comunistas da
　　　América Latina e do Caribe.......................................337

12 LUIS CARLOS PRESTES 393

    Carta aos Comunistas .... .395

    Aprender com os erros do passado para construir um
   Partido novo, efetivamente revolucionário........................ 411

13 HELEIETH IARA BONGIOVANI SAFFIOTI........................ .419

    Força de trabalho feminina no Brasil: no interior das cifras .. 421

14 AGUSTÍN CUEVA DÁVILA 491

    Os movimentos sociais no Equador contemporâneo:
   o caso do movimento indígena .... .493

A ENCRUZILHADA LATINO-AMERICANA: REFORMA, REVOLUÇÃO E CONTRARREVOLUÇÃO

Por Jones Manoel e Gabriel Landi Fazzio

A *Coleção Quebrando as Correntes* chega ao seu terceiro volume. O primeiro debateu o marxismo africano e provocou um grande impacto teórico e político nas esquerdas brasileiras. Quando lançamos o *Revolução Africana*, o livro inaugural da coleção, era comum ouvir mentiras como "o marxismo nunca debateu a questão racial" ou "marxismo é uma ideologia eurocêntrica e coisa de branco". Facilitar o acesso ao público brasileiro às reflexões de grandes líderes marxistas negros e africanos ajudou a reduzir a força dessas mentiras interessadas – que tem, como função última, fortalecer o liberalismo no movimento negro.

O livro também ganhou notoriedade por ser, até então, a publicação que mais ofereceu material em português sobre o pensamento de Thomas Sankara – o grande líder da Revolução em Burkina Faso. O nome de Sankara já circulava muito no rap e expressões da cultura da periferia – era presente em músicas de Emicida, Rashid e BK, por exemplo. Nenhuma organização política ou grupo de acadêmicos marxistas conseguiu perceber que a popularização da imagem de Sankara abriu uma oportunidade incrível para divulgar o marxismo e o debate revolucionário sobre anticolonialismo.

Foi necessário aguardar que dois militantes, que não eram acadêmicos e sem quaisquer funções de direção nacional em uma organização marxista (na época do lançamento), enxergassem essa oportunidade e trabalhassem para aproveitá-la. Um bom sintoma para pensar a produção marxista condicionada pela dinâmica institucional da universidade burguesa e propaganda das organizações comunistas.

O segundo livro da Coleção seguiu um espírito parecido. Ele disponibilizou em português um amplo material sobre os movimentos revolucionários de luta antirracista e anticolonial dos Estados Unidos. O destaque foi o Partido dos Panteras Negras, mas contando também com material do Partido dos Jovens Senhores, a Organização dos Jovens Patriotas, Boinas Marrons, o I Wor Kuen, o Movimento Indígena Americano etc. Mais uma vez, percebemos uma oportunidade: a indústria cultural pautava cada vez mais os Panteras Negras, especialmente a dimensão da estética – como as produções da cantora Beyoncé.

Buscamos recuperar o sentido original da experiência dos Panteras Negras e dos movimentos antirracistas da época: um marxismo-leninismo revolucionário, profundamente antiimperialista, anticolonial e que colocava como indissociável as lutas contra o racismo e o capitalismo. *O Raça, Classe e Revolução* também foi um sucesso. Chegamos assim ao terceiro volume desta coleção.

O *Pátria Socialista ou Morte: marxismo latino-americano e caribenho*, diferente dos outros dois volumes, não surge em um vácuo de visibilidade colocado na conjuntura. O marxismo nas Américas não passa por um momento de ascensão ou maior busca pelo público brasileiro.

Vivemos, segundo um termo corrente na mídia e nas esquerdas, uma nova "onda rosa" de governos progressistas na América Latina. Ao mesmo tempo, contudo, quase nada são flores nessa nova "onda rosa". Sentimos um clima de paralisia histórica na América Latina. Ninguém, com seriedade, olha para *Nuestra América* e pensa que nos próximos 10 ou 20 anos, deixados ao sabor do desenvolvimento espontâneo do capitalismo, sem uma grande revolução social, ela poderá avançar de modo consistente rumo ao fim da fome, miséria, desemprego, déficit de moradia, analfabetismo, déficit de saneamento básico e água tratada etc. Também não está no horizonte o aumento substantivo da complexidade produtiva, desenvolvimento de sistemas nacionais e integrados de ciência e tecnologia, mudança da posição dos países da América Latina na divisão internacional do trabalho.

Com governos progressistas ou de direita, a América Latina, nos próximos anos, parece andar parada: as veias abertas vão continuar sangrando. Pegando um exemplo didático e paradigmático, em 1980, o Brasil era mais de 5 vezes maior do que a China em matéria de produção industrial. Hoje, sabemos qual é o papel da China e do Brasil no mundo – e vale destacar que o gigante asiático é o maior parceiro comercial do Brasil, reproduzindo os termos clássicos de uma relação de dependência: exportamos produtos primários, como soja e petróleo cru, e importamos bens tecnológicos de alta complexidade produtiva.

Se abrirmos um livro clássico, como *O dilema da América Latina* de Darcy Ribeiro, livro publicado em 1978, veremos que todos os problemas fundamentais apontados na época, seguem atuais. Por exemplo, essa é a descrição de Darcy sobre o ambiente urbano latino-americano, há mais de 40 anos:

> Nas cidades grandes, a maioria dos marginalizados sobrevive através de mil modalidades de interação econômica que estabelecem entre si e com os integrados no sistema. Entre si em empreendimentos singelos com a construção de seus ranchos precaríssimos que constituem, não obstante, a única arquitetura que atende à maioria da população; no trabalho eventual em microempresas que produzem e vendem a roupa que usam, os artigos alimentícios que consomem e algumas manufaturas que só têm curso no mercado dos marginalizados. Na interação com os integrados na matriz do sistema as relações econômicas se estabelecem através do engajamento dos homens nos setores menos qualificados e pior pagos da força de trabalho como assalariados de pequenas indústrias arcaicas, de empresas artesanais e de oficinas de reparação, como operários da construção civil, vendedores ambulantes ou carregadores eventuais ou como biscateiros para qualquer

serviço subalterno. As mulheres se engajam principalmente como serviçais domésticas, lavadeiras, costureiras pobres e dedicando-se às formas mais baixas de prostituição. As crianças trabalham como pequenos engraxates, vendedores de jornais, de frutas ou de comidas e doces caseiros ou outros artigos de fácil colocação. Os velhos se ocupam também no microcomércio urbano como vendedores ambulantes, na coleta de garrafas ou de papel usado, na guarda de carros, na cata de lixo; na mendicância ou engajando-se no escambo precaríssimo das próprias áreas marginais em que se vende e se troca toda a sorte de restos; e, ainda, plantando e criando galinhas, cabras e porcos ou fabricando pequenos objetos artesanais nos terrenos baldios onde se alojam (RIBEIRO, 1978, p. 68-69).

Décadas depois, mudamos um pouco aqui, outro pouquinho ali, mas no geral, todos os dramas históricos da América Latina seguem os mesmos. O povo trabalhador, tirando as exceções históricas como Cuba, e recentes experiências de reformismo nacionalista - como a Venezuela com Hugo Chávez e a Bolívia com Evo Morales -, a sensação que fica é de problemas que apenas se reatualizam. Um eterno desenvolvimento do subdesenvolvimento, numa clássica "fórmula" de André Gunder Frank. E mesmo os países que passaram por "revoluções bolivarianas", como Venezuela e Bolívia, vivem impasses estratégicos que colocam em cena retrocessos de muitas conquistas do passado. Especialmente no primeiro caso, o governo vigente chega ao extremo de trabalhar pelo fechamento jurídico do verdadeiro Partido Comunista da Venezuela, enquanto busca um compromisso duradouro com a burguesia nacional e a própria burguesia estadunidense.

O domínio do imperialismo e das burguesias internas de cada país parece sólido e forte como uma rocha. De geração em geração, o sonho, desejo e necessidade da Revolução Socialista e da Pátria Grande Latino-Americana parece ficar cada vez mais distante – tão distante que para boa parte da militância do continente, a revolução socialista e a integração latino-americana em bases anticapitalistas não é mais um objetivo político.

Por que essa sensação de paralisia histórica? A luta de classes é o motor da história, disse Marx e Engels. Enquanto a burguesia e o imperialismo tiverem controle absoluto dos países da América Latina, viveremos uma eterna reprodução da dependência e do subdesenvolvimento. Não somos sujeitos da história, mas objetos das tendências mundiais do sistema imperialista, vivendo ciclos eternos de modernização reflexa. Esse conceito de Darcy Ribeiro, fundamental na sua antropologia histórico-cultural da dependência, trata de países e regiões subordinados no sistema capitalista global, que operam dinâmicas de modernização seletiva e contraditória para atender aos interesses do mercado mundial, sob a gerência da burguesia interna.

Vivemos, enquanto latino-americanos, como um proletariado externo do sistema imperialista. Existimos para transferir riqueza para fora, em ciclos periódicos de destruição criativa de pessoas e recursos naturais, e a classe dominante interna garante sua acumulação de capital e taxa de lucro a partir da superexploração da força de trabalho – dependência, transferência de valor e superexploração se irmanam na economia política do capitalismo periférico. Nessa dinâmica, não estamos mais extraindo minério de Potosí ou plantando café no Vale do Paraíba com força de trabalho escravizada de negros e indígenas. Estamos, modernamente, com máquinas ultra-avançadas e tiques linguísticos anglófonos, exportando commodities, ampliando o agrobusiness e admirando *traders* do mercado financeiro.

Novamente recorrendo a Darcy Ribeiro, para realizar toda nossa potencialidade, fazer o motor da história girar ao nosso favor, precisamos disso:

> Para afirmar nossa identidade [latino-americana] e realizar nossas potencialidades, só necessitamos nos livrar de nossas próprias classes dominantes, medíocres e infundadas, que fizeram de nós um proletariado externo do primeiro mundo, impiedosamente explorado. Quando sairmos da pobreza e da ignorância a que estivemos secularmente condenados, como produtores do que não consumimos para gerar prosperidade alheias, esplenderemos, afinal,

como a civilização nova, criativa, solidária, alegre e feliz que havemos de ser (RIBEIRO, 2020, p. 124).

O problema é que com exceção de Cuba, na América Latina, nunca nos livramos das classes dominantes internas e do imperialismo. Na história do movimento comunista na América Latina, com mais de 100 anos de existência, colecionamos uma série gigantescas de derrotas históricas – com vitórias em algumas batalhas, é verdade.

Com um olhar crítico, sem um "ufanismo comunista", que se conforta com a ideia de que temos a melhor análise da realidade e "estamos certos", veremos o que percebeu Agustin Cueva décadas atrás. Debatendo a relação dos Partidos Comunistas com a Internacional Comunista, diz Cueva

> Parece evidente que o pertencimento à IC não determinava de maneira fatal o destino dos PCs. Só pensando na trajetória de três partidos asiáticos hoje no poder, o chinês, o vietnamita e o coreano, percebemos a imensa distância que os separa de seus irmãos latino-americanos, todos membros, não obstante, da IC. Os asiáticos estiveram, desde o começo, mais próximos dessa organização do que os latino-americanos, mas isso não foi impedimento para que, de um lado, tenham nacionalizado profundamente seu marxismo (para o bem ou para o mal) e, por outro lado, seguido entre si vias muito distintas. A experiência de Mao, sobretudo a partir de 1935, comprova ainda a seguinte hipótese: não é verdade que alguns PCs foram – e às vezes ainda são – débeis porque a IC lhes impôs determinada linha política; ao contrário, foi na medida em que eram débeis e carentes de enraizamento popular que uma linha "exterior" parecia se impor (CUEVA, 2021, p. 236).

Olhando para a periferia do sistema capitalista, aqueles países coloniais, semicoloniais ou dependentes, teremos que constatar que foi na América Latina onde o movimento comunista foi mais débil e ficou mais distante da conquista do poder. Na Ásia, além das revoluções chinesa, coreana e vietnamita, tivemos países geoestrategicamente centrais, como a Indonésia, onde o Partido Comunista alcançou o lugar de principal organização dos explorados e oprimidos. Em outros países do continente, como Sri Lanka, Nepal e Japão, tivemos partidos comunistas com um peso médio no movimento operário e popular (partidos com fortíssima tendência ao reformismo). Já em países como Filipinas e Índia, ainda que com corte regional, os comunistas mantêm influência histórica considerável e acumulam experiência de luta armada – sem falar no fato que parte considerável dos países da União Soviética ficavam na Ásia.

Na África, onde o movimento comunista ganhou peso tardio, só no pós-Segunda Guerra Mundial, os comunistas conseguiram liderar processos de independência nacional e revoluções – a exemplo de Gana, Cabo Verde, Burkina Faso, Angola, Moçambique, Guiné Bissau etc. Outras revoluções e processos de libertação nacional, como, respectivamente, na Argélia e Congo, mesmo sem liderança dos comunistas, eles tiveram papel importante e destacado – vale dizer o mesmo para lutas marcantes no continente, como o enfrentamento ao apartheid na África do Sul.

Na África, ao contrário da Ásia, não tivemos nenhum poder socialista consolidado e que sobreviva no século XXI. Contudo, no bojo da derrota estratégica que tivemos no final do século XX, considerando as batalhas vencidas, tivemos bem mais vitórias na África do que na América Latina. Comparativamente, considerando América Latina, África e Ásia, foi em *Nuestra América* que tivemos os partidos comunistas com menor peso de massas, menos revoluções, liderança comunista em processos de libertação nacional e guerras civis pelo poder político.

Partindo desta leitura, antes de debater os escritos presentes nesse volume, temos que tecer considerações sobre os impasses estratégicos do movimento comunista na América Latina. Existe em nossa região um paradoxo do reformismo que, nesse momento, consideramos um dos principais desafios postos para a construção da revolução socialista.

AS MIRAGENS DO CAPITALISMO E A ILUSÃO DA UNIVERSALIDADE.

Uma das grandes questões do marxismo na América Latina é sua capacidade de entender as particularidades da região no processo mundial de acumulação do capitalismo. Muita tinta foi gasta buscando mostrar que no século XX, os marxistas erraram na análise dos seus países e, derivado disso, praticaram táticas e programas políticos equivocados. É inegável esses erros, mas muitas vezes, a explicação para sua existência opera numa chave idealista, resumindo tudo ao "stalinismo", ser "satélite da União Soviética" ou o pecado mortal: ter falado de restos feudais na América Latina. É preciso, desde já, pontuar as dificuldades objetivas para produzir uma análise materialista e científica da *Nuestra América*.

Começamos dizendo que o erro de olhar para um país ou região e imputar mecanicamente tendências de desenvolvimento capitalista estranhas ao dinamismo interno daquele país ou região, não é privilégio dos marxistas latino-americanos. Marx e Engels, os fundadores do marxismo, cometeram esse erro. Vejamos esse famoso trecho do Manifesto do Partido Comunista,

> As antigas necessidades, antes satisfeitas pelos produtos locais, dão lugar a novas necessidades que exigem, para sua satisfação, *produtos dos países e dos climas mais remotos.* A auto-suficiência e o isolamento regional e nacional de outrora deram lugar a um intercâmbio generalizado, *a uma interdependência geral entre as nações.* Isso vale tanto para as produções materiais quanto para as intelectuais. Os produtos intelectuais de cada nação tornam-se um bem comum. *O espírito nacional tacanho e limitado torna-se cada dia mais inviável, e da soma das literaturas nacionais e regionais cria-se uma literatura mundial.* Pelo rápido desenvolvimento de todos os instrumentos de produção, *pelas comunicações infinitamente facilitadas, a burguesia impele todas as nações, mesmo as mais bárbaras, para a torrente da civilização.* Os preços baixos de suas mercadorias são a artilharia pesada

que derruba todas as muralhas da China, que obriga os bárbaros xenófobos mais renitentes a capitularem. Obriga todas as nações, sob pena de arruinarem-se, a adotarem o modo de produção burguesa; obriga-as a introduzirem em seu seio a chamada civilização, isto é, compele-as a tornarem-se burguesas (MARX, ENGELS, 2010, p. 30-31- grifos nossos).

Esse trecho já foi apresentado na década de 1990 como uma antevisão histórica do que viria a ser a globalização. Na realidade, é uma abordagem errada e eurocêntrica da expansão capitalista europeia. A expansão europeia do século XVI ao século XIX, primeiro um ciclo colonial-mercantil e depois colonial-imperialista, baseou-se na violência e superioridade técnico-militar. O primeiro ciclo teve como base a capacidade e a técnica de navegação oceânica de longa distância, o domínio da arma de fogo e a capacidade de centralização burocrático-administrativa – inicialmente ibérica e depois da Inglaterra, França e Holanda – bem como a concentração de capitais bancários e comerciais. Os povos originários das Américas foram dominados um a um, e boa parte deles foi exterminada, incapaz de resistir às doenças trazidas pelo homem branco e à sua superioridade técnico-militar, sintetizada no domínio da pólvora e das armas de fogo.

O mesmo aconteceu no segundo ciclo de expansão europeia, já com o capitalismo transitando para sua fase imperialista. Não foi a maior produtividade do trabalho que garantiu a subjugação da Índia, China, Pérsia, Indochina e afins. Foi a superioridade militar de exércitos modernos (pós-revoluções burguesas), metralhadora, Marinha e afins.

Marx e Engels, no *Manifesto do Partido Comunista*, desconsideram que na maioria das regiões do mundo, as mercadorias do capitalismo – e seus ritmos e formas de consumo – não eram uma necessidade e foram impostas pela força. Assim como veem "uma interdependência geral entre as nações" onde se fortalece uma ordem mundial baseada na subjugação total do colonialismo e na assimetria de poder no centro do sistema interestatal capitalista.

Exemplo paradigmático dessa abordagem eurocêntrica de Marx, buscando ver uma tendência global de desenvolvimento das relações capitalistas tal qual acontecia na Europa Ocidental, especialmente na Inglaterra, são seus textos sobre o domínio britânico sobre a Índia do início da década de 1850. No escrito para New-York Daily Tribune de 1853, *Domínio britânico na Índia*, Marx começa falando da destruição inglesa no Hindustão. Diz que "a Inglaterra destruiu toda a estrutura da sociedade indiana sem que qualquer sintoma de reconstrução ainda tenha aparecido" e que "a ruína deste antigo mundo indiano desencadeada sem a substituição por um novo dá um tipo particular de melancolia para a miséria atual dos hindus" (MARX, 2022, p. 23).

O que parece crítico, na realidade, é uma demanda pela "ocidentalização burguesa" da Índia e não uma contestação em si ao colonialismo. Nas páginas seguintes do referido artigo, Marx diz que a Inglaterra "dissolveu as comunidades pequenas, semibárbaras, semicivilizadas, ao destruir a base econômica dela e, desse modo, produzir a maior e, para falar a verdade, a única revolução social jamais vista na Ásia". A Ásia, para Marx em 1853, era uma região sem transformações revolucionárias e os efeitos destrutivos do colonialismo eram equiparados a uma revolução social! Assim termina o texto de Marx,

> De fato, a Inglaterra, ao causar a revolução social no Hindustão, foi impulsionada pelos interesses mais vis e o impôs de maneira mais estúpida possível. Porém, essa não é a questão. A questão é: a humanidade pode cumprir seu destino sem uma revolução fundamental no estado social da Ásia? Se não, quaisquer que tenham sido os crimes da Inglaterra, ela foi uma ferramenta inconsciente da história no caminhar daquela revolução (MARX, 2022, p. 28).

A partir de uma filosofia da história abstrata e burguesa, Marx justifica as ações do colonialismo e toda sua destruição na ideia de que a Índia, ao final do processo, se tornaria um país capitalista, industrial, com um proletariado moderno como a Inglaterra. A desconsideração pela história e presente indiano em nome de um futuro idealizado de desenvolvimento capitalista, fica ainda mais patente em outro escrito de Marx do mesmo jornal publicado também em 1853. Falamos de *Resultados futuros do mandato britânico na Índia*. Marx diz que "a Índia não poderia escapar do destino de ser conquistada e o todo da história dela é, na prática, a história das conquistas sucessivas pelas quais passou". O autor, como podemos ver, toma o colonialismo da sua época como um mero capricho da providência, dado sequencial e sem importância no "destino da Índia" – desnecessário dizer que não tem nada de materialista nessa explicação.

Na sequência do raciocínio, Marx diz que a sociedade indiana "não possui nenhuma história, pelo menos nenhuma história conhecida" e que "o que nós chamamos de história dela é apenas a história de invasores sucessivos, que fundaram o império deles sobre a base passiva daquela sociedade irresistente e imutável" (MARX, 2022, p. 40). A Índia, destinada ao domínio, sem história, com sociedade imutável, foi conquistada pela Inglaterra que tem uma "dupla missão" – diz Marx – "uma propriamente destrutiva; e outra regenerativa da aniquilação da antiga sociedade asiática e do estabelecendo as bases materiais da sociedade Ocidental na Ásia" (MARX, 2022, p. 41). Essa "sociedade Ocidental" na Ásia já era vislumbrada por Marx, quando em tons líricos, diz que "o dia não está muito distante quando, através da combinação de ferrovias e embarcações a vapor, a distância entre a Inglaterra e a Índia, medida pelo tempo, será diminuída para oito dias e quando aquele país outrora fabuloso será, dessa forma, anexado ao mundo Ocidental" (MARX, 2022, p. 42).

Vale citar um longo trecho de Marx onde fica gritante sua incapacidade de compreender – em 1853 – a multiplicidade de formas de desenvolvimento e inserção periférica do capitalismo,

> Porém, uma vez que você introduziu a maquinaria na locomoção de um país, que possui ferro e carvão, você é incapaz de impedir que ela os fabrique. Você não pode manter uma rede de ferrovias sobre um país imenso sem introduzir todos aqueles processos industriais necessários para fornecer as necessidades imediatas e correntes da locomoção ferroviária e, a partir disso, desenvolver a aplicação da maquinaria para aqueles ramos da indústria

não conectados diretamente com as ferrovias. Portanto, na Índia, o sistema de ferrovias se tornará verdadeiramente o pioneiro da indústria moderna (...) A indústria moderna, resultante do sistema de ferrovias, irá dissolver a divisão hereditária do trabalho sobre a qual residem as castas indianas, aqueles impedimentos decisivos para o progresso indiano e o poder indiano. Tudo que a burguesia inglesa possa ser forçada a fazer não irá nem emancipar nem reparar materialmente a condição social da massa do povo, que é dependente não apenas do desenvolvimento das forças produtivas, mas da sua apropriação pelo próprio povo. Porém, o que eles não falharam em fazer é lançar as premissas materiais para ambos. Alguma vez a burguesia fez mais que isso? Alguma vez ela efetuou um processo sem arrastar indivíduos e povos através do sangue e da lama, através da miséria e degradação? (MARX, 2022, p. 45).

Notem como se desenvolve o raciocínio: a) a implementação de ferrovias na Índia vai, necessariamente, desenvolver uma indústria local para o setor e essa terá um efeito encadeador em toda economia, germinando uma revolução industrial; b) o avassalamento das relações capitalistas-industriais vai dissolver a ordem de castas e forjar um ideário social do humanismo burguês onde todos os seres humanos são iguais juridicamente por nascimento; c) esse processo, por mais lama e sangue que traga, é necessário e progressivo. Fica fora do horizonte algo que hoje podemos considerar básico, como a funcionalidade da estrutura de castas para potencializar as relações capitalistas de exploração, aburguesando esse complexo social pré-capitalista da história indiana.

Ainda em 1853, no mesmo New-York Daily Tribune, no escrito *Revolução na China e na Europa*, Marx, novamente, iguala destruição colonial com revolução e diz que "tendo a Inglaterra provocado a Revolução na China" (MARX, 2022, p. 97). Escrevendo no mesmo jornal que Marx e no mesmo ano, Friedrich Engels, ao debater as ameaças de conquista sobre a Turquia, diz que

E então, quem são os comerciantes na Turquia? Certamente não os turcos. Sua maneira de promover o comércio, quando ainda estavam em seu estado nômade original, consistia em roubar caravanas; e agora que estão um pouco mais civilizados, consiste em todo tipo de exações arbitrárias e opressivas. Remova todos os turcos da Europa e o comércio não terá motivos para sofrer. E quanto ao progresso na civilização geral, quem são os que realizam esse progresso em todas as partes da Turquia europeia? Não os turcos, pois são poucos e distantes entre si, e dificilmente se pode dizer que se estabeleceram em qualquer lugar, exceto em Constantinopla e dois ou três pequenos distritos rurais. É a classe média grega e eslava em todas as cidades e postos comerciais que é o verdadeiro suporte de qualquer civilização que seja efetivamente importada para o país. Essa parte da população está constantemente aumentando em riqueza e influência, e os turcos são cada vez mais relegados para segundo plano. Não fosse o monopólio do poder civil e militar, eles logo desapareciam. Mas esse monopólio tornou-se impossível para o futuro, e seu poder se transformou em impotência, exceto por obstruções no caminho do progresso. O fato é que eles devem ser eliminados (ENGELS, 2022, p. 146).

Poderíamos citar outros exemplos do debate eurocêntrico e incapaz de perceber diferentes vias de difusão das relações burguesas de Marx e Engels – na própria Europa Ocidental, Marx e Engels nutriram por algum tempo a expectativa de que as regiões que compõe a Alemanha experimentariam um processo político e econômico de escalada das relações burguesas tal qual a França e Inglaterra.

Tem razão o filósofo marxista Domenico Losurdo ao analisar que Marx e Engels, na década de 1850, tinham uma filosofia da história onde "a expansão colonial, no entanto, é considerada como um momento essencial do processo de unificação do gênero humano, da produção do mercado mundial e da história universal" (LOSURDO, 2006, 22).

Em 1853, Marx e Engels já tinham publicados livros seminais do marxismo, a exemplo de *A miséria da filosofia* (1847); *A situação da classe trabalhadora na Inglaterra* (1845); *O Manifesto do Partido Comunista* (1848); *As lutas de classes na França* (1850); *O 18 Brumário de Luís Bonaparte* (1852); *As guerras camponesas na Alemanha* (1850). O materialismo-histórico já estava maduro em seus fundamentos teóricos e filosóficos, e mesmo assim, Marx e Engels não conseguiram ser fiéis ao seu próprio método no período.

Já no final da década de 1850, Marx e Engels passam por um processo de revisão de teses e abordagens tanto sobre países da periferia da Europa como países não ocidentais. Muita tinta foi gasta debatendo se existe ou não uma ruptura entre o jovem e o velho Marx. Uma coisa é certa, contudo. Existe uma claríssima ruptura no percurso de Marx e Engels quanto a compreensão do desenvolvimento capitalista, o papel do colonialismo e a ideia de uma expansão universal progressista da sociedade burguesa.

Vejamos rapidamente as mudanças ocorridas na produção dos dois autores. Em 1857, no já citado jornal New York Daily Tribune, Marx já percebe que não existia nenhum espelhamento do desenvolvimento capitalista inglês na Índia, coloca destaque nas brutalidades do colonialismo e apoia a luta pela emancipação. A imprensa inglesa se escandalizava com a "violência" da revolta dos cipaios. Marx, por outro lado, diz que "por mais infame que seja a conduta dos cipaios, é apenas o reflexo, de forma concentrada, da própria conduta da Inglaterra na Índia, não apenas durante a época da fundação de seu Império Oriental, mas mesmo durante os últimos dez anos de uma longa regra estabelecida" (MARX, 2022, p. 64).

Marx também ironiza os jornais londrinos que ao falar da "violência" dos cipaios, buscam paralelos na Idade Média. No mesmo ano, Marx escreve um texto chamado *Sobre as torturas na Índia*, totalmente voltado às denúncias da violência do colonialismo. E conclui o artigo com uma justificativa moral, política e ética de toda e qualquer violência do anticolonialismo,

Em vista de tais fatos, homens desapaixonados e ponderados poderão, talvez, se perguntar se um povo não está correto em tentar expulsar os conquistadores estrangeiros que tanto abusaram de seus súditos. E se os ingleses foram capazes de fazer essas coisas a sangue frio, é surpreendente que os hindus insurgentes sejam culpados, na fúria da revolta e do conflito, dos crimes e crueldades que lhes são atribuídos, não? (MARX, 2022, p. 74).

Marx, no final dos anos 50 do século XIX, já percebia claramente que o colonialismo não estava difundindo pelo mundo uma "civilização" capitalista à semelhança do que acontecia na Inglaterra, França ou Holanda. Mas faltava uma compreensão teórica precisa e profunda sobre o papel do colonialismo no capitalismo e as diversas formas de inserção no sistema capitalista global. Em O *Capital*, quando Marx conclui sua Crítica da Economia Política, essa compreensão é alcançada.

No famoso capítulo 24 de *O Capital*, intitulado "A assim chamada acumulação primitiva", Marx trata do nascimento do capitalismo e percebe como o colonialismo cria um domínio político-militar sobre territórios para reproduzir uma dinâmica permanente de exploração de riquezas, sem qualquer função "progressiva", "revolucionária" ou de desencadeamento de uma revolução industrial nas colônias. Começamos com uma longa citação,

> A descoberta das terras auríferas e argentíferas na América, o extermínio, a escravização e o soterramento da população nativa nas minas, o começo da conquista e saqueio das Índias Orientais, a transformação da África numa reserva para a caça comercial de peles-negras que caracterizam a aurora da era da produção capitalista. Esses processos idílicos constituem momentos fundamentais da acumulação primitiva (...) na Inglaterra, no fim do século XVII, esses momentos foram combinados de modo sistêmico, dando origem ao sistema colonial, ao sistema da

dívida pública, ao moderno sistema tributário e ao sistema protecionista. Tais métodos, como por exemplo, o sistema colonial, baseiam-se, em parte, na violência mais brutal (MARX, 2013, p. 821).

E

A história da economia colonial holandesa – e a Holanda foi a nação capitalista modelar do século XVII – "apresenta-nos um quadro insuperável de traição, suborno, massacre e infâmia". Nada é mais característico que seu sistema de roubo de pessoas, aplicado nas ilhas Celebes para obter escravos para Java. Os ladrões de pessoas eram treinados para esse objetivo. O ladrão, o intérprete e o vendedor eram os principais agentes nesse negócio, e os príncipes nativos eram os principais vendedores. Os jovens sequestrados eram mantidos escondidos nas prisões secretas das ilhas Celebes até que estivessem maduros para serem enviados aos navios de escravos. Um relatório oficial diz: "Esta cidade de Macassar, por exemplo, está repleta de prisões secretas, uma mais abominável que a outra, abarrotadas de miseráveis, vítimas da cobiça e da tirania, acorrentados, arrancados violentamente de suas famílias" (MARX, 2013, p. 822).

Toda a análise de Marx apontava para um colonialismo como um expediente destrutivo que cumpre a função apenas de drenar riquezas. No decorrer do capítulo, o autor tece comentários de diferentes profundidades sobre as mais variadas regiões colonizadas do mundo; afirma, por exemplo, que "o tratamento dispensado aos nativos era, naturalmente, o mais terrível nas plantações destinadas exclusivamente à exportação, como nas Índias Ocidentais e nos países ricos e adensamento povoados, entregues à matança e ao saqueio, como o México e as Índias Orientais" (MARX, 2013, p. 823).

Marx não só denuncia as violências do colonialismo, como, também, faz uma crítica política e moral sobre a forma como essas barbáries são lidas na Europa:

> com o desenvolvimento da produção capitalista durante o período manufatureiro, a opinião pública europeia perdeu o que ainda lhe restava de pudor e consciência. As nações se jactavam cinicamente de toda a infâmia que constituísse um meio para a acumulação de capital (MARX, 2013, p. 828).

E na sequência desse raciocínio, o autor arremata assim:

> Neles é trombetear como triunfo de sabedoria política inglesa o fato de que, na paz de Utrecht, a Inglaterra arranca aos espanhóis, pelo Tratado de Asiento, o privilégio de explorar também entre a África e a América espanhola o tráfico de negros, que até então ela só explorava entre a África e as Índias Ocidentais inglesas. A Inglaterra obteve o direito de guarnecer a América Espanhola, até 1743, com 4.800 negros por ano. Isso proporcionava, ao mesmo tempo, uma cobertura oficial para o contrabando britânico. Liverpool teve um crescimento considerável graças ao tráfico de escravos. Esse foi o método de acumulação primitiva, e até hoje a "respeitabilidade" de Liverpool é o Píndaro do tráfico de escravos (MARX, 2013, p. 829).

O capítulo 24 não é o último de *O Capital*. No capítulo 25, bem menos conhecido e comentado, que tem como título "A teoria moderna da colonização", Marx debate criticamente os pensadores da economia política que imaginavam ser possível criar nas colônias um espelhamento das relações capitalistas da Europa Ocidental. Esse trecho é bastante revelador da diferença entre o Marx maduro, já concluída sua crítica da economia política, e o Marx de 1853,

Inicialmente, Wakefield descobriu nas colônias que a propriedade de dinheiro, meios de subsistência, máquinas e outros meios de produção não confere a ninguém a condição de capitalista se lhe falta o complemento: o trabalhador assalariado, o outro homem, forçado a vender a si mesmo voluntariamente. Ele descobriu que o capital não é uma coisa, mas uma relação social entre pessoas, intermediada por coisas. O sr. Peel, lastima ele, levou consigo, da Inglaterra para o rio Swan, na Nova Holanda [Austrália], meios de subsistência e de produção (...). Ele foi tão cauteloso que também levou consigo 3 mil pessoas da classe trabalhadora: homens, mulheres e crianças. Quando chegaram ao lugar de destino, "o sr. Peel ficou sem nenhum criado para fazer sua cama ou buscar-lhe água do rio". Desditoso sr. Peel, que previu tudo, menos a exportação das relações inglesas de produção para o rio Swan (MARX, 2013, p. 836).

Engels, em 1882, numa carta a Karl Kautsky sintetiza a compreensão madura dos fundadores do materialismo-histórico sobre a questão colonial. Kautsky questiona o que o movimento operário inglês pensa sobre a questão colonial. Engels diz que o movimento operário tem a mesma posição da burguesia sobre a questão colonial, e por isso, "não existe aqui, afinal, um partido operário, apenas conservadores e liberais radicais, e os trabalhadores tranquilamente tomam e aproveitam o monopólio inglês do mercado mundial e das colônias". Note que a posição de apoio do operariado à política colonial inglesa, para Engels, é um sintoma de que não existe, de fato, um partido com programa no interesse histórico da classe trabalhadora. Em seguida, diz Engels complementando seu raciocínio,

> Por outro lado, países que são simplesmente governados e habitados por nativos, como a Índia, Argélia e as possessões holandesas, portuguesas e espanholas, *terão que ser temporariamente tomados pelo proletariado e guiados o mais*

rapidamente possível para a independência. Como esse processo irá se desenrolar é difícil dizer. A Índia pode, e de fato muito provavelmente irá, *realizar uma revolução* e, uma vez que um proletariado que está realizando sua própria emancipação *não pode empreender uma guerra colonial, a liderança da questão teria que ser deixada aos indianos*, o que obviamente implicaria muito destruição, mas afinal de contas esse é o tipo de coisa que é inseparável de qualquer revolução. O mesmo pode acontecer também em outros lugares, *digamos que na Argélia ou no Egito, e isso certamente seria melhor para nós* (...) Quais fases sociais e políticas eles terão que atravessar antes de também adquirirem uma organização social socialista *é algo sobre o qual eu não acredito que podemos especular no presente* (ENGELS, 2020, p. 490 - grifos nossos).

Vamos pensar nesse trecho de Engels. Primeiro ele passa uma impressão de tutela sobre os países colonizados, falando que eles terão que ser guiado pelo proletariado para independência, mas rapidamente essa impressão é desfeita quando fala de uma revolução próxima na Índia – sem explicar o caráter dessa revolução –, que nesse caso, o proletariado não pode impor uma "guerra colonial", indica a possibilidade de semelhante revolução na Argélia e Egito e percebe que essas revoluções não serão processos burgueses clássicos, como a independência das Províncias Unidas ou a Revolução Americana. Indica a possibilidade de uma libertação nacional que caminha ao socialismo, mas considera impossível teorizar sobre o tema no momento.

Por fim, Engels conclui sua carta com uma afirmação teórica de princípio: "apenas uma coisa é certa: o proletariado vitorioso não pode impor nenhum benefício que seja a nenhum povo estrangeiro sem comprometer no processo a sua própria vitória" (ENGELS, 2020, p. 491). Engels descarta totalmente quaisquer ideia de "exportar a civilização" – mesmo uma "civilização socialista". O internacionalismo proletário legados por Marx e Engels em suas produções maduras, era necessariamente anticolonial.

Para concluir nosso argumento, vale citar um longo trecho do livro *III d' O Capital* de Marx, editado por Engels. Neste trecho, Marx e Engels sintetizam um longo percurso de pesquisa e reflexão sobre as diferentes formas de desenvolvimento capitalista,

> A forma econômica específica em que o mais-trabalho não pago é extraído dos produtores diretos determina a relação de dominação e servidão, tal como esta advém diretamente da própria produção e, por sua vez, retroage sobre ela de modo determinante. Nisso se funda, porém, toda a estrutura da entidade comunitária econômica, nascida das próprias relações de produção; simultaneamente com isso, sua estrutura política peculiar. Em todos os casos, é na relação direta entre os proprietários das condições de produção e os produtores diretos – relação cuja forma eventual sempre corresponde naturalmente a determinada fase do desenvolvimento dos métodos de trabalho e, assim, a sua força produtiva social – que encontramos o segredo mais profundo, a base oculta de todo o arcabouço social e, consequentemente, também da forma política das relações de soberania e de dependência, isto é, da forma específica do Estado existente em cada caso. Isso não impossibilita que a mesma base econômica – a mesma no que diz respeito às condições principais –, graças a inúmeras circunstâncias empíricas de diversos tipos, condições naturais, raciais, influências históricas externas etc., manifeste-se em infinitas variações e matizes, que só se podem compreender por meio de uma análise dessas circunstâncias empíricas (MARX, 2017, p. 852).

Esse percurso rápido pela reflexão de Marx e Engels, longe de esgotar o tema ou tratar de todo complexo da questão, mostra que mesmo para os fundadores do marxismo, não foi fácil alcançar uma compreensão teórica que abarque toda dinâmica e contradições do desenvolvimento e formas de ser do capitalismo.

E mesmo Marx e Engels superando o eurocentrismo e análises mecanicistas, essa compreensão não conquistou todo movimento operário e popular inspirado no marxismo.

Na Primeira Internacional, com presença ativa de Marx e Engels, foi preciso bastante luta para superar o apoio ao colonialismo e ilusões sobre um papel progressista da política colonial. Durante a Segunda Internacional, a tendência predominante foi uma análise eurocêntrica do desenvolvimento do capitalismo e intelectuais e partidos operários defendendo uma espécie de "colonialismo socialista".

Esforços como o de V. L. Lênin, sintetizado em obras como *O desenvolvimento do capitalismo na Rússia*, buscando compreender em profundidade as particularidades e contradições da formação social russa, foram exceções na Segunda Internacional. É chamativo, inclusive, que Lênin, dirigente político de uma organização pequena e sem grande influência no movimento operário europeu, foi o criador da categoria de formação econômico-social, elemento fundamental da teoria marxista na análise das particularidades históricas do capitalismo em cada país e região.

Em suma, para além do marxismo latino-americano, existe uma dificuldade histórica do marxismo na pesquisa científica das tendências específicas de desenvolvimento capitalista de cada país e região. Por quê? A realidade não se apresenta como uma transferência onde basta olhar ou vivenciar a experiência para compreendê-la. A nossa compreensão do presente é mediada por uma série de relações culturais, ideológicas, econômicas e de poder político. A produção de conhecimento nunca é neutra e acontece atravessada e determinada pela luta de classes.

Então, na Europa Ocidental, superar o eurocentrismo na I e II Internacional não era tarefa fácil. A região vivenciava há mais de 300 anos benefícios econômicos do colonialismo – seja no período da acumulação primitiva de capital, seja no período imperialista – e construiu uma farta e popular produção jornalística, literária, "científica" e simbólica para legitimar o colonialismo. Ir contra o colonialismo significava, dentre outras coisas, construir um aparato político-organizativo que teria a função de gerar uma outra dinâmica informativa, cultural, simbólica e teórica do papel do colonialismo europeu no mundo.

A classe trabalhadora, enquanto classe, pode nunca reunir as condições objetivas para produzir uma compreensão científica da sua realidade. As condições para a produção de uma teoria de determinada formação econômico-social, suas contradições, tendências, historicidade e regularidades, depende, também, de uma série de fatores políticos e organizativos da luta de classes. O raciocínio a seguir de Agustin Cueva, para produção de memória e história, está correta para a produção científica no geral,

> as massas fazem a história, mas não são elas quem a escrevem. Até o momento em que o proletariado constitui o seu partido, e portanto, organizar sua própria "memória", esta constitui um patrimônio exclusivo das classes dominantes, que mesmo depois de quebrada essa exclusividade, seguem nos impondo, com linha hegemônicas, sua representação do devir histórico (CUEVA, 2023, p. 63).

Para a classe dominante inglesa da época de Marx e Engels, era política, ideológica e economicamente funcional uma "ciência" que justificava de mil formas o colonialismo. Um ou outro jornalista ou cientista indo à contrapelo, não necessariamente vai quebrar essa hegemonia. É necessário um aparelho político comprometido com uma produção científica no interesse histórico da classe trabalhadora que crie as condições institucionais para ser um polo de conhecimento crítico e influenciar os demais aparelhos ideológicos da ordem burguesa, como universidades, jornalismo, mercado editorial.

Marx e Engels, ao completar sua Crítica da Economia Política, compreenderam as tendências gerais do capitalismo. Conseguiram superar qualquer maravilhamento técnico, atribuindo à técnicas produtivas ou equipamentos a determinação absoluta de formas sociais e processos históricos. Marx, em 1853, poderia achar que a instalação de ferrovias na Índia seria necessariamente o germe de uma revolução industrial. Afinal, numa análise superficial, o crescimento das ferrovias foi fundamental no desenvolvimento capitalista da Inglaterra e norte dos Estados Unidos. Depois entendendo que não foram as ferrovias o responsável pelos efeitos de encadeamento industrial nessas regiões, mas sim os processos sociopolíticos e econômicos imbuídos no crescimento dessa indústria.

Os fundadores do materialismo-histórico também alcançaram a compreensão das formas históricas particulares de expressão do contradição capital-trabalho. Na Europa Ocidental, e França como caso típico e mais bem acabado, o capitalismo e sua contradição capital-trabalho, expressou-se com a criação de um humanismo jurídico-burguês, com tendências a considerar todos iguais por nascimento, desfazendo as relações de servidão e privilégio estamental. Mas essa dinâmica do processo histórico na Europa não era uma universalidade necessária do capital, mas sim o conteúdo específico de uma forma – dentre as muitas possíveis. O capital pode muito bem operar a partir de diversas formas de subsunção de relações sociais pré-capitalistas, totalmente funcionais à dinâmica de extração de mais-valor, sem negar a estruturação da contradição capital-trabalho.

A despeito dessas conquistas teóricas de Marx e Engels, no movimento operário, o dispositivo político-organizativo que deveria massificá-las e desenvolver como patrimônio científico--cultural dos explorados e oprimidos, não conseguiu cumprir sua tarefa. A falência da II Internacional, no bojo da Primeira Guerra Mundial, representa, dentre outras coisas, uma gigantesca vitória teórica da burguesia, seus intelectuais e aparelhos ideológicos.

Dito de maneira direta, existe luta de classes para conseguir apropriar-se plenamente da crítica a economia política de Marx e Engels e desenvolver em toda sua plenitude e potencialidade o marxismo em cada formação econômico-social. Não basta "ler os textos", consumir a melhor tradução ou fazer uma exegese "correta" das obras marxistas. Engels falava de três formas de luta de classes: "teórica, política e econômico-prática (resistência aos capitalistas)".

Partindo dessa compreensão das três dimensões da luta de classes dos explorados e oprimidos, Engels diz que "os chefes, sobretudo, deverão aprender cada vez mais sobre todas as questões teóricas". Esse aprendizado passa por "desembaraçar-se cada vez mais da influência da fraseologia tradicional, própria da velha concepção do mundo, e ter sempre presente que o socialismo, a partir do momento em que se torna ciência, exige ser tratado como tal, isto é, ser estudado" (ENGELS, 2010, p. 54-55).

Os "chefes" [líderes, dirigentes] devem atuar para difundir entre as massas operárias com "um zelo sempre maior" a "consciência [científica] assim conseguida e cada vez mais lúcida" (ENGELS, 2010, p. 55). No mesmo espírito de Engels, Lênin em seu clássico *Que fazer?* – lembrando que é um livro onde Lênin trata de teoria da organização –, antes de citar o mesmo trecho de Engels que comentamos acima, diz a famosa frase: "sem teoria revolucionária, não há movimento revolucionário" (LÊNIN, 2015, p. 71).

Em suma, o debate sobre os erros teóricos do marxismo latino-americano não podem ser enquadrados em chaves idealistas do tipo "erros de leitura", "interpretação mecanicista", "stalinismo", "culpa dos manuais de Moscou" e coisas do tipo. Erros aconteceram, mas a vitória de interpretações erradas e sua persistência na história, são explicadas por fatores objetivos e subjetivos do processo histórico da luta de classes.

É preciso fortalecer uma agenda de pesquisa histórico-concreta que compreenda a história do marxismo na América Latina a partir das contradições, tendências e dinâmicas reais do desenvolvimento capitalista e da luta de classes em nossa região. Uma abordagem materialista sobre a criação, circulação e dominância das ideias. Não podemos, nos limites deste prefácio, avançar nesse debate, mas consideramos fundamental destacar essa compreensão.

Os limites e potencialidades do marxismo na América Latina não podem ser explicados prescindindo de fatores bem materialistas como o papel das universidades, analfabetismo, repressão às organizações políticas, os fluxos migratórios gigantescos do campo para cidade, as clivagens de raça/etnia em diversos países, a tendência a preponderância da pequena-burguesia entre os dirigentes e intelectuais marxistas latino-americanos, o longo histórico de extermínio físico de quadros políticos das organizações operárias, o colonialismo cultural, as particularidades da indústria cultural na periferia do sistema etc.

Existem dificuldades especificamente latino-americanas para construir um dispositivo político-organizativo que cumpra a função de ser um meio institucional de realizar a luta de classes na teoria e resistências às tendências ideológicas e teóricas das diversas faces da hegemonia burguesa. Feito esses apontamentos, podemos passar ao próximo elemento da nossa reflexão.

O PARADOXO DO REFORMISMO NA AMÉRICA LATINA: NÃO INVENTAMOS E ERRAMOS.

Defendemos acima que no século XX, tomando a periferia do sistema capitalista como referência, foi na América Latina onde o marxismo menos conseguiu construir força política e estar próximo da Revolução Socialista. Vamos, nessa parte do prefácio, debater quatro teses sobre o desenvolvimento do capitalismo na América Latina e nesta reflexão, tecer considerações sobre os impasses teóricos e práticos da história do marxismo em nossa região e refletir sobre o que chamamos de paradoxo do reformismo.

Tese 1 – A dialética entre atraso e modernização

O desenvolvimento clássico do capitalismo – Inglaterra, França, Holanda e Estados Unidos como casos característicos – foi realizado a partir de um confronto com o modo de produção pré-capitalista, resultando em rupturas políticas lideradas pela burguesia. Durante a era da acumulação primitiva de capital, o capital mercantil e bancário conseguiu crescer sob os Estados Absolutistas e sob a dominância de relações feudais, com a nobreza como classe dominante. Em determinado momento da história, por uma série de fatores que não cabe esmiuçar neste escrito, a burguesia precisou operar rupturas políticas para conquistar o poder de Estado e universalizar as relações de produção e trabalho burguesas.

A Revolução Burguesa Clássica aparecia como um confronto entre atraso (feudalismo) e modernidade (capitalismo); grande propriedade rural e indústria; campo e cidade. A dinâmica dos EUA, França, Inglaterra e Holanda acabou sendo generalizada como revolução burguesa *per si*, embora, já em outros países de desenvolvimento capitalista mais tardio, como Alemanha e Itália, o processo histórico tenha sido bem diferente.

Durante boa parte do século XX, os marxistas da América Latina, a partir de uma idealização do que era uma Revolução Burguesa – e o próprio capitalismo –, esperavam uma burguesia industrial liderando um processo de modernização imparável, confrontando a grande propriedade rural e criando as condições para uma decolagem do desenvolvimento capitalista.

O raciocínio, no geral, partia de premissas idealizadas, mas verdadeiras. Nas condições ideais de um vigoroso desenvolvimento industrial, era indispensável fazer uma reforma agrária para baratear o preço das matérias-primas; reduzir o custo de reprodução da força de trabalho; ampliar a escala do mercado interno; acabar com o poder político dos grandes proprietários rurais na definição da política econômica; garantir um amplo processo de mecanização da agricultura a partir da capacidade instalada da indústria nacional.

Tudo isso é verdade dentro de um esquema idealizado de como deveria ser a estruturação de uma poderosa indústria nacional, mas desconsidera a realidade histórico-concreta da Revolução Burguesa na América Latina. O nosso "antigo regime" (no caso brasileiro, o escravista-colonial[1]) estava subsumido a uma dinâmica de integração subordinada ao mercado mundial, orientado pelo lucro e por certa racionalidade produtiva e contábil. Não se tratava de um entrave radical para o crescimento das relações capitalistas e para a dinâmica de circulação mercantil.

O único entrave real para o desenvolvimento capitalista *dependente* era a escravidão ou a servidão (vide o último tópico deste texto), problemas que foram solucionados na segunda metade do século XIX em diante pelos países latino-americanos. Mas foi uma abolição sem uma revolução democrática, sem reforma agrária e questionamento ao vínculo subordinado com o mercado mundial via estrutura primário-exportadora. Essa vinculação

---

1. Recomendamos especialmente o prefácio de GORENDER, 2016.

primário-exportadora potencializou a atração de investimentos estrangeiros - majoritariamente ingleses, na virada do século XIX para o XX –, concentração de capitais que em parte transitaram para indústria e setor bancário e garantia divisas para importar máquinas e equipamentos. Exemplificando para o caso brasileiro:

> Essa estrutura rigidamente hierarquizada dentro do modelo escravista era necessária para garantir uma economia baseada na exportação de produtos primários subordinada aos interesses do mercado mundial. Com isso, ficou descartada a possibilidade de integração social, econômica e cultural daquelas grandes parcelas de força de trabalho liberadas que irão constituir a massa de marginalizados, saída das senzalas. Passa-se, através desse mecanismo subordinado, do escravismo para o capitalismo dependente, periférico, em face desse longo período escravista, de um lado, e de outro, pelo estrangulamento externo do capitalismo monopolista que penetrou simultaneamente à decomposição do sistema escravista no Brasil. Na medida em que o escravismo se decompunha, as nações dominadoras do mercado mundial passaram a aplicar capitais no Brasil, naqueles setores estrategicamente relevantes como portos, estradas de ferro, comunicação, bancos e outras formas de investimentos. Espalharam esses investimentos nas áreas mais estratégicas, formando uma verdadeira rede nacional de subordinação (MOURA, 2020, p. 49).

Enfrentar a contradição entre "atraso" e "modernidade", capitalismo e "antigo regime" ou a demanda por uma reforma agrária substantiva, ficou bem mais a cargo das camadas médias, intelectuais, corporações com muita influência política (como militares) e organizações da classe trabalhadora, como os partidos comunistas. Por si só, sem a pressão das classes médias e do proletariado, a burguesia industrial latino-americana nunca encampou uma política radical de reforma agrária, o anti-imperialismo ou mesmo uma política protecionista que pudesse fazer germinar uma poderosa indústria nacional.

As contradições entre o capital industrial e o latifúndio nunca foram explosivas a ponto de ensejar uma reordenação capitalista que superasse a dependência. Longe de um "dualismo estrutural" entre a "sociedade moderna" e a "sociedade atrasada", temos uma relação de complementaridade funcional que vai desde o papel do latifúndio em conseguir divisas para garantir a importação de máquinas e equipamentos para a indústria, até a própria conformação do mercado de trabalho para os pólos de industrialização dependente:

> O sistema vigente também não era capaz de evoluir para formas autônomas e progressistas de ordenação da sociedade e da economia (...) Os excedentes de população gerados dentro de cada região distribuíam-se por outras, indo engrossar as fronteiras de penetração das regiões inexploradas ou regrediam a uma economia de subsistência, estruturando-se como uma cultura de pobreza. Essas formas de escape diminuíram as pressões exercidas sobre a estrutura social, incapaz de engajar toda a população no sistema econômico e também de incorporar uma tecnologia de mais alta produtividade. Mas era suficientemente poderosa para assegurar sua perpetuação, bem como adequadamente integrada para não admitir dúvidas sobre a legitimidade das regalias que gozavam as classes dominantes (RIBEIRO, 2022, p. 44).

Por mais que a grande propriedade rural e a estrutura primário-exportadora se modernize, permanece na mente de boa parte da intelectualidade latino-americana uma eterna compreensão de disfuncionalidade ao desenvolvimento [idealizado] de um padrão de industrialização. O capitalismo dependente latino-americano deixa eternamente aberta a sensação de que algo está errado nas nossas economias. Somos grandes exportadores globais de alimentos, mas temos fome em massa. Temos abundância de terras férteis e possibilidades produtivas, mas um mercado interno diminuto, persistência de êxodo rural para as grandes cidades e miséria no campo. O setor primário-exportador é um dos principais responsáveis por atrair divisas, mas temos problemas constantes na balança comercial e de pagamentos. Temos farta mecanização na agricultura, mineração e atividades extrativistas, mas enfraquecimento permanente da indústria, baixíssima geração de emprego no setor, salários de fome e casos recorrentes de trabalho análogo à escravidão.

Tese 2 – Industrialização e soberania nacional

Esse padrão idealizado do que deveria ser a relação entre atraso e modernidade, campo e cidade no capitalismo, também se reflete na perspectiva da soberania nacional e no papel da industrialização na acumulação capitalista. A Revolução Burguesa Clássica significou para os países da Europa Ocidental e Estados Unidos estabelecer suas indústrias nacionais fortes, garantir soberania nacional e disputar poder e protagonismo no sistema interestatal capitalista.

Somos informados diariamente pela mídia burguesa, universidades, discursos políticos e afins, que em países como os Estados Unidos, não é viável imaginar uma grande riqueza natural, como o petróleo, ser entregue a baixo preço ao capital estrangeiro ou multinacionais de potências concorrentes, como da Alemanha, comprarem empresas estadunidenses de tecnologia de ponta.

Diversos intelectuais latino-americanos e organizações políticas imaginaram que um processo de industrialização iria dotar os nosso países de uma real soberania nacional, capacidade de enfrentar as pressões econômicas, políticas, militares e ideológicas do imperialismo e um "uso racional", pautado no "interesse nacional", dos nossos recursos naturais e potencialidades produtivas.

Vários países da América Latina, com destaque para Argentina, México e Brasil, passaram por um expressivo processo de industrialização. Mas isso não significou, como no caso da Alemanha, Inglaterra ou Estados Unidos, uma transformação global das economias e a superação da dependência. A industrialização, especialmente no pós-Segunda Guerra Mundial, foi feita aprofundando a dependência e a "irracionalidade" frente ao "interesse nacional".

Tivemos uma industrialização que não gerou sistemas nacionais de inovação, ciência e tecnologia, um setor de produção de bens de capital que garantisse uma expansão autossustentada da complexidade produtiva, reorganização do mercado interno para garantir escala para acumulação do capital industrial e muito menos uma mudança na posição de poder dos países latino-americanos no sistema imperialista. Na síntese de Vânia Bambirra sobre o tema:

> Essa dependência existe não apenas desde as origens do processo de industrialização, como se torna cada vez mais necessária e profunda na medida em que esse processo avança e se inicia a produção, além dos bens de consumo não-duráveis, bens de consumo duráveis e intermediários, entrando posteriormente na primeira fase de implementação da indústria de bens de produção. Em cada um desses momentos, a necessidade de importação de maquinário se torna imprescindível para manutenção e continuidade do funcionamento e expansão do parque industrial. Tal dependência somente será dispensável, do ponto de vista econômico, a partir do momento em que as indústrias pesadas instaladas nesses países passem a ser capazes de satisfazer parte substancial da demanda interna por máquinas pesadas, dado o já alto nível de elaboração de tecnologia industrial nacional. Isso supõe uma economia industrial relativamente madura, cujo processo de reprodução dependente é então profundamente alterado: o setor externo, ou seja, o departamento II dos países desenvolvidos, deixa de ser um componente essencial do funcionamento do processo industrial, passando assim a

configurar um processo interno de reprodução ampliada (BAMBIRRA, 2013, p. 139).

Em outro momento da mesma obra,

O desenvolvimento industrial – apesar do que achavam os teóricos do capitalismo latino-americano –, na medida em que chega a ser promovido pelo capital estrangeiro, gera mecanismos de aprofundamento e ampliação do controle deste capital sobre o capitalismo dependente. Esses mecanismos acumulativos, em espiral, derivam da forma como as empresas imperialistas funcionam: dos lucros obtidos, uma parte, em geral pequena, é reinvestida; outra parte é enviada ao exterior como remessa de lucros, que aumenta indiretamente através dos pagamentos de royalties, de serviços técnicos e de depreciação, cujo resultado é a descapitalização da economia. Essa descapitalização se reflete nos déficits do balanço de pagamento. Para suprir esses déficits são requeridas "ajudas" externas, por meio de empréstimos. Os empréstimos aumentam os serviços da dívida externa e esta aumenta ainda mais os déficits, aumentando progressivamente a necessidade de mais capital estrangeiro. Em poucas palavras, pode-se dizer que os investimentos estrangeiros provocam uma descapitalização que exige novos investimentos estrangeiros (BAMBIRRA, 2013, p. 143).

Esse tipo de industrialização dependente aparece para muitos intelectuais, organizações e dirigentes políticos como um processo inconcluso ou interrompido. É como se a industrialização não tivesse completado seu ciclo ou ele tivesse sido interrompido com o neoliberalismo, considerando que a continuidade do desenvolvimentismo teria realizado a missão. Nessa perspectiva, é comum comparar os dados de investimento em ciência e tecnologia, produtividade do trabalho, taxa de investimento em bens de capital, geração de patentes e outros indicadores dos países latino-americanos com os países da OCDE. A conclusão, quase sempre, vai no sentido de que precisamos de um pouco mais de uma política setorial [em crédito, investimento em P&D (Pesquisa e Desenvolvimento), compras governamentais, política de conteúdo nacional etc.] para nos aproximarmos do padrão da OCDE e, finalmente, ter o mesmo tipo de dinâmica industrial e capacidade de afirmar a soberania nacional que Alemanha, França, Japão, Coreia do Sul, Estados Unidos etc.

Tese 3 – Estado e interesse nacional

O processo de industrialização periférica, a persistência de dramas históricos (como analfabetismo, fome e miséria em massa) e a incapacidade de construir fundamentos de soberania nacional em um mundo imperialista, também são apresentados como fruto de uma constante intranquilidade institucional, debilidade do tecido democrático e incapacidade de formar uma burocracia racional e eficiente que conduza, por exemplo, políticas de indução da complexidade produtiva e geração de P&D.

A dinâmica do Estado burguês nos países centrais do capitalismo foi abordada por muitos intelectuais a partir de prismas culturalistas e institucionalistas. Nesse tipo de abordagem, países como Coreia do Sul, Japão, Alemanha e Estados Unidos conseguiram formar uma burocracia racional, que estava acima dos conflitos políticos e eleitorais imediatos, conduzindo políticas eficientes e de longo prazo de planejamento.

O problema da América Latina, afirma esse tipo de abordagem, é que pela debilidade do tecido democrático, caudilhismo, personalismo, populismo ou qualquer coisa desse tipo, não conseguimos formar esse Estado Nacional eficiente, racionalizado, planejador, estável e que regula os conflitos políticos de cada conjuntura sem atrapalhar o funcionamento dos interesses estratégicos de longo prazo do "desenvolvimento nacional".

De fato, nos países centrais do capitalismo, temos uma tendência maior a estabilidade institucional e a autonomia relativa de vários aparelhos do Estado burguês. Nos Estados Unidos, para ficar apenas em um exemplo, não importa se o partido no governo é Democrata ou Republicano, a composição do Congresso e da Suprema Corte, a "ideologia" do Presidente: o complexo industrial-militar vai continuar recebendo verbas bilionárias sempre crescentes, desfrutar de compras governamentais privilegiadas e viver em um ambiente institucional onde os monopólios estadunidenses são protegidos e apoiados pelo seu Estado imperialista frente à concorrência com outros monopólios.

Mas o que explica isso não é a continuidade institucional, a suposta impessoalidade do sistema (sem caudilhismo e populismo) ou a capacidade de formar uma burocracia racional e eficiente. Mas sim sua posição na cadeia imperialista, que enseja um tipo de Estado burguês específico, o Estado imperialista. O imperialismo estadunidense tem o maior complexo industrial-militar e de espionagem do mundo. A sua capacidade de defender-se da ação de monopólios concorrentes e seus respectivos Estados é tal que não é factível imaginar outro país, como a França, tendo capacidades de promover um golpe de Estado, assassinar o presidente ou impor sanções econômicas à economia estadunidense.

Aliado a isso, um Estado imperialista, pela sua posição na cadeia global de produção e circulação de valor, tem maior capacidade de assimilar demandas materiais da classe trabalhadora e camadas médias e criar uma base social de consenso e legitimidade do sistema político – o que Lênin chamou de "aristocracia operária". Esses dois exemplos - dentre os vários que podemos citar – compõem uma explicação materialista e realista da estabilidade institucional e "maior racionalidade" burocrática dos Estados imperialistas.

De tal sorte que a configuração do poder político na América Latina não pode ser pensada no plano da composição de classe dominante interna de cada formação econômico social. A dependência significa que nas relações de produção de cada país, o imperialismo não é um "fator externo", mas elemento estruturante e determinante da composição de classe do Estado e poder político.

As classes dominantes latino-americanas são classes dominantes-dominadas. Estão no bloco do poder controlando o Estado, mas em posição subordinada à burguesia das potências imperialistas. Mas uma subordinação que é funcional ao seu domínio de classe, sem nenhum tipo de contradição irreconciliável. O Estado, nessas condições, não representa um interesse nacional pensado em termos ideais, mas sim o processo de dominação política do capitalismo dependente que significa tudo que já debatemos acima em concentração fundiária, debilidade do sistema produtivo, incapacidade de gerar ciência e tecnologia, urbanização caótica, violenta concentração de renda, riqueza e propriedade etc.

Entre outras coisas, a dimensão subsoberana do Estado do capitalismo dependente implica a subordinação/associação do capital e das classes dominantes locais frente ao capital e às classes soberanas do mundo desenvolvido e imperialista, situação que não deve ser interpretada como um obstáculo, mas, ao contrário, como uma condição de vida das classes dominantes locais, o que não exclui possíveis conflitos" (OSÓRIO, 2014, p. 206).

Isso implica, na impressão cotidiana, uma eterna comparação com o que é praticado na União Europeia, Estados Unidos, Japão, Coreia do Sul e, mais recentemente, China com a realidade latino-americana. Os países centrais do capitalismo nunca abrem mão de políticas protecionistas, subsídios aos setores considerados estratégicos, gigantescos programas de compras governamentais e planejamento estatal para gestão de recursos naturais vitais e ramos de altíssima complexidade tecnológica. Já na periferia do sistema, usando a linguagem clássica do século XX, temos "governos entreguistas" que não praticam essas políticas e apresentam como sinal de modernidade e avanço privatizar tudo que é possível e viver buscando atrair capital estrangeiro, fora de qualquer "projeto nacional de desenvolvimento".

Em suma, na América Latina, vivemos diariamente bombardeados por uma ideia de um Estado Nacional que não funciona como um Estado eficiente, racional, planejador e pautado no "interesse nacional". Nessa dinâmica de aparência, é como se ainda não fôssemos uma nação de verdade, um país sem "projeto nacional" se comparado com outros, como a China e Estados Unidos, que têm esse "projeto".

Tese 4 – Um continente enfermo de desigualdades: fundo público e reprodução da classe trabalhadora

Por fim, outra constante na nossa realidade é a comparação dos padrões de desigualdade de renda, riqueza e propriedade da América Latina com os demais países do mundo, especialmente com os países da OCDE. Somos bombardeados todos os dias com informações sobre a qualidade das cidades, museus, educação, saúde, segurança, espaços públicos, lazer, trabalho e afins de algum país da Europa, Ásia ou cidade dos Estado Unidos.

De fato, a América Latina, tem os maiores índices de desigualdade do mundo. Essa desigualdade obscena está fundamentada no modo próprio do desenvolvimento do capitalismo dependente. Como nunca tivemos democratização da terra, ostentamos uma altíssima taxa de concentração da propriedade da terra, que se reflete na concentração de renda. Essa concentração de propriedade da terra é funcional na reprodução de um sempre crescente exército industrial de reserva, condição indispensável para manter a superexploração da força de trabalho. A superexploração da força de trabalho condiciona a gigantesca diferença de apropriação na riqueza socialmente produzida entre lucros e massa salarial.

Nessa dinâmica, seria um contrassenso montar um Estado de bem-estar social voltado para atender essa superpopulação relativa sempre crescente, pois isso reduziria o próprio efeito disciplinar que o desemprego estrutural tem sobre a classe trabalhadora. A superpopulação relativa, em vários países da América Latina, como Peru, Brasil, Venezuela, Bolívia, sofre com o racismo que potencializa todo tipo de violência e a exploração ao qual é submetida.

Se a baixa complexidade produtiva, o baixo domínio de ciência e tecnologia e a baixa autonomia frente aos ciclos mundiais do capitalismo já reduzem a capacidade objetiva de montar Estados de bem-estar social, a superexploração da força de trabalho condiciona uma contradição irreconciliável entre o capitalismo dependente e a possibilidade de montar um Estado de bem-estar. O circuito se fecha com a avassaladora capacidade política, ideológica, institucional e militar das burguesias latino-americanas e monopólios estrangeiros de se apropriar do fundo público.

Vivemos historicamente, a despeito da conjuntura político-eleitoral, com sistemas tributários regressivos e centrados no consumo, serviços públicos precários, déficit permanente de saúde, educação, cultura, lazer, segurança, moradia etc. Mesmo alguns países da nossa região, como Uruguai e Argentina, tendo conseguido universalizar o letramento básico da população, de maneira geral, a regra é a precariedade e a negação de direitos trabalhistas, sociais e econômicos.

Mais uma vez, a esperança – ou ilusão – de muitos marxistas do século XX não se cumpriu. Industrialização não significa, necessariamente, distribuição de renda, pleno emprego, redução da miséria, melhora do IDH e alcançar o padrão de vida dos países centrais do capitalismo. Não para uma industrialização nos marcos do capitalismo dependente. Na síntese de Theotônio dos Santos,

> Ocorre, contudo, que os desenvolvimentistas haviam confiado demasiado no papel da industrialização para garantir a modernização econômica e a criação de centros nacionais de decisão econômica ou de acumulação capitalista. Eles haviam também identificado a industrialização com a criação de condições democráticas, através da distribuição de renda e outras características que se consideravam intrínsecas ao capitalismo industrial [...]. A teoria da dependência buscou demonstrar que esta industrialização não trazia as consequências esperadas por esta visão desenvolvimentista e nacional-democrática. Ela não trazia autonomia de decisão, porque a industrialização passava a ser comandada pelo investimento externo, baseado na empresa multinacional, cujo centro de poder continuava nos

pólos centrais da economia mundial. Ela não trazia distribuição de renda, por que se fazia na época do capitalismo oligopólico e financeiro que tende a concentrar em grandes grupos econômicos o poder e a riqueza. Ao mesmo tempo, a tecnologia moderna valorizava o trabalhador qualificado e as atividades gerenciais em detrimento dos assalariados sem qualificação, provocando uma forte diferenciação de renda no interior do assalariado (DOS SANTOS, 2015, p. 105).

A partir dessas quatro teses, podemos pensar o paradoxo do reformismo. Na América Latina, um projeto reformista tem bem pouco a oferecer. Sem uma ruptura revolucionária é impossível transformar radicalmente as condições de vida dos povos latino-americanos e alcançar ou superar quaisquer desses índices mais chamativos dos países centrais do capitalismo – como complexidade produtiva, geração de inovação ou universalizar o acesso à educação de qualidade em todos os níveis.

Historicamente, o reformismo na América Latina significa ganhos salariais limitados, ampliação igualmente limitada de direitos socioeconômicos, algumas nacionalizações, maior participação do povo trabalhador na renda de um rico setor primário-exportador (petróleo, gás, minérios etc.), um conjunto diverso de políticas públicas, democracia participativa na república burguesa sem tocar nos núcleos do poder político e, mais recentemente, políticas de reconhecimento para povos originários e seus descendentes.

Nunca chegamos nem perto, por exemplo, da política reformista do Partido Trabalhista Inglês no Pós-Segunda Guerra Mundial ou do reformismo da social-democracia nórdica. Então, em termos globais, abstraindo os contrastes da possibilidade objetiva de reformismo no centro e periferia do sistema capitalista, temos um reformismo fraquíssimo.

Ao mesmo tempo, contudo, esse reformismo fraco significa, para amplas parcelas do povo trabalhador da América Latina, o melhor momento da sua existência enquanto classe! Para um povo trabalhador submetido à superexploração da força de trabalho, um período histórico onde um governo garante ganhos salariais acima da inflação, baixo desemprego e melhora nas condições de trabalho (com criação ou ampliação de direitos trabalhistas) deixa marcas indeléveis.

O mesmo para camponeses historicamente oprimidos pelas oligarquias e latifundiários, que passam a ter um governo que garante alguma política tímida de distribuição de terras, irrigação, crédito, apoio técnico, compras governamentais. Ou para as populações deserdadas do ambiente urbano que são finalmente contempladas com políticas governamentais de moradia popular, creche, escola, asfalto, água na torneira etc.

Na história da América Latina, é incontornável constatar que na apropriação de renda, riqueza e propriedade entre as classes, líderes como Getúlio Vargas, Juan Domingos Perón e Velasco Ibarra – para citar três figuras características do que se chamava de "líderes populistas" – fizeram bem pouco em prol da classe trabalhadora, mas esse pouco, para o povo trabalhador, foi suficiente para fundamentar correntes político-sindicais ou, no mínimo, uma memória nostálgica de "tempos melhores", condicionando o comportamento eleitoral – exemplo significativo dessa memória de "tempos melhores" foi a eleição presidencial mexicana de 1988, quando Cuauhtémoc Cárdenas tinha como principal ativo político-eleitoral para conquistar o povo trabalhador o fato de ser filho de Lázaro Cárdenas.

Esse reformismo não se fundamenta apenas nas condições socioeconômicas de melhorias tímidas para o povo trabalhador, como também numa ativa ideologia do "povo *versus* elite". A partir de uma visão idealizada do que deveria ser o capitalismo e uma nação, todo líder reformista latino-americano pode mobilizar as massas populares para nacionalizações parciais ou restritos mecanismos de controle da ação do capital estrangeiro e se colocar como anti-imperialista.

Pode, também, se colocar como "antiburguês" criticando as oligarquias e os latifundiários, tomando como representantes por excelência da classe dominante e aplicando medidas limitadas de distribuição de terras, tributação ou nacionalização no setor primário-exportador. Falar em poder popular e democracia para a classe trabalhadora, reduzindo um pouco a apropriação do fundo público pela classe dominante, racionalizando e "democratizando" certos aparelhos do Estado. Dizer que é o primeiro que olha para o povo trabalhador, o seu legítimo representante, melhorando as condições de consumo e acesso a certos serviços públicos, como universidades e atendimento de saúde de média e alta complexidade, antes basicamente restritos às classes médias.

A sociedade, frente a esses projetos, normalmente se polariza: operários, camponeses, desempregados e subempregados das cidades, funcionários públicos de baixo salário e setores da classe média, apoiam o "projeto popular", reformista. A burguesia mobiliza setores da classe média, funcionários públicos de médio e alto salário e setores da classe trabalhadora (normalmente a partir de complexos ideológicos, como a religião) para um confronto que escala rapidamente em radicalidade. A retórica e o colorido do confronto vão muito além da realidade. Tímidas medidas reformistas são mostradas como o prenúncio do comunismo e a solução para os impasses, normalmente, passamos por golpes de Estado, tentativas de assassinato, sangrentos confrontos de rua, ação das forças armadas.

Na história da América Latina, não faltou à classe trabalhadora disposição de luta, combate e heroísmo. A questão real é que na maioria da nossa história, essa potencialidade da classe foi capturada por projetos e líderes reformistas que, confrontados com a radicalização da luta de classes ensejada por suas utopias de "capitalismo nacionalista e democrático", capitularam ou foram rapidamente derrotados. Ao mesmo tempo, a derrota abre um período de piora das condições de vida do povo trabalhador, cimentando uma memória dos "tempos melhores" que condiciona a renovação de um novo ciclo reformista com pouquíssimas reformas.

Aliado a isso, o povo trabalhador dirigido pelo reformismo e a classe dominante local se conjugam na adequação ao colonialismo cultural. O colonialismo cultural é ideologia – materializada em aparelhos ideológicos e no sistema de dominação política – de legitimação e reprodução da dependência e do subdesenvolvimento que visa, centralmente, ocultar do debate político e do conhecimento das classes populares essa realidade periférica e seus determinantes, impondo programas de pesquisas acadêmicas, conceitos, categorias, noções e tendências na "opinião pública" estranhas à nossa realidade, pois gestados nos países centrais do capitalismo – ou com inspiração neles –, com o objetivo de garantir os interesses do imperialismo e da burguesia interna.

A classe dominante promete que cada novo ciclo de modernização capitalista tornará o seu país igual aos países centrais do capitalismo – a partir, é claro, de privatizações, austeridade, liberação de fluxo de capitais etc. Os setores reformistas, visando um "capitalismo nacional e democrático", prometem lutar contra o imperialismo, as oligarquias, os inimigos do povo, entreguistas etc. Ambos, ao final, têm o mesmo horizonte histórico e de imaginação política, a partir de perspectivas de classe diferentes – mesmo que nas esquerdas, no mais da vezes, essa posição seja apresentada como um projeto genuinamente latino-americano ou decolonial.

Na história da América Latina, nos alternamos majoritariamente entre um histórico de reboquismo aos reformistas nessa polarização (como na Bolívia, Uruguai, México, Brasil e afins); ou tentativas de romper esse seguidismo sem quaisquer base de massas (tendência da maior parte do trotskismo); ou perder toda credibilidade e peso de massas com o povo trabalhador ao tentar essa ruptura pela direita, como o Partido Comunista Argentino que na tentativa de enfrentar o peronismo, chegou a aliar-se com setores da classe dominante e do imperialismo.

Em suma, temos desafios próprios da nossa região para construir uma estratégia revolucionária com inserção de massas nas condições do capitalismo dependente. Hoje, no século XXI, construir um movimento comunista forte não é uma tarefa fácil em nenhum continente. Mas, na América Latina, resta a sensação que é onde temos a melhor condição para tal, apesar de termos um movimento comunista frequentemente desarticulado e em estado débil. Essa reflexão pede a pergunta: o que fazer?

UMA INTRODUÇÃO ANTI-ETAPISTA AOS PROBLEMAS DO MARXISMO LATINO-AMERICANO

"Não parece ser o momento de reviver velhas diferenças dentro da esquerda, mas, ao mesmo tempo, pensamos que é necessário que os trabalhadores e a esquerda obtenham todas as lições que a experiência chilena oferece, para nunca mais incorrer em erros. Por isso mesmo: no Chile não falhou a esquerda, nem o socialismo, nem a revolução, nem os trabalhadores. No Chile, terminou tragicamente uma ilusão reformista de modificar as estruturas socioeconômicas e fazer revoluções com a passividade e o consentimento dos afetados: as classes dominantes."[2]

Evidentemente, um prefácio não permite uma reflexão sistemática sobre os erros e acertos da teorização comunista na América Latina ao longo de mais de um século. No entanto, apenas em conexão com esse esforço de reflexão podemos justificar a seleção dos textos feita nesta coletânea. Embora busquemos oferecer um panorama diversificado das questões abordadas pelo pensamento marxista em diversos países de nosso continente (e, nesse sentido, não poderíamos pôr de lado a questão racial, que ocupa diversos dos escritos), optamos por dedicar espaço especial à polêmica sobre o *caráter da revolução brasileira*, que já desde o título desta antologia busca qualificar com um conteúdo *socialista* o sentido da luta de classes latino-americana. Nesse sentido, a presente obra tem como fio condutor uma perspectiva *crítica ao etapismo*.

Por etapismo, compreendemos uma determinada formulação estratégica sobre a política proletária revolucionária, segundo a qual a *possibilidade de uma política socialista independente do proletariado depende de uma etapa prévia*. Esta *etapa prévia* recebeu, ao longo da história, muitas designações distintas por parte de seus defensores: democrático-burguesa, nacional-democrática,

---

2. Entrevista com Miguel Enríquez, na presente coletânea.

nacional-libertadora, democrático-popular etc. Em alguns casos, até mesmo, essa etapa foi descrita como "anti-imperialista", "antimonopolista" ou "antifascista". Mas o que caracteriza em comum todas as acepções etapistas que se pode dar a esses termos é a ideia de que o *proletariado deve, "por enquanto", pôr de lado seus interesses de classes particulares e a perspectiva socialista revolucionária que corresponde à realização plena desses interesses*; deve limitar as suas aspirações à luta pela "efetivação" ou "melhoramento" do capitalismo, em nome de derrotar um suposto "inimigo em comum" (os latifundiários, a dominação imperialista, o fascismo etc.), um "mal maior" do que a "burguesia propriamente dita"[3], que ainda não deveria ser tomada pelo proletariado como inimigo principal. O caso do Partido Comunista Brasileiro, em nosso próprio país, é farto de exemplos desse etapismo. Vejamos apenas dois:

> Com o "Manifesto de Agosto de 1950", os comunistas brasileiros abandonavam a política anterior de amplas alianças, incluindo setores burgueses, assim como a aposta na via eleitoral, para adotar o "caminho revolucionário" entendido como o recurso à "luta armada pela libertação nacional" . Mas a estratégia da revolução permanecia a mesma de antes – uma revolução democrático-burguesa ou agrária e anti-imperialista, definida como "revolução democrática em sua forma e burguesa pelo seu conteúdo econômico e social", que só poderia ser realizada "sob a direção do proletariado". Embora, nos documentos partidários a tática tivesse sofrido uma inflexão à esquerda com a adoção da consigna de "derrubada do atual governo", o PCB mantinha-se fiel ao ideário nacional-libertador que sempre norteara suas ações. Continuava presente na agenda dos comunistas brasileiros a conquista de um capitalismo autônomo, objetivo a ser alcançado por meio da revolução nacional-libertadora.

---

[3]. Nesse aspecto, o contemporâneo agronegócio lança uma pá de cal nessas confusões acerca do caráter *burguês* da classe dos grandes proprietários rurais em nosso país.

[...]
Ao aprovar a "Declaração de Março de 1958", a direção do PCB, sob o impacto dos acontecimentos tanto na arena internacional quanto no cenário nacional, empreendia, mais uma vez, uma virada tática na política partidária – o abandono da luta armada e a adoção do caminho pacífico e eleitoral –, sem que mudasse a estratégia da revolução, agrária e anti-imperialista. A partir desse documento, a primeira etapa da revolução passaria a ser denominada de nacional e democrática, sublinhando-se assim o seu caráter nacional-libertador (Prestes, A. L., 2010; 2012). Tal definição da revolução brasileira como nacional-libertadora significava a adoção da sua concepção etapista. Pretendia-se, primeiro, eliminar a dominação do imperialismo e a presença do latifúndio, propiciando assim o desenvolvimento de um capitalismo supostamente autônomo, para, num segundo momento, criar as condições que iriam permitir a realização das transformações socialistas. Dessa maneira, a luta contra o imperialismo e pela reforma agrária era separada artificialmente da luta pelo socialismo. Não se percebia que, para golpear efetivamente o imperialismo e seus aliados internos, seria necessário desfechar um golpe mortal no próprio sistema capitalista (PRESTES, 2017).

Essa separação mecânica, *artificial,* entre uma etapa democrática e uma etapa socialista da revolução social levava a uma concepção estratégica que, mesmo quando reconhecia verbalmente a necessidade da *hegemonia proletária*[4] (como o Manifesto de Agosto, que fala na "direção política do proletariado"), matinha o proletariado a reboque da burguesia e da pequena burguesia no plano programático. Esse seguidismo era mantido por meio da *subordinação estratégica* da luta proletária, limitando o escopo das

---
4. A respeito da questão da hegemonia proletária, vide OKADA, 2023.

aspirações da classe trabalhadora assalariada a um programa "democrático em sua forma e burguês pelo seu conteúdo econômico e social"[5], recusando a *atualidade imediata* de uma agitação e uma propaganda em favor dos objetivos socialistas do proletariado revolucionário – erguendo uma "muralha da China" entre os objetivos socialistas e os objetivos democráticos da classe trabalhadora.

Isso significa dizer que a maioria dos comunistas, embora tenham baseado desde sempre sua tradição política na experiência bolchevique russa, *absolutamente não a compreenderam*. Ainda em sua época, fazendo a revolução em um dos países mais atrasados e agrários da Europa, a partir da derrubada de uma forma político-estatal monárquica, Lênin sempre insistia:

> Realizamos a revolução democrático-burguesa como ninguém tinha feito antes. Estamos avançando em direção *à revolução socialista* de forma consciente, firme e inabalável, sabendo que ela *não está separada da revolução democrático--burguesa por uma muralha da China*, e sabendo também que (em última análise) só a luta determinará até onde iremos avançar, que parte desta imensa e elevada tarefa cumpriremos e até que ponto conseguiremos consolidar as nossas vitórias. [...]
>
> Mas terminemos o que temos a dizer sobre o conteúdo democrático-burguês da nossa revolução. Os marxistas devem entender o que isso significa. Para explicar, tomemos alguns exemplos marcantes.

---

5. Também essa formulação contrasta fortemente com os postulados leninistas mais elementares: Lênin sempre considerou que o *caráter democrático* da revolução se expressava não apenas na sua *forma* (seja essa forma concebida como a própria participação democrática das massas populares na revolução, seja essa forma concebida como a forma política republicano-democrático que resulta de uma revolução democrático-burguesa), mas no seu *conteúdo*, em especial no seu *conteúdo camponês, democratizador da propriedade das terras*. Toda a economia política da revolução "anti-semi-feudal", como defendida por Lênin, repousa aí, uma vez que, retomando a lição de Marx em *O 18 Brumário*, Lênin concebe a criação de uma base de massas de pequenos proprietários rurais como a pré-condição econômica de uma república burguesa minimamente democrática.

> *O conteúdo democrático-burguês da revolução significa que as relações sociais (sistema, instituições) do país são expurgadas do medievalismo, da servidão e do feudalismo.*
>
> [...]
>
> Mas, para consolidar as conquistas da revolução democrático-burguesa para os povos da Rússia, fomos obrigados a ir mais longe; e fomos mais longe. *Resolvemos os problemas da revolução democrático-burguesa de passagem, como um "subproduto" das nossas atividades principais e genuinamente proletárias-revolucionárias e socialistas.* Sempre dissemos que as reformas são um subproduto da luta revolucionária de classes. Dissemos – e o provamos com atos – que as reformas democrático-burguesas são um subproduto da revolução proletária, isto é, da revolução socialista. Aliás, os Kautskys, os Hilferdings, os Mártovs, os Tchernovs, os Hillquits, os Longuets, os MacDonalds, os Turatis e outros heróis do marxismo "dois e meio"[6] foram incapazes de compreender esta relação entre a revolução democrático-burguesa e a revolução socialista-proletária. A primeira se desenvolve na segunda. A segunda, aliás, resolve os problemas da primeira. A segunda consolida o trabalho da primeira. A luta, e somente a luta, decide até que ponto a segunda consegue superar a primeira (Grifos nossos.) (LÊNIN, 1921).

Ou, na síntese feita por Vladímir Ilitch ainda em 1918:

> A princípio, juntamente com "todo" campesinato contra a monarquia, contra os latifundiários, contra o medievalismo (e nesta medida a revolução continua a ser burguesa, democrático-burguesa). Depois, com os camponeses pobres, com o semiproletariado, com todos os explorados,

---

6. Referência aos "socialistas centristas" fundadores da Internacional de Amsterdam, jocosamente chamada por Lênin de "Internacional II e meia".

contra o capitalismo, incluindo os camponeses ricos, os *kulaks*, os especuladores; e a revolução torna-se socialista. Tentar erguer uma muralha da China, *artificial*, entre uma e outra, *separar uma da outra de outro modo que não seja pelo grau de preparação do proletariado e o grau de sua união com os camponeses pobres*, é maior deturpação do marxismo[7] (Grifos nossos.).

Vemos, assim, que o problema fundamental do etapismo não consiste propriamente na ideia de que a revolução social atravessa fases, etapas (é muito comum, infelizmente, nos agarrarmos às palavras e às fórmulas, sem compreender a essência da questão em sua complexidade: não caiamos aqui nesse erro) históricas. Lênin defendeu, à sua época, que a Rússia era um país no qual o desenvolvimento capitalista era entravado por resquícios feudais (a massa das terras nas mãos da nobreza, o endividamento camponês como forma de reprodução de relações semi-servis no campo, o poder de Estado monárquico, a ausência de liberdades políticas e religiosas etc.), de modo que a revolução russa deveria *em primeiro lugar e acima de tudo expurgar* essas permanências do feudalismo. Esse era o *mínimo* que qualquer revolução russa digna desse nome deveria cumprir historicamente. Mas isso nunca impediu os bolcheviques de preparar o proletariado, por meio de sua agitação e propaganda socialista, para ir *além* dessas tarefas, *mesmo quando não julgavam viável a passagem imediata à reorganização socialista da sociedade*. Apenas por isso foi possível que o proletariado russo resolvesse "os problemas da revolução democrático-burguesa de passagem, como um 'subproduto'" das suas "atividades principais e genuinamente proletárias-revolucionárias e socialistas".

Aqui, embora não possamos nos aprofundar no problema do desenvolvimento do capitalismo na América Latina, sem dúvida faz-se necessário um breve comentário no tocante à questão dos "resquícios feudais" ou do

---

7. LÊNIN *apud* LEFEBVRE, 2020.

"semifeudalismo" em nosso continente, uma vez que foi essa a tese utilizada reiteradas vezes em defesa das concepções etapistas.

Por um lado, ainda mais no caso brasileiro, os exageros em torno desta tese não poderiam levar senão a confusões: que tipo de perspectiva revolucionária consequente seria possível estabelecer descrevendo como *semifeudal* um país que transitou do *predomínio do escravismo colonial para o predomínio da produção capitalista*?[8] Ademais, o apego dogmático à fórmula segundo a qual os países latino-americanos, aos moldes da transição europeia do feudalismo para o capitalismo, teriam como "contradição principal" a contradição entre a burguesia industrial e a classe dos grandes proprietários rurais[9] levaria, invariavelmente, a uma caracterização inadequada[10] das tarefas revolucionárias do proletariado.

Mas, por outro lado, será que essa tese do semifeudalismo sempre foi tão absolutamente impertinente em *todo* nosso continente? Nesse aspecto, levando em conta realidades coloniais como a peruana e a boliviana, nos parece bastante convincente o argumento de Agustín Cueva em seu *O desenvolvimento do capitalismo na América Latina*:

> Não é o caso de reabrir aqui a discussão relativa ao caráter feudal ou capitalista da sociedade colonial, verdadeiro

---

8. Contudo, a respeito da existência efetiva de relações semifeudais mais ou menos marginais, ao longo da história brasileira, não seria vão remeter ao estudo das missões jesuítas, entre outros casos. Nesse sentido, recomendamos de modo privilegiado a obra de Nelson Werneck Sodré. Também, a esse respeito, a crítica (na presente coletânea) de Ruy Mauro Marini a Caio Prado Jr. (segundo o qual as relações capitalistas de produção *sempre* haviam sido predominantes no Brasil, dada a posição do país na "assim chamada acumulação primitiva"), permite demonstrar que nem mesmo essa forma teórica abrupta (e questionável) de ruptura com a "economia política do etapismo" era garantia plena da superação política das perspectivas etapistas.

9. Vide o pioneiro desta tese, cujo esforço teórico não pode ser, contudo, menosprezado, uma vez que apresenta uma obra pioneira das ciências sociais brasileiras: BRANDÃO, 2007.

10. Uma caracterização que repetia o próprio erro dos mencheviques russos, cujo reboquismo e incompreensão da hegemonia proletária se assentava na ideia de que *o caráter democrático-burguês* da revolução era *sinônimo* da *hegemonia da burguesia* na revolução. A esse respeito, vide Lenin: *Revolução do tipo de 1789 ou do tipo de 1848?*

diálogo de surdos na medida em que cada lado caminha por caminhos teóricos distintos. Só convém esclarecer que quando falamos em termos marxistas de modo de produção escravista ou feudal, não estamos manejando tipos ideais construídos com os traços mais "significativos" do "modelo" europeu; o que queremos dizer, simplesmente, é que a estrutura econômico-social herdada do período colonial se caracterizou por um baixíssimo nível de desenvolvimento das forças produtivas e por relações sociais de produção baseadas na escravidão e na servidão, fatos estes que constituíram um obstáculo, para dizer o mínimo, para o desenvolvimento posterior de nossas sociedades. O que não significa negar a conexão evidente das formações escravistas e feudais da América Latina com o desenvolvimento do capitalismo em escala mundial [...].

Entretanto a mesma razão que torna impossível abolir o regime de servidão e suas consequências objetivas com um simples palavrório (evitando chamá-lo feudal, por exemplo), impede também que se realize o movimento inverso que consiste em instaurar por decreto político o modo de produção feudal ali onde ele de fato jamais existiu, com um mínimo de consistência ao menos. Tal, a nosso juízo, é o caso da área rioplatense, que agora iremos nos referir. [...] Quase não vale a pena propor-se a refutar as recentes teses de Carmagnani sobre o "feudalismo" argentino do século XX (CUEVA, 2023, p. 31 e p. 126-7).

Portanto, se dermos um passo além da caricatura do conceito de semifeudalismo (seja a caricatura pintada pelos seus críticos dogmáticos, seja a caricatura produzida por aqueles que tentam aplicar esse conceito às formações sociais latino-americanas contemporâneas, ao arrepio de qualquer materialismo), não nos surpreenderemos com o fato de que tenha sido precisamente José Carlos Mariátegui, que definia como semifeudal a sociedade peruana... um dos pioneiros da defesa do caráter *socialista* da política revolucionária do proletariado latino-americano!

> O capitalismo se desenvolve em um povo semifeudal, como o nosso, numa época em que, tendo alcançado a fase dos monopólios e do imperialismo, toda a ideologia liberal, correspondente à fase da livre concorrência, deixou de ser válida. [...] A emancipação da economia do país só é possível através da ação das massas proletárias, em solidariedade com a luta anti-imperialista mundial. Somente a ação proletária pode, primeiro, estimular e, depois, realizar as tarefas da revolução democrática burguesa que o regime burguês é incapaz de desenvolver e realizar. [...] Concluída a sua etapa democrático-burguesa, a revolução converte-se, nos seus objetivos e na sua doutrina, numa revolução proletária. O partido do proletariado, formado pela luta pelo exercício do poder e pelo desenvolvimento de seu próprio programa, realiza nesta etapa as tarefas de organização e defesa da ordem socialista (*Programa do Partido Socialista Peruano*).

> Sem prescindir da utilização de nenhum elemento de agitação anti-imperialista, nem de nenhum meio de mobilização dos setores sociais que eventualmente possam auxiliar nesta luta, nossa missão é explicar e demonstrar às massas que só a revolução socialista oporá um obstáculo definitivo e verdadeiro ao avanço do imperialismo (*Ponto de vista anti-imperialista*).

Mariátegui compreendeu como poucos que, *apesar dos resquícios de relações servis nas minas e fazendas peruanas*, já predominava no país um *regime burguês* que (tendo seus interesses e seu destino entrelaçados tanto aos interesses da burguesia das potências imperialistas quanto aos interesses das velhas classes dominantes proprietárias de terras) era incapaz de cumprir qualquer missão democrática senão sob a pressão da força ameaçadora da luta do proletariado. A revolução agrária, o coração popular da revolução democrático-burguesa, só poderia ser realizada em nosso continente pelo proletariado em aliança com a massa camponesa, indígena e escravizada (a depender do país), em oposição à coalizão das classes proprietárias - portanto, realizando as tarefas pendentes da revolução democrática, como dizia Lênin, como um "subproduto" da luta anticapitalista do proletariado.

Esses postulados encontram um eco vibrante na própria experiência histórica da revolução latino-americana – seja no caso boliviano ou no caso cubano, ambos registrados nesta coletânea. A esse respeito, o artigo de Vânia Bambirra é cristalino: "A Revolução Cubana ocorre nesse contexto histórico de superação do nacionalismo-populista e é, sem dúvida, sua melhor expressão", na medida em que demonstrou "na prática que a luta revolucionária e anti-imperialista e pelo socialismo pode ser realizada com sucesso em um país latino-americano pequeno e subdesenvolvido" e na medida em "que Cuba voltou a confirmar a ortodoxia marxista, pois o proletariado cubano, em aliança com o campesinato pobre, compunha as forças motrizes fundamentais da revolução."

Mas, ainda assim, caberia perguntar: mesmo nesses países onde permanecem resquícios marcantes de relações pré-capitalistas, quais os limites dessa "etapa democrática"? A julgar pela opinião dos etapistas, essa "etapa" estaria separada da "etapa socialista" por um largo período de tempo, no qual seria preciso *consolidar a democracia burguesa e aprofundar o desenvolvimento capitalista*, sem o que o proletariado supostamente não poderia passar às suas tarefas socialistas. Nada poderia afastar-se mais da concepção leninista da luta de classes, segundo a qual a passagem à etapa socialista da revolução deve processar *tão logo se resolva o problema da passagem do poder político para a burguesia*.

> A passagem do poder estatal de uma classe para outra é o primeiro, o principal, o sinal básico de uma *revolução*, tanto no sentido estritamente científico como no sentido político prático desse termo.
>
> Nesta medida, a revolução burguesa, ou democrático-burguesa, na Rússia está *concluída*.

Mas neste momento ouvimos um clamor de protesto de pessoas que prontamente se autodenominam "velhos bolcheviques". Não defendemos sempre, dizem eles, que a revolução democrático-burguesa só é completada pela "ditadura democrática revolucionária do proletariado e do campesinato"? A revolução agrária, que é também uma revolução democrático-burguesa, está concluída? Não é um fato, pelo contrário, que *ainda nem* começou?

A minha resposta é: as palavras de ordem e ideias bolcheviques *no seu conjunto* foram confirmadas pela história; mas *concretamente* as coisas funcionaram de forma *diferente*; são mais originais, mais peculiares, mais variadas do que se poderia esperar.

[...]

Na verdade, a realidade mostra-nos *tanto* a passagem do poder para as mãos da burguesia (uma revolução democrático-burguesa "completa" do tipo habitual) como, lado a lado com o governo real, a existência de um governo paralelo que representa o "ditadura democrática revolucionária do proletariado e do campesinato" (LÊNIN, 1917).

À luz dessa reflexão, torna-se talvez ainda mais nítida a trágica desorientação do marxismo-leninismo latino-americano, em uma inglória e eterna procura por uma "revolução burguesa": predomina, ao longo de todo um século de debates teóricos, a incompreensão acerca do *critério fundamental* pelo qual se pode julgar se uma revolução burguesa *está ou não completada*. E esse critério, pudemos ver acima, diferente do que insistiram por muito tempo nossos camaradas continentais, não é *o grau de maturidade ou desenvolvimento "independente" das relações capitalistas de produção*, mas *a passagem completa ou não do poder político para as mãos da burguesia!* Uma tarefa concluída *há muito tempo* em todo o continente (Mariátegui, ao referir-se ao *regime burguês*, atesta isso de modo categórico para o caso peruano).

Portanto, se em algum momento em nosso continente a defesa do caráter democrático-burguês de nossa revolução teve alguma atualidade (não queremos descartar nem abraçar essa tese por principismo, sem uma discussão certamente impossível de esgotar aqui); é evidente que ela começou a caducar tão logo a burguesia apoderou-se do poder político, o que sem dúvida remonta o século XIX na imensa maior parte de nosso continente. Que essa transformação burguesa da sociedade tenha se dado, na maior parte do continente, por uma "via *junker*", oligárquica, ou seja, aburguesando a classe dos grandes proprietários de terras e preservando sua hegemonia, não é tanto uma exceção em relação à história das revoluções democrático-burguesas, mas a regra geral na maior parte do planeta, inclusive na Alemanha de Marx e na Rússia dos bolcheviques!

No entanto, deve ser ainda mais evidente que, quanto mais fica para trás a época da passagem do poder político para as mãos da burguesia, mais a estratégia democrática caduca historicamente, e mais a procura desesperada por uma burguesia progressista incapacita o proletariado para qualquer luta consistente. Não é de surpreender, então, que o atrelamento aos postulados etapistas tenha levado inúmeros partidos à degeneração reformista pura e simples.

Vale aqui destacar, contudo, que a causa desses desvios não pode ser buscada apenas nas distorções teóricas: pelo contrário, é preciso explicar a partir das relações sociais materiais a preponderância dessa ou daquela concepção teórica. No caso do predomínio político do etapismo em meio ao movimento comunista, acreditamos que seja uma expressão da *hegemonia da pequena burguesia sobre o proletariado*, na medida em que as ilusões nacional-desenvolvimentistas animavam fortemente essa camada social intermediária, permitindo aos Partidos Comunistas uma fonte de apoio entre a intelectualidade, de apoio econômico inclusive de setores das classes proprietárias, além da possibilidade de uma "política de massas" facilitada, uma vez que os Partidos surfaram na onda do senso comum progressista das classes médias (camada que, pela posição de diversos de seus agentes no processo de produção possui uma forte capacidade de influência ideológica sobre as demais camadas das massas, inclusive sobre o proletariado) em vez de confrontá-la e demarcarem-se como forças políticas proletárias independentes. Essa hegemonia da pequena burguesia sobre o proletariado, sem dúvida, guarda bastante relação com as contradições no interior do próprio proletariado (em um continente, já dissemos, marcado por uma superpopulação relativa), que dificultam sua unificação nacional sob uma política revolucionária independente. Um estudo das condições dessa hegemonia e de sua superação é indispensável à teoria revolucionária da nossa época.

De todo modo, vemos que a crítica marxista-leninista ao etapismo não deve, portanto, negar em absoluto a possibilidade de que a luta direta do proletariado por sua ditadura e pela expropriação dos meios de produção possa ser precedida por uma revolução política democrática[11] (por exemplo, nos casos de países onde, efetivamente, a burguesia não tenha ainda se alçado ao poder político; ou ainda em um país sob ocupação militar estrangeira; ou até mesmo nos casos em que a revolução social se inicie em países sob ditaduras reacionárias etc.). A questão chave consiste em compreender, na realidade, que, mesmo nesse estágio da luta, *o proletariado só pode posicionar-se na vanguarda da luta revolucionária como uma classe politicamente independente* se ele empunhar uma política *socialista*, um *programa proletário*, que articule os *interesses econômicos particulares dos operários* a uma série de medidas de *transformações que apontam para a reorganização socialista da sociedade*[12]. Essa eventual "etapa democrática" *não pode ser concebida*, como afirmava o Manifesto de Agosto do PCB, como "democrático em sua forma e burguesa pelo seu conteúdo econômico e social". Essa formulação peca em inúmeros sentidos: 1) separa mecanicamente forma e conteúdo, esquecendo, por exemplo, que a própria reforma agrária é um conteúdo econômico necessário da "revolução democrática", uma fórmula onde o termo "democrática" descreve não apenas uma forma, mas um conteúdo; 2)

---

11. Vide SACHS, 2023.

12. Não pretendemos aqui, evidentemente, confundir nossos desejos com a realidade, e enveredar pelo debate sobre a *consistência* dessa ou daquela política socialista. Mas é suficientemente demonstrativo do que afirmamos o fato de que mesmo o reformista Partido dos Trabalhadores, nascido a partir do ascenso proletário que derrubou a ditadura empresarial-militar, tenha-se visto impelido pelas circunstâncias, naqueles anos de efervescência, a valer-se de uma retórica socialista quase como sinônimo da afirmação da independência de classe do proletariado.

trata essa própria "forma democrática" como algo acima das classes sociais, umas vez que não qualifica seu caráter de classes, e se restringe esse caráter de classe ao "conteúdo econômico e social" da revolução, não estendendo essa qualificação à própria democracia que está em jogo. Mas, na realidade, mesmo nos marcos de uma revolução democrática, o proletariado só pode preservar sua independência lutando não pela "democracia formal em geral", e sim pela *sua* democracia proletária[13], com todas as formas e conteúdos que isso implica, não devendo limitar-se apenas a um programa de reformas democrático-formais do aparelho de Estado burguês, mas um programa de *reorganização revolucionária do Estado e da sociedade*, baseado no *poder organizado das massas em luta revolucionária*[14] e em uma série de medidas que, embora possam não ser imediatamente socialistas, avançam nessa direção (a nacionalização do sistema bancário e das terras etc.)[15]. Se

---

13. "O marxismo ensina o proletariado a não ficar à margem da revolução burguesa, não a ser indiferente a ela, não a entregar a sua direção à burguesia, antes pelo contrário, a participar nela do modo mais enérgico, a lutar do modo mais decisivo pela democracia proletária consequente, para levar até ao fim a revolução. Não podemos ultrapassar os limites democrático-burgueses da revolução russa, mas podemos ampliar em proporções colossais estes limites, podemos e devemos dentro destes limites lutar pelos interesses do proletariado, pela satisfação das suas necessidades imediatas e pelas condições que tornarão possível preparar as suas forças para a futura vitória completa. Há democracia burguesa e democracia burguesa. O monarquista dos *zemstvos*, partidário de uma câmara alta, que 'reclama' o sufrágio universal ao mesmo tempo que estabelece secretamente um arranjo com o czarismo para obter uma constituição mutilada, é um democrata burguês. O camponês que, com as armas na mão, se ergue contra os latifundiários e os funcionários e, com um 'republicanismo ingênuo', propõe 'botar o czar para correr', é também um democrata burguês. Há regimes democrático-burgueses tal como na Alemanha e tal como na Inglaterra; tal como na Áustria e tal como na América ou na Suíça. Seria um belo marxista quem, na época da revolução democrática, deixasse escapar esta diferença entre os graus da democracia e entre o diferente caráter de uma ou outra das suas formas e se limitasse a 'filosofar' a propósito de que, no fim de contas, isto é uma 'revolução burguesa', fruto de uma 'revolução burguesa'. [...] Numa palavra: para que não se encontre de mãos atadas na luta contra a democracia burguesa inconsequente, o proletariado deve ter suficiente consciência de classe e força para elevar o campesinato até à consciência revolucionária, para dirigir a arremetida deste, para realizar assim, de maneira independente, a democracia proletária consequente." Lênin. *Duas táticas da social-democracia na revolução democrática*, capítulo 4.

14. Vide os escritos de Lênin: *A ditadura democrática revolucionária do proletariado e do campesinato*; *A Comuna de Paris e as tarefas da ditadura democrática*; *Revolução do tipo de 1789 ou do tipo de 1848?*

15. Como dizia Lênin em suas *Teses de abril*: "Não a 'introdução' do socialismo como nossa tarefa imediata, mas apenas passar imediatamente ao controle da produção social e da

isso já era verdadeiro à época da revolução russa de 1905, isso é tão mais verdadeiro em plena *época do capitalismo monopolista em países onde a burguesia já é a classe politicamente dominante*, como nota corretamente Mariátegui ao fundamentar sua posição. Ou, como dizia Prestes, em sua *Carta aos comunistas* (na íntegra na presente antologia):

> Penso que o eixo central desse programa deve ser tal que apresente, com a necessária clareza, qual o processo que, nas condições de nosso país, poderá e deverá ligar a luta atual pela derrota definitiva da ditadura e a conquista de um regime democrático com a luta pelo socialismo no Brasil.

Ruy Mauro Marini nos explica, em seu prólogo ao livro de Vânia Bambirra (vide a presente coletânea):

> A etapa democrática da Revolução Cubana, tal como Vânia Bambirra a define aqui, é uma luta dura pelo poder, um esforço ingente para afirmar a hegemonia proletária no seio do bloco revolucionário de classe que se começara a forjar no curso da guerra e para a exprimir plenamente no plano do Estado. [...]
> A etapa democrática da revolução proletária não é senão isto: uma aguda luta de classes, mediante a qual a classe operária incorpora as vastas massas na luta pela destruição do velho Estado e passa a constituir os seus próprios órgãos de poder, que se contrapõem ao poder burguês[16].

Reconhecer, portanto, a existência das duas etapas no processo revolucionário cubano não deve induzir em

---

distribuição dos produtos por parte dos sovietes." Ou em suas *Cartas sobre tática*, de abril do mesmo ano: "O controle sobre um banco, a fusão de todos os bancos num só, *ainda não é* socialismo, mas é *um passo em direção* ao socialismo."

16.Nota de Cueva: "A ela se referiram Marx e Engels na *Mensagem da Direção Central à Liga Comunista*, de 1850, quando empregaram a expressão 'revolução permanente' à qual Trótski daria mais tarde um cunho marcadamente economicista."

confusão. A etapa democrática da Revolução Cubana não é a etapa democrático-burguesa que se tem pretendido erigir em necessidade histórica da revolução latino-americana e que se definiria pelas suas tarefas anti-imperialistas e antioligárquicas. Ela é, sobretudo, a expressão de uma determinada correlação de forças, na qual subsiste ainda o poder burguês, a classe operária não deslinda ainda totalmente o seu próprio poder para afrontar definitivamente o poder burguês e a constituição da aliança revolucionária de classes segue o seu curso, mediante a incorporação nela das camadas atrasadas do povo. E neste quadro que começa a apagar-se a ideologia pequeno-burguesa no seio do bloco revolucionário, como o presente estudo demonstra para o caso cubano.

São, portanto, as condições de desenvolvimento da aliança revolucionária de classes e o processo de formação do novo poder que definem as etapas da revolução proletária. É assim que se compreende porque é que a etapa democrática da Revolução Cubana se estendeu para além do momento em que a vanguarda revolucionária logrou instalar-se no aparelho do Estado. A confrontação com a experiência russa, distinta sob muitos aspectos, é elucidativa. Ali, o desenvolvimento do poder dual dos operários, camponeses e soldados percorre uma primeira etapa de coexistência com o poder burguês, que detém o poder estatal, mas distingue-se claramente deste, incluso em termos de estruturação orgânica; a situação é, pois, distinta da de Cuba, onde ambos os poderes se confundem no interior do Estado. A contradição mais denunciada que se observa na Rússia, no plano político, é a que leva a que a passagem do aparelho estatal para as mãos da vanguarda proletária coincida com a liquidação violenta do poder burguês através de uma insurreição armada; em Cuba, essa situação não se produz porque as bases materiais do Estado burguês – as forças repressivas e a burocracia – haviam sido anteriormente suprimidas.

O que podemos extrair disso tudo para a reflexão sobre as tarefas do movimento comunista em países como o Brasil, onde a classe capitalista domina o poder político sob a forma republicana-democrática de sua ditadura de classe? Que qualquer política "de esquerda" ou qualquer "antifascismo" desassociado de um conteúdo proletário socialista tende a degenerar mais ou menos rapidamente em política reformista, uma política que não tem outra alternativa a não ser os apelos impotentes à burguesia e suas instituições estatais, uma vez que *não prepara o proletariado para a luta pelo poder político, pela sua ditadura de classe*. Para que a luta contra a ameaça fascista, produto do capitalismo em crise, possa ser travada de modo consistente (o mesmo vale para qualquer luta por reformas que aliviem imediatamente a exploração e a opressão das massas trabalhadoras), faz-se necessária uma *luta revolucionária socialista do proletariado*. Em outras palavras:

> No atual estágio da luta de classes, de ofensiva burguesa e defensiva proletária, isso significa não ceder terreno às concepções etapistas, que postergam a luta pelo socialismo para depois de uma etapa de luta contra a reação. Ao contrário: participamos das lutas de resistência apontando como única saída para a atual crise a reorganização socialista da sociedade através do estabelecimento do Poder Popular.[17]

Esperamos que, à altura de nossos intentos, essa coletânea ajude a armar teoricamente a militância proletária brasileira para

---

17. Resoluções do XVI Congresso do PCB. "Programa de Lutas para implementação da estratégia socialista no Brasil". Infelizmente, estas teses aprovadas pela ala esquerda do PCB foram abandonadas e lançadas ao esquecimento pela ala direita que se apoderou do Partido. A incapacidade da direção seguidista do PCB de cumprir fielmente esta política de independência de classe e oposição de esquerda ao governo reformista subido ao poder em 2022 levou à cisão do Partido em agosto de 2023. Sobre as causas da cisão do PCB, vide: *Como o Comitê Central do PCB viola as resoluções do XVI Congresso*, e *Manifesto em defesa da Reconstrução Revolucionária do PCB*, ambos disponíveis em: https://emdefesadocomunismo.com.br/

os desafios que a reflexão sobre a política revolucionária apresenta em nossa época. E, nesse sentido, fazemos nossas as palavras de Érico Sachs:

> Em princípio apoiamos todas as lutas parciais, todo o movimento que ajude de fato a objetivos socialistas, quer dizer, nossa estratégia atenta a melhorar a situação do proletariado e de sua vanguarda na luta de classe, para colocá-la em posição favorável ao enfrentamento da revolução socialista. [...] Ser vanguarda marxista-leninista no Brasil é saber tirar as consequências práticas da caracterização socialista do processo revolucionário. Significa, pelo menos, contribuir na prática para a maturação dos fatores que levam à revolução socialista.[18]

Boa leitura!

---

18. SACHS, 2023.

REFERÊNCIAS

BAMBIRRA, Vânia. O capitalismo dependente latino-americano. Florianópolis: Editora Insular, 2013.
BRANDÃO, Otávio. Agrarismo e industrialismo. São Paulo: Anita Garibaldi, 2007.
CUEVA, Agustin. A teoria marxista: categorias de base e problemas atuais. São Paulo: Lavrapalavra, 2021.
CUEVA, Agustín. O desenvolvimento do capitalismo na América Latina. São Paulo: LavraPalavra, 2023.
DOS SANTOS, Theotonio. Teoria da dependência: balanços e perspectivas. Florianópolis: Insular, 2015.
ENGELS, Friedrich. As guerras camponesas na Alemanha. São Paulo: Expressão Popular, 2010.
ENGELS, Friedrich. Escritos militares. São Paulo: Baioneta, 2020.
GORENDER, Jacob. O escravismo colonial. São Paulo: Expressão Popular; Perseu Abramo, 2016.
LEFEBVRE, Henri. O pensamento de Lênin. São Paulo: LavraPalavra Editorial, 2020.
LÊNIN, Vladímir. Cartas sobre tática. 1917. Tradução livre. Disponível em: https://www.marxists.org/archive/lenin/works/1917/apr/x01.htm
LÊNIN, Vladímir. O quarto aniversário da revolução de outubro. Escrito de 14 de outubro de 1921. Inédito em português, tradução livre. Disponível em: https://www.marxists.org/archive/lenin/works/1921/oct/14.htm
LÊNIN, Vladímir. Sobre as tarefas do proletariado na presente revolução. (Teses de Abril). 1917. Disponível em: https://www.marxists.org/portugues/lenin/1917/04/04_teses.htm
LÊNIN, Vladímir.. Que fazer? Os problemas candentes do nosso movimento. São Paulo: Expressão Popular, 2015.
MARX, Karl. O Capital: crítica da economia política, Livro III. São Paulo: Boitempo Editorial, 2017.
MARX, Karl. O Capital: crítica da economia política. São Paulo: Boitempo Editorial, 2013.
MARX, Karl; ENGELS, Friederich. Nação e proletariado: questão nacional em Marx e Engels. Recife: Editora Ruptura, 2022.
MARX, Karl; ENGELS, Friederich. O Manifesto do Partido Comunista. Porto Alegre: L&PM Pocket, 2010.
MOURA, Clóvis. Sociologia do negro brasileiro. São Paulo: Perspectiva, 2019.
OKADA, Vinícius. Quem quer os fins deve também querer os meios. In: LÊNIN, Vladímir. Estratégia e tática da hegemonia proletária. São Paulo: LavraPalavra Editorial, 2023. Disponível em: https://emdefesadocomunismo.com.br/quem-quer-os-fins-deve-tambem-querer-os-meios/
OSÓRIO, Jaime. O Estado no centro da mundialização: a sociedade civil e a questão do poder. São Paulo: Expressão Popular, 2014.
PRESTES, Anita Leocadia. *Duas táticas e uma mesma estratégia: do 'Manifesto de Agosto de 1950' à 'Declaração de Março de 1958*. São Paulo: LavraPalavra, 2017. Disponível

em: https://lavrapalavra.com/2017/07/03/duas-taticas-e-uma-mesma-estrategia-do-manifesto-de-agosto-de-1950-a-declaracao-de-marco-de-1958/

RIBEIRO, Darcy. As Américas e a civilização. São Paulo: Global Editora, 2022.

RIBEIRO, Darcy. O Brasil como problema. São Paulo: Global Editora, 2020.

RIBEIRO, Darcy. O dilema da América Latina: estruturas de poder e forças insurgentes. Rio de Janeiro: Editora Vozes, 1978.

SACHS, Érico. *O caminho e o caráter da revolução brasileira*. São Paulo: LavraPalavra, 2023. Disponível em: https://lavrapalavra.com/2023/05/02/caminho-e-carater-da-revolucao-brasileira/

1

JOSÉ CARLOS MARIÁTEGUI LA CHIRA

Nascido em 1894, o publicista autodidata peruano destacou-se como um dos primeiros e mais influentes pensadores do marxismo latino-americano no século XX. Autor prolífico, apesar de sua morte prematura em 1930, era também conhecido em seu país como *El Amauta* (em quéchua, "mestre"). Seu livro mais conhecido internacionalmente – um dos dois que publicou em vida – é *Sete ensaios de interpretação da realidade peruana*, no qual traçou uma história econômica do Peru sob a perspectiva materialista, abordando em sua escrita temas como a questão indígena e a opressão feminina. Participou em 1928 da fundação do Partido Socialista Peruano (que mudou de nome em 1930 para Partido Comunista Peruano) e, em 1929, da Confederación General de Trabajadores del Perú.

PROGRAMA DO PARTIDO SOCIALISTA PERUANO

Elaborado por Mariátegui em outubro de 1928 e aprovado pelo Comitê Central no início de 1929.

O programa deve ser uma declaração doutrinária que afirme:
1. O caráter internacional da economia contemporânea, que não permite a nenhum país escapar às correntes de transformação decorrentes das atuais condições de produção.
2. O caráter internacional do movimento revolucionário do proletariado. O Partido Socialista adapta a sua práxis às circunstâncias específicas do país, mas segue uma perspectiva de classe ampla, e mesmo as circunstâncias nacionais subordinam-se ao ritmo da história mundial. A revolução da independência, há mais de um século, foi um movimento solidário de todos os povos subjugados pela Espanha; a revolução socialista é um movimento conjunto de todos os povos oprimidos pelo capitalismo. Se a revolução liberal, nacionalista em seus princípios, não poderia ser realizada sem uma estreita união entre os países sul-americanos, é fácil compreender a lei histórica que, numa era mais acentuada de interdependência e vinculação das nações, impõe que a revolução social, internacionalista em seus princípios, opere com uma coordenação muito mais disciplinada e intensa dos partidos proletários. O manifesto de Marx e Engels resumiu o primeiro princípio da revolução proletária na frase histórica: "proletários de todos os países, uni-vos!"
3. A agudização das contradições da economia capitalista. O capitalismo se desenvolve em um povo semifeudal, como o nosso, numa época em que, tendo alcançado a fase dos monopólios e do imperialismo, toda a ideologia liberal, correspondente à fase da livre concorrência, deixou de ser válida. O imperialismo não

permite a nenhum desses povos semicoloniais – que ele explora como mercados para seus capitais e mercadorias e como reserva de matérias-primas – um programa econômico de nacionalização e industrialização; os força à especialização, à monocultura (petróleo, cobre, açúcar, algodão, no Peru), sofrendo uma crise permanente de artigos manufaturados, crise que deriva dessa rígida determinação da produção nacional, devido a fatores do mercado mundial capitalista.

4. O capitalismo está em seu estágio imperialista. É o capitalismo dos monopólios, do capital financeiro, das guerras imperialistas pelo açambarcamento de mercados e fontes de matérias-primas. A práxis do socialismo marxista neste período é a do marxismo-leninismo. O marxismo-leninismo é o método revolucionário da fase do imperialismo e dos monopolistas. O Partido Socialista do Peru o adota como método de luta.

5. A economia pré-capitalista do Peru republicano – que, devido à ausência de uma classe burguesa vigorosa e devido às condições nacionais e internacionais que determinaram o lento progresso do país na via capitalista – não pode ser libertada sob o regime burguês, cúmplice dos interesses capitalistas, conivente com o feudalismo gamonalista[19] e clerical, com as falhas e resquícios do feudalismo colonial. O destino colonial do país amarra seu processo. A emancipação da economia do país só é possível através da ação das massas proletárias, em solidariedade com a luta anti-imperialista mundial. Somente a ação proletária pode, primeiro, estimular e, depois, realizar as tarefas da revolução democrática burguesa que o regime burguês é incapaz de desenvolver e realizar.

6. O socialismo encontra, tanto na subsistência das comunidades quanto nas grandes empresas agrícolas, os elementos de uma solução socialista para a questão agrária, uma solução que tolerará em parte a exploração da terra por pequenos agricultores,

---

19. N.T.: O gamonalismo foi um sistema de poder que surgiu no Peru durante a segunda metade do século XIX e se manteve até a aplicação da reforma agrária na década de 1970. Designa o domínio dos proprietários de terras arrivistas, sem casta de cunho colonial, que expandiram suas terras e seu poder (arrendatário e clientelista) às custas de expropriar por meios ilegais e violentos os membros da comunidade indígena *ayllus*.

onde o *yanaconazgo*[20] ou a pequena propriedade prescreve deixá-las para o manejo individual nas áreas onde predomina esse tipo de exploração, enquanto se avança no manejo coletivo da agricultura. Mas isso, assim como o incentivo que se dá ao livre renascimento dos povos indígenas, à manifestação criativa de suas forças e espírito nativo, não significa de forma alguma uma tendência romântica e anti-histórica de construção ou ressurreição do socialismo inca, que correspondia a condições históricas completamente superadas e das quais apenas os hábitos de cooperação e socialismo dos camponeses indígenas permanecem como fator aproveitável dentro de uma técnica de produção perfeitamente científica. O socialismo pressupõe a técnica, a ciência, a etapa capitalista, e não pode comportar o menor retrocesso na aquisição das conquistas da civilização moderna mas, ao contrário, a aceleração máxima e metódica da incorporação dessas conquistas à vida nacional.

7. Somente o socialismo pode resolver o problema de uma educação efetivamente democrática e igualitária, em virtude da qual cada membro da sociedade receba toda a instrução à qual sua capacidade o habilita. O regime educativo socialista é o único que pode aplicar plena e sistematicamente os princípios da escola única, da escola do trabalho, das comunidades escolares e, em geral, de todos os ideais da pedagogia revolucionária contemporânea, incompatíveis com os privilégios da escola capitalista, que condena as classes pobres à inferioridade cultural e faz do ensino superior o monopólio da riqueza.

8. Concluída a sua etapa democrático-burguesa, a revolução converte-se, nos seus objetivos e na sua doutrina, numa revolução proletária. O partido do proletariado, formado pela luta do

---

20. N.T.: O *yanaconazgo* é uma instituição de origem inca que os espanhóis estavam muito interessados em preservar. Os juristas realizaram um efetivo trabalho de "normalização jurídica" da referida instituição mediante a suficiente naturalização da mesma junto aos quadros do *ius commune*. O procedimento seguido para isso consistiu na busca seletiva de paralelismos entre o *yanaconazgo* hispano-peruano, profundamente transformado em relação ao do período anterior, e o colonato romano do Baixo Império. Desta forma, a partir de uma sedutora semelhança na motivação econômica e fiscal de ambas as situações, conseguiram dar consistência dogmática aos principais aspectos do regime jurídico do *yanaconazgo* através de sua ligação com as leis romanas sobre colonos.

exercício do poder e pelo desenvolvimento de seu próprio programa, realiza nesta etapa as tarefas de organização e defesa da ordem socialista.

9. O Partido Socialista do Peru é a vanguarda do proletariado, a força política que assume a tarefa de guiá-lo e dirigi-lo na luta pela realização de seus ideais de classe.

Serão publicados, em anexo ao programa, estes projetos de teses sobre a questão indígena, a situação econômica, a luta anti-imperialista, que, após o debate das seções e as emendas que o Comitê Central introduzir em seu texto, serão definitivamente formulados no Primeiro Congresso do Partido.

Por meio do manifesto, o Partido fará um apelo a todos os seus adeptos, às massas trabalhadoras, para que trabalhem pelas seguintes reivindicações imediatas:

- Amplo reconhecimento da liberdade de associação, reunião e imprensa dos trabalhadores.
- Reconhecimento do direito de greve a todos os trabalhadores. Abolição do recrutamento viário[21].
- Substituição da lei de vadiagem pelos artigos que tratam especificamente da questão da vadiagem no anteprojeto do Código Penal promulgado pelo Estado, com exceção dos artigos incompatíveis com o espírito e os critérios penais da lei.
- Criação da Previdência Social e da Assistência Social do Estado.
- Cumprimento das leis sobre acidentes de trabalho, sobre a proteção do trabalho de mulheres e menores, e das jornadas de oito horas em tarefas agrícolas.
- A equiparação da malária, nos vales costeiros, à condição de doença profissional, com as consequentes responsabilidades assistenciais do agricultor.
- Implantação da jornada de sete horas nas minas e em 105 ofícios insalubres, perigosos e nocivos à saúde dos trabalhadores.

---

21. N.T.: O governo de Augusto Leguía aprovou a Lei do Recrutamento Viário de 1920, pela qual todos os homens de 18 a 60 anos estavam obrigados a trabalhar gratuitamente doze dias por ano na construção de estradas. "O recrutamento viário é uma espécie de *mita*", afirmou Mariátegui em seu artigo *"La conscripción vial"*, publicado em 5 de março de 1926 na revista *Mundial*, em Lima.

- Obrigação das empresas mineiras e petrolíferas de reconhecer permanente e efetivamente aos seus trabalhadores todos os direitos garantidos pelas leis do país.
- Aumento dos salários na indústria, agricultura, minas, transportes marítimos e terrestres e nas ilhas de guano, proporcionalmente ao custo de vida e com direito dos trabalhadores a um nível de vida mais elevado.
- Abolição efetiva de todo trabalho forçado ou gratuito e abolição ou punição do regime semi escravo nas montanhas.
- Fornecimento das terras das grandes propriedades às comunidades, para distribuição entre seus membros em proporção suficiente às suas necessidades.
- Expropriação, sem indenização, a favor das comunidades, de todos os fundos dos conventos e congregações religiosas.
- Direito dos *yanaconas*, arrendatários etc., que tenham lavrado um terreno durante mais de três anos consecutivos a obter a adjudicação definitiva do uso das suas parcelas, mediante pagamentos anuais não superiores a 60% do valor do arrendamento em vigor.
- Reduzir em pelo menos 50% este parâmetro, para todos aqueles que continuam na condição de meeiros ou arrendatários.
- Alocação para cooperativas e camponeses pobres das terras recuperadas para cultivo por obras de irrigação agrícola.
- Manutenção, em todos os lugares, dos direitos reconhecidos aos empregados pela respectiva lei.
- Regulamentação, por comissão mista, dos direitos de aposentadoria, de forma a não implicar o menor prejuízo àquilo já estabelecido na lei.
- Implementação do salário mínimo.
- Ratificação da liberdade de culto e ensino religioso, pelo menos nos termos do artigo constitucional, e consequente revogação do último decreto contra as igrejas não católicas. Educação gratuita em todos os níveis.

Estas são as principais reivindicações pelas quais o Partido Socialista lutará imediatamente. Todas elas respondem a demandas urgentes pela emancipação material e intelectual das massas.

Todas elas devem ser ativamente apoiadas pelo proletariado e pelos elementos conscientes da classe média.

A liberdade do Partido de atuar publicamente, sob a proteção da Constituição e das garantias que ela concede aos cidadãos de criar e divulgar sua imprensa sem restrições, de realizar seus congressos e debates, é um direito reivindicado pelo próprio ato de fundação pública desta agremiação.

Os grupos estreitamente ligados que hoje se dirigem ao povo através deste manifesto assumem resolutamente, com a consciência de um dever e responsabilidade histórica, a missão de defender e propagar os seus princípios e manter e incrementar a sua Organização, à custa de qualquer sacrifício. E as massas trabalhadoras da cidade, do campo e das minas e do campesinato indígena, cujos interesses e aspirações representamos na luta política, saberão apropriar-se dessas reivindicações e desta doutrina, lutar por elas com perseverança e força e encontrar, através desta luta, o caminho que conduz à vitória final do socialismo.

    Viva a classe trabalhadora do Peru!
    Viva o proletariado mundial!
    Viva a revolução social!

UNIÃO DAS REPÚBLICAS SOCIALISTAS DA AMÉRICA LATINA

Reportagem feita em março de 1929 pelo jornalista Rafael Maluenda para *El Mercurio*, de Santiago do Chile. Foi publicado na revista *Repertorio Americano* (Costa Rica, 24 de maio de 1930).

Rafael Maluenda (RM): Como o senhor vê e interpreta o desenvolvimento econômico do Peru?

José Carlos Mariátegui (JCM): O Peru está em uma etapa de crescimento capitalista. A guerra europeia fez-nos passar da moratória e do regresso à cédula, à capitalização e aos lucros excessivos. A burguesia nacional, que sempre careceu (pelo menos em sua categoria dominante de latifundiários e gamonalistas) de um verdadeiro espírito capitalista, desperdiçou a oportunidade de usar recursos inesperados para garantir uma situação mais independente em relação aos credores estrangeiros, uma situação mais independente frente às eventuais depressões nos preços dos produtos de exportação, uma posição mais segura. Ela foi incapaz de coordenar e direcionar seus esforços em um sentido nacionalista. Ela imaginou que os lucros excedentes não acabariam. Gaudéria, hedonista por natureza, imprevidente por hábito, em vez de se dedicar à criação de novas fontes de riqueza, dedicou-se à extravagância. Quando os preços do açúcar e do algodão caíram drasticamente após a guerra, os proprietários de terras do litoral viram-se incapazes de honrar os créditos que haviam contraído, expandindo incontrolavelmente suas colheitas e quadruplicando seu luxo. Desde então, um grande número deles foi colocado nas mãos de seus credores: as casas exportadoras que financiam nossa agricultura litorânea e que se deprimem regulando sua produção ao ritmo dos mercados externos, uma fisionomia caracteristicamente colonial. As chuvas e inundações de 1925 agravaram esta situação.

O volume de nossas exportações de algodão e açúcar certamente aumentou; mas a queda dos preços tem um impacto depressivo sobre a economia do país. Muitas fazendas do litoral passaram a ser propriedade de grandes firmas exportadoras, não poucos proprietários de terras foram reduzidos à condição de administradores ou curadores destas. E no Vale de Chicama tem ocorrido um processo de absorção dos empreendimentos agrícolas nacionais – e até do comércio da cidade de Trujillo – pela poderosa empresa açucareira alemã, dona da fazenda e do engenho Casa Grande.

A exploração das minas de cobre e de suas jazidas de petróleo cresceu enormemente; mas seus lucros enriquecem empresas estrangeiras que só deixam no país o que pagam em salários, soldos e impostos. A indústria ainda é escassa. Suas possibilidades de desenvolvimento são naturalmente limitadas; mas elas são limitadas ainda mais pela dependência de nosso movimento econômico em relação ao capitalismo estrangeiro. O capital europeu e norte-americano não está interessado em que esses países sejam outra coisa senão depósitos de matérias-primas e mercados consumidores para a indústria da Europa ou da América do Norte.

Então temos que resolver um problema de nacionalização da nossa economia.

RM: Essa nacionalização é possível, dentro dos interesses e necessidades do regime capitalista?

JCM: Eis uma questão à qual cada um vai responder com critérios sempre mais subjetivos do que objetivos. Não pretendo fugir dessa regra; mas ainda acredito que a crítica de um intelectual que, embora obedeça a uma filiação doutrinária, não pode deixar de levar em conta os dados da realidade, é mais livre, mais desinteressada do que a do empresário ou do advogado vinculado absolutamente por suas conveniências ao regime capitalista.

Parece-me evidente que o grau ao qual chegou o capitalismo mundial, em sua organização industrial e financeira e em sua distribuição de mercados ou sua participação neles, exclui a possibilidade de que novos capitalismos possam se desenvolver com autonomia nacional. Estamos em uma época de imperialismo e colonização inexoráveis. O Peru, como os demais países latino-americanos em situação similar de evolução econômica, não pode escapar dessa lei.

As consequências da queda dos preços da nossa agricultura costeira teriam sido sentidas de forma mais acentuada na situação econômica e financeira geral do país se a política de empréstimos (que são investidos em parte em obras políticas e, de resto, são aplicados para cobrir os *déficits* dos exercícios fiscais) não tivesse diminuído seu efeito.

Essa política, por outro lado, se reflete na formação de uma categoria de especuladores, que compensa a classe capitalista nacional pela perda de seus latifundiários do algodão e do açúcar.

RM: Que papel e significado tiveram as classes sociais na história e na formação da nacionalidade peruana?

JCM: Sem dúvida, há muito o que falar sobre esse tema. Mas não cabe nos limites de uma reportagem. Me limitarei a algumas observações. A primeira é que a população indígena viveu em quase completo ostracismo da nacionalidade. A vida social da colônia legou-nos um sistema de castas, não de classes. A revolução de independência não cumpriu seu papel de revolução liberal por falta de uma burguesia que realizasse seus ideais. Se naquele tempo o Peru tivesse um campesinato capaz de se apropriar desses ideais, o feudalismo latifundiário não teria pesado, como ainda hoje, na evolução política, social e econômica da República.

A liderança militar foi, em nosso processo republicano, um fenômeno característico de uma sociedade carente de uma classe dirigente compacta e ativa. Uma classe capitalista, e correlatamente o governo civilista, surge nesse processo somente quando, ao lado da velha aristocracia latifundiária, dos especuladores do guano[22] e de outros negócios fiscais e seus advogados, o poder econômico repõe o poder político dessa aristocracia, suficientemente forte para lograr livrar-se de intermediários inseguros. O povo é visível nas lutas da República; mas como povo, isto é, como soma ou grupo, não como classe; e não tem sua própria elite em sua vanguarda. A pequena burguesia desempenhou o papel ao qual já me referi na formação do regime de Leguía. E o acontecimento mais promissor de nossa história social desses tempos é obviamente o surgimento do proletariado, seu amadurecimento como classe que se sente destinada a criar uma nova ordem.

RM: Existem ideais unificadores entre os intelectuais e os trabalhadores peruanos?

JCM: Os intelectuais das novas gerações não conseguiram escapar, justamente pela influência desse fato. É tarde demais para que aspirem ser a consciência de uma burguesia progressista e robusta. Essa burguesia nunca existiu no Peru e não cabe aos intelectuais dar-lhe existência. O prestígio dos ideais burgueses ou liberais envelheceu. Os intelectuais que não se voltam para o socialismo caem no que se poderia chamar de diletantismo da reação: curiosidade simpática, em vez de adesão à teorização fascista e tomista[23]. A juventude das universidades, depois da agitação da Reforma, não deixou de se interessar pela questão social.

Também por este lado tem havido não pouco diletantismo passageiro; mas algumas mentes honestas encontraram uma vida definitiva.

A tendência ideológica mais afirmativa e definida da atualidade nacional é a tendência socialista; as outras, se existem, estão ainda por especificar ou são simples ressurreições de velhas tendências, fracas e confusamente retocadas.

---

22. N.T.: Guano é o estado das fezes de aves e morcegos quando estas se acumulam. Pode ser usado como um excelente fertilizante devido aos seus altos níveis de nitrogênio.
23. N.T.: Aqueles que seguem o pensamento de São Tomás ou alguma de suas doutrinas são conhecidos por tomistas. No Concílio de Trento, a doutrina tomista ocupou lugar de honra e, a partir do papa Leão XIII, foi adotada como pensamento oficial da Igreja Católica.

Da solidariedade dos intelectuais de vanguarda para com o proletariado e o campesinato surgirá a força política de amanhã. Potencialmente, essa força já existe. Muitos fatores favorecem a formação de um partido socialista, que forneça um programa e uma direção às massas operárias e camponesas. Com a liquidação dos velhos e débeis partidos, houve a substituição dos velhos temas políticos pelos econômicos. Neste campo, nenhuma doutrina se move com mais segurança do que o socialismo.

Alguns dirão que nós que trabalhamos no Peru pelo socialismo não temos reivindicações imediatas e, consequentemente, nos distanciamos das necessidades concretas e atuais das massas. Mas isso não é exato. Exigimos o direito das massas operárias e camponesas à liberdade de associação, à organização sindical. Exigimos para as comunidades e para os camponeses o direito à terra. Os índios sabem que somos contra o recrutamento viário, contra todas as formas subsistentes de servidão, contra o feudalismo latifundiário.

RM: Como você avalia o problema de Tacna e Arica[24] diante da realidade peruana? Que porvir você vislumbra no futuro americano quanto à unidade material e moral de nossos países?

JCM: Longe de qualquer razão circunstancial ou oportunista, tenho o título de ser um dos escritores do Peru que não acendeu a fogueira da vingança. Um ilustre escritor mexicano, amigo meu, recentemente me escreveu de Santiago, convidando-me a contribuir para a retomada das relações entre os intelectuais dos dois povos. Pessoalmente, não devo retomá-las, mas sim aumentá-las e mantê-las, porque não as interrompi.

Para a geração que se seguiu à guerra, o problema de Tacna e Arica foi, sentimental e moralmente, o problema dominante da reorganização nacional. Esta geração teve um porta-voz magnífico e imaculado: González Prada. Mas a idealização dos irredimíveis Tacna e Arica deu seus frutos mais puros na Junta Patriótica e no Apostolado de Figueredo. A geração [atual] descobriu o problema de quatro milhões de índios não redimidos

---

24. N.T.: Regiões outrora peruanas, anexadas militarmente pelo Chile.

e não consegue mais pensar como González Prada. A reivindicação de Tacna e Arica foi explorada pela política do feudalismo, herdeiro e continuação da colônia, justamente para descartar outras reivindicações. À juventude, o proletariado do Peru hoje respondeu fraternalmente, por isso, as palavras da juventude e do proletariado do Chile. Muitos problemas comuns nos unem, para que os problemas de Tacna e Arica possam nos separar, que em clima de amizade e compreensão terão a melhor garantia de uma solução justa.

Se a solução é possível hoje, em parte se deve ao fato de que, apesar do chauvinismo recalcitrante, o trabalho preparatório já foi feito na opinião pública de ambos os povos. Os outros fatores de aproximação são bem conhecidos. Não é necessário que eu me refira a eles. Economicamente, Chile e Peru são praticamente dois países que, como produtores, se complementam. Historicamente, espiritualmente, seu patrimônio mais glorioso é o dos dias comuns e fraternos da Revolução da Independência.

E quanto ao futuro da união material e moral de nossos dois países, minha esperança e desejo são: que uma confederação Peruana-Chileno-Boliviana, ou outra ainda mais ampla, mas na qual nossos dois países entrarão, constitua a primeira União das Repúblicas Socialistas da América Latina. Utopia excessiva? Os maiores estadistas da Europa capitalista – dilacerados por um nacionalismo ardente, divididos por diferentes línguas, povos e tradições – declaram a sua adesão a uma ideia que, neles, tem mesmo caráter utópico: os Estados Unidos da Europa. Por que os jovens do Peru e do Chile não deveriam confessar seu ideal, que não seria senão um ponto de parada na estrada para os Estados Unidos da América do Sul?

PONTO DE VISTA ANTI-IMPERIALISTA

Documento redigido por Mariátegui em 21 de maio de 1929 e apresentado pela delegação peruana na I Conferência Comunista Latino-Americana (Buenos Aires, junho de 1929).

1º – Até que ponto a situação das repúblicas latino-americanas pode ser assimilada à dos países semicoloniais? Sem dúvida, a condição econômica destas repúblicas é semicolonial e, à medida que crescer seu capitalismo e, consequentemente, a penetração imperialista, este caráter de sua economia tende a se acentuar. Mas as burguesias nacionais, que veem na cooperação com o imperialismo a melhor fonte de lucro, sentem-se suficientemente donas do poder político para não se preocuparem seriamente com a soberania nacional. Estas burguesias na América do Sul, que ainda não conhecem – com exceção do Panamá – a ocupação militar ianque, não estão predispostas de forma alguma a admitir a necessidade de lutar pela segunda independência, como supunha ingenuamente a propaganda aprista[25]. O Estado, ou melhor, a classe dominante, não sente falta de um grau mais amplo e certo de autonomia nacional. A revolução da Independência está demasiadamente próxima, relativamente, seus mitos e símbolos demasiadamente vivos na consciência da burguesia e da pequena burguesia. A ilusão da soberania nacional conserva-se em

---

25. N.T.: Partidários da APRA (Aliança Popular Revolucionária Americana), fundada em 1924 por Víctor Raúl Haya de la Torre, com o qual Mariátegui chegou a colaborar no primeiro momento. Em 7 de outubro de 1928, após discordar dos rumos tomados pela APRA, Mariátegui ajuda a fundar o Partido Socialista do Peru. Até o começo de 2019, antes de seu suicídio causado pelo envolvimento no escândalo da Odebredtch, o principal líder da APRA era Alan García, um dos mais conhecidos discípulos de Haya de la Torre.

seus principais efeitos. Pretender que nesta camada social surja um sentimento de nacionalismo revolucionário, parecido com o que, em condições diferentes, representa um fator da luta anti-imperialista nos países semicoloniais avassalados pelo imperialismo nas últimas décadas na Ásia, seria um erro grave.

Em nossa discussão com os dirigentes do aprismo, reprovando sua tendência a propor um Kuomintang[26] na América Latina, a fim de evitar a imitação europeia e situar a ação revolucionária em uma apreciação exata de nossa própria realidade, sustentávamos há mais de um ano a seguinte tese:

A colaboração com a burguesia, assim como muitos elementos feudais na luta anti-imperialista chinesa, explica-se por motivos de raça, de civilização nacional que não existem entre nós. O chinês nobre ou burguês sente-se profundamente chinês. Ao desprezo do branco por sua cultura estratificada e decrépita, responde com o desprezo e o orgulho de sua tradição milenar. O anti-imperialismo na China pode, portanto, basear-se no sentimento e no fator nacionalista. Na Indo-América as circunstâncias não são as mesmas. A aristocracia e a burguesia nacional não se sentem solidarizadas com o povo pelo laço de uma história e de uma cultura comuns. No Peru, o aristocrata e o burguês brancos desprezam o popular, o nacional. Sentem-se, acima de tudo, brancos. O pequeno-burguês mestiço imita este exemplo. A burguesia de Lima confraterniza com os capitalistas ianques, e mesmo com seus meros funcionários, no Country Club, no Tennis Club e nas ruas. O ianque casa-se sem inconveniente de raça nem de religião com a senhorita nativa, e esta não sente escrúpulo de nacionalidade nem de cultura em preferir o casamento com um indivíduo da raça invasora. A moça de classe média também não tem este escrúpulo. A *huachafita*[27] que conquista um ianque empregado na Grace ou na Foundation sente com satisfação sua

---

26. N.T.: O Kuomintang (literalmente, Partido Nacionalista) Chinês foi criado por Sun Yat-sen e dominou o governo burguês da República da China de 1928 até a tomada do poder pelos comunistas, em 1949. Desde então, sua influência se limita a Taiwan, onde até 1986 era o único partido autorizado a exercer o poder.

27. N.T.: Mulher de classe social baixa que finge pertencer a outra superior e tenta ascender por qualquer meio.

condição social melhorar. O fator nacionalista, por estas razões objetivas que todos vocês compreendem, não é decisivo nem fundamental na luta anti-imperialista em nosso meio. Só em países como a Argentina, onde existe uma burguesia numerosa e rica, orgulhosa do grau de riqueza e poder em sua pátria, e onde a personalidade nacional tem por estas razões contornos mais claros e nítidos que nestes países atrasados, o anti-imperialismo pode (talvez) penetrar facilmente nos elementos burgueses; mas por motivos de expansão e crescimento capitalistas, não por razões de justiça social e doutrina socialista, como é nosso caso.

A traição da burguesia chinesa, a falência do Kuomintang ainda não eram conhecidas em toda sua magnitude. Um conhecimento capitalista, e não por motivos de justiça social e doutrinária, demonstrou quão pouco se podia confiar, mesmo em países como a China, no sentimento nacionalista revolucionário da burguesia.

Enquanto a política imperialista conseguir gerenciar os sentimentos e formalidades da soberania nacional destes Estados, enquanto não for obrigada a recorrer à intervenção armada e à ocupação militar, contará com a colaboração das burguesias. Embora enfeudados à economia imperialista, estes países, ou suas burguesias, se considerarão tão donos de seus destinos como a Romênia, a Bulgária, a Polônia e demais países "dependentes" da Europa.

Este fator da psicologia política não deve ser desconsiderado na estimativa precisa das possibilidades da ação anti-imperialista na América Latina. Seu protelamento, seu esquecimento, tem sido uma das características da teorização aprista.

2º – A divergência fundamental entre os elementos que aceitaram em princípio o APRA no Peru – como um plano de frente única, nunca como partido e nem mesmo como organização efetiva – e os que, fora do Peru, definiram-no depois como um Kuomintang latino-americano consiste em que os primeiros permaneceram fiéis à concepção econômico-social revolucionária do anti-imperialismo, enquanto os segundos explicam assim sua posição: "Somos de esquerda (ou socialistas) porque somos anti-imperialistas". Assim, o anti-imperialismo é elevado à categoria de um programa, de uma atitude política, de um movimento que basta em si mesmo e que conduz espontaneamente, não sabemos em virtude de que processo, ao socialismo, à revolução social. Este conceito leva a uma exorbitante superestimação do movimento anti-imperialista, ao exagero do mito da luta pela "segunda independência", ao romantismo de que já estamos vivendo as jornadas de uma nova emancipação. Daí a tendência a substituir as ligas anti-imperialistas por um organismo político. Do APRA, concebido inicialmente como frente única, como aliança popular, como bloco das classes oprimidas, passa-se para o APRA definido como o Kuomintang latino-americano.

Para nós, o anti-imperialismo não constitui nem pode constituir, sozinho, um programa político, um movimento de massas apto à conquista do poder. O anti-imperialismo, admitindo que ele pudesse mobilizar a burguesia e a pequena burguesia nacionalistas ao lado das massas operárias e camponesas (já negamos terminantemente esta possibilidade), não anula o antagonismo entre as classes, nem suprimem suas diferenças de interesses.

Nem a burguesia, nem a pequena burguesia no poder podem realizar uma política anti-imperialista. Temos a experiência do México, onde a pequena burguesia acabou pactuando com o imperialismo ianque. Um governo "nacionalista" pode usar, em suas relações com os Estados Unidos, uma linguagem diferente daquela do governo de Leguía no Peru. Este governo é francamente, desaforadamente, pan-americanista, monroísta[28]; mas qualquer outro governo burguês faria praticamente o mesmo que ele em matéria de empréstimos e concessões. Os investimentos do capital estrangeiro no Peru crescem em estreita e direta relação com o desenvolvimento econômico do país, com a exploração de suas riquezas naturais, com a população de seu território, com o aumento das vias de comunicação. O que a mais demagógica pequena burguesia pode contrapor à penetração capitalista? Nada, exceto uma embriaguez nacionalista temporária. O assalto ao poder pelo anti-imperialismo, como movimento

---

28. N.T.: Partidário da Doutrina Monroe, que aprega a "América para os [norte] americanos".

demagógico populista, se fosse possível, nunca representaria a conquista do poder pelas massas proletárias, pelo socialismo. A revolução socialista encontraria seu mais encarniçado e perigoso inimigo – perigoso por sua confusão, sua demagogia – na pequena burguesia assentada no poder, conquistado mediante suas palavras de ordem.

Sem prescindir da utilização de nenhum elemento de agitação anti-imperialista, nem de nenhum meio de mobilização dos setores sociais que eventualmente possam auxiliar nesta luta, nossa missão é explicar e demonstrar às massas que só a revolução socialista oporá um obstáculo definitivo e verdadeiro ao avanço do imperialismo.

3º – Estes fatos diferenciam a situação dos países sul-americanos da situação dos países centro-americanos, onde o imperialismo ianque, recorrendo à intervenção armada sem qualquer pudor, provoca uma reação patriótica que pode fazer facilmente com que uma parte da burguesia e da pequena burguesia abracem o anti-imperialismo. A propaganda aprista, conduzida pessoalmente por Haya de la Torre, não parece ter obtido melhores resultados em nenhuma outra parte da América. Suas pregações confusas e messiânicas que, embora pretendam se situar no plano da luta econômica, na verdade apelam particularmente aos fatores raciais e sentimentais, reúnem as condições necessárias para impressionar a pequena burguesia intelectual. A formação de partidos de classe e poderosas organizações sindicais, com clara consciência classista, não parece destinada nesses países ao mesmo desenvolvimento imediato que na América do Sul. Em nossos países, o fator classista é mais decisivo, está mais desenvolvido. Não há motivo para recorrer a vagas fórmulas populistas, por trás das quais não podem deixar de prosperar tendências reacionárias. Atualmente o aprismo, como propaganda, está circunscrito à América Central; na América do Sul, devido ao desvio populista, caudilhista, pequeno-burguês, como o definia o Kuomintang latino-americano, está em fase de extinção. A resolução do próximo Congresso anti-imperialista de Paris, cujo voto tem de decidir a unificação dos organismos anti-imperialistas e estabelecer a distinção entre as plataformas e agitações anti-imperialistas e as tarefas que competem aos partidos de classe e às organizações sindicais, colocará um ponto final na questão.

4º – Em nossos países, os interesses do capitalismo imperialista coincidem necessária e fatalmente com os interesses feudais e semifeudais da classe dos latifundiários? A luta contra o feudalismo identifica-se forçosa e completamente com a luta anti-imperialista? Certamente, o capitalismo imperialista utiliza o poder da classe feudal, já que a considera a classe politicamente dominante. Mas seus interesses estratégicos não são os mesmos. A pequena burguesia, sem excetuar a mais demagógica, se atenuar na prática seus impulsos mais nacionalistas, poderá chegar à mesma estreita aliança com o capitalismo imperialista. O capital financeiro se sentirá mais seguro se o poder estiver em mãos de uma classe social mais numerosa que, satisfazendo certas reivindicações mais prementes e atrapalhando a orientação classista das massas, estará em melhores condições de defender os interesses do capitalismo, de ser seu guardião e servo, que a velha e odiada classe feudal. A criação da pequena propriedade, a desapropriação dos latifúndios, o fim dos privilégios feudais não são contrários aos interesses do imperialismo, de modo imediato. Pelo contrário, na medida em que os últimos resquícios de feudalismo travam o desenvolvimento de uma economia capitalista, esse movimento de extinção do feudalismo coincide com as exigências do crescimento capitalista, promovido pelos investimentos e pelos técnicos do imperialismo; que desapareçam os grandes latifúndios, que em seu lugar se constitua uma economia agrária baseada naquilo que a demagogia burguesa chama de "democratização" da propriedade do solo; que as velhas aristocracias sejam deslocadas por uma burguesia e uma pequena burguesia mais poderosa e influente – e, por isso mesmo, mais apta para garantir a paz social –, nada disso está contra os interesses do imperialismo. No Peru, o regime de Leguía, embora tímido na prática diante dos interesses dos latifundiários e gamonalistas, que em grande parte o apoiam, não vê qualquer inconveniente em recorrer à demagogia, em reclamar contra o feudalismo e seus privilégios, em bradar contra as antigas oligarquias, em promover uma distribuição do solo que transformará cada peão agrícola em um pequeno proprietário. O regime de Leguía extrai suas maiores forças justamente desta demagogia. O leguiísmo não se atreve a tocar na grande propriedade. Mas o movimento natural do desenvolvimento capitalista – obras de irrigação, exploração de novas minas etc. – vai contra os interesses e privilégios feudais. Os latifundiários, com o crescimento das áreas cultiváveis, com o surgimento de novos focos de trabalho, perdem sua principal força: a disposição absoluta e incondicional da mão-de-obra. Em Lambayeque, onde atualmente são efetuadas obras de irrigação, a atividade capitalista da comissão técnica que as dirige, presidida por um perito dos Estados Unidos, o engenheiro Sutton, entrou rapidamente em conflito com as conveniências dos grandes proprietários feudais. Estes grandes latifundiários são, principalmente, produtores de açúcar. A ameaça de perder o monopólio da terra e da água, e com ele o meio de dispor livremente da população trabalhadora, enlouquece essas pessoas, levando-as a uma atitude que o governo, ainda que vinculado a muitos de seus elementos, qualifica de subversiva ou antigovernista. Sutton tem as características do empresário capitalista norte-americano. Sua mentalidade e seu trabalho chocam o espírito feudal dos latifundiários. Por exemplo: Sutton estabeleceu um sistema de distribuição das águas baseado no princípio de que seu domínio pertence ao Estado; os latifundiários achavam que o direito sobre as águas estava ligado ao seu direito sobre a terra. Segundo sua tese, as águas lhes pertenciam; eram e são propriedade absoluta de seus terrenos.

5º – E a pequena burguesia, cujo papel na luta contra o imperialismo é tão superestimado, necessariamente se opõe à penetração imperialista, como tanto se diz? Sem dúvida, a pequena burguesia é a classe social mais sensível ao prestígio dos mitos nacionalistas. Mas o fato econômico que acompanha a questão é o seguinte: em países de pauperismo espanhol, onde a pequena burguesia, pelos seus enraizados preconceitos, resiste à proletarização; onde a mesma, pela miséria dos salários, não tem força econômica para transformá-la, pelo menos em parte, em classe operária; onde imperam o "empreguismo", o recurso ao pequeno cargo estatal, a caça aos salários e aos postos "decentes"; o estabelecimento de grandes empresas que, embora explorem enormemente seus empregados nacionais, sempre representam para esta classe um trabalho mais bem remunerado, é bem-vindo e considerado favorável pelas pessoas da classe média. A empresa ianque representa melhor salário, possibilidade de promoção, emancipação do "empreguismo" do Estado, no qual não há futuro, exceto para os especuladores. Este fato atua decisivamente na consciência do pequeno-burguês, que busca ou possui um posto de trabalho. Nestes países de pauperismo espanhol, repetimos, a situação das classes médias não é a mesma constatada nos países em que estas classes, após um período de livre concorrência, de crescimento capitalista propício à iniciativa e ao sucesso individuais, passam à opressão pelos grandes monopólios.

Em suma, somos anti-imperialistas porque somos marxistas, porque somos revolucionários, porque contrapomos ao capitalismo o socialismo como sistema antagônico, chamado a sucedê-lo; porque na luta contra os imperialismos estrangeiros cumprimos nossos deveres de solidariedade com as massas revolucionárias da Europa.

A QUESTÃO RACIAL NA AMÉRICA LATINA (EXCERTO)

Teses apresentadas integralmente na Primeira Conferência Comunista Latino-Americana, em junho de 1929 em Buenos Aires.

[...] A crítica socialista no Peru deu início a uma nova abordagem do problema indígena, com a denúncia e o repúdio inexorável de todas as tendências burguesas ou filantrópicas que consideram-no como um problema administrativo, jurídico, moral, religioso ou educacional (*7 ensaios de interpretação da realidade peruana: O problema indígena,* de J. C. Mariátegui). As conclusões sobre as condições econômicas e políticas em que surge no Peru e, por analogia, em outros países latino-americanos de numerosa população indígena, esta questão e a luta proletária para resolvê--la, são as seguintes em nossa opinião:

1. SITUAÇÃO SOCIOECONÔMICA DA POPULAÇÃO INDÍGENA NO PERU

Não existe um censo recente que nos permita saber exatamente a proporção atual da população indígena. A afirmação de que a raça indígena compõe quatro quintos de uma população total estimada em no mínimo 5.000.000 é geralmente aceita. Esta avaliação não leva estritamente em conta a raça, mas sim a condição socioeconômica das massas que constituem esses quatro quintos. Existem províncias onde o tipo indígena acusa uma extensa miscigenação. Mas nesses setores o sangue branco foi completamente assimilado pelo meio indígena e a vida dos "cholos" produzidos por essa miscigenação não difere da vida dos indígenas propriamente ditos.

Não menos de noventa por cento da população indígena assim considerada, portanto, trabalha na agricultura. O desenvolvimento da indústria de mineração trouxe como consequência, nos últimos tempos, o crescente emprego de mão de obra indígena na mineração. Mas alguns dos trabalhadores da mineração continuam sendo agricultores. São indígenas de "comunidades" que passam a maior parte do ano nas minas; mas que na época dos trabalhos agrícolas voltam aos seus pequenos terrenos, insuficientes para a sua subsistência.

Na agricultura, subsiste até hoje um regime de trabalho feudal ou semifeudal. Nas fazendas da serra, o assalariamento, quando existe, apresenta-se tão incipiente e distorcido que dificilmente altera os traços do regime feudal. Normalmente, os indígenas obtêm apenas uma parte insignificante dos frutos de seu trabalho. (Ver em "7 Ensaios da Realidade Peruana", no capítulo sobre o problema da terra, os diferentes sistemas de trabalho utilizados na serra) O solo é trabalhado em quase todas as terras latifundiárias de forma primitiva e, não obstante, os grandes proprietários sempre reservam para si as melhores. Seus rendimentos, em muitos casos, são inferiores aos das terras comunitárias. Em algumas regiões, as comunidades indígenas mantêm parte da terra, mas em proporção ínfima para suas necessidades, de modo que seus membros são obrigados a trabalhar para os latifundiários. Os proprietários dos latifúndios, donos de enormes extensões de terra, em grande parte sem cultivo, não tiveram, em muitos casos, interesse em privar as comunidades das suas propriedades tradicionais, porque a comunidade ligada ao território da fazenda permitiu-lhes contar com mão de obra segura e própria. O valor de um latifúndio não se calcula apenas por sua extensão territorial, mas por sua população indígena propriamente. Quando uma fazenda não conta com essa população, o proprietário, em acordo com as autoridades, apela ao recrutamento forçado de peões miseravelmente remunerados. Os indígenas de ambos os sexos, sem exceção das crianças, são obrigados a prestar serviços gratuitos aos proprietários e suas famílias, bem como às autoridades. Homens, mulheres e crianças se revezam no serviço aos gamonais e às autoridades, não só em suas casas de fazenda, mas nas cidades onde residem. A prestação de serviços gratuitos foi legalmente proibida várias vezes, mas na prática subsiste até hoje, porque nenhuma lei pode contrariar a mecânica da ordem feudal se sua estrutura se mantém intacta. A lei de recrutamento rodoviário acentuou nos últimos tempos a aparência feudal das montanhas. Essa lei obriga todos os indivíduos a trabalhar seis dias por semestre na abertura ou manutenção de estradas, ou a se redimir mediante ao pagamento de salários conforme a tarifa definida para cada região. Os indígenas são, em muitos casos, obrigados a trabalhar muito longe de sua residência, o que os obriga a sacrificar um número maior de dias. Eles são alvo de inúmeros saqueios por parte das autoridades, sob o pretexto do serviço rodoviário, que para as massas indígenas têm o caráter das mitas[29] coloniais. Na mineração, a regra é o assalariamento. Nas minas de Junin e La Libertad, onde ficam as sedes das duas grandes mineradoras de cobre, a "Cerro de Pasco Copper Corporation" e a "Northern", os trabalhadores ganham, respectivamente, salários de 2,50 a 3,00 soles. Sem dúvida esses salários são altos em comparação com os inacreditavelmente baixos (vinte ou trinta centavos) que são costume nas fazendas da serra. Mas as empresas se aproveitam de todas as formas da condição atrasada dos indígenas. A legislação social vigente é quase nula nas minas, onde não se respeitam as leis de acidentes e a jornada de trabalho, nem se reconhece o direito de associação dos trabalhadores. Todo operário acusado de tentar organizar os trabalhadores, mesmo que apenas para fins culturais ou mutualismo, é imediatamente despedido pela empresa. As empresas de obras nas galerias geralmente empregam contratistas, que além de serem objeto de execução de um trabalho com menor custo, atuam como um instrumento de exploração dos peões. Os contratistas, entretanto, costumam viver em situação de miséria, preocupados com as obrigações fruto de seus adiantamentos, o que os tornam devedores permanentes das empresas. Quando ocorre um acidente de trabalho, as empresas passam por cima dos direitos dos indígenas por meio de seus advogados, abusando da miséria e do desconhecimento destes,

---

29. N.E.: Trabalho *mitayo*, regime de trabalho aplicado nas colônias espanholas nos Andes sob o qual os indígenas eram submetidos a migração forçada.

indenizando-os de forma arbitrária e miserável. A catástrofe de Morococha, que custou a vida a algumas dezenas de operários, veio recentemente denunciar a insegurança em que trabalham os mineiros. Devido ao mau estado de algumas galerias e à execução de obras que quase tocavam o fundo de uma lagoa, ocorreu um naufrágio que deixou muitos trabalhadores soterrados. O número oficial de vítimas é 27, mas há notícias bem fundamentadas de que o número é maior. Desta vez as denúncias de alguns jornais influenciaram que a companhia se mostrasse mais respeitosa à lei do que o habitual no que diz respeito às indenizações aos familiares das vítimas. Ultimamente, para que se evite mais descontentamento, a Cerro de Pasco Copper Corporation concedeu a seus funcionários e operários um aumento de 10% enquanto durar a atual cotação do cobre. Em províncias remotas como Cotabambas, a situação dos mineiros é muito mais atrasada e penosa. Os gamonais da região se encarregam do recrutamento forçado dos indígenas e os salários são miseráveis.

A indústria foi bem pouco introduzida na serra. Ela está representada principalmente pelas fábricas têxteis de Cusco, onde a produção de lãs de excelente qualidade é o principal fator de seu desenvolvimento. O pessoal destas fábricas é indígena, salvo a direção e os patrões. O indígena assimilou perfeitamente as máquinas. É um trabalhador atento e sério, que o capitalista explora habilmente. O ambiente feudal da agricultura se estende a essas fábricas, onde um certo patriarcalismo, que usa os protegidos e afilhados do senhor como instrumentos de sujeição a seus companheiros, se opõe à formação da consciência de classe.

Nos últimos anos, devido ao estímulo dos preços da lã peruana no mercado externo, iniciou-se um processo de industrialização das propriedades agrícolas no sul. Vários proprietários introduziram uma técnica moderna, importando criadores estrangeiros, que melhoraram o volume e a qualidade da produção, e livrando-se do jugo dos comerciantes intermediários, instalando em suas fazendas moinhos e cultivando pequenas plantas que servirão de matéria-prima para a indústria. De resto, na serra, não existem outras plantas e cultivos para a indústria além das destinadas à produção de açúcar, rapadura e aguardente para consumo regional.

Para a exploração das fazendas do litoral, onde a população é insuficiente, recorre-se à mão-de-obra indígena da serra em larga escala. Por meio dos "enganchadores"[30], as grandes fazendas de açúcar e algodão reúnem os peões necessários ao trabalho agrícola. Esses peões ganham salários, embora sempre muito pequenos, muito superiores aos que estão acostumados na serra feudal. Mas, ao invés disso, sofrem as consequências do trabalho extenuante, do clima quente, da alimentação insuficiente em relação a este trabalho e da malária endêmica nos vales do litoral. O peão da montanha dificilmente escapa da malária, o que o obriga a voltar para sua região, muitas vezes com uma tuberculose incurável. Embora a agricultura nessas fazendas seja industrializada (a terra é trabalhada com métodos e máquinas modernas e os produtos são matéria-prima em "engenhos" ou usinas bem equipadas), o ambiente não é de capitalismo e trabalho assalariado como na indústria urbana. O fazendeiro mantém o espírito e a prática feudais no tratamento de seus trabalhadores, não reconhecendo seus direitos estabelecidos pela legislação trabalhista. Na fazenda não há outra lei senão a do proprietário. Não se tolera nem a sombra de uma associação operária. Os empregados negam a entrada de pessoas que por algum motivo estão sob desconfiança do proprietário ou administrador. Durante o período colonial, essas propriedades foram trabalhadas por escravos negros. Abolida a escravidão, os cules chineses foram trazidos e o proprietário de terras clássico não perdeu seus hábitos de comerciante de escravos ou senhor feudal.

Na montanha ou na floresta, a agricultura ainda é muito incipiente. São empregados os mesmos sistemas de recrutamento de peões da serra, e em certa medida se utilizam os serviços de tribos selvagens familiarizadas com os brancos. Mas a montanha tem, em termos de regime de trabalho, uma tradição muito mais sombria. Na exploração da borracha, quando esse produto tinha alto preço, eram aplicados os procedimentos mais bárbaros e criminosos da escravidão. Os crimes do Putumayo, sensacionalmente

---

30. N.E.: Contratante intermediário entre o fazendeiro e o trabalhador por temporada.

denunciados pela imprensa estrangeira, constituem a página mais obscura da história dos seringueiros. Alega-se que muito se exagerou e fantasiou no exterior sobre esses crimes e, embora uma tentativa de chantagem esteja em meio à origem do escândalo, a verdade está perfeitamente documentada pelas investigações e depoimentos de oficiais da justiça peruana, como o juiz Valcárcel e o procurador Paredes que comprovaram os métodos escravistas e sanguinários dos capatazes da casa Araos. E há menos de três anos, um funcionário exemplar, o dr. Chuquihuanca Ayulo, grande defensor da raça indígena – ele próprio indígena – foi exonerado de suas funções de procurador no departamento da Madre de Dios por denunciar os métodos escravistas da mais poderosa empresa naquela região.

Esta breve descrição das condições econômico-sociais da população indígena do Peru estabelece que ao lado de um pequeno número de assalariados mineiros e um salário agrícola ainda incipiente, um regime de servidão, e que nas regiões montanhosas remotas, em casos frequentes, os aborígenes são submetidos a um sistema escravista.

2. A LUTA INDÍGENA CONTRA O GAMONALISMO

Quando se fala da atitude do indígena para com seus exploradores, geralmente se tem a impressão de que, desvalorizado e deprimido, o indígena é incapaz de qualquer luta, de qualquer resistência. A longa história de insurreições e motins indígenas e os massacres e repressões que se seguiram por si só é suficiente para desmentir essa impressão. Na maioria dos casos, os levantes indígenas tiveram como origem uma violência que os obrigou incidentalmente à revolta contra uma autoridade ou um proprietário de terras, mas em outros casos não teve este caráter de um motim local. A rebelião foi seguida de uma agitação menos incidental e se espalhou para uma região mais ou menos extensa. Para reprimi-la foi necessário apelar para forças numerosas e verdadeiras matanças. Milhares de indígenas rebeldes semearam o medo nos gamonais de uma ou mais províncias. Um dos levantes que nos últimos tempos assumiu proporções extraordinárias foi liderado pelo Major do Exército Teodomiro Gutiérrez, um mestiço da serra, com alto percentual de sangue indígena, que se autodenominava Rumimaqui e se apresentava como o redentor de sua raça. O major Gutiérrez havia sido enviado pelo governo de Billinghurst ao departamento de Puno – onde o gamonalismo exacerbava suas imposições – para realizar uma investigação sobre as denúncias indígenas e informar o governo. Gutiérrez então entrou em contato íntimo com os indígenas. Com a derrubada do governo, Billinghurst pensou que todas as perspectivas de reivindicações legais haviam desaparecido, e então estourou a revolta. Eram vários milhares de indígenas mas como sempre, desarmados e indefesos diante das tropas, condenados à dispersão ou à morte. Esta revolta foi seguida pelas de La Mar e Huancané em 1923 e outras menores, todas reprimidas de forma sangrenta.

Em 1921, com aprovação do governo, um congresso indígena se reuniu com a presença de delegações de vários grupos de comunidades. O objetivo desses congressos era formular as reivindicações da raça indígena. Os delegados pronunciaram, em quechua, acusações enérgicas contra os "gamonais", as autoridades e os padres. Foi constituído um comitê de Direito Indígena Pró-Tawantinsuyu. Realizou-se um congresso por ano até 1924, quando o governo perseguiu os revolucionários indígenas, intimidou as delegações e distorceu o espírito e o propósito da assembleia. O congresso de 1923, em que resoluções inquietantes foram votadas sobre o gamonalismo – como as que pediam a separação entre Igreja e Estado e a revogação da lei de recrutamento rodoviário – revelou-se o perigo dessas conferências, nas quais dois grupos de comunidades indígenas de diversas regiões entravam em contato e coordenavam suas ações.

Nesse mesmo ano, havia sido criada a Federação Indígena Regional dos Trabalhadores, que pretendia aplicar os princípios e métodos do anarco-sindicalismo à organização dos indígenas e que, portanto, estava destinada a não ir além de uma tentativa, porém representava em todo o caso uma honesta orientação revolucionária da vanguarda indígena. Exilados dois dos líderes indígenas deste movimento, outros intimidados, a Federação

Indígena Regional dos Trabalhadores logo foi reduzida a apenas um nome. E em 1927 o governo declarou dissolvido o próprio Comitê Pró-Direitos Indígenas do Tawantinsuyu, sob o pretexto de que seus dirigentes eram meros exploradores da raça cuja defesa afirmavam fazer. Este comitê nunca chegou a ter mais importância do que a sua participação em congressos indígenas e era composta por sujeitos que careciam de valor ideológico e pessoal, e que em muitas ocasiões haviam feito protestos de adesão à política governamental, por considerá-la pró-indigenista. Mas para alguns gamonais ainda era um instrumento de agitação, um resíduo dos congressos indígenas. O governo, por outro lado, orientava sua política no sentido de associar declarações pró-indígenas às promessas de distribuição de terras, etc. Uma ação resoluta contra qualquer agitação dos indígenas por grupos revolucionários ou aqueles suscetíveis à influência revolucionária.

A penetração de ideias socialistas e a expressão das reivindicações revolucionárias entre os indígenas continuou apesar dessas adversidades. Em 1927, constituiu-se em Cusco um grupo de ação pró-indígena chamado Grupo Ressurgimento. Era composto por alguns intelectuais e artistas, ao lado de alguns operários cusquenhos. Este grupo publicou um manifesto denunciando os crimes do gamonalismo (ver Amauta nº 6). Pouco depois de sua constituição, um de seus principais dirigentes, o dr. Luis E. Valcárcel, foi preso em Arequipa. Sua prisão não durou mais que alguns dias, entretanto, o Grupo Ressurgimento foi definitivamente dissolvido pelas autoridades de Cusco.

3. CONCLUSÕES SOBRE O PROBLEMA INDÍGENA E AS TAREFAS QUE ELE IMPÕE

O problema indígena se identifica com o problema da terra. A ignorância, o atraso e a miséria dos indígenas não são, repetimos, senão a consequência de sua servidão. O latifúndio feudal mantém a exploração e o domínio absolutos das massas indígenas pela classe proprietária. A luta dos indígenas contra os "gamonais" se apoiou invariavelmente na defesa de suas terras contra a absorção e expropriação. Há, portanto, uma reivindicação indígena instintiva e profunda: a reivindicação da terra. Dar um caráter organizado, sistemático e definido a essa reivindicação é a tarefa que temos o dever de realizar ativamente.

As "comunidades" que têm demonstrado, sob a mais dura opressão, condições realmente surpreendentes de resistência e persistência, representam no Peru um fator natural de socialização da terra. O índio tem hábitos arraigados de cooperação: mesmo quando a propriedade da comunidade é transferida para apropriação individual (e não só na Serra mas também no Litoral, onde uma maior miscigenação atua contra os costumes indígenas), a cooperação é mantida e o trabalho pesado é feito em comum. A "comunidade" pode transformar-se em cooperativa com o mínimo esforço. O ganho das comunidades nas terras dos latifúndios é também a solução que exige o problema agrário na serra. No litoral, onde a propriedade é igualmente onipotente, mas onde a propriedade comunitária desapareceu, há uma tendência inevitável à individualização da propriedade da terra. Os yanaconas, espécies de meeiros fortemente explorados, devem ser ajudados nas suas lutas contra os proprietários. A reivindicação natural desses yanaconas é a do solo em que trabalham. Nas fazendas exploradas diretamente por seus donos, por meio de peonadas, recrutadas em parte na serra, e para as quais nesta parte não há vínculo com a terra, os termos da luta são diferentes. As demandas para as quais é necessário trabalhar são: liberdade de organização, eliminação do "enganche", aumento salarial, jornada de trabalho de oito horas e cumprimento das leis de proteção ao trabalho. Só quando o peão tiver conquistado essas coisas estará no caminho de sua emancipação definitiva.

É muito difícil que a propaganda sindical penetre nas fazendas. Tanto na serra como no litoral, a fazenda é um feudo. Nenhuma associação que não aceite o patronato e a tutela dos proprietários e da administração é tolerada. E, neste caso, existem apenas associações desportivas ou recreativas. Porém com o aumento do tráfego de automóveis, aos poucos vai se abrindo uma brecha nas barreiras que antes fechavam a fazenda para qualquer propaganda. Daí a importância que tem a organização e mobilização ativa dos trabalhadores do transporte no desenvolvimento do movimento classista no Peru.

Quando os peões souberem que contam com a solidariedade fraterna dos sindicatos e compreenderem seu valor, facilmente despertará neles a vontade de lutar que hoje lhes falta e que demonstraram mais de uma vez. Os núcleos de sindicalistas que vão se constituindo gradativamente nas fazendas, terão a função de explicar às massas seus direitos, de defender seus interesses, de representá-las de fato em qualquer reivindicação e de aproveitar a primeira oportunidade de dar forma à sua organização dentro do que as circunstâncias permitirem.

Para a educação ideológica progressiva das massas indígenas, a vanguarda operária dispõe daqueles sujeitos militantes da raça indígena que, nas minas ou nos centros urbanos, particularmente nestes últimos, entram em contato com o movimento sindical e político. Seus princípios são assimilados e eles são treinados para desempenhar um papel na emancipação de sua raça. É comum que trabalhadores do meio indígena retornem temporária ou permanentemente a ele. O idioma permite que cumpram com eficácia uma missão de instrutores de seus irmãos de raça e classe. Os indígenas camponeses realmente só entenderão aos indivíduos de seu meio que falam sua própria língua. Do branco e do mestiço, eles sempre desconfiarão; e o branco e o mestiço, por sua vez, dificilmente se imporão o árduo trabalho de alcançar o meio indígena e levar propaganda de classe a ele.

Os métodos de auto educação, a leitura regular dos órgãos do movimento sindical e revolucionário da América Latina, seus panfletos, etc., a correspondência com colegas de centros urbanos, serão os meios para que esses sujeitos cumpram com sucesso sua missão educativa.

A coordenação das comunidades indígenas por regiões, o socorro àqueles que sofrem perseguição da justiça ou da polícia (os "gamonais" processam por crimes comuns os indígenas que resistem ou aqueles que os querem destituir), a defesa da propriedade comunitária, a organização de pequenas bibliotecas e centros de estudo, são atividades nas quais os indígenas aderentes ao nosso movimento devem ter sempre um papel principal e dirigente, com o duplo propósito de dar à orientação e educação de classe dos indígenas diretrizes sérias e evitar a influência de personagens desorientadores (anarquistas, demagogos, reformistas, etc.). No Peru, a organização e a educação do proletariado mineiro, junto à do proletariado agrícola, é uma das questões que se colocam para o imediato. Os centros de mineração (o principal deles, La Oroya, está a caminho de se tornar o centro de lucro mais importante da América do Sul) constituem pontos onde a propaganda de classe pode operar com vantagem. Além de representarem em si importantes características proletárias, como as condições do salário, aproximam os *braceros*[31] indígenas dos operários industriais, dos operários das cidades, que levam seu espírito e princípios de classe a esses centros. Os indígenas das minas, em grande parte, continuam sendo camponeses, de modo que um recrutamento que se faça entre eles, é um sujeito conquistado também na classe camponesa.

O trabalho, em todos os seus aspectos, será difícil, mas seu progresso dependerá fundamentalmente da capacidade dos sujeitos que o realizam e de sua avaliação precisa e concreta das condições objetivas da questão indígena. O problema não é racial, mas social e econômico, porém a raça tem seu papel nela e nos meios para enfrentá-lo. Por exemplo, enquanto apenas militantes vindos do meio indígena podem, por sua mentalidade e idioma, alcançar eficaz ascensão e imediata sobre seus companheiros.

Uma consciência revolucionária indígena talvez leve algum tempo para se formar. Mas uma vez que o indígena se aproprie da ideia socialista, ele servirá a ela com disciplina, tenacidade e força, as quais poucos proletários de outros círculos serão capazes de superar.

O realismo de uma política revolucionária, segura e precisa, na valorização e no uso dos fatos sobre os quais é necessário atuar nesses países, nos quais a população indígena ou negra tem importantes proporções e papéis, pode e deve virar o fator racial em um fator revolucionário. É essencial dar ao movimento do proletariado indígena ou negro, agrícola e industrial, um claro caráter de luta de classes. É preciso dar às populações indígenas ou

---

31. N.E.: Trabalhadores do campo que sofrem migração forçada para realizar tarefas braçais.

negras escravizadas – disse um companheiro do Brasil – a certeza de que só um governo de trabalhadores e camponeses de todas as raças que habitam o território os emancipará verdadeiramente, pois só isto poderá extinguir os latifúndios e o regime industrial capitalista e libertá-los definitivamente da opressão imperialista.

2

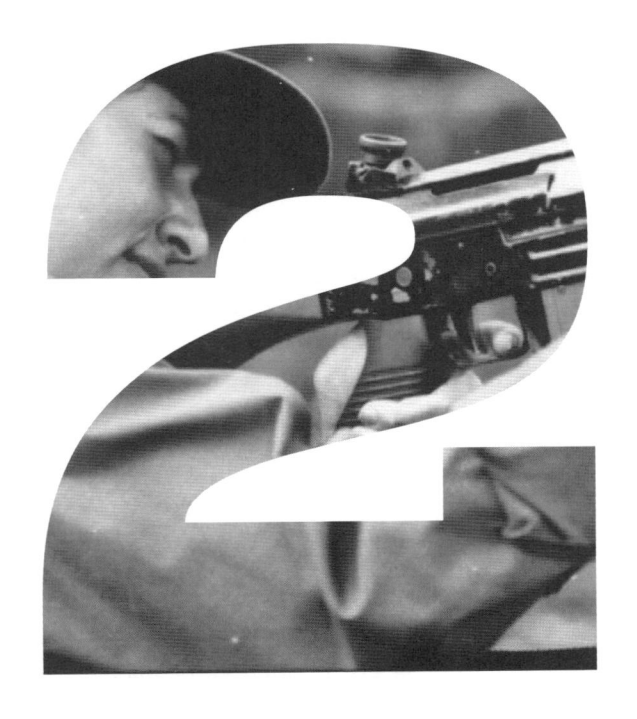

ROSA SCHEINER

Cirurgiã dentista argentina de família judaica, aderiu em 1909 ao Centro Socialista Feminino. Nos anos 1930, era a única mulher a assinar com o próprio nome seus artigos na revista *Izquierda*. Militou mais tarde no *Partido Socialista Obrero*, organização aliada ao Partido Comunista e oriunda de um racha do Partido Socialista em 1937. Foi parte da *Junta de la Victoria*, uma organização antifascista de mulheres fundada em setembro de 1941.

A LIBERTAÇÃO DAS MULHERES E A REVOLUÇÃO PROLETÁRIA

Publicado na revista *Izquierda*, ano 1, nº 1, Buenos Aires, Argentina, em outubro de 1934.

Desde a Antiguidade, o homem subjuga a mulher, aproveitando-se de sua condição biológica que a colocava em situação de desvantagem em relação a ele. O pesado fardo da gravidez e da lactação impediu-a de se dedicar à caça e à guerra, fontes preferenciais de sustento nos tempos primitivos, às quais o homem recorreu. Ao estabelecer-se como provedor da mulher, ao mantê-la, ele exigiu sua submissão incondicional e a obteve. Veja como uma simples razão econômica estabelece as bases para o império masculino. Essa situação foi perpetrada até culminar no gineceu e no harém, em cujos interiores sombrios ocorriam, silenciosa e às vezes inconscientemente, as tragédias de seres humanos privados da menor liberdade, purgando o suposto estigma de seu sexo.

Com exceção do fugaz período do matriarcado, em que a mulher, e não o homem, era a cabeça, a chefe da família, a mulher de todos os tempos, de todas as civilizações, mesmo tão brilhantes quanto a árabe ou a grega, estava à mercê do homem.

O cristianismo, em seu período de maior poder, o da Idade Média, eleva ao máximo o desprezo pela mulher, declarando-a um receptáculo de impurezas, um ninho de pecados, morada de demônios etc.; esquecendo que a "boa nova" de Jesus Cristo, suposto ou verdadeiro fundador da religião cristã, encontrou nas mulheres do seu tempo a mais fervorosa adesão.

A grande Revolução Francesa, com todas as suas projeções entre outros povos, sem dúvida trouxe um sopro de renovação no que diz respeito à situação das mulheres, mas tocou o problema de forma superficial. Nos salões da burguesia esclarecida, as mulheres se alternavam com escritores, políticos, artistas, comentando acaloradamente os acontecimentos daquele momento singular.

Homens e mulheres de todas as categorias sociais confraternizavam sob o feitiço da embriaguez revolucionária.

Logo algumas vozes de autoridade ressoaram (Stuart Mill na Inglaterra, Fourier na França) defendendo até mesmo o sufrágio feminino.

Parecia que o advento da burguesia em meio a tantas declarações patéticas e generosas significaria o fim da servidão feminina.

Mas o que aconteceu com as proclamações da burguesia foi o que aconteceu com a pregação do cristianismo: uma vez vitoriosa, ela não pensou em nada além de ampliar seus privilégios e lisonjear seus apetites pela classe dominante. Assim como não teve escrúpulos em lançar sobre as massas trabalhadoras sob suas ordens o martelo da opressão brutal, assim também não se revelou em nenhum momento para destruir, em nome da famosa tríade de "Liberdade, igualdade, fraternidade", a mais vergonhosa das desigualdades: a desigualdade dos sexos.

Afinal, a ilustre civilização burguesa, que proferiu tão belas palavras, tem basicamente o mesmo conceito de mulher que qualquer civilização bárbara.

Esse conceito foi bem concentrado, embora de forma deselegante para alguns ouvidos artísticos sombrios, pelo grego Demócrito: A mulher, disse ele, é uma mesa bem arrumada que parece diferente antes e depois da refeição.

Essa erudita metáfora pode ser assim resumida: as mulheres interessam apenas como fêmeas.

Mas o capitalismo moderno concedeu às mulheres outra missão estranha: ser uma fonte generosa de lucro como trabalhadora assalariada.

Milhões de mulheres estão acorrentadas à gigantesca produção capitalista e seus ramos colaterais. Em troca de uma remuneração irrisória, extraem-se delas energias ocultas: que operário, mesmo o mais inepto, se resignaria ao salário que recebe a operária, mesmo a mais qualificada? Há uma razão pela qual a prostituição floresce tanto no mundo burguês "progressista", com todas as suas terríveis consequências.

O progresso exibe à operária faminta e miserável todas as suas maravilhas: casas esplêndidas, vestidos magníficos, jóias, flores, iguarias... Como outro Mefistófeles, o progresso, o progresso burguês mentiroso a tenta e fascina. E a pobre mulher, geralmente ignorante, agarra a primeira oportunidade – mesmo a mais enganosa – para correr atrás da quimera da felicidade, que a sua pobre pocilga sem alegria, sem beleza e sem pão nunca lhe poderá oferecer...

O chamado progresso precisou de longas décadas para conquistar, proclamadas pelas lutas operárias, algumas leis de proteção à mãe trabalhadora, leis que, como todas as que beneficiam a classe proletária, são vergonhosamente violadas na primeira oportunidade.

O distinto liberalismo burguês precisou do colossal esforço das mulheres nos horrendos anos da última guerra, para finalmente lhe conceder direitos políticos em alguns países... Que sarcasmo! Pouco depois de lhe ser oferecida esta tardia "recompensa", a burguesia proclama o fascismo sua nova moda, que decapita solenemente as chamadas liberdades democráticas e entre elas o sufrágio, o parlamentarismo.

Nos países onde a máscara democrática ainda paira nos frontispícios políticos, o apoio da reação é buscado por intermédio do voto feminino, nada mais.

Em todo caso, com ou sem sufrágio, praticamente e teoricamente o atual momento burguês sonha em praticamente reeditar para as mulheres a era do gineceu ou do harém, ou seja, da escravidão.

Os poetas, oradores e filósofos da burguesia fascista se encarregam de embelezar esse tosco ideal com toda a ornamentação verbal necessária para espiritualizá-lo e enganar os desavisados.

A massa feminina que trabalha nada pode esperar do regime burguês.

As poucas e míseras reivindicações que obtiveram não mudarão a substância do doloroso problema da desigualdade sexual que é consequência da desigualdade social. Isso não significa que a massa trabalhadora feminina, como a masculina, deva desprezar a luta por essas pequenas conquistas arrancadas da burguesia. Ao contrário. Mas é preciso não parar nelas e usar essas conquistas como meio para preparar obras fundamentais; incompatíveis é claro com a ordem capitalista, que não vai além da igualdade perante a lei – e isso na teoria em geral.

A igualdade perante a lei não passa de uma fórmula vazia, uma vez que não seja respaldada pela igualdade econômica. E isso só será possível em uma sociedade socialista, que começará por erradicar a propriedade privada, a primeira fonte de desigualdade.

Somente o regime socialista garante às mulheres a plena posse de sua própria individualidade: seu corpo, sua mente, sua vontade. Somente em uma república socialista não haveria lugar para a diferenciação dos sexos em superiores e inferiores. Só a organização socialista construirá as relações entre o homem e a mulher sobre os fundamentos indestrutíveis da forte estima, da autêntica camaradagem.

Prova magnífica disso é fornecida pela Eurásia soviética, onde o socialismo está sendo árdua mas firmemente estabelecido.

Em poucos anos de um novo regime, novo como nunca antes na história, a mulher russa atingiu um nível que as mulheres das "democracias" seculares da Europa e da América nem remotamente sonham.

É que mesmo o conteúdo jurídico-institucional mais espetacular não é suficiente para resolver as falhas básicas das conhecidas democracias capitalistas. O preconceito da inferioridade da mulher é mantido artificialmente pela ideologia burguesa. Assim, a economia capitalista pode reduzir seus salários e expulsar grandes massas de operários da produção, mais conscientes de seus interesses e mais dispostos a resistir à exploração do que as operárias.

A servidão das mulheres tem, então, hoje como ontem, uma razão econômica. A educação dada à mulher na sociedade burguesa, a intervenção que o clero nela exerce, as limitações e obstáculos de que está rodeada, tudo conspira para paralisar a sua inteligência, a sua personalidade, a sua resistência. Tudo tende a transformá-la num ser passivo, todo resignado, que tudo suporta: humilhação, dor, miséria e até a guerra, que lhe fere as entranhas.

Lênin, o formidável líder da revolução russa, pôde dizer que ainda há um longo caminho a percorrer antes que as mulheres recuperem a verdadeira liberdade; e ele disse isso se referindo a ninguém menos que à mulher russa, em cujo favor uma legislação admirável foi aprovada. Ao lado dessa corajosa afirmação de Lênin, quão ridículos nos soam os solenes elogios prodigalizados às "grandes democracias" quando elas realizam em favor do operário ou da operária qualquer ninharia do muito que resta a ser feito.

Ai da classe trabalhadora que confia na boa disposição das "grandes democracias"! ... Ai de quem se deixa acariciar pela esperança da chamada evolução! Evolução... Só os iludidos não veem que seu ciclo chegou ao fim, deixando-nos às portas da revolução. Sob sua bandeira e no terreno da luta de classes, a redenção das mulheres começará pela redenção proletária.

ROSA LUXEMBURGO: SÍMBOLO DA REBELDIA PROLETÁRIA (EXCERTO)

Publicado na revista *Izquierda*, ano 1, nº 4, Buenos Aires, Argentina, fevereiro-março de 1935.

ROSA CONTRA A PSICOSE DA GUERRA

A eclosão da guerra de 1914 expôs o que a gangrena reformista vinha fazendo no volumoso corpo da social-democracia alemã. O Partido, que no Congresso Internacional de 1907 em Stuttgart aprovou uma resolução anti-guerra elaborada por Bebel e completada com dois parágrafos de conteúdo revolucionário de Lênin, Luxemburgo e Mártov; o Partido que em dois congressos posteriores (em 1910 e 1912) ratificou a referida resolução, esse Partido encontrava-se em agosto de 1914 completamente desorientado e incapaz de materializar as suas declarações anti-guerra.

É que o nacionalismo vinha minando a ideologia marxista de seus líderes e da massa do partido há muito tempo.

Em 1914, os social-democratas alemães não passavam de simples alemães, como queria o Kaiser Wilhelm, quando naquela hora agitada anunciou da sacada de seu palácio em Berlim: "Nas próximas lutas não quero saber de nada sobre partidos em meu povo. Que haja entre nós apenas alemães".

A psicose da guerra apoderou-se assim da social-democracia alemã. As *vacilações na teoria se traduziram*, como inevitavelmente *deveria ocorrer, em vacilações na prática*. Lênin já o dizia: sem teoria revolucionária não há ação revolucionária.

Naquela hora trágica, a social-democracia alemã escreveu sua própria sentença de morte. Rosa, doente, denuncia a traição e é presa.

Permaneceu na prisão de 1915 a 1918 – ano em que, triunfante a revolução, recuperou a liberdade. Da prisão – longe de ficar quieta, ela escreveu artigos que os criticavam. Desmascara os marxistas, os "ortodoxos" de ontem e insiste na essência internacionalista do proletariado e na sua missão revolucionária.

Diante dos novos reveses da social-democracia no poder, diante de sua política tortuosa e cheia de compromissos com a burguesia, Rosa se levanta cheia de coragem. Das tribunas nas ruas e nas colunas da *Rote Fahne* ("Bandeira Vermelha") – órgão do grupo Espártaco fundado no início da guerra e por ela dirigido – advoga a revolução proletária para a implantação do socialismo autêntico. O exemplo da Rússia a encoraja e exalta.

Sua palavra inflamada semeia um entusiasmo delirante entre as massas operárias. A burguesia se enfurece. Luxemburgo e Liebknecht são encurralados, perseguidos e ameaçados de morte. Rosa não cede. Ele continua a dirigir a *Rote Fahne* com uma soberba desconsideração pelo perigo.

A insurreição espartaquista explode sob seu impulso eletrizante, o governo social-democrata de Ebert, de Noske e outros realiza sua repressão desumana, digna de um Pobiedoustzew[32].

Contra tanta traição e tanta vergonha, Rosa se levanta, enojada, terrível. Exibe uma atitude extraordinária. Discursa para as massas, escreve, não há um momento de descanso. Seus artigos são rejeitados pelo *Vorwärts*, órgão oficial do Partido.

Doente, em meio ao ressurgimento de um antigo problema cardíaco, ela luta sem esmorecer um só instante contra a gigantesca onda nacionalista que tudo invade.

É preciso calá-la. Eles a detêm.

Pouco depois, Rosa caía, serena e altiva como os heróis lendários. Ela era uma criatura ideal e perfeita?

---

32. N.E.: Provavelmente, referência à grafia polonesa do nome de Konstantin Petrovich *Pobedonostsev*, jurista e estadista antissemita russo, conselheiro de três czares sucessivos e "eminência parda" durante o reinado de Alexandre III.

Nem por um momento supomos tal absurdo: como poderia ser perfeita uma criatura de carne e osso? Como poderia ela não ter fraquezas e erros? Mas acima de todos os defeitos dos quais poderia padecer, destacava-se o seu espírito enérgico e o seu forte intelecto, colocados a serviço da luta proletária.

Isso é mais do que suficiente para lhe render a mais fervorosa admiração.

Lênin entendeu isso muito bem. Em meio aos furiosos insultos que os comunistas russos lançaram sobre Rosa em decorrência de sua atitude no Congresso em que declarou fundado o Partido Comunista Alemão, advogando por uma Assembléia Constituinte, o grande líder da Revolução Russa disse, daquela maneira translúcida: "Vocês não têm o direito de se apegarem teimosamente aos seus erros. A águia também pode voar mais baixo que uma galinha, mas não deixa por isso de ser uma águia da montanha."

3

CYRIL LIONEL ROBERT JAMES

Mais conhecido como C. L. R. James, nasceu em 1901 em Trindade e Tobago, migrando mais tarde para o Reino Unido. Foi um dos muitos intelectuais marxistas negros do Caribe (como Claudia Jones, Cyril Briggs, Langston Hughes etc) que apenas nos países centrais do capitalismo lograram encontrar espaço para sua atuação política e intelectual. Sua história da Revolução Haitiana, *Os jacobinos negros,* é um texto seminal na literatura da diáspora africana. Foi militante trotskista até sua morte, em 1989.

MARCUS GARVEY

Publicado no jornal *Labor Action*, v. 4, nº 11, de 24 de junho de 1940. Assinado com o pseudônimo J. R. Johnson.

Os artigos em todos os jornais e editoriais sobre Garvey testemunham a grande impressão que esse homem extraordinário causou na vida americana em menos de dez anos de permanência neste país. O movimento revolucionário é obtuso em relação ao imenso significado de sua carreira. Com isso, mostra-se ainda dominado pelo poderoso preconceito que menospreza ou ignora todas as ações e conquistas dos negros. Garvey desembarcou na América em algum momento durante a guerra e agitou sua organização, a UNIA, a Universal Negro Improvement Association[33].

Ele tinha um programa fantástico de volta à África – fantástico, porque a Grã-Bretanha, a França e a Alemanha não travariam guerras pela África e depois a entregariam a Garvey. É duvidoso que ele próprio tenha acreditado nisso. É possível que, quando começou, tenha levado a ideia a sério, mas em pouco tempo ele deve ter se convencido de sua impraticabilidade. Mas as ideias de Garvey não são importantes.

A primeira coisa a notar é que ele ganhou destaque no período pós-guerra, quando a revolução estava acontecendo na Europa e os trabalhadores estavam em movimento em todos os lugares. As massas negras sentiram a agitação do período, e foi isso que criou Garvey. O próximo grande movimento da classe trabalhadora americana foi o movimento pró-Roosevelt em 1936. Ele transferiu centenas de milhares de votos negros do Partido Republicano para o Partido Democrata. O terceiro grande

---

33. N.T.: Em inglês, "Associação Universal para o Progresso Negro".

movimento dos trabalhadores americanos foi o CIO[34]. Ele levou centenas de milhares de negros para os sindicatos pela primeira vez. Em cada grande passo à frente das massas americanas desde a guerra, os negros desempenharam seu papel. No entanto, a maior resposta foi em favor de Garvey. Por que? Garvey era um reacionário. Ele usou palavras duras, mas se opôs ao movimento operário e aconselhou a subserviência aos patrões. Uma razão para seu sucesso foi que seu movimento era estritamente um movimento de classe. Ele apelou aos negros retintos[35] contra os mulatos[36]. Assim, de uma só vez, ele excluiu a classe média negra, que é em grande parte de sangue mestiço. Ele deliberadamente visava os negros mais pobres, oprimidos e humilhados. Os milhões que o seguiram, a devoção e o dinheiro com que contribuíram, mostram onde podemos encontrar a força mais profunda do movimento da classe trabalhadora, as molas comprimidas do poder que estão lá esperando pelo partido que pode liberá-las. Garvey, no entanto, era um fanático racial. Seu apelo era ao negro contra o branco. Ele queria pureza de raça. Grande parte de sua propaganda baseava-se nas conquistas passadas dos negros, sua miséria presente e sua grandeza futura.

Com aquela desconsideração pelos fatos que caracterizam o demagogo nato, ele proclamou que havia 400 milhões de negros no mundo, quando certamente não há nem a metade. A quem tudo isso nos lembra? Quem senão Adolf Hitler? A semelhança entre os dois movimentos não pára por aí. Os negros eram muito poucos na América para que Garvey os excitasse por meio da isca dos brancos como Hitler usava os judeus de isca. Mas seu programa tinha uma nebulosidade semelhante ao programa nazista. Seria essa a razão pela qual, muito antes de Hitler,

---

34. N.T.: O Congresso de Organizações Industriais (Congresso of Industrial Organizations) foi uma federação sindical que uniu sindicatos industriais dos Estados Unidos e do Canadá de 1935 a 1955. Originalmente criado em 1935 como um comitê dentro da Federação Americana do Trabalho (AFL) por John L. Lewis, um líder do United Mine Workers (UMW). Seu nome foi mudado em 1938, quando se separou da AFL. Se concentrou na organização de trabalhadores "não qualificados", que haviam sido ignorados pela maioria dos sindicatos da AFL.

35. N.T.: Em inglês, *black Negroes*.

36. N.T.: Em inglês, *Mulattoes*.

ele antecipou o líder nazista em sua ênfase em uniformes, desfiles, guardas militares, enfim, no dramático e no espetacular? Pessoas estúpidas viram em tudo isso apenas as firulas dos negros atrasados. Os eventos recentes devem dar-lhes a oportunidade de revisar seus julgamentos. Tudo o que Hitler significou posteriormente, em termos de apelo psicológico, Garvey já estava fazendo em 1921. Sua vestimenta de baronete etc, com ele próprio como Imperador da África era uma ressaca de sua vida pregressa nas Índias Ocidentais.

Em um aspecto importante, o movimento de Garvey foi o movimento político de massa mais notável que a América já viu. Observe que Garvey não prometeu nada aos negros e ao mesmo tempo prometeu tudo. Sua organização não era um sindicato que oferecia salários mais altos, nem um partido político que pudesse oferecer perspectivas de realização de um programa. Tudo o que ele fez foi falar da África e, perto do fim de sua carreira, comprou um ou dois navios furados que fizeram uma ou duas viagens entrecortadas. No entanto, tão profundo era o sentimento de injustiça e humilhação entre os negros e tão alto ele os elevou, que eles deram a ele tudo o que possuíam, ano após ano, esperando que Garvey realizasse algum milagre. Nenhuma revolução é feita, exceto quando as massas atingem esse ponto de exaltação, quando têm uma visão de uma nova sociedade. Isso é o que Garvey deu a eles.

Pessoalmente, Garvey foi um dos grandes oradores de seu tempo. Pouco educado, mas com os ritmos de Shakespeare e da Bíblia na cabeça, era um mestre da retórica e da invectiva, capaz de grandes apelos emocionais e intensidade dramática. Em seus últimos anos, ele conseguia encantar as multidões inglesas no Hyde Park enquanto lhes dizia que Deus salvaria a Etiópia negra porque Simão, o Cireneu, um homem negro, ajudou Jesus no caminho para o Calvário. Como diz o grande poeta, não é o que você diz, é o jeito que você diz. No entanto, esse movimento notável e a figura notável que o liderou permanecem não estudados pelos marxistas americanos.

Todo revolucionário de dois centavos que conversou com negros em lanchonetes e, portanto, conhece a questão negra, aponta os erros e absurdos de Garvey e pensa que, assim, fez uma contribuição para o conhecimento. Mais do que em todas as teses da Internacional Comunista, a base para a construção de um verdadeiro movimento de massas entre os negros está no estudo minucioso dessa primeira grande erupção do povo negro.

O PRECONCEITO RACIAL É UM PRODUTO CAPITALISTA

Publicado na coluna "Um Décimo da Nação", no jornal *Labor Action*, v. X, nº 21, de 27 de maio de 1946. Assinado com o pseudônimo J. R. Johnson.

Durante as últimas semanas, esta coluna deu grande ênfase à importância da "Operação Dixie"[37] para os negros e para a nação como um todo. É necessário agora chamar a atenção para outro aspecto da questão negra, pois afeta a vida nacional.

Em primeiro lugar, a nação foi abalada em seus pontos vitais econômicos pela greve dos trabalhadores do carvão. Os políticos, os jornalistas e os colunistas concentram seu fogo sobre John L. Lewis. No entanto, mesmo esses propagandistas desonestos sabem que a força de John L. Lewis está no apoio que ele recebe do United Mine Workers[38]. Poucas pessoas, porém, param para lembrar que o United Mine Workers contém mais de cem mil negros entre seu meio milhão de membros. Todos falam dos "mineiros" e com razão. Quaisquer que sejam as diferenças e dificuldades que possam existir entre os trabalhadores brancos e negros na UMW, elas são de caráter tão insignificante que não perturbam, mesmo na opinião pública, a frente monolítica que os mineiros apresentam diante dos proprietários das minas e do governo dos capitalistas. Isso deve ser notado particularmente por aqueles negros que frequentemente se perguntam qual seria o destino dos negros em uma sociedade socialista, isto é, uma sociedade dirigida

---

37. N.T.: O termo Dixie costuma referir-se à região Sul dos EUA. A Operação Dixie foi um movimento promovido nos anos 1940 pelo CIO a fim de organizar sindicatos entre os trabalhadores sulistas.

38. N.T.: Em inglês: "Trabalhadores das Minas Unidos".

pelos trabalhadores. Em vez de especular se o preconceito racial não seria permanente entre os americanos, eles deveriam estudar o histórico industrial do United Mine Workers durante os últimos 20 anos.

NA CONVENÇÃO METALÚRGICA

Duas convenções sindicais recentes trouxeram à tona a questão da relação entre trabalhadores brancos e negros no movimento sindical. Eu ouvi um relato de como a questão foi conduzida na recente convenção dos metalúrgicos. Eis o relato:

No final da convenção, um trabalhador negro levantou a questão de um terceiro vice-presidente para o sindicato dos metalúrgicos que não deveria ser eleito, mas nomeado. Ele raciocinou que, como os negros eram apenas 25% dos metalúrgicos, ele via poucas oportunidades de um negro ser eleito como um dos dois vice-presidentes. No entanto, visto que os negros tinham problemas especiais nas fábricas e no sindicato, um vice-presidente negro não deveria ser eleito, mas nomeado para que um negro, familiarizado com os problemas negros, ocupasse uma posição de liderança no quadro de dirigentes do sindicato.

Deve-se lembrar que um problema semelhante foi enfrentado pelo UAW[39] em sua convenção algumas semanas atrás.

Não proponho, nem por um minuto, abordar, em geral ou em detalhes, os acertos e erros dessas e de outras propostas semelhantes. Em vez disso, desejo chamar a atenção para certos fatos que podem ser perdidos de vista ao discutir esses problemas *sindicais*.

CLASSE *VERSUS* CLASSE

O *Labor Action* e o *Workers Party*[40], na verdade os marxistas de todos os matizes, sustentaram repetidamente que a solução do

---

39. N.T.: O United Auto Workers é um sindicato estadunidense-canadense-porto-riquenho de trabalhadores da indústria automobilística, aeroespacial e de implementos agrícolas, entre outros.
40. N.T.: O Partido dos Trabalhadores (WP) foi um grupo trotskista do chamado "Terceiro

problema negro nos Estados Unidos está nas mãos do movimento operário organizado. A classe capitalista aboliu a escravidão na Guerra Civil. Isso é verdade. Mas nunca se deve esquecer que o movimento operário organizado no Norte foi um dos mais poderosos apoiadores de Lincoln e do Partido Republicano. Além disso, quando a Guerra Civil acabou, a classe capitalista usou os negros apenas na medida do necessário para que o capitalismo se consolidasse no Sul. Assim que o fez, abandonou os negros à mercê dos antigos senhores de escravos.

Muitos negros, profundamente conscientes disso, são profundamente céticos quanto ao futuro destino da minoria negra após uma revolução proletária bem-sucedida.

Em primeiro lugar, a *classe* capitalista que liderou a Guerra Civil pela abolição da escravatura nada tinha em comum com a *classe* dos escravos negros, uma vez que o poder dos senhores de escravos foi quebrado. De fato, uma vez quebrado o poder dos proprietários de escravos, a classe capitalista tinha muito mais em comum com a classe dos proprietários de plantações de algodão do que com a mão de obra negra. Ambos podiam se unir e tinham que se unir porque ambos eram protetores das relações de propriedade dominantes nos Estados Unidos. Se o espaço permitisse, poderíamos mostrar como uma traição semelhante foi praticada contra os servos ou semiescravos em todos os países europeus, onde quer que a escravidão ou a servidão tivessem que ser quebradas pelos capitalistas.

A posição de classe dos trabalhadores coloca os trabalhadores brancos em uma relação fundamentalmente diferente com os trabalhadores negros. A "Operação Dixie" é um exemplo disso. A classe capitalista de 1861-1876 não tinha nenhuma solidariedade fundamental para com os escravos negros e, portanto, poderia abandoná-los assim que a batalha fosse vencida. *Hoje, o sindicalismo* organizado se move para o Sul para organizar *os trabalhadores*, brancos e negros, sabendo que deve manter a solidariedade

---

Campo". Foi fundado em abril de 1940 por membros do Partido Socialista dos Trabalhadores que se opunham à invasão soviética da Finlândia e à crença de Trótski de que a URSS ainda era um Estado operário. Entre seus membros, contou com Hal Draper, C. L. R. James, Raya Dunayevskaya, entre outros. Seu jornal era o *Labor Action*.

operária como condição para o desenvolvimento futuro do *movimento operário* como um todo nos Estados Unidos. A solidariedade de classe é evidente. Não é uma questão de preconceito racial deste ou daquele trabalhador individual. É uma questão de interesses de classe e de solidariedade de classe que molda as mentes da grande maioria dos trabalhadores e, em última análise, é decisiva. É isso que explica os tremendos avanços que o CIO fez ao lidar com o problema racial em suas próprias fileiras. É essa solidariedade de classe que, mais do que nunca, se afirmará depois de uma revolução social nos Estados Unidos.

Por que? Porque o preconceito racial que existe é fundamentalmente um produto do capitalismo. É incutido na classe trabalhadora pela propaganda capitalista que agora se tornou quase instintiva na imprensa capitalista e na sociedade capitalista como um todo. Os trabalhadores não estão apenas elaborando sua própria atitude proletária em relação a essas questões. Quando os trabalhadores quebrarem o poder do capitalismo, eles quebrarão a fonte fundamental do preconceito racial e aquilo que hoje é uma tarefa difícil, sua luta pela igualdade racial, em uma sociedade socialista realizarão com uma facilidade infinitamente maior.

Que os trabalhadores negros do UAW e do sindicato dos metalúrgicos levantem seus problemas, isso é um sinal saudável. Os capitalistas criaram este problema, como criaram tantos outros para o movimento operário. Os trabalhadores os abordam e lidam com eles no mérito. Mas é um tremendo sinal de progresso que a sociedade como um todo fale dos mineiros, dos metalúrgicos, do UAW e nunca pare para considerar que grande parte deles é composta por negros. Os próprios negros levantam problemas, não fora do sindicato, mas como parte regular do procedimento *sindical* na solução de dificuldades *sindicais*. Isso, entendido corretamente, não é um sinal de fraqueza, mas de força.

FANON E OS CARIBENHOS

Discurso proferido no Comitê Especial das
Nações Unidas contra o *apartheid*,
em 3 de novembro de 1978.

Quando me pediram para falar, fui convidado a apresentar um artigo. Eu disse que em 60 anos falando em público eu nunca tinha feito isso e não estava preparado para começar aqui, porque realmente não sabia quem estava falando comigo e quem estaria ouvindo. Não é possível apresentar um trabalho nessas circunstâncias. Ao olhar em volta, percebo que na plataforma estão muitos chefes de departamentos ou membros de governos. A maioria dos outros palestrantes são professores de universidades. Acho essa combinação um tanto incomum. Gostaria de ter ouvido da plataforma uma voz portuguesa. A voz teria sido traduzida e teríamos entendido um pouco mais sobre Fanon. Eu teria gostado de ouvir do público um homem como Wole Soyinka[41] da África e outro homem do Caribe chamado Walter Rodney.[42] Tenho certeza de que teríamos nos beneficiado imensamente com o que eles teriam a dizer sobre Fanon. Essa foi a razão pela qual, por hábito, não apresento artigos, mas vou dizer mais ou menos o que tenho a dizer agora e vou contar a vocês o esboço disso.

---

41. N.T.: Wole Soyinka é um dramaturgo, romancista, poeta e ensaísta nigeriano em língua inglesa. Recebeu o Prêmio Nobel da Literatura de 1986.
42. N.T.: Walter Anthony Rodney (1942-1980) foi um proeminente historiador, ativista político e acadêmico da Guiana. Foi assassinado em 1980, por meio de uma bomba em seu carro colocada, acredita-se, a mando do presidente conservador e ocidentalista da Guiana, Linden Burnham.

FANON COMO PESSOA POLÍTICA

Em primeiro lugar, sou marxista e vou tratar Fanon como pessoa política. Ele foi tratado, presumo, como psicólogo, e alguns obviamente tiveram muito trabalho para fazer isso. Vou tratar de suas atividades políticas, então, em geral, em relação ao pensamento político de sua época particular. Em segundo lugar, vou lidar com ele como um membro do Caribe, como um caribenho, alguém que entendo por ser eu mesmo um caribenho, e certamente quero lidar com Fanon e o Caribe e a civilização mundial, porque acredito que temos um papel específico a desempenhar nela. Em primeiro lugar, vamos considerar suas ideias políticas.

Fanon fez uma declaração em particular que eu acho que deveria ser lembrada. Ele disse que quando uma revolução é feita em um país subdesenvolvido, as pessoas que a fazem são alguns intelectuais e outros líderes políticos, mas quando a revolução é alcançada, então, para que esse povo alcance uma nova nação, a luta deve ser travada contra aqueles que fizeram a revolução. Mao Tse-Tung tinha muito a dizer sobre isso. Ele continuou dizendo em uma análise política mais precisa que muitos daqueles que fizeram a revolução e a fizeram com sucesso contra os imperialistas descobrirão que devem deixar o partido que venceu e que o lugar final para onde deveriam ir era para o campesinato, se quisessem formar uma nova nação. Essa é uma declaração altamente política e valiosa. Acredito que essa declaração e a análise que a acompanha, à luz do que está sendo feito hoje na África por Julius Nyerere[43], representam duas das análises políticas mais importantes que o mundo viu desde a morte de Lênin. Vejam só o que Fanon significa para mim.

QUANDO NÃO HOUVE VIOLÊNCIA?

Em segundo lugar, fala-se muito em violência. Não consigo entender como as pessoas no mundo em que vivemos discutem por

---

43. N.T.: Julius Kambarage Nyerere (1922-1999) foi um socialista tanzaniano. Ele foi presidente de Tanganyika, desde a independência deste território em 1962 e, posteriormente, da Tanzânia, até se retirar da política em 1985. Em (1985-86) recebeu o Prêmio Lênin da Paz.

tantos séculos sobre violência. Quando não houve violência? A violência de Fanon era uma concepção profundamente filosófica. Veio originalmente de Hegel, e Hegel tem uma passagem maravilhosa onde analisa a relação entre o senhor e o escravo. O senhor incorpora o que o escravo produz, mas o escravo ao ter que trabalhar no material se desenvolve e se torna uma personalidade e, em última análise, a luta é uma luta de morte entre o senhor e o novo escravo que se desenvolveu trabalhando no material para seu mestre. Essa é uma passagem famosa de Hegel. Marx a assumiu e ela é um dos temas mais poderosos em *O capital*. Quando Fanon desenvolve esse tema, ele está apenas elaborando aquela profunda concepção política de Hegel e Marx. Portanto, não vejo necessidade de discutir sobre violência além do fato de que a violência existe, quer você queira ou não. A violência para Fanon fazia parte da luta revolucionária entre opressores e oprimidos; e se ele pensou que a violência significava algum desenvolvimento da pessoa que a usava contra aqueles que a oprimiam, ele estava apenas na tradição de Hegel e Marx, na minha opinião a tradição política mais poderosa do Mundo Moderno.

FANON COMO CIDADÃO CARIBENHO

A próxima coisa sobre a qual quero falar é Fanon como um membro caribenho da sociedade caribenha. Essa é uma sociedade notável com imensas vantagens e muitas características negativas. Eu não vou falar sobre elas aqui completamente. Mas quero transmitir a vocês meu conhecimento sobre um ilustre cidadão caribenho, Aimé Césaire[44]. Em 1968 estive com ele em Cuba e nos conhecemos. Ele conhecia meu trabalho, eu conhecia o dele e conversávamos. Eu perguntei a ele um dia, o último dia em que ele veio me ver, para se despedir:
"Mas Césaire, de onde você veio?"
Ele disse: "Fui educado na Escola Victor Schoelcher".
Em cada ilha do Caribe sempre havia uma escola para onde os mestres mandavam seus filhos, e aqueles negros que tinham

---

44. N.T.: Aimé Fernand David Césaire (1913-2008) foi um escritor, poeta surrealista e político nascido na Martinica.

algum dinheiro ou alguma influência podiam mandar seus filhos também. Naquela época era uma escola pequena, cerca de 200 pessoas. Eu conhecia bem esta escola porque também estudei em uma. Aprendi latim, grego e francês, matemática elementar e matemática avançada, história romana, história grega, um monte de coisas que não me serviram para nada no Caribe. Mas quando vim para a Europa, descobri que era uma pessoa impressionante. Eu sabia mais sobre a Europa do que eles.

Enfim, ele disse: "Fui educado na Escola Victor Schoelcher", e eu disse: "O que você fazia lá?"

Ele disse: "Literatura latina, grega e francesa, e depois fui para a École Normale Supérieure na França."

Eu disse: "O que você fez lá?"

Ele disse: "Literatura latina, grega e francesa. Depois fui para a Sorbonne."

Eu disse: "O que você fez lá? Imagino que você estudou literatura latina, grega e francesa."

Ele disse: "Sim, mas isso não é tudo. Voltei para a Martinica e ensinei na Escola Victor Schoelcher, e ensinei literatura latina, grega e francesa."

Frantz Fanon foi um de seus alunos. Você começa a entender o intelectual das Índias Ocidentais quando entende que Frantz Fanon e Léon Damas foram ensinados por Césaire e Césaire fez o ataque mais selvagem à sociedade burguesa que posso imaginar em verso. Ele fez isso porque podia atacá-la, porque a conhecia de dentro para fora. Ele havia passado vinte anos de sua vida estudando a história das formas como a sociedade se expressava. Havia esse corpo de intelectuais no Caribe, mas separado da massa da população, mas que entendia tudo, e Fanon não só foi educado por Césaire e os poemas e obras gerais de Césaire, mas leu a maior parte da literatura que estava sendo publicada na Europa ao mesmo tempo. Então ele foi embora e descobriu que tudo o que havia lido nessa literatura avançada não era a realidade que ele entendia. Ele entendeu essa realidade como a maioria de nós, caribenhos, que partiu. Também não era uma realidade nos territórios avançados. Nesses territórios, eles escreveram sobre isso em livros, mas não praticaram as coisas que seus grandes escritores escreveram em livros. Então, Fanon era um homem que se encontrava perdido, incapaz de fazer qualquer coisa.

FANON: UM HOMEM DE AÇÃO

A mesma coisa aconteceu com George Padmore[45]. A mesma coisa aconteceu com Aimé Césaire. A mesma coisa aconteceu comigo. A mesma coisa aconteceu com todos nós; então, finalmente, fomos para onde estava sendo feito um ataque a esse tremendo monstro que nos pressionava e com o qual não podíamos lidar. A maioria de nós foi para e trabalhou em relação à África. Em geral, fazíamos propaganda para a África, mas Fanon teve a sorte de encontrar um Estado africano para o qual pudesse ir – a Argélia. Ele foi para a Argélia e foi um revolucionário de primeira linha. Eu quero tomar nota de algo. Ele não era apenas um propagandista da revolução, mas quando o enviaram a Acra como representante do movimento argelino, Fanon começou a trabalhar meios de conseguir soldados e armas e a combinação dos meios militares pelos quais a luta deveria ser levada adiante. Ele não era um homem que estava apenas escrevendo e pensando em psicologia, de forma alguma. Quando foi para Acra, mergulhou na organização militar da luta contra o imperialismo. Esse era Frantz Fanon. Um dos melhores das Índias Ocidentais.

O que eu tenho que observar agora é... não sentar hoje olhando para o trabalho de Fanon, ou o que ele fez então. Meu ponto, para terminar, é: o que Fanon teria feito hoje com as ideias que ele teve? O que ele estaria fazendo em 1978? Ele nos disse no final de sua vida que ouviu que Cuba havia feito a revolução. Não compreendemos bem o fato de que as outras ilhas das Índias Ocidentais haviam conquistado a independência. Elas ainda não tinham conseguido, mas estavam muito próximas e sabemos que Fanon havia dito que voltaria ao Caribe para ajudá-las a lutar por sua independência. Mas por vários anos ele nunca voltou

---

45. N.T.: George Padmore (1903-1959), nascido Malcolm Ivan Meredith Nurse, foi um importante pan-africanista, jornalista e autor. Ele deixou sua terra natal, Trinidad, em 1924, para estudar medicina nos Estados Unidos, onde também ingressou no Partido Comunista. Vide, de sua autoria, *A vida e a luta dos trabalhadores negros*, LavraPalavra Editorial, 2021.

lá, porque não sentia que havia possibilidade de lutar contra o poder imperialista. Conheço George Padmore, o pai da emancipação africana. Ele também nunca voltou. Eu não voltei por 25 anos. Dediquei-me à luta africana, porque sentíamos que ali poderíamos dar alguns golpes, mas no final, no momento em que Fanon soube que, no Caribe, Cuba estava livre e os outros países estavam se tornando independentes, ele disse que então voltaria para lutar lá com eles. Sinto que hoje não haveria para Fanon como trabalhar em outro lugar. Ele estaria no Caribe, onde nasceu, trazendo o conhecimento que tinha e entregando ao povo de seu próprio país tudo o que tinha dentro de si e tudo o que havia aprendido.

4

GUILLERMO LORA ESCOBAR

Nascido em Potosí em 1922, Guillermo Lora juntou-se, ainda quando era estudante secundarista, ao trotskista Partido Obrero Revolucionario. Contribuiu para a influência do partido em meio ao movimento operário boliviano, em especial entre os mineiros. Redigiu as famosas Teses de Pulacayo, apresentadas por trabalhadores da Mina Siglo XX e aprovadas pelo Congresso Extraordinário Mineiro de Pulacayo. Em 1949, o massacre aos grevistas dessa mesma fábrica seria um dos eventos que resultaria na Guerra Civil de 1949 e culminaria na Revolução Boliviana de 1952.

TESES DE PULACAYO

Escrito por Guillermo Lora e apresentado no
4° Congresso Nacional Mineiro por Óscar Flores,
Secretário do Partido Operário Revolucionário (POR),
em 8 de novembro de 1946.

TESE CENTRAL DA FEDERAÇÃO SINDICAL DE TRABALHADORES MINEIROS DA BOLÍVIA (FSTMB) (APROVADA COM BASE NO PROJETO APRESENTADO PELA DELEGAÇÃO DE LLALLAGUA)

I. Fundamentos

1. O proletariado, mesmo na Bolívia, constitui a classe social revolucionária por excelência. Os trabalhadores das minas, setor mais avançado e combativo do proletariado nacional, definem o sentido da luta da FSTMB.

2. A Bolívia é um país capitalista atrasado. No amálgama das mais diversas etapas da evolução econômica, a exploração capitalista predomina qualitativamente, e as demais formações socioeconômicas constituem o patrimônio de nosso passado histórico. Desta evidência vem a predominância do proletariado na política nacional.

3. A Bolívia, apesar de ser um país atrasado, é apenas um elo da cadeia capitalista mundial. As particularidades nacionais representam em si mesmas uma combinação das características fundamentais da economia mundial.

4. A peculiaridade boliviana consiste em que não apareceu no cenário político uma burguesia capaz de liquidar o latifúndio e outras formas econômicas pré-capitalistas; de alcançar a unificação nacional e a libertação do jugo imperialista. Essas tarefas burguesas não cumpridas são os objetivos da democracia burguesa que devem ser cumpridos sem demora. Os problemas centrais dos países semicoloniais são: a revolução agrária e a independência nacional, ou seja, o fim do jugo imperialista; tarefas que estão intimamente ligadas umas às outras.

5. "As características distintivas da economia nacional, por maiores que sejam, são parte integrante e em proporção crescente de uma realidade superior chamada economia mundial; o internacionalismo operário tem o seu fundamento neste fato". O desenvolvimento capitalista é caracterizado por um fortalecimento crescente das relações internacionais, que encontra a sua expressão no volume do comércio exterior.

6. Os países atrasados movem-se sob o signo da pressão imperialista, o seu desenvolvimento tem um caráter combinado: encontram ao mesmo tempo as formas econômicas mais primitivas e a última palavra da tecnologia e da civilização capitalistas. O proletariado dos países atrasados é obrigado a combinar a luta pelas tarefas democráticas com a luta pelas reivindicações socialistas. Ambos os estágios – o democrático e o socialista – "não estão separados na luta por etapas históricas, mas emergem imediatamente um do outro".

7. Os senhores feudais amalgamaram os seus interesses com os do imperialismo internacional, do qual se tornaram os seus servos incondicionais. Portanto, a classe dominante é uma verdadeira burguesia feudal. Dado o primitivismo técnico, a exploração do latifúndio seria inconcebível se o imperialismo não promovesse artificialmente a sua existência jogando migalhas sobre ele. A dominação imperialista não pode ser imaginada isoladamente dos governantes *criollos*[46]. A concentração do capitalismo está presen-

---

46. N.T.: Na América Espanhola, o termo *criollo* se refere à elite local descendente de

te em alto grau na Bolívia: três empresas controlam a produção mineira, ou seja, o eixo econômico da vida nacional. A classe dominante é mesquinha na medida em que é incapaz de realizar os seus próprios objetivos históricos e está ligada aos interesses dos latifundiários e do imperialismo. O estado feudal-burguês é justificado como um organismo de violência para manter os privilégios do gamonal[47] e do capitalista. O Estado é um instrumento poderoso que a classe dominante possui para esmagar o seu adversário. Só os traidores e os imbecis podem continuar a sustentar que o Estado tem a possibilidade de se elevar acima das classes sociais e de decidir paternalmente a parcela que corresponde a cada uma delas.

8. A classe média ou pequena burguesia é a mais numerosa e, no entanto, o seu peso na economia é insignificante. Os pequenos comerciantes e proprietários, os técnicos, os burocratas, os artesãos e os camponeses não conseguiram desenvolver uma política de classe independente até agora e ainda menos o poderão no futuro. O campo segue a cidade e, nesta última, o líder é o proletariado. A pequena burguesia segue os capitalistas nas fases de "tranquilidade social" e quando a atividade parlamentar prospera. Vai atrás do proletariado nos momentos de extrema exacerbação da luta de classes (exemplo: a revolução) e quando é certo que será o único a apontar o caminho para a sua emancipação. Em ambos os extremos, a independência de classe da pequena burguesia é um mito. Obviamente, as possibilidades revolucionárias de amplas camadas da classe média são enormes, basta lembrar os objetivos da revolução democrático-burguesa, mas também é verdade que elas não podem atingir esses objetivos por si mesmas.

9. O proletariado se caracteriza por ser suficientemente forte para alcançar os seus próprios objetivos e também os dos outros. O seu enorme peso específico na política é determinado pelo seu lugar

---

espanhóis, muitas vezes formada por ricos proprietários de terra, de minas e do comércio. O termo se refere ao caráter antipopular e elitista das instituições militares.

47. N.T.: Vide nota *****

no processo de produção e não por seu pequeno número. O eixo econômico da vida nacional também será o eixo político da revolução futura.

O movimento mineiro boliviano é um dos mais avançados da América Latina. O reformismo argumenta que não pode existir um movimento social mais avançado em nosso país do que o movimento social dos próprios países tecnicamente mais avançados. Essa concepção mecanicista da relação entre a perfeição das máquinas e a consciência política das massas foi contestada inúmeras vezes pela história.

O proletariado boliviano, pela sua extrema juventude e vigor incomparável, por ter permanecido quase virgem no aspecto político, por não ter tradições de parlamentarismo e colaboracionismo de classe e, finalmente, por atuar num país onde a luta de classes adquire extrema beligerância, dizemos que por tudo isso o proletariado boliviano soube se tornar um dos mais radicais. Respondemos aos reformistas e aos vendidos à Rosca[48] que um proletariado de tal qualidade exige reivindicações revolucionárias e uma audácia temerária na luta.

II. O tipo da revolução a ser efetuada

1. Nós, os trabalhadores do subsolo, não sugerimos que as tarefas democrático-burguesas devam ser esquecidas: a luta por garantias democráticas elementares e pela revolução agrária anti-imperialista. Nem negamos a existência da pequena burguesia, especialmente dos camponeses e artesãos. Salientamos apenas que a revolução democrático-burguesa, para não ser estrangulada, deve tornar-se apenas uma fase da revolução proletária.

Aqueles que nos apontam como defensores de uma revolução socialista imediata na Bolívia mentem, bem sabemos que não

---

48. N.T.: A Rosca designa a oligarquia, os funcionários, políticos, juízes, jornalistas e intelectuais cúmplices da situação de exploração na Bolívia. Os "barões do estanho" e os latifundiários do altiplano constituíram a base econômico-social da "rosca". Até a nacionalização da mineração realizada pela revolução de 1952, a exploração desse mineral estava nas mãos de três famílias, as de Simón Iturri Patiño, Carlos Víctor Aramayo Zeballos e Moritz Hochschild.

há condições objetivas para isso. Deixamos claro que a revolução será democrático-burguesa pelos seus objetivos e apenas um episódio da revolução proletária para a classe social que a dirigirá.

A revolução proletária na Bolívia não significa excluir as outras camadas exploradas da nação, mas a aliança revolucionária do proletariado com os camponeses, artesãos e outros setores da pequena burguesia urbana.

2. A ditadura do proletariado é uma projeção estatal desta aliança. A palavra de ordem da revolução proletária e da ditadura deixa claro que a classe operária será o núcleo dirigente dessa transformação e desse Estado. Ao contrário, sustentar que a revolução democrático-burguesa, como tal, será realizada pelos setores "progressistas" da burguesia e que o futuro Estado corporificará a fórmula do governo de unidade e reconciliação nacional, mostra a firme intenção de estrangular o movimento revolucionário no quadro da democracia burguesa. Os trabalhadores, uma vez no poder, não poderão permanecer indefinidamente dentro dos limites democrático-burgueses e serão obrigados, a cada dia e cada vez mais, a fazer incisões cada vez mais profundas no regime de propriedade privada; assim, a revolução adquirirá caráter permanente.

Os mineiros denunciam perante os explorados àqueles que procuram substituir a revolução proletária por motins palacianos promovidos pelos diversos setores da burguesia feudal.

III. Luta contra o colaboracionismo classista

1. A luta de classes é, em última instância, a luta pela apropriação do mais-valor. Os proletários que vendem a sua força de trabalho lutam para fazê-lo em melhores condições e os proprietários dos meios de produção (capitalistas) lutam para continuar usurpando o produto do trabalho não remunerado; ambos perseguem objetivos opostos, resultando nesses interesses irreconciliáveis. Não podemos fechar os olhos às evidências de que a luta contra os patrões é uma luta de morte, porque nessa luta está em jogo o destino da propriedade privada. Não reconhecemos, ao contrário dos

nossos inimigos, uma trégua na luta de classes. A atual fase histórica, que é uma fase de vergonha para a humanidade, só pode ser superada quando as classes sociais desaparecerem, quando não houver mais explorados ou exploradores. Sofisma estúpido dos colaboracionistas que afirmam que não se deve proceder à destruição dos ricos, mas à transformação dos pobres em ricos. O nosso objetivo é a expropriação dos expropriadores.

2. Toda tentativa de colaboração com nossos algozes, toda tentativa de concessão ao inimigo na nossa luta, nada mais é do que uma rendição dos trabalhadores à burguesia. A colaboração de classe significa renunciar aos nossos objetivos. Todas as conquistas dos operários, mesmo as menores, foram alcançadas após uma luta sangrenta contra o sistema capitalista. Não podemos pensar num entendimento com os subjugadores porque subordinamos o programa de reivindicações transitórias à revolução proletária.

Não somos reformistas, embora proporcionemos aos trabalhadores a plataforma mais avançada de demandas; somos, antes de tudo, revolucionários, porque caminhamos para transformar a própria estrutura da sociedade.

3. Rejeitamos a ilusão pequeno-burguesa de resolver o problema dos operários deixando a solução nas mãos do Estado ou de outras instituições que querem passar por organismos equidistantes entre as classes sociais em luta. Tal solução, como ensina a história do movimento operário nacional e internacional, sempre significou uma solução de acordo com os interesses do capitalismo e à custa da fome e da opressão do proletariado. A arbitragem obrigatória e a regulamentação legal dos meios de luta dos trabalhadores é, na maioria dos casos, o início da derrota.

Sempre que possível, trabalhamos para destruir a arbitragem obrigatória.

Que os conflitos sociais sejam resolvidos sob a direção dos operários e por eles próprios!

4. A realização do nosso programa de reivindicações transitórias, que nos deve conduzir à revolução proletária, está sempre

subordinada à luta de classes. Temos orgulho de ser os mais intransigentes no que diz respeito aos compromissos com os empregadores. Por isso, é uma tarefa central lutar e destruir os reformistas que proclamam a colaboração de classes, que aconselham a apertar o cinto em prol da chamada salvação nacional. Quando há fome e opressão dos operários, não pode haver grandeza nacional: isso se chama miséria e decrepitude nacionais. Vamos abolir a exploração capitalista. Guerra até a morte contra o capitalismo! Guerra até a morte contra o colaboracionismo reformista! No caminho da luta de classes para a destruição da sociedade capitalista!

IV. Luta contra o imperialismo

1. Para os trabalhadores mineiros, a luta de classes significa, antes de tudo, a luta contra os grandes mineradores, isto é, contra um setor do imperialismo ianque que nos oprime. A libertação dos explorados está subordinada à luta contra o capitalismo internacional.

Porque lutamos contra o capitalismo internacional, representamos os interesses de toda a sociedade e temos objetivos comuns com os explorados de todo o mundo. A destruição do imperialismo é uma questão anterior à modernização da agricultura e à criação de indústrias leves e pesadas.

Ocupamos a mesma posição que o proletariado internacional porque estamos determinados a destruir uma força que também é internacional: o imperialismo.

2. Denunciamos como inimigos declarados do proletariado a "esquerda" paga pelo imperialismo ianque, que nos fala da grandeza da "democracia" do Norte e da sua prepotência mundial. Não se pode falar de democracia quando sessenta famílias dominam os Estados Unidos da América e quando essas sessenta famílias sugam o sangue de países semicoloniais como o nosso. A arrogância ianque corresponde a uma enorme acumulação e aguçamento dos antagonismos e contradições do sistema capitalista. Os Estados Unidos são um barril de pólvora à espera do contato

de uma única faísca para explodir. Nós nos declaramos solidários com o proletariado americano e inimigos irreconciliáveis da sua burguesia, que vive do roubo e da opressão mundial.

3. A política imperialista, que define a orientação da política boliviana, é determinada pela fase monopolista do capitalismo. Por isso a política imperialista não pode deixar de ser de opressão e roubo, de transformação incessante do Estado em instrumento dócil nas mãos dos exploradores. As posições de "boa vizinhança", "pan-americanismo" etc., não passam de disfarces usados pelo imperialismo ianque e pela burguesia feudal *criolla* para enganar os povos da América Latina. O sistema de consulta diplomática recíproca; a criação de instituições bancárias internacionais com dinheiro dos países oprimidos; a concessão de bases militares estratégicas para os ianques; os contratos leoninos de venda de matérias-primas etc., são várias formas de rendição desavergonhada dos governantes dos países sul-americanos ao voraz imperialismo. Lutar contra esta rendição e denunciar sempre que o imperialismo mostra as suas garras é um dever elementar do proletariado.

Os ianques não se contentam em apontar o destino das composições ministeriais, vão mais longe: assumiram a tarefa de dirigir a atividade policial dos países semicoloniais – a luta anunciada contra os revolucionários anti-imperialistas não significa outra coisa.

V. Luta contra o fascismo

1. A nossa luta contra o imperialismo deve ser paralela à nossa luta contra a rendição da burguesia feudal. O antifascismo torna-se, na prática, um aspecto de tal luta: a defesa e conquista das garantias democráticas e a destruição das quadrilhas armadas mantidas pela burguesia.

2. O fascismo é o produto do capitalismo internacional. O fascismo é a última fase de decomposição do imperialismo, mas, no entanto, ainda é uma fase imperialista. Quando a violência é

organizada pelo Estado para defender os privilégios capitalistas e destruir fisicamente o movimento operário, nos encontramos num regime fascista. A democracia burguesa é um luxo caro demais, que só os países que acumularam muita gordura às custas da fome mundial podem pagar. Em países pobres, como o nosso, por exemplo, os operários num determinado momento são condenados a enfrentar o cano do rifle. Pouco importa qual partido político tenha que recorrer a medidas fascistas para melhor servir aos interesses imperialistas. Se persistir em manter a opressão capitalista, o destino dos governantes já está escrito: violência contra os operários.

3. A luta contra os pequenos grupos fascistas está subordinada à luta contra o imperialismo e a burguesia feudal. Aqueles que, pretendendo lutar contra o fascismo, se rendem ao imperialismo "democrático" e também à "democrática" burguesia feudal, nada mais fazem do que preparar o caminho para o inevitável advento de um regime fascista.

Para destruir definitivamente o perigo fascista, temos que destruir o capitalismo como sistema.

Para lutar contra o fascismo, longe de atenuar artificialmente as contradições de classe, temos que alimentar a luta de classes.

Trabalhadores e explorados em geral: destruamos o capitalismo para destruir definitivamente o perigo fascista e os pequenos grupos fascistas! Só com os métodos da revolução proletária e no âmbito da luta de classes podemos derrubar o fascismo.

VI. A FSTMB e a situação atual

1. A situação revolucionária de 21 de julho, criada pela irrupção nas ruas dos explorados privados de pão e de liberdade e da ação defensiva e beligerante dos mineiros, imposta pela necessidade de defender os ganhos sociais alcançados e conseguir outros mais avançados, permitiu aos representantes da grande mineração montar a sua máquina de Estado, graças à traição e cumplicidade dos reformistas, que fizeram um pacto com a burguesia feudal. O sangue do povo serviu para que os seus carrascos consolidassem

sua posição no poder. O fato de a Junta de Governo ser uma instituição provisória em nada altera a situação criada. Os mineiros fazem bem em se colocarem em alerta perante os governantes e exigirem que obriguem as empresas a cumprir as leis que regem o país. Não podemos e não devemos ser solidários com nenhum governo que não seja o nosso, isto é, operário. Não podemos dar esse passo porque sabemos que o Estado representa os interesses da classe social dominante.

2. Os ministros "operários" não mudam a natureza dos governos burgueses. Enquanto o Estado defender a sociedade capitalista, os ministros "operários" tornam-se cafetões vulgares da burguesia. O operário que tem a fraqueza de trocar a sua posição de luta nas fileiras revolucionárias por uma pasta ministerial burguesa passa para as fileiras dos traidores. A burguesia concebe os ministros "operários" para enganar melhor e mais facilmente os trabalhadores, para fazer com que os explorados abandonem os seus próprios métodos de luta e se entreguem de corpo e alma à tutela do ministro "operário".

A FSTMB jamais fará parte dos governos burgueses, pois isso significaria a mais franca traição aos explorados e o esquecimento de que a nossa linha é a linha revolucionária da luta de classes.

3. As próximas eleições resultarão num governo a serviço dos grandes mineradores, por isso será produto de eleições nada democráticas. A maioria da população, os indígenas e uma grande percentagem do proletariado, devido aos obstáculos colocados pela Lei Eleitoral e por serem analfabetos, não podem ir às urnas. Setores da pequena burguesia, corrompidos pela classe dominante, determinam o resultado das eleições. Não temos ilusões sobre a luta eleitoral.

Nós, operários, não chegaremos ao poder por meio do voto, chegaremos ao poder por meio da revolução social. Por isso, podemos afirmar que a nossa conduta em relação ao futuro governo será a mesma da atual Junta de Governo. Se as leis forem cumpridas, em tempo hábil, é para isso que servem os governantes. Se não forem atendidos, enfrentarão o nosso mais vigoroso protesto.

VII. Reivindicações transitórias

Cada sindicato, cada região mineira, tem os seus problemas peculiares e os sindicalistas devem ajustar a sua luta diária a essas particularidades. Mas há problemas que, por si só, abalam e unem os quadros operários de toda a nação: a miséria crescente e o boicote patronal que se tornam mais ameaçadores a cada dia. Contra esses perigos, a FSTMB defende medidas radicais.

1. Salário mínimo vital e escala móvel de salário

A supressão do sistema de mercearia barata[49] e a desproporção excessiva entre o custo de vida e os salários reais exigem a fixação de um salário mínimo vital.

O estudo científico das necessidades da família operária deve servir de base para a fixação do salário mínimo vital, ou seja, o salário que permita a essa família levar uma existência que possa ser chamada de humana.

Conforme afirmado pelo Terceiro Congresso de Mineiro (Catavi-Llallagua, março de 1946), esse salário mínimo deve ser complementado com o sistema de escala móvel de salários. Evitemos que a curva da alta dos preços nunca seja alcançada pelos reajustes periódicos dos salários.

Acabemos com a eterna manobra de anular os reajustes salariais pela depreciação do signo monetário e pela subida quase sempre artificial dos preços dos meios de subsistência. Os sindicatos devem controlar o custo de vida e exigir que as empresas aumentem automaticamente os salários de acordo com esse custo. O salário mínimo, longe de ser estático, deve seguir a curva de aumento dos preços dos bens de necessidades básicas.

---

49. N.T.: Em 15 de dezembro de 1956, foi abolido por meio de decreto o sistema de mercearias subsidiadas que existia nas empresas nacionalizadas de mineração.

2. Semana de 40 horas de trabalho e escala móvel de horas de trabalho

A modernização das minas acelera o ritmo de trabalho do operário. A própria natureza do trabalho no subsolo torna a jornada de oito horas excessiva e desumanamente destrói a vitalidade do trabalhador. A própria luta por um mundo melhor exige que em alguma medida o homem seja libertado da escravidão da mina. Por isso, a FSTMB lutará pelo cumprimento da semana de quarenta horas, jornada que deve ser complementada pela implementação da escala móvel de horas de trabalho.

A única forma de luta eficaz contra o perigo permanente do boicote patronal contra os operários é conseguir a implementação da escala móvel da jornada de trabalho, que reduzirá a jornada de trabalho na mesma proporção em que aumente o número de desempregados. Essa redução não deve significar uma diminuição do salário, por ser considerado de vital necessidade.

Somente estas medidas nos permitirão evitar que os quadros operários sejam destruídos pela miséria e que o boicote patronal aumente artificialmente o exército de desempregados.[50]

3. Ocupação de minas

Os capitalistas procuram conter o crescente movimento operário argumentando que são obrigados a fechar as suas minas em caso de perdas. A intenção é colocar uma coleira nos sindicatos, apresentando-lhes o espectro do desemprego. Além disso, a paralisação temporária das fazendas, mostra a experiência, que só serviu para contornar o verdadeiro alcance das leis sociais e recontratar os operários, sob a pressão da fome, em condições verdadeiramente vergonhosas.

As grandes empresas têm o sistema de contabilidade dupla. Um para mostrar aos operários e pagar impostos ao Estado e

---

50. N.T.: O Primeiro Congresso Extraordinário da FSTMB, complementando este ponto, decidiu lutar pela implantação da jornada de trabalho de trinta e seis horas semanais para mulheres e crianças.

outro para estabelecer o valor dos dividendos. Não podemos ceder nas nossas aspirações aos números dos livros contábeis.

Os operários que sacrificaram as suas vidas em prol da prosperidade das empresas têm o direito de exigir que não lhes seja negado o trabalho, mesmo em tempos que não são lucrativos para os capitalistas.

O direito ao trabalho não é uma demanda dirigida a este ou aquele capitalista em particular, mas ao sistema como um todo, por isso não podemos nos interessar pelo lamento de alguns pequenos empresários falidos.

Se os patrões não puderem conceder aos escravos mais um pedaço de pão; se o capitalismo para sobreviver é forçado a atacar os salários e as conquistas obtidas; se os capitalistas respondem a cada reclamação ameaçando fechar as suas instalações, os trabalhadores não têm outro recurso que ocupar as minas e assumir a gestão da produção por conta própria.

A ocupação das minas por si só ultrapassa o quadro do capitalismo, pois levanta a questão de quem é o verdadeiro dono das minas: os capitalistas ou os trabalhadores. A ocupação não deve ser confundida com a socialização das minas, trata-se apenas de evitar que o boicote patronal prospere, que os trabalhadores sejam condenados à fome. As greves com ocupação de mina passam a ser um dos objetivos centrais da FSTMB.

A partir destas projeções, fica evidente que a ocupação das minas adquire a categoria de medida ilegal. Não poderia ser de outra forma.

Uma etapa que sob todos os pontos de vista ultrapassa os limites do capitalismo não pode encontrar uma legislação pré-estabelecida. Sabemos que ao ocupar as minas violamos a lei burguesa e estamos a caminho de criar uma nova situação, que mais tarde os legisladores a serviço dos exploradores se encarregarão de introduzi-la nos códigos e tentarão estrangulá-la por meio de regulamentos.

O Decreto Supremo da Junta de Governo que proíbe a tomada das minas pelos operários não afeta a nossa posição. Sabíamos que não é possível contar com a colaboração governamental nesses casos e, havendo evidências de que não atuamos sob a proteção das leis, não temos outro recurso senão ocupar as minas sem direito a qualquer indenização em favor dos capitalistas.

A ocupação das minas deve dar lugar aos Comitês de Minas, que devem ser formados com a anuência de todos os trabalhadores, mesmo aqueles não sindicalizados. Os Comitês de Minas devem decidir os destinos da mina e dos operários envolvidos na produção.

4. Contrato coletivo de trabalho

Na nossa legislação, o patrão pode escolher livremente entre o contrato individual e o coletivo. Até esta data, e devido ao interesse das empresas, não foi possível concretizar o acordo coletivo. Temos que lutar para que se estabeleça uma forma única de contrato de trabalho: o coletivo.

A arrogância do capitalista não pode subjugar o trabalhador individual, incapaz de dar o livre consentimento, porque o livre consentimento não pode existir onde a pobreza do lar obriga-o a aceitar o mais ignominioso contrato de trabalho.

Aos capitalistas organizados, que trabalham de comum acordo para extorquir o trabalhador através do contrato individual, oponhamos o contrato coletivo dos trabalhadores organizados nos sindicatos.

a) O acordo coletivo de trabalho deve ser, antes de mais nada, revogável a qualquer momento por vontade única dos sindicatos;
b) deve ser de adesão, ou seja, obrigatória mesmo para os não sindicalizados; o operário a ser contratado encontrará as condições pertinentes já pré-estabelecidas;
c) não deve excluir as condições mais favoráveis que teriam sido alcançadas por meio de contratos individuais;
d) a sua execução e o próprio contrato devem ser controlados pelos sindicatos.

O acordo coletivo deve tomar como ponto de partida a nossa plataforma de reivindicações transitórias.

5. Independência sindical

A realização das nossas aspirações será possível se formos capazes de nos libertar da influência de todos os setores da burguesia e os seus agentes, da "esquerda". O sindicalismo tutelado constitui a sífilis do movimento operário. Os sindicatos, quando se tornam apêndices do governo, perdem a sua liberdade de ação e arrastam as massas para o caminho da derrota.

Denunciamos a Confederação Sindical de Trabalhadores da Bolívia (CSTB) como uma agência governamental no campo operário. Não podemos confiar em organizações que têm a sua secretaria permanente no Ministério do Trabalho e enviam os seus membros para fazer propaganda governamental.

A FSTMB tem independência absoluta em relação aos setores burgueses, ao reformismo de esquerda e ao governo. Realiza uma política sindical revolucionária e denuncia qualquer compromisso com a burguesia ou o governo como traição.

6. Controle operário nas minas

A FSTMB apoia todas as medidas tomadas pelos sindicatos no sentido de um controle operário efetivo em todos os aspectos da operação das minas. Temos que quebrar os segredos patronais de exploração, de contabilidade, de técnica, de transformação mineral etc., para estabelecer a intervenção direta dos trabalhadores enquanto tais nos ditos "segredos". Como o nosso objetivo é a ocupação das minas, devemos nos interessar em expor os segredos dos patrões.

Os operários devem controlar a direção técnica da exploração, os livros de contabilidade, intervir na nomeação dos empregados da categoria e, acima de tudo, devem ter interesse em divulgar os benefícios recebidos pelos grandes mineradores e as fraudes que praticam quando se trata de pagar impostos ao Estado e contribuir para a poupança e o Fundo de Seguridade e Previdência dos operários.

7. Armamento dos trabalhadores

Dissemos que enquanto existir o capitalismo, a repressão violenta do movimento operário é um perigo latente. Se quisermos evitar que o massacre de Catavi[51] volte a acontecer, temos que armar os trabalhadores. Para repelir as quadrilhas fascistas e os fura-greves, vamos forjar piquetes operários devidamente armados.

Onde conseguir armas...? O fundamental é ensinar aos trabalhadores de base que devem armar-se contra a burguesia, armada até os dentes; os meios serão encontrados. Esquecemos que diariamente trabalhamos com explosivos poderosos?

Cada greve é o início potencial de uma guerra civil e devemos ir para ela devidamente armados. O nosso objetivo é vencer e para isso não devemos esquecer que a burguesia tem exércitos, polícia e capangas fascistas. Portanto, cabe a nós organizar as primeiras células do exército proletário. Todos os sindicatos são obrigados a formar piquetes armados com os elementos mais jovens e militantes.

Os piquetes sindicais devem ser organizados militarmente e o mais rápido possível.

---

51. N.T.: O chamado massacre de Catavi foi o ataque das forças do exército boliviano aos campos de mineiros da mina de estanho da cidade de Catavi, localizada no departamento de Potosí, na Bolívia, durante o dia 21 dezembro de 1942, o que mais tarde causou a queda do regime do general Enrique Peñaranda. O governo boliviano havia colocado todas as minas sob controle militar, com o argumento de garantir o fornecimento de matéria-prima aos aliados durante a II Guerra Mundial. No entanto, desde 1941 haviam reivindicações salariais não resolvidas nos campos de Uncía, Catavi e Siglo XX. Diante de um pedido de aumento salarial no complexo Catavi-Siglo XX, após extensa negociação entre o Ministério do Trabalho e a empresa operadora, em 14 de dezembro de 1942 teve início uma greve geral dos trabalhadores. Diante de tal situação, o governo enviou para a área o regimento Ingavi, sob o comando do Coronel Luis Cuenca. Vários dias se passaram entre conversas, tensões e ameaças de violência por parte de representantes do governo e da empresa. Finalmente, em 21 de dezembro de 1942, em duas ocasiões, as tropas estacionadas na mina atiraram contra os mineiros e as suas famílias. A primeira série de tiros foi disparada contra um grupo de mulheres que tentava entrar em Catavi em busca de comida. A segunda série de tiros foi contra uma grande manifestação de protesto contra as primeiras mortes. Nestes eventos, cerca de 200 soldados (liderados por três oficiais) dispararam contra mais de 7.000 homens, mulheres e crianças. Estimou-se que, como resultado destes acontecimentos, morreram cerca de 20 pessoas, e que houve cerca de 50 feridos.

8. Fundo de greve

As empresas têm uma arma de controle nas mercearias e nos salários miseráveis que obrigam os operários a não ter mais recursos do que o salário diário. A greve tem como pior inimigo a fome sofrida pelos grevistas. Para que a greve seja concluída com sucesso, a pressão familiar adversa deve ser eliminada. Os sindicatos são obrigados a destinar uma parte da sua renda para aumentar os fundos de greve, a fim de poder, quando for o caso, conceder aos operários o alívio necessário.

9. Regulamentação da supressão da mercearia barata

Já dissemos que o sistema de mercearia barata permitia aos empregadores um enriquecimento indevido às custas do salário do trabalhador. A simples abolição das mercearias baratas só agrava a situação dos trabalhadores e se torna uma medida contrária aos seus interesses.

Para que a supressão das mercearias baratas cumpra a sua função, deve ser exigido que os respectivos regulamentos complementem a referida medida com a tabela móvel salarial e com a fixação do salário mínimo vital.

10. Supressão do trabalho "a contrato"

As empresas, para contornar a jornada máxima legal de trabalho e explorar em maior medida o trabalhador, conceberam os diversos tipos de trabalho denominados "a contrato". Somos obrigados a quebrar esta nova manobra da qual os capitalistas se utilizam para fins de rapina. Que se estabeleça um sistema único de salários por jornada diária.

VIII. Ação direta das massas e luta parlamentar

1. Reivindicamos o lugar de proeminência que corresponde, entre os métodos da luta proletária, à ação direta das massas. Sabemos bem que a nossa libertação será obra de nós mesmos e que, para

atingir esse objetivo, não podemos esperar a colaboração de forças externas às nossas. Por isso, nesta fase de ascensão do movimento operário, o nosso método preferido de luta é a ação direta de massa e, dentro dela, a greve e a ocupação das minas. Sempre que possível, evitemos ataques por motivos insignificantes, para não enfraquecer as nossas forças. Vamos superar o estágio das greves locais. As greves isoladas permitem que a burguesia concentre a sua atenção e as suas forças em um único ponto. Toda greve deve nascer com a intenção de se generalizar. Mais ainda, a greve dos mineiros deve se estender a outros setores proletários e à classe média. As greves com ocupação de minas estão na ordem do dia. Os grevistas devem controlar os pontos-chave da mina desde o início, especialmente os depósitos de explosivos.

Declaramos que, ao colocar a ação direta de massa em primeiro plano, não negamos a importância de outros métodos de luta.

Os revolucionários devem ser encontrados em todos os lugares onde a vida social coloca as classes em situação de luta.

2. A luta parlamentar é importante, mas nas etapas ascendentes do movimento revolucionário adquire um caráter secundário. O parlamentarismo, para desempenhar um papel transcendental, deve estar subordinado à ação direta de massa.

Nos momentos de refluxo, quando as massas abandonam a luta e a burguesia se apropria dos cargos que lhes restam, o parlamentarismo pode ganhar destaque. De um modo geral, o parlamento burguês não resolve o problema fundamental do nosso tempo: o destino da propriedade privada. Esse destino será definido pelos trabalhadores nas ruas. Embora não neguemos a luta parlamentar, a sujeitamos a certas condições. Devemos trazer ao parlamento elementos revolucionários comprovados que se identifiquem com o nosso comportamento sindical. O parlamento deve ser transformado numa tribuna revolucionária. Sabemos que os nossos representantes serão uma minoria, mas também que se encarregarão de desmascarar, de dentro das câmaras, as manobras da burguesia. E, acima de tudo, a luta parlamentar deve estar diretamente ligada à ação direta de massa. Os deputados operários e mineiros devem atuar sob uma única direção: os princípios desta Tese Central.

3. Na próxima luta eleitoral, a nossa tarefa será levar um bloco operário, o mais forte possível, ao parlamento. Ressaltamos que, mesmo sendo antiparlamentares, não podemos deixar este campo livre para os nossos inimigos de classe. A nossa voz também será ouvida no âmbito parlamentar.

IX. À palavra de ordem da unidade nacional, oponhamos a Frente Única Proletária

1. Somos soldados da luta de classes. Já dissemos que a guerra contra os exploradores é uma guerra de morte. Por isso destruiremos todas as tentativas colaboracionistas nas fileiras operárias. O caminho da traição foi aberto com as famosas frentes populares, isto é, as frentes que, esquecendo a luta de classes, unem os proletários, a pequena burguesia e alguns setores da própria burguesia. A frente popular custou ao proletariado internacional muitas derrotas. A expressão mais cínica da negação da luta de classes, da entrega dos oprimidos aos seus algozes, do ponto culminante da degeneração das frentes populares é a chamada "unidade nacional". Esta palavra de ordem burguesa foi lançada pelos reformistas. "Unidade nacional" significa unidade da burguesia com os seus servos para poder amarrar os trabalhadores. "Unidade nacional" significa a derrota dos explorados e a vitória da Rosca. Não podemos falar de "unidade nacional" quando a nação está dividida em classes sociais engajadas numa guerra de morte. Enquanto existir o regime da propriedade privada, só os traidores ou agentes pagos do imperialismo podem ousar falar de "unidade nacional".

2. À palavra de ordem burguesa da "unidade nacional", vamos opor a Frente Única Proletária (FUP). A unificação em bloco de granito dos explorados e revolucionários é uma necessidade urgente para destruir o capitalismo que se une num só bloco.

Porque usamos os métodos da revolução proletária e porque não saímos do quadro da luta de classes, forjaremos a FUP.

3. Para evitar as influências burguesas, para tornar as nossas aspirações uma realidade, para mobilizar as massas para a revolução proletária, precisamos da frente única proletária. Os elementos revolucionários que se identificam com as nossas afirmações fundamentais e as organizações proletárias (dos ferroviários, operários fabris, gráficos, motoristas etc.) serão muito bem recebidas na frente única proletária. Nos últimos dias, a CSTB agitou a palavra de ordem da frente de esquerda. Até agora não se sabe a que fins se destina a formação de tal frente. Se é apenas uma manobra pré-eleitoral e que deseja impor uma direção pequeno-burguesa – a CSTB é pequeno-burguesa –, declaramos que nada temos a ver com tal frente de esquerda... Mas se o pensamento proletário se pudesse impor e se os seus objetivos fossem aqueles contemplados nesta Tese, iríamos com todas as nossas forças a esta frente, que, em último caso, nada mais seria do que uma frente proletária com pequenas variações e diferente denominação.

X. Central Operária

A luta do proletariado exige um único comando. Precisamos construir uma poderosa CENTRAL OPERÁRIA[52]. A história da CSTB ensina como devemos proceder para alcançar nosso intento. Quando as federações se tornaram dóceis instrumentos a serviço dos partidos políticos da pequena burguesia, quando fizeram um pacto com a burguesia, deixaram de ser representantes dos explorados. É nossa missão evitar as manobras dos burocratas sindicais e das camadas de artesãos corrompidas pela

---

52. N.T.: A Central Obrera de Bolivia é a maior federação sindical da Bolívia. A Central foi estabelecida em 1952, no início da Revolução Boliviana. O iniciador da criação da COB foi a Federação dos Mineiros da Bolívia (FSTMB). Politicamente, o Movimento Nacionalista Revolucionário e o Partido Operário Revolucionário desempenharam um papel importante no estabelecimento da COB. O líder da COB era Juan Lechin, representante do MNR. Durante a Revolução de 1952, os membros da COB formaram a espinha dorsal dos destacamentos da milícia operária. Após a divergência de posições entre o MNR e o POR sobre a questão das perspectivas do movimento, o POR foi expulso da direção da COB.

burguesia. A central operária boliviana deve ser organizada sobre bases verdadeiramente democráticas. Estamos cansados de pequenas fraudes para obter maiorias. Não vamos permitir que uma organização de cem artesãos pese na mesma escala que a Federação dos Mineiros, que tem cerca de setenta mil operários. O pensamento das organizações majoritárias não deve ser anulado com o voto de organizações quase inexistentes. A porcentagem de influência das diferentes federações deve ser determinada pelo número de filiados.

Além disso, é a nossa tarefa oferecer a ela um programa verdadeiramente revolucionário, que deve se inspirar naquilo que apresentamos neste documento.

XI. Acordos e compromissos

1. Com a burguesia não temos que fazer nenhum bloco, nenhum compromisso.

2. Com a pequena burguesia como classe e não com os seus partidos políticos, podemos forjar blocos e firmar compromissos. A frente de esquerda, a Central Operária, são exemplos desses blocos, mas com o cuidado de lutar para que o proletariado seja o líder do bloco. Se a pretensão for que marchemos a reboque da pequena burguesia, devemos rejeitar e romper tais blocos.

3. Muitos pactos e compromissos com diversos setores podem não ser cumpridos, mas continuam sendo um poderoso instrumento nas nossas mãos. Estes compromissos, se assumidos com espírito revolucionário, permitem-nos desmascarar as traições dos dirigentes da pequena burguesia, permitem-nos arrastar as bases para as nossas posições. O pacto operário-universitário de julho é um exemplo de como um pacto não cumprido pode se tornar uma arma destrutiva para nossos inimigos. Quando alguns estudantes universitários desqualificados ultrajaram a nossa organização em Oruro, os trabalhadores e setores revolucionários da universidade atacaram os perpetradores do ataque e orientaram

os estudantes. As declarações contidas neste documento devem ser colocadas como um ponto de partida em qualquer acordo.

O cumprimento de um pacto depende dos mineiros iniciarem o ataque à burguesia; não podemos esperar que tal passo seja dado pelos setores pequeno-burgueses. O líder da revolução será o proletariado.

A colaboração revolucionária entre mineiros e camponeses é uma tarefa central da FSTMB; tal colaboração é a chave para a revolução futura. Os operários devem organizar sindicatos camponeses e trabalhar em conjunto com as comunidades indígenas. Para isso, é necessário que os mineiros apoiem a luta dos camponeses contra os latifúndios e apoiem a sua atividade revolucionária com os outros setores proletários; somos obrigados a nos unificar, e para essa unificação devemos também conduzir os setores explorados das oficinas artesanais: oficiais e aprendizes.

Pulacayo, 8 de novembro de 1946.

5

ERNESTO "CHE" GUEVARA DE LA SERNA

Nascido na Argentina em 1928, foi um, médico, publicista, guerrilheiro, diplomata e teórico militar. Conheceu Fidel e Raúl Castro no México, onde juntou-se ao Movimento 26 de Julho e partiu para Cuba a bordo do iate *Granma*, com a intenção de derrubar o ditador Fulgencio Batista. Após a Revolução Cubana, desempenhou vários papéis-chave no novo governo, liderando a reforma agrária como ministro das indústrias, atuando na bem--sucedida campanha nacional de alfabetização, servindo tanto como presidente do banco nacional quanto diretor de instrução das Forças Armadas de Cuba e atravessando o globo como diplomata em nome do socialismo cubano. Deixou Cuba em 1965, pegando em armas no Congo e depois na Bolívia, onde foi capturado por forças bolivianas assistidas pela CIA e sumariamente executado. Como resultado de seu martírio, suas invocações poéticas para a luta de classes e seu desejo de criar a consciência de um "Novo Homem" impulsionada por incentivos morais e não materiais, Guevara tornou-se um ícone do internacionalismo proletário.

CONTRA O BUROCRATISMO

Publicado em abril de 1961 na revista *Cuba Socialista*.

A nossa revolução foi, em essência, o produto de um movimento guerrilheiro que iniciou a luta armada contra a tirania e a cristalizou na tomada do poder. Os primeiros passos como Estado Revolucionário, bem como toda a época primitiva da nossa gestão no governo, estavam fortemente tingidos dos elementos fundamentais da tática guerrilheira como forma de administração estatal. O "guerrilheirismo" repetia a experiência da luta armada das serras e campos de Cuba nas distintas organizações administrativas e de massas, e traduzia-se em que apenas as grandes palavras de ordem revolucionárias eram seguidas (e muitas vezes interpretadas de distintas maneiras) pelos organismos da administração e da sociedade em geral. A forma de resolver os problemas concretos estava sujeita ao livre arbítrio de cada um dos dirigentes.

Por ocupar todo o complexo aparelho da sociedade, os campos de ação das "guerrilhas administrativas" batiam entre si, produzindo contínuos atritos, ordens e contraordens, distintas interpretações das leis, que chegavam, em alguns casos, à réplica contra as mesmas por parte de organismos que estabeleciam os seus próprios ditames em forma de decretos, sem fazer caso do aparelho central de direção. Após um ano de dolorosas experiências, chegamos à conclusão de que era imprescindível modificar totalmente o nosso estilo de trabalho e voltar a organizar o aparelho estatal de um jeito racional, utilizando as técnicas de planificação conhecidas nos irmãos países socialistas.

Como contra medida, começaram a organizar-se os fortes aparelhos burocráticos que caracterizam esta primeira época de construção do nosso Estado socialista, mas o solavanco foi grande demais, e toda uma série de organismos, entre os que se inclui o Ministério das Indústrias, iniciaram uma política de centralização operativa, entravando exageradamente a iniciativa dos administradores. Este conceito centralizador explica-se pela escassez de quadros médios e o espírito anárquico anterior, o que obrigava a um zelo enorme nas exigências de cumprimento das diretivas. Paralelamente, a falta de aparelhos de controle adequados tornava difícil a correta localização a tempo das falhas administrativas, o que amparava o uso do "caderno". Desta maneira, os quadros mais conscientes e os mais tímidos entravavam os seus impulsos para adequá-los à marcha da lenta engrenagem da administração, enquanto outros continuavam sem assumir a disciplina, sem sentirem-se obrigados a acatar autoridade nenhuma, obrigando a novas medidas de controle que paralisassem a sua atividade. Assim começa a padecer a nossa revolução do mal chamado burocratismo.

O burocratismo, evidentemente, não nasce com a sociedade socialista nem é um componente obrigatório dela. A burocracia estatal existia na época dos regimes burgueses, com o seu cortejo de sinecuras e lacaios, já que à sombra do orçamento medrava um grande número de aproveitadores que constituíam a "corte" de cada político. Numa sociedade capitalista, onde todo o aparelho do Estado está posto ao serviço da burguesia, a sua importância como órgão dirigente é muito pequena e o fundamental consiste em torná-lo suficientemente permeável, para permitir o trânsito dos aproveitadores, e suficientemente hermético, para prender nas suas redes o povo. Dado o peso dos "pecados originais" remanescentes nos antigos aparelhos administrativos e as situações criadas posteriormente ao triunfo da revolução, o mal do burocratismo começou a desenvolver-se com força. Se fossemos procurar as suas raízes no momento atual, acrescentaríamos às velhas causas novas motivações, encontrando três razões fundamentais.

Uma delas é a falta de motor interno. Com isto, queremos dizer a falta de interesse do indivíduo por render um serviço ao Estado e por ultrapassar uma dada situação. Baseia-se numa falta de consciência revolucionária ou, de qualquer maneira, no conformismo face ao que anda mal.

Pode estabelecer-se uma relação direta e óbvia entre a falta de motor interno e a falta de interesse por resolver os problemas.

Neste caso, quer esta falta de motor ideológico se produza por uma carência absoluta de convicção, quer por certa dose de desesperação perante problemas repetidos que não podem ser resolvidos, o indivíduo, ou o grupo de indivíduos, refugiam-se no burocratismo, preenchem papéis, salvam a sua responsabilidade e estabelecem a defesa escrita para continuarem a vegetar ou para se defenderem da irresponsabilidade de outros.

Outra causa é a falta de organização. Ao pretender destruir o "guerrilheirismo" sem ter a experiência administrativa suficiente, produzem-se deslocamentos, gargalos, que entravam desnecessariamente o fluxo das informações das bases e das instruções ou ordens emanadas dos aparelhos centrais. Às vezes, estas ou aquelas tomam rumos extraviados e outras traduzem-se em indicações mal dadas, disparatadas, que contribuem mais para a distorção.

A falta de organização tem como característica fundamental a falha dos métodos para encarar uma situação dada. Podemos ver exemplos nos Ministérios, quando se quer resolver problemas a níveis diferentes do adequado ou quando estes se tratam por vias falsas e perdem-se no labirinto dos papéis. O burocratismo é a cadeia do tipo de funcionário que quer resolver de qualquer maneira os seus problemas, batendo uma e outra vez contra a ordem estabelecida, sem encontrar a solução. É frequente observarmos como a única saída encontrada por um bom número de funcionários é solicitar mais pessoal para realizar uma tarefa cuja fácil solução apenas exige um pouco de lógica, criando novas causas para a papelada desnecessária.

Não devemos nunca esquecer, para fazer uma autocrítica saudável, que a direção económica da revolução é a responsável pela maioria dos males burocráticos: os aparelhos estatais não se desenvolveram mediante um plano único e com as suas relações bem estudadas, deixando ampla margem à especulação sobre os métodos administrativos. O aparelho central da economia, a Junta Central de Planeamento, não cumpriu a sua tarefa de condução e não podia cumpri-la, pois não tinha a autoridade suficiente sobre os organismos, estava incapacitada para dar ordens precisas com base num sistema único e com o adequado controle, e faltava-lhe o imprescindível auxílio de um plano perspectivo. A centralização excessiva sem uma organização perfeita freou a ação espontânea sem o substituto da ordem correta e em tempo. Um cúmulo de decisões menores limitou a visão dos grandes problemas e a solução de todos eles estagnou, sem ordem nem concerto. As decisões de última hora, às pressas e sem análise, foram características do nosso trabalho.

A terceira causa, muito importante, é a falta de conhecimentos técnicos suficientemente desenvolvidos como para poder tomar decisões justas e em pouco tempo. Ao não poder fazê-lo, devem reunir-se muitas experiências de pequeno valor e tratar de tirar dali uma conclusão. As discussões costumam se tornar intermináveis, sem que nenhum dos expositores tenha autoridade suficiente para impor o seu critério. Depois de uma, duas, umas quantas reuniões, o problema continua vigente até que se resolve por si próprio ou até se tomar uma resolução qualquer, por pior que ela seja.

A falta quase que total de conhecimentos, suprida como dissemos antes por uma longa série de reuniões, configura o "reunionismo", que se traduz fundamentalmente em falta de perspectiva para resolver os problemas. Nestes casos, o burocratismo, quer dizer, o freio dos papéis e das indecisões ao desenvolvimento da sociedade, é o destino dos organismos em questão.

Estes três motivos fundamentais influem, um a um ou em distintas conjugações, em menor ou maior proporção, em toda a vida institucional do país, e chegou o momento de romper com as suas malignas influências. Cumpre tomarmos medidas concretas para agilizar os aparelhos estatais, de tal modo se estabeleça um rígido controle central que permita ter nas mãos da direção as chaves da economia e liberte o máximo a iniciativa, desenvolvendo sobre bases lógicas as relações das forças produtivas.

Se conhecemos as causas e os efeitos do burocratismo, podemos analisar exatamente as possibilidades de corrigir o seu mal. De todas as causas fundamentais, podemos considerar a organização como o nosso problema central e encará-la com todo o rigor necessário. Para isso, devemos modificar o nosso estilo de trabalho; hierarquizar os problemas, atribuindo a cada organismo e a cada nível de decisão a sua tarefa; estabelecer as relações concretas entre cada um deles e os demais, desde o centro de decisão econômica até a última unidade administrativa e as relações entre os seus distintos componentes, horizontalmente, até formar o conjunto das relações da economia. Eis a tarefa mais exequível às nossas forças atualmente, e nos permitirá, como vantagem extra, encaminhar a outras frentes uma grande quantidade de empregados desnecessários, que não trabalham, realizam funções mínimas ou duplicam as de outros sem qualquer resultado.

Simultaneamente, devemos desenvolver com empenho um trabalho político para liquidar as faltas de motivações internas, quer dizer, a falta de clareza política, que se traduz numa falta de executividade. Os caminhos são: a educação continuada mediante a explicação concreta das tarefas, mediante a inculcação do interesse pelo seu trabalho concreto aos empregados administrativos, mediante o exemplo dos trabalhadores de vanguarda, por um lado; e, por outro, as medidas drásticas para eliminar o parasitismo, quer seja o de quem esconde na sua atitude uma inimizade profunda para com a sociedade socialista, quer seja o de quem é irremediavelmente incompatível com o trabalho.

Por último, devemos corrigir a inferioridade que a falta de conhecimentos significa. Temos iniciado a gigantesca tarefa de transformar a sociedade de uma ponta a outra em meio à agressão imperialista, em meio a um bloqueio cada vez mais forte, de uma mudança completa na nossa tecnologia, de aguda escassez de matérias primas e artigos alimentares e de uma fuga em massa dos poucos técnicos qualificados que temos. Nessas condições, devemos propor-nos um trabalho muito sério e muito perseverante com as massas, para suprir os vácuos que deixam os traidores e as necessidades da força de trabalho qualificada que se produzem pelo ritmo veloz imposto ao nosso desenvolvimento. Daí a capacitação ocupar um lugar de preferência em todos os planos do Governo Revolucionário.

A capacitação dos trabalhadores ativos inicia-se nos centros de trabalho, no primeiro nível educacional: a eliminação de alguns resquícios de analfabetismo que ficam nos lugares mais afastados; os cursos de acompanhamento; a seguir, os de superação operária para aqueles que tenham atingido o terceiro grau; os cursos de Mínimo Técnico para os operários de mais alto nível; os de extensão para transformar os operários qualificados em sub-engenheiros; os cursos universitários para todo o tipo de profissional e, também, os administrativos. A intenção do Governo Revolucionário é converter o nosso país numa grande escola, onde o estudo e o sucesso nos estudos sejam um dos fatores fundamentais para a melhoria da condição do indivíduo, quer economicamente, quer na sua situação moral dentro da sociedade, conforme as suas qualidades.

Se nós conseguirmos desentranhar, por baixo do emaranhado dos papéis, as intrincadas relações entre os organismos e entre seções de organismos, a duplicação de funções e os frequentes altos e baixos que atravessam as nossa instituições; se acharmos as raízes do problema e elaborarmos normas de organização, primeiro elementares, depois mais completas; se combatermos frontalmente os displicentes, os confusos e os vadios, reeducarmos e educarmos esta massa, a incorporarmos à revolução e eliminarmos o descartável e, ao mesmo tempo, continuarmos sem desfalecer, quaisquer que sejam os inconvenientes enfrentados (uma grande tarefa de educação em todos os níveis), estaremos em condições de liquidar em pouco tempo o burocratismo.

Foi a experiência da última mobilização que nos motivou a ter discussões no Ministério das Indústrias a fim de analisar o fenômeno de que, no meio dele, quando todo o país punha em tensão as suas forças para resistir o embate inimigo, a produção industrial não caía, o ausentismo desaparecia, os problemas resolviam-se com uma inesperada velocidade. Analisando isto, chegamos à conclusão de que convergiram vários fatores que destruíram as causas fundamentais do burocratismo; havia um grande impulso patriótico e nacional de resistir ao imperialismo que abrangeu a imensa maioria do povo de Cuba, e cada trabalhador, no seu nível, tornou-se um soldado da economia pronto a resolver qualquer problema.

O motor ideológico atingia-se desta maneira pelo estímulo da agressão estrangeira. As normas organizativas reduziam-se a assinalar estritamente o que não se podia fazer e o problema fundamental que se devia resolver: manter determinados ramos da produção com maior ênfase ainda e desassociar as empresas, fábricas e organismos de todas as demais funções aleatórias, embora necessárias num processo social normal.

A responsabilidade especial que tinha cada indivíduo obrigava-o a tomar decisões rápidas; estávamos frente a uma situação de emergência nacional, e cumpria tomá-las fossem acertadas ou erradas; cumpria tomá-las, e rápido; assim se fez em muitos casos.

Não temos efetuado o balanço da mobilização ainda e, evidentemente, esse balanço, em termos financeiros, não pode ser positivo; mas o foi em termos de mobilização ideológica, na produção da consciência das massas. Qual é o ensinamento? Que devemos incutir nos nossos trabalhadores, operários, camponeses ou empregados que o perigo da agressão imperialista continua pendente sobre as nossas cabeças, que não há uma situação de paz e que o nosso dever é continuar a fortalecer a revolução dia a dia, porque, aliás, essa é a nossa garantia máxima de que não haverá invasão. Quanto mais custar ao imperialismo tomar esta ilha, quanto mais fortes forem as suas defesas e quanto mais alta for a consciência dos seus filhos, hesitarão; mas ao mesmo tempo, o desenvolvimento econômico do país aproxima-nos de situações de mais alívio, de maior bem-estar. Que o grande exemplo mobilizador da agressão imperialista se converta em permanente, essa é a tarefa ideológica.

Devemos analisar as responsabilidades de cada funcionário, estabelecê-las o mais rigidamente possível dentro das causas, das quais não se deve sair sob pena de severíssimas sanções e, sobre esta base, dar as mais amplas faculdades possíveis. Ao mesmo tempo, estudar tudo o que é fundamental e o que é acessório no trabalho das distintas unidades dos organismos estatais e limitar o acessório, para pôr ênfase sobre o fundamental, permitindo assim mais rápida ação. E exigir ação aos nossos funcionários, estabelecer limites de tempo para cumprir as instruções emanadas dos organismos centrais, controlar corretamente e obrigar a tomar decisões em tempo prudencial.

Se nós conseguirmos fazer esse trabalho todo, o burocratismo desaparecerá. De fato, não é uma tarefa de um organismo, nem sequer de todos os organismos econômicos do país: é a tarefa da nação inteira, quer dizer, dos organismos dirigentes, fundamentalmente do Partido Unido da revolução e dos agrupamentos de massas. Todos devemos trabalhar para cumprir esta palavra de ordem premente do momento: guerra ao burocratismo. Agilização do aparelho estatal. Produção sem entraves e responsabilidade pela produção.

MENSAGEM AOS POVOS DO MUNDO ATRAVÉS DA TRICONTINENTAL

Publicado em 16 de abril de 1967 em Havana, Cuba, como um suplemento especial para a revista *Tricontinental*, órgão do Secretariado Executivo da Organização de Solidariedade com os Povos de África, Ásia e América Latina (OSPAAAL).

Está na hora dos fornos, e não se há de ver mais que a luz.

José Martí

Cumpriram-se já vinte e um anos desde o fim da última conflagração mundial e diversas publicações, em infinidade de línguas, celebram o acontecimento simbolizado na derrota do Japão. Há um clima de aparente otimismo em muitos setores dos díspares campos em que o mundo se divide.

Vinte e um anos sem guerra mundial, nestes tempos de confrontos máximos, de choques violentos e mudanças repentinas, parecem uma cifra muito alta. Mas, sem analisarmos os resultados práticos dessa paz pela qual todos nos manifestamos dispostos a lutar (a miséria, a degradação, a exploração cada vez maior de enormes setores do mundo), cabe perguntar-se se ela é real.

Não é a intenção destas notas narrar os diversos conflitos de caráter local que se sucederam desde a rendição do Japão, nem é a nossa tarefa fazer a contagem de lutas civis, numerosas e crescentes, ocorridas durante estes anos de pretensa paz. Nos basta colocar como exemplos contra o desmedido otimismo as guerras da Coreia e do Vietnã.

Na primeira, após anos de luta feroz, a parte norte do país ficou submersa na mais terrível devastação que figura nos anais da guerra moderna; crivada a bombas; sem fábricas, escolas ou hospitais; sem nenhum tipo de habitação para albergar dez milhões de habitantes.

Nesta guerra intervieram, sob a pérfida bandeira das Nações Unidas, dezenas de países conduzidos militarmente pelos Estados Unidos, com a participação massiva de soldados dessa nacionalidade e o uso da população sul-coreana como carne de canhão.

Do outro lado, o exército e o povo da Coreia e os voluntários da República Popular Chinesa contaram com o abastecimento e a assessoria do aparelho militar soviético. Por parte dos americanos, foram feitos todos os tipos de testes de armas de destruição, excluindo as termonucleares, mas incluindo as bacteriológicas e químicas, em escala limitada. No Vietnã, ocorreram ações bélicas, sustentadas pelas forças patrióticas desse país quase ininterruptamente, contra três potências imperialistas: o Japão, cujo poderio sofrera uma queda vertical a partir das bombas de Hiroshima e Nagasaki; a França, que recupera daquele país vencido as suas colônias indochinesas e ignorava as promessas feitas em momentos difíceis; e os Estados Unidos, nesta última fase da contenda.

Houve confrontos limitados em todos os continentes, ainda que no americano, durante muito tempo, só se tivessem produzidos tentativas de luta de libertação e quarteladas, até que a revolução cubana soou o alerta sobre a importância desta região e atraiu as iras imperialistas, obrigando-a à defesa das suas costas na Baía dos Porcos, primeiro, e durante a Crise de Outubro, depois.

Este último incidente poderia ter provocado uma guerra de incalculáveis proporções, ao produzir-se, em torno de Cuba, o choque de norte-americanos e soviéticos.

Mas, evidentemente, o foco de contradições, neste momento, está radicado nos territórios da península da Indochina e nos países próximos. Laos e Vietnã são sacudidos pelas guerras civis, que deixam de ser civis ao tornar presente, com todo o seu poderio, o imperialismo norte-americano, e toda a zona se converte numa perigosa espoleta pronta para detonar.

No Vietnã, o confronto adquiriu características de uma agudeza extrema. Também não é nossa intenção narrar esta guerra. Simplesmente assinalaremos alguns fatos para a lembrança.

Em 1954, após a derrota aniquilante de Dien-Bien-Phu, assinaram-se os acordos de Genebra, que dividiam o país em duas zonas e estipulavam a realização de eleições num prazo de 18 meses para determinar quem devia governar o Vietnã e como se reunificaria o país. Os norte-americanos não assinaram o dito documento, começando as manobras para substituir o imperador Bao Dai, títere francês, por um homem adequado às suas intenções. Este resultou ser Ngo Din Diem, cujo trágico fim – o da laranja espremida pelo imperialismo – é conhecido por todos[53].

Nos meses posteriores à assinatura do acordo, reinou o otimismo no campo das forças populares. Desmantelaram-se redutos de luta antifrancesa no sul do país e aguardou-se o cumprimento do pactuado. Mas os patriotas logo compreenderam que não haveria eleições a menos que os Estados Unidos se sentissem capazes de impor a sua vontade nas urnas, coisa que não podia ocorrer, ainda empregando todos os métodos de fraude por eles conhecidos.

Novamente se iniciaram as lutas no sul do país e foram adquirindo maior intensidade até atingirem o momento atual, em que o exército norte-americanos se compõe de quase meio milhão de invasores, enquanto as forças títeres diminuem o seu número e, sobretudo, perderam totalmente a combatividade.

Há cerca de dois anos, os norte-americanos começaram o bombardeio sistemático da República Democrática do Vietnã numa tentativa a mais de frear a combatividade do sul e obrigar a uma conferência a partir de posições de força. A princípio, os bombardeios foram mais ou menos isolados e revestiam-se com a máscara de represálias por supostas provocações do norte. Depois, aumentaram em intensidade e método, até se converterem num gigantesco ataque levado a cabo pelas unidades aéreas dos Estados Unidos, dia a dia, com o intuito de destruir todo

---

53. N.T.: Jean-Baptiste Ngo Din Diem (Hué, 3 de janeiro de 1901 – Saigon, 2 de novembro de 1963) foi o primeiro presidente do Vietnã do Sul após a independência e divisão do Vietnã, governando o país entre 1955 e 1963, quando foi deposto e executado em um golpe de estado.

o vestígio de civilização na zona norte do país. É um episódio da tristemente célebre escalada.

As aspirações materiais do mundo ianque cumpriram-se em boa parte apesar da audaciosa defesa das unidades antiaéreas vietnamitas, dos mais de 1.700 aviões derrubados e da ajuda do campo socialista em material de guerra.

Há uma penosa realidade: o Vietnã, essa nação que representa as aspirações, as esperanças de vitória de todo um mundo preterido, está tragicamente só. Esse povo deve suportar os embates da técnica norte-americana quase impunemente no sul, com algumas possibilidades de defesa no norte, mas sempre só. A solidariedade do mundo progressista para com o povo do Vietnã se assemelha à amarga ironia que o estímulo da plebe significava para os gladiadores do circo romano. Não se trata de desejar êxitos ao agredido, mas de padecer da sua mesma sorte; acompanhá-lo à morte ou à vitória.

Quando analisamos a solidão vietnamita, assalta-nos a angústia deste momento ilógico da humanidade. O imperialismo norte-americano é culpável da agressão; os seus crimes são imensos e espalhados por todo o globo. Já sabemos disso, senhores! Mas também são culpados os que, no momento da definição, vacilaram em fazer do Vietnã parte inviolável do território socialista, correndo, sim, os riscos de uma guerra de alcance mundial, mas também obrigando os imperialistas norte-americanos a uma decisão. E são culpados os que mantêm uma guerra de insultos e tropeços, começada já há tempos pelos representantes das duas maiores potências do campo socialista.

Perguntemo-nos, para lograr uma resposta honrada: está ou não isolado o Vietnã, fazendo equilíbrios perigosos entre as duas potências em questão?

E, que grandeza a deste povo! Que estoicismo e valor o desse povo! E que lição essa luta incute ao mundo!

Demorará muito tempo para saber se o presidente Johnson pensava seriamente em iniciar algumas das reformas necessárias a um povo – para limar arestas das contradições de classe que assomam com força explosiva e cada vez mais frequentemente. O certo é que as melhorias anunciadas sob o pomposo título de luta pela grande sociedade caíram no esgoto do Vietnã.

Os maiores poderes imperialistas sentem nas suas entranhas o sangramento provocado por um país pobre e atrasado, e a sua fabulosa economia se ressente do esforço da guerra. Matar deixa de ser o mais cômodo negócio dos monopólios. Armas de contenção, e não em número suficiente, é tudo o que estes soldados maravilhosos têm, além do amor à sua pátria, à sua sociedade e um valor à prova de tudo. Mas o imperialismo mete-se no pântano no Vietnã, não acha caminho de saída e procura desesperadamente algum que lhe permita afastar com dignidade este perigoso transe em que se vê. Mas os "quatro pontos" do norte e "os cinco" do sul os atanazam, tornando ainda mais decidido o confronto.

Tudo parece indicar que a paz, essa paz precária à qual se deu tal nome, só porque não se produziu nenhuma conflagração de caráter mundial, está outra vez em perigo de romper-se ante qualquer passo irreversível e inaceitável dado pelos norte-americanos. E a nós, explorados do mundo, qual é o papel que nos corresponde? Os povos de três continentes observam e aprendem a sua lição no Vietnã. Pois, se com a ameaça da guerra os imperialistas exercem a sua chantagem sobre a humanidade – não temer a guerra é a resposta justa. Atacar dura e ininterruptamente em cada ponto de confronto deve ser a tática geral dos povos. Mas, nos lugares em que esta mísera paz que sofremos não apodreceu, qual será a nossa tarefa? Libertarmo-nos a qualquer preço.

O panorama do mundo mostra uma grande complexidade. A tarefa da libertação aguarda ainda a países da velha Europa, suficientemente desenvolvidos para sentir todas as contradições do capitalismo, mas tão fracos que não podem já seguir o rumo do imperialismo ou iniciar essa rota. Lá as contradições atingirão nos próximos anos caráter explosivo, mas os seus problemas, e, portanto, a solução dos mesmos, são diferentes daqueles dos nossos povos dependentes e atrasados economicamente.

O campo fundamental de exploração do imperialismo abrange os três continentes atrasados, América, Ásia e África. Cada país tem características próprias, mas os continentes, no seu conjunto, também as apresentam.

A América constitui um conjunto mais ou menos homogêneo e na quase totalidade do seu território os capitais monopolistas norte-americanos mantêm uma primazia absoluta. Os governos títeres ou, no melhor dos casos, fracos e medrosos, não podem opor-se às ordens do amo ianque. Os norte-americanos chegaram quase ao máximo da sua dominação política e econômica, pouco mais poderiam avançar já; qualquer mudança da situação poderia converter-se num recuo na sua primazia. A sua política é manter o conquistado. A linha de ação reduz-se, no momento atual, ao uso brutal da força para obstruir movimentos de libertação, de qualquer tipo que forem.

Sob a palavra de ordem "não permitiremos outra Cuba", oculta-se a possibilidade de agressões irrefreadas, como a perpetrada contra Santo Domingo ou, anteriormente, o massacre do Panamá, e a clara advertência de que as tropas ianques estão prontas a intervir em qualquer lugar da América onde a ordem estabelecida for alterada, pondo em perigo os seus interesses. É uma política que conta com uma impunidade quase absoluta; a OEA é uma máscara cômoda, por desprestigiada que esteja; a ONU é duma ineficiência próxima do ridículo ou do trágico; os exércitos de todos os países da América estão prontos a intervir para esmagar os seus povos. Formou-se, de fato, a internacional do crime e a traição.

Por outro lado, as burguesias autóctones perderam toda a sua capacidade de oposição ao imperialismo – se alguma vez a tiveram – e só são seguidistas do mesmo.

Não há mais mudanças a fazer; ou revolução socialista ou caricatura de revolução.

A Ásia é um continente de características diferentes. As lutas de libertação contra uma série de poderes coloniais europeus tiveram como resultado o estabelecimento de governos mais ou menos progressistas, cuja evolução posterior foi, em alguns casos, de aprofundamento dos objetivos primários da libertação nacional e, em outros, de reversão para posições pró-imperialistas.

Do ponto de vista econômico, os Estados Unidos tinham pouco a perder e muito a ganhar na Ásia. As mudanças os favorecem; lutam para deslocar outros poderes neocoloniais, penetrar novas esferas de ação no campo econômico, por vezes diretamente, outras empregando o Japão. Mas existem condições políticas especiais, nomeadamente na península da Indochina, que dão características de especial relevo à Ásia e jogam um papel importante na estratégia militar global do imperialismo norte-americano. Este exerce um cerco à China através da Coreia do Sul, do Japão, de Taiwan, do Vietnã do Sul e da Tailândia, ao menos.

Essa dupla situação: um interesse estratégico tão importante como o cerco militar à República Popular Chinesa e a ambição dos seus capitais por penetrar esses grandes mercados que ainda não dominam, faz com que a Ásia seja um dos lugares mais explosivos do mundo atual, apesar da aparente estabilidade fora da área vietnamita.

Pertencendo geograficamente a este continente, mas com as suas próprias contradições, o Oriente Médio está em plena ebulição, sem que se possa prever até onde chegará essa guerra fria entre Israel, respaldada pelos imperialistas, e os países progressistas da zona. É outro dos vulcões ameaçadores do mundo.

A África apresenta as características de ser um campo quase virgem para a invasão neocolonial. Produziram-se mudanças que, em alguma medida, obrigaram os poderes neocoloniais a ceder as suas antigas prerrogativas de caráter absoluto. Mas, quando os processos se levam a cabo ininterruptamente, o colonialismo é sucedido, sem violência, por um neocolonialismo de iguais efeitos, no que se refere à dominação econômica. Os Estados Unidos não tinham colônias nesta região, e agora lutam por penetrar nos antigos domínios dos seus sócios. Pode-se assegurar que África constitui, nos planos estratégicos do imperialismo norte-americano, a sua reserva no longo prazo; os seus investimentos atuais só têm relevância na União Sul-Africana e começa a sua penetração no Congo, na Nigéria e em outros países, onde se inicia uma violenta concorrência (de caráter pacífico até agora) com outros poderes imperialistas.

Não tem ainda grandes interesses a defender além de seu pretendido direito a intervir em cada lugar do globo em que os seus monopólios cheirarem bons lucros ou a existência de grandes reservas de matérias-primas. Todos estes antecedentes tornam válidos os questionamentos sobre as possibilidades de libertação dos povos no curto ou médio prazo.

Se analisarmos África, veremos que se luta com alguma intensidade nas colônias portuguesas da Guiné, Moçambique e Angola, com particular sucesso na primeira e com sucesso variável nas duas restantes. Que ainda se assiste à luta entre os sucessores de Lumumba e os velhos cúmplices de Tshombe no Congo; luta que, no momento atual, parece inclinar-se a favor dos últimos, os que "pacificaram" no seu próprio proveito uma grande parte do país, ainda que a guerra se mantenha latente.

Na Rodésia, o problema é diferente: o imperialismo britânico empregou todos os mecanismos a seu alcance para entregar o poder à minoria branca que o detém atualmente. O conflito, do ponto de vista de Inglaterra, é absolutamente extraoficial, só que esta potência, com a sua habitual habilidade diplomática – também conhecida como hipocrisia – apresenta uma fachada de desgostos ante as medidas tomadas pelo governo de Ian Smith, e é apoiada na sua teimosa atitude por alguns países da *Commonwealth*[54] que a seguem, e atacada por uma boa parte dos países da África Negra, sejam ou não dóceis vassalos econômicos do imperialismo inglês.

Na Rodésia, a situação pode tornar-se extremamente explosiva se cristalizarem-se os esforços dos patriotas negros para alçarem-se em armas e este movimento for apoiado efetivamente pelas nações africanas vizinhas. Mas por enquanto todos os problemas se tratam em organismos tão iníquos como a ONU, a *Commonwealth* ou a OUA.

Contudo, a evolução política e social da África não permite prever uma situação revolucionária continental. As lutas de

---

54. N.T.: A Comunidade das Nações (em inglês: *Commonwealth of Nations*) é uma organização intergovernamental composta por 56 países membros independentes. Todas as nações membros da organização, com exceção de Gabão, Moçambique, Ruanda e Togo, faziam parte do Império Britânico, do qual se separaram.

libertação contra os portugueses devem terminar vitoriosamente, mas Portugal não significa nada na folha de pagamento imperialista. Os confrontos de importância revolucionária são os que põem em xeque todo o aparato imperialista, ainda que nem por isso deixemos de lutar pela libertação das três colônias portuguesas e pelo aprofundamento das suas revoluções.

Quando as massas negras da África do Sul ou Rodésia iniciarem a sua autêntica luta revolucionária, se iniciará uma nova época na África. Ou quando as massas empobrecidas de um país se lançarem a resgatar o seu direito a uma vida digna das mãos das oligarquias governantes.

Até agora sucedem-se os golpes de quartelada em que um grupo de oficiais substitui outro ou um governante que já não serve aos seus interesses de casta e os das potências que os manejam de maneira oculta, mas não há convulsões populares. No Congo deram-se fugazmente estas características, impulsionadas pela memória de Lumumba, mas foram perdendo força nos últimos meses.

Na Ásia, como vimos, a situação é explosiva, e não só no Vietnã e no Laos, onde se luta, os pontos de fricção. Também no Camboja, onde a qualquer momento pode iniciar-se a agressão direta norte-americana; Tailândia e Malásia, e, com certeza, na Indonésia, onde não podemos pensar que se disse a última palavra, apesar do aniquilamento do Partido Comunista desse país, quando da ocupação do poder pelos reacionários. E, é claro, o Oriente Médio.

Na América Latina luta-se de armas na mão na Guatemala, na Colômbia, na Venezuela e na Bolívia, e despontam já os primeiros brotos no Brasil. Há outros focos de resistência que aparecem e se extinguem. Mas quase todos os países deste continente estão maduros para uma luta de tal tipo, que para resultar triunfante, não pode conformar-se com menos que a instauração de um governo de tipo socialista.

Neste continente fala-se praticamente uma língua, salvo o caso excepcional do Brasil, com cujo povo os de fala hispânica podem entender-se, dada a similaridade de ambos idiomas. Há uma identidade tão grande entre as classes destes países que conseguem uma identificação de tipo "internacional americano", muito mais completa que em outros continentes. Língua, costumes, religião, amo comum, nos unem. O grau e as formas de exploração são similares nos seus efeitos para exploradores e explorados de uma boa parte dos países da nossa América. E a rebelião está amadurecendo aceleradamente nela.

Podemo-nos perguntar: esta rebelião, como frutificará, de que tipo será? Sustentamos há tempos que, dadas as suas características similares, a luta na América adquirirá, no seu momento, dimensões continentais. Será palco de muitas grandes batalhas dadas pela humanidade para sua libertação.

No quadro dessa luta de alcance continental, as que atualmente se sustentam em forma ativa são só episódios, mas já deram os mártires que figurarão na história americana como tendo entregado a sua necessária quota de sangue nesta última etapa da luta pela liberdade plena do homem. Lá figurarão os nomes do comandante Turcios Lima, do padre Camilo Torres, do comandante Fabricio Ojeda, dos comandantes Lobaton e Luis de la Puente Uceda, figuras protagonistas nos movimentos revolucionários da Guatemala, Colômbia, Venezuela e Peru.

Mas a mobilização ativa do povo cria os seus novos dirigentes: César Montes e Yons Sosa levantam a bandeira na Guatemala; Fabio Vázquez e Marulanda na Colômbia; Douglas Bravo no ocidente do país e Americo Martín no Bachiller, dirigem os seus respectivos *fronts* na Venezuela.

Novos surtos de guerra surgirão nestes e outros países americanos, como já ocorreu na Bolívia, e irão crescendo, com todas as vicissitudes que este perigoso ofício de revolucionário moderno implica. Muitos morrerão vítimas dos seus erros, outros cairão no duro combate que se aproxima: novos lutadores e novos dirigentes surgirão no calor da luta revolucionária. O povo irá formando os seus combatentes e os seus condutores no quadro seletivo da própria guerra, e os agentes ianques da repressão aumentarão. Hoje há assessores em todos os países onde a luta armada se mantém; o exército peruano realizou, ao que parece, uma exitosa razia[55] contra os revolucionários desse país, também assessorado

---

55. N.T.: Incursão feita em território inimigo para aprisionamento de tropas, saque de

e treinado pelos ianques. Mas se os focos de guerra forem conduzidos com suficiente destreza política e militar, se farão praticamente imbatíveis e exigirão novos carregamentos dos ianques. No próprio Peru, com tenacidade e firmeza, novas figuras ainda não completamente conhecidas reorganizam a luta guerrilheira. Pouco a pouco, as armas obsoletas que abundam para a repressão de pequenos bandos armados irão se convertendo em armas modernas e os grupos de assessores norte-americanos até que, num dado momento, se vejam na obrigação de enviar quantidades crescentes de tropa regular para assegurar a relativa estabilidade dum poder cujo exército nacional títere se desintegra ante os combates das guerrilhas. É o caminho do Vietnã, é o caminho que devem seguir os povos; é o caminho que seguirá a América, com a característica especial de que os grupos em armas podem formar algo assim como Juntas de Coordenação para fazer mais difícil a tarefa repressiva do imperialismo ianque e facilitar a própria causa.

A América, continente esquecido pelas últimas lutas políticas de libertação, que começa a fazer-se sentir através da *Tricontinental* na voz da vanguarda dos seus povos, que é a revolução cubana, terá uma tarefa de muito maior relevo: a da criação do segundo ou terceiro Vietnã, ou do segundo e terceiro Vietnã do mundo.

Definitivamente, é preciso levar em conta que o imperialismo é um sistema mundial, última etapa do capitalismo, e é preciso vencê-lo num grande confronto mundial. A finalidade estratégica desta luta deve ser a destruição do imperialismo. A participação que cabe a nós, explorados e atrasados do mundo, é a de eliminar as bases de sustentação do imperialismo: os nossos povos oprimidos, de onde extraem capitais, matérias-primas, técnicos e operários baratos e aonde exportam novos capitais – instrumentos de dominação –, armas e todo o tipo de artigos, submergindo-nos numa dependência absoluta. O elemento fundamental dessa finalidade estratégica será, portanto, a libertação real dos povos: libertação que se produzirá através da luta armada, na maioria dos casos, e que terá, na América, quase indefectivelmente, a propriedade de converter-se numa revolução socialista.

---

rebanhos, de cereais, detenção de pessoas etc.

Ao focar a destruição do imperialismo, é preciso identificar a sua cabeça, que não é outra senão os Estados Unidos da América do Norte.

Devemos realizar uma tarefa de tipo geral que tenha como finalidade tática tirar o inimigo do seu ambiente, obrigando-o a lutar em lugares onde os seus hábitos de vida se confrontem com a realidade imperante. Não se deve desprezar ao adversário; o soldado norte-americano tem capacidade técnica e está respaldado por meios de tal magnitude que o tornam temível. Falta-lhe essencialmente a motivação ideológica que têm ao máximo os seus mais ferrenhos rivais de hoje: os soldados vietnamitas. Só poderemos triunfar sobre esse exército na medida em que logremos minar a sua moral. E esta mina-se impingindo-lhe derrotas e ocasionando-lhe sofrimentos repetidos.

Mas este pequeno esquema de vitórias encerra dentro de si sacrifícios imensos dos povos, sacrifícios que deve exigir-se desde hoje, à luz do dia, e que porventura sejam menos dolorosos que aqueles que deveríamos suportar se escapássemos constantemente do combate, para deixar que outros resolvam nossos problemas.

Claro que o último país a libertar-se, muito provavelmente o fará sem luta armada, e esse povo há de ser poupado dos sofrimentos de uma guerra longa e tão cruel como a que fazem os imperialistas. Mas talvez seja impossível evitar essa luta ou os seus efeitos, numa contenda de caráter mundial, e se sofra igualmente ou mais ainda. Não podemos predizer o futuro, mas nunca devemos ceder à tentação vacilante de ser os porta-estandartes de um povo que anseia pela sua liberdade, mas renuncia à luta que isso implica e a aguarda como uma migalha de vitória.

É absolutamente justo evitar todo sacrifício inútil. Por isso é tão importante o esclarecimento das possibilidades efetivas que a América dependente tem de libertar-se sob formas pacíficas. Para nós fica clara a solução dessa questão; pode ser que seja ou não o atual momento o mais indicado para iniciar a luta, mas não podemos ter nenhuma ilusão, nem temos direito a isso, de obter a liberdade sem combater. E os combates não serão meras lutas nas ruas de pedras contra gases lacrimogênios, nem de greves gerais pacíficas; nem será a luta de um povo enfurecido que destrói em dois ou três dias a estrutura repressiva das oligarquias governantes; será uma luta longa, sangrenta, que terá o seu *front* nos abrigos guerrilheiros, nas cidades, nas casas dos combatentes – onde a repressão irá à busca de vítimas fáceis entre os seus familiares –, na população camponesa massacrada, ou nas aldeias e cidades destruídas pelo bombardeio inimigo.

Empurram-nos para essa luta; não há mais remédio que prepará-la e decidir-se a empreendê-la.

Os começos não serão fáceis; serão extremamente difíceis. Toda a capacidade de repressão, toda a capacidade de brutalidade e demagogia das oligarquias se colocará a serviço da sua causa. A nossa missão, na primeira hora, é sobreviver, depois operará o exemplo perene da guerrilha realizando a propaganda armada, na acepção vietnamita da frase, quer dizer, a propaganda dos tiros, dos combates que se ganham ou perdem, mas se dão, contra os inimigos.

O grande ensinamento da invencibilidade da guerrilha se apoderando das massas dos despossuídos. A galvanização do espírito nacional, a preparação para tarefas mais duras, para resistir a repressões mais violentas.

O ódio como fator de luta: o ódio intransigente ao inimigo, que impulsiona mais além das limitações naturais do ser humano e o converte numa efetiva, violenta, seletiva e fria máquina de matar. Os nossos soldados têm que ser assim; um povo sem ódio não pode triunfar sobre um inimigo brutal.

É preciso levar a guerra até onde o inimigo a leve: à sua casa, aos seus lugares de lazer; fazê-la total. É preciso impedir-lhe ter um minuto de tranquilidade, um minuto de sossego fora dos seus quartéis, e ainda dentro dos mesmos: atacá-lo onde quer que se encontre; fazê-lo sentir-se como uma fera acossada em cada lugar que transitar. Então a sua moral irá decaindo.

O inimigo se fará mais bestial ainda, mas será possível notar os sinais do decaimento que aumenta.

E que se desenvolva um verdadeiro internacionalismo proletário; com exércitos proletários internacionais, onde a bandeira sob a qual se luta é a causa sagrada da redenção da humanidade, de tal modo que morrer sob as bandeiras do Vietnã, da Venezuela, da Guatemala, do Laos, da Guiné, da Colômbia, da Bolívia, do Brasil, para citar só os cenários atuais da luta armada, seja igualmente glorioso e desejável para um americano, um asiático, um africano e, ainda, um europeu.

Cada gota de sangue derramada num território sob cuja bandeira não se nasceu é uma experiência que os que sobrevivem recolhem para aplicá-la depois na luta pela libertação dos seus lugares de origem. E cada povo que se liberta é uma fase da batalha pela libertação do próprio povo vencido.

Está na hora de moderar as nossas discrepâncias e colocar tudo ao serviço da luta.

Que grandes polêmicas agitam ao mundo que luta pela liberdade, todos nós sabemos e não podemos ocultar. Que adquiriram um caráter e uma nitidez tais que o diálogo e a conciliação parecem extremamente difíceis, se não impossível, também sabemos. Buscar métodos para iniciar um diálogo que os contendentes evitam é uma tarefa inútil. Mas o inimigo está aí, ataca todos os dias e ameaça com novos golpes, e esses golpes nos unirão, hoje, amanhã ou depois. Aqueles que primeiro compreenderem isso e se prepararem para essa união necessária terão o reconhecimento dos povos.

Dadas as virulências e intransigências com que se defende cada causa, nós, os despossuídos, não podemos tomar partido por uma ou outra forma de manifestar as discrepâncias, ainda que coincidamos às vezes com algumas posturas de uma ou outra parte, ou em maior medida com as de uma parte que com as da outra. No momento da luta, a forma como as diferenças atuais são visibilizadas constitui uma fragilidade; mas no estado em que se encontram, querer remendá-las com palavras é uma ilusão. A história as irá apagando ou dando-lhes a sua verdadeira explicação.

No nosso mundo em luta, tudo o que seja discrepância em torno da tática, do método de ação para a consecução de objetivos limitados, deve analisar-se com o respeito que merecem as apreciações alheias. Quanto ao grande objetivo estratégico, a destruição total do imperialismo por meio da luta, devemos ser intransigentes.

Sintetizemos assim as nossas aspirações à vitória: destruição do imperialismo mediante a eliminação do seu baluarte mais forte – o domínio imperialista dos Estados Unidos da América do Norte. Tendo como função tática a libertação gradual dos povos, um a um ou por grupos, conduzindo o inimigo a uma luta difícil fora do seu terreno; liquidando-lhe as suas bases de sustentação, que são territórios dependentes.

Isso significa uma guerra longa. E, repetimos mais uma vez, uma guerra cruel. Que ninguém se engane quando a inicie e que ninguém vacile em iniciá-la por temor aos resultados que pode trazer ao seu povo. É quase a única esperança de vitória.

Não podemos evitar o apelo do momento. O Vietnã nos ensina com a sua permanente lição de heroísmo, a sua trágica e cotidiana lição de luta e morte para atingir a vitória final.

Lá, os soldados do imperialismo encontram o desconforto de quem, acostumado ao nível de vida que goza a nação norte-americana, tem que enfrentar uma terra hostil; a insegurança de quem não pode mover-se sem sentir que pisa um território inimigo; a morte aos que avançam além dos seus redutos fortificados, a hostilidade permanente de toda a população. Tudo isso vai provocando uma repercussão interior nos Estados Unidos; vai fazendo surgir um fator atenuado pelo imperialismo em pleno vigor, a luta de classes ainda dentro do seu próprio território.

Como poderíamos vislumbrar um futuro luminoso e próximo, se dois, três, muitos Vietnã florescessem na superfície do globo, com a sua cota de mortes e as suas tragédias imensas, com o seu heroísmo cotidiano, os seus golpes repetidos contra o imperialismo, e com a obrigação que disso decorre para este, de dispersar as suas forças sob o embate do ódio crescente dos povos do mundo!

E se todos fôssemos capazes de unir-nos, para que os nossos golpes fossem mais sólidos e certos, para que a ajuda de todo o tipo aos povos em luta fosse ainda mais efetiva, quão grande seria o futuro, e quão próximo!

Se nós, aqueles que, num pequeno ponto do mapa do mundo, cumprirmos o dever que preconizamos e colocarmos à disposição da luta este pouco que nos é permitido dar; as nossas vidas, o nosso sacrifício, um dia desses nos couber dar o último suspiro em qualquer terra, já nossa, regada com o nosso sangue, que se saiba que medimos o alcance dos nossos atos e que não nos consideramos nada mais que elementos no grande exército do proletariado, mas sentimo-nos orgulhosos de ter aprendido da revolução cubana e do seu grande dirigente máximo, a grande lição que emana da sua atitude nesta parte do mundo: "o que importam os perigos e sacrifícios de um homem ou de um povo, quando está em jogo o destino da humanidade".

Toda a nossa ação é um grito de guerra contra o imperialismo e um clamor pela unidade dos povos contra o grande inimigo do gênero humano: os Estados Unidos da América do Norte. Em qualquer lugar que nos surpreenda a morte, bem-vinda seja, sempre que esse, o nosso grito de guerra, tenha chegado até um ouvido receptivo, e outra mão se estenda para pegar nas nossas armas, e outros homens estejam prontos para entoar cantos tristes com rajadas de metralhadoras e novos gritos de guerra e vitória.

6

WALTER ANTHONY RODNEY

Historiador e militante nascido em 1942 na Guiana, em uma família negra proletária, tornou-se mundialmente famoso por sua obra *Como a Europa subdesenvolveu a África*, de 1972. Foi assassinado em 1980 na explosão de uma bomba plantada em seu carro – especula-se que a mando do então presidente da Guiana, Linden Forbes Burnham.

MASSAS EM AÇÃO

Escrito em 1966 e publicado na revista
***New World Quarterly*, 2(3), do mesmo ano.**

Na última década, a Guiana foi levada a um estado de constante auto-exame. Os resultados, no entanto, foram escassos e decepcionantes, em grande parte porque a discussão se limitou ao período posterior a 1953 e às personalidades, fracassos e recriminações daquela época[56]. Há uma suposição tácita de que somente em 1953 começou o envolvimento das massas nos assuntos políticos da Guiana, os líderes políticos nacionais surgiram e os preconceitos e conflitos raciais encontraram expressão. A história da Guiana começou há muito tempo. Mesmo o início deste século é um ponto arbitrário e não totalmente satisfatório para retomar a história das massas da Guiana; mas permite algum espaço para, pelo menos, um exame provisório do passado da Guiana em termos relevantes para a classe operária.

No final do século XIX, o resultado efetivo de quase três séculos de atividades variadas de forças externas na Guiana continental foi a criação de uma pequena sociedade limitada às terras costeiras, à produção de açúcar e a tudo o que se relacionava com o açúcar em termos de estratificação de classes e de exploração estrangeira. Hoje, os fundamentos da situação permanecem inalterados, com o açúcar respondendo por mais de 40% da receita. No entanto, o antigo sistema colonial tinha seus críticos, os mais sérios de todos os críticos possíveis – as massas trabalhadoras. O ponto aqui é que tanto a modificação marginal de uma sociedade inteiramente voltada para o açúcar quanto a hostilidade

---

56. N.A.: Para uma exceção a este padrão, veja *New World Quarterly*, v. 1, nº 1.

produzida por essa sociedade devem ser rastreadas aos anos após 1900 e, em particular, ao período da Primeira Guerra Mundial.

BAUXITA

Na esfera econômica, o principal suplemento do açúcar na Guiana hoje é a bauxita. Com a eclosão da guerra, várias concessões de mineração foram emitidas quando evidências geológicas indicaram que grandes depósitos de bauxita provavelmente seriam encontrados na Guiana. A maior concessão foi obtida pela Demerara Bauxite Company, que foi registrada localmente em 1916, apoiada por interesses financeiros americanos e canadenses. A Demerara Bauxita Company construiu a cidade de Mackenzie antes do fim da guerra; e no início de novembro de 1919 houve uma reportagem do *Chronicle* segundo a qual a Companhia acabara de exportar 1.500 toneladas de bauxita – sua quarta remessa[57].

Todos os guianenses saudaram a descoberta da bauxita, mas houve um debate revelador sobre o papel do capital americano, quando se constatou que a Northern Alumina Company de Toronto, da qual a Demerara Bauxite Company era uma subsidiária, era apenas uma fachada para os capitalistas estadunidense. Primeiramente, a questão foi colocada em termos dos interesses imperiais britânicos *versus* os dos EUA; e, de fato, o governo britânico suspendeu a outorga de concessões minerais na Guiana durante os últimos estágios da guerra, com a esperança de que o capital britânico daria conta disso por si mesmo depois que a luta na Europa terminasse. Mas também havia a suposição subjacente na imprensa da Guiana de que os interesses locais poderiam muito bem ter sido prejudicados pelo capital dos EUA, e os empresários locais exigiam a oportunidade de levantar capital e tomar a iniciativa na indústria da bauxita. Como se viu, os financistas e industriais norte-americanos tinham o campo só para eles. A Demerara Bauxite Company rapidamente uniu forças com e assumiu o controle parcial da Sprostons, a empresa de

---

[57]. N.A.: Este artigo é amplamente baseado nas reportagens de jornais do período, conforme contidas no *Chronicle* e no *Argosy*.

engenharia e navegação mais importante da Guiana na época; e juntos passaram a dominar o rio Demerara e um setor significativo da economia.

CRESCIMENTO DO IMPERIALISMO ESTADUNIDENSE NA AMÉRICA LATINA

Estimulado pelas condições de guerra, o comércio entre a Guiana e os Estados Unidos aumentava e as importações dos Estados Unidos superavam rapidamente as importações da Grã-Bretanha. A Guiana foi apenas uma pequena parte de um processo de desenvolvimento em toda a América Latina e Caribe.

Na Jamaica, os EUA foram mais longe na conquista do mercado local do que em qualquer outro território britânico das Índias Ocidentais; no Suriname, foi também o capital dos Estados Unidos que iniciou a indústria da bauxita. Essa nova ofensiva dos Estados Unidos foi mais uma etapa do declínio da influência européia nas Américas do Sul, processo iniciado com a revolução haitiana.

O século XIX já havia mostrado que o declínio europeu significava sua substituição pela dominação estadunidense. Esta situação estava sendo discutida seriamente no Caribe e na América Latina no final da primeira guerra mundial. o *Argosy* deu destaque a um discurso de um intelectual argentino sobre os perigos iminentes do imperialismo estadunidense. Todas as ilhas britânicas das Índias Ocidentais estavam particularmente preocupadas com o fato de os britânicos estarem planejando ceder suas possessões caribenhas aos EUA. A resposta a essa nova ameaça, eles pensavam, era uma Federação, embora, bastante curiosamente, ela também fosse concebida em termos hemisféricos amplos, para incluir o Canadá. Posteriormente, as esperanças da Federação foram frustradas, enquanto os temores de que os britânicos entregassem suas posses aos EUA eram totalmente justificados em todos os aspectos, exceto do ponto de vista do direito internacional.

Simultaneamente à bauxita, apresentou-se a atração mais glamorosa dos diamantes. Em 1922, a indústria de diamantes estava florescendo, representando um quarto das exportações da Guiana. Como o ouro havia sido descoberto em 1882, com a borracha e a balata[58] fornecendo mais incentivos, e com a bauxita e os diamantes no horizonte, não é de surpreender que o "mato" adquirisse um novo significado para os guianenses e o hábito de olhar para o interior provavelmente fosse aprimorado por a ruptura parcial das relações tradicionais com a Europa, que a guerra efetuou. Durante a guerra, as pessoas debateram intensamente a viabilidade de projetos como uma estrada para ligar o país à principal rodovia pan-americana e uma ferrovia aprofundando para o interior, enquanto se propunha uma investigação econômica da região do Rupununi.

O paralelo com a Guiana de 1966 é impressionante. O interior pode ser visto representando na consciência dos guianenses uma fuga das relações insulares e coloniais da estreita faixa costeira e, incidentalmente, é claro que as massas estão tomando a iniciativa no assunto. Esta consciência, por óbvias razões geográficas, está ausente nas ilhas do Caribe, mas não é única no que diz respeito aos territórios continentais. Um historiador moderno vê o elemento mais característico da história latino-americana como sendo seu "espírito El Dorado"[59]; e esse espírito foi perfeitamente exemplificado pelo "Pork-Knocker"[60] na Guiana, assim como foi compartilhado por aqueles que ficaram para trás.

Muito pouco emergiu da esperança de que o interior oferecesse à Guiana um futuro melhor. Tudo o que resultou do projeto de comunicação com o interior foi a fazenda de gado Rupununi, que foi inaugurada em 1917. A corrida do ouro da década de 1880 havia declinado consideravelmente nos primeiros anos deste século. As empresas de cogumelos entraram em colapso quando os rendimentos se mostraram insuficientemente e a indústria

---

58. N.E.: Balata é o látex de uma árvore denominada balateira, também conhecida como maparajuba, comum nos estados do Norte do Brasil.
59. N.A.: Pendle: *Uma história da América Latina*.
60. N.E.: Pork-knockers eram garimpeiros autônomos da Guiana que extraiam diamantes e ouro nas planícies aluviais do interior da Guiana. O nome refere-se à sua dieta regular de carne de porco selvagem em conserva, frequentemente consumida no final do dia, segundo alguns autores. A. R. F. Webber sugeriu que o termo pode ter se originado como "aldrava de barril de porco" (*pork-barrel knocker*)

de diamantes seguiria um padrão semelhante. Ambos os minerais continuaram a produzir receita regular, mas a escala das operações era pequena. À primeira vista, parece que os guianenses superestimaram seus recursos, mas eram aqueles que acreditavam que o país tinha apenas depósitos aluviais menores de ouro e diamantes, mas nenhum suprimento em grandes profundidades, que viviam em um mundo de fantasia. A lamentável ignorância e apatia do regime colonial operavam contra a utilização racional dos recursos da Guiana.

IMIGRAÇÃO POR CONTRATO

A concepção de mudança que os trabalhadores guianenses nutriam durante a guerra não se restringia de forma alguma à exploração do interior. Em várias frentes vitais, eles estavam preparados para travar uma luta contra as forças da opressão. Uma de suas batalhas mais cruciais foi pelo fim da imigração contratada[61] e, posteriormente, pela prevenção da exploração do mesmo tipo.

Houve indicações veladas na imprensa da Guiana de que quando McNeil e Chiman Lal, os dois comissários da Índia, visitaram a Guiana em 1916 para investigar esse sistema de contratação, eles foram cuidadosamente guiados às suas fontes de informação; e houve fortes afirmações por parte dos trabalhadores indianos e negros de que eles haviam lutado intransigentemente contra o sistema de servidão contratual. O relatório dos comissários não foi decisivamente condenatório, mas, de qualquer forma, o dia 18 de abril de 1917 presenciou a chegada do último navio trazendo imigrantes contratados da Índia. No momento em que os últimos contratos assinados foram cumpridos, todos os setores da sociedade tornaram-se nominalmente livres.

A servidão por contrato, ao contrário da escravidão, produzia constantemente cidadãos livres em grande número, alguns dos quais eram repatriados ao término de seu contrato. De fato, a taxa de repatriação foi bastante alta. Nos vinte anos entre 1891 e

---

61. N.E.: Contratos de imigração mediante os quais, a fim de quitar o custo de seu transporte marítimo e alimentação, os trabalhadores se sujeitam à servidão contratual temporária.

1911, um total de 36.016 imigrantes indianos voltaram para casa, em comparação com os 65.764 que chegaram durante o mesmo período. Muitos dos indianos que permaneceram na Guiana, como os negros libertos, afastaram-se das fazendas de açúcar e tentaram estabelecer-se como camponeses independentes. Em 1890, 30% dos indianos orientais[62] ganhavam a vida fora das fazendas de açúcar; enquanto em 1911 menos da metade dos trabalhadores trazidos para a Guiana no interesse da indústria açucareira ainda se encontrava nas propriedades açucareiras. A população da Guiana em dezembro de 1917 era de 314.000 habitantes, dos quais 137.000 eram indianos e apenas 62.000 deles estavam em propriedades açucareiras.

ARROZ

O arroz forneceu a base para a saída dos indianos das plantações de açúcar. Alguns escravos africanos e seus descendentes haviam plantado arroz na Guiana e em outros lugares, mas essa não era uma cultura difundida na África Ocidental, em contraste com a Índia, de onde os imigrantes contratados trouxeram técnicas de cultivo de arroz irrigado. Já em 1905 as importações guianesas de arroz começaram a cair e, pouco depois, a indústria arrozeira local não apenas dava conta do consumo interno, mas também exportava. Em condições de guerra, a indústria do arroz foi capaz de focar claramente nas exportações, porque era fácil capturar o mercado das Índias Ocidentais, que estava faminto de importações de alimentos. Na própria Guiana havia escassez de alimentos, tornando necessário um embargo à exportação de arroz em 1917. Porém, em março de 1919, novamente foram emitidas autorizações para a exportação de arroz para as ilhas das Índias Ocidentais, de modo que a indústria arrozeira emergiu do suplício da guerra como a segunda atividade agrícola da guiana.

Naturalmente, os camponeses indianos queriam terra. A atitude dos fazendeiros e do governo em relação ao assentamento de imigrantes contratados em pequenas propriedades não foi

---

62. N.E.: Nas chamadas Índias Ocidentais (Caribe), mas também na Guiana, tornou-se comum denominar de "indianos orientais" os imigrantes oriundos da colônia britânica na Índia.

favorável, inicialmente, mas tanto em Trinidad quanto na Guiana eles estavam preparados para conceder pequenas quantidades de terra se isso impedisse o retorno da mão-de-obra à Índia. Além disso, a terra tinha que ser devidamente drenada e irrigada para o cultivo do arroz, e a colheita precisava ser financiada e comercializada. Todos esses problemas só foram enfrentados com sucesso nos últimos anos, de modo que durante décadas os produtores de arroz travaram uma luta constante contra a seca e a inundação e contra a voracidade dos comerciantes de Georgetown, que adiantavam créditos e depois compravam o arroz na casca a preços ridiculamente baixos. No entanto, apesar de tudo isso, o camponês indiano, como os ex-escravos que lograram estabelecer vilas livres na Guiana, havia escapado das agruras do sistema de plantagem, e provavelmente é significativo que, de acordo com Chandra Jayawardena, "os indianos das aldeias de cultivo de arroz considerem os trabalhadores indianos das plantagens como desorganizados e imorais"[63]. Em todo o Caribe, a herança do açúcar é de degradação.

"CLASSE MÉDIA" INDIANA

Enquanto a massa da população das Índias Orientais trabalhava nas plantações de açúcar ou nos campos de arroz, havia também um pequeno número de comerciantes e profissionais dessa raça já proeminentes em 1917, precisamente porque o contrato de servidão há muito vinha produzindo cidadãos livres. Claramente, tais indivíduos já haviam adquirido interesses bem diferentes dos operários e camponeses das Índias Orientais. Foi um proprietário de terras e de moinhos de arroz das Índias Orientais, Gayadeen, o principal oponente ao projeto de estabelecer uma cooperativa de moinhos de arroz, quando isso foi proposto no final de 1918. Sua intenção era que os camponeses fossem inteiramente dependentes dele, e ele emitiu uma ameaça velada de aumentar o aluguel do terreno e das casas dos camponeses das Índias Orientais sobre os quais ele mantinha esticado seu chicote. Veeraswamy, um

---

63. N.A.: Chandra Jayawardena: *Conflict and Solidarity in a Guianese Plantation* (Londres 1963) p. 12.

advogado de Georgetown, foi acusado de postura hipócrita quando convocou os trabalhadores das Índias Orientais da Guiana para lutar pelo rei e pelo país, enquanto se permitia ser persuadido de que ele próprio era um recurso valioso demais para a Guiana para arriscar o alistamento. No entanto, era a pequena seção indiana da "classe média" a quem os imigrantes contratados e ex-contratados recorriam em busca de orientação e liderança e, por sua vez, os advogados e comerciantes procuravam articular os interesses da comunidade indiana oriental como um todo[64]. Por exemplo, quando havia um sério desentendimento em uma fazenda de açúcar, os trabalhadores viajavam para Georgetown e buscavam a ajuda de indivíduos proeminentes como Luckhoo e Veeraswamy.

CONSCIÊNCIA RACIAL

Parece que na década de 1890 os indianos orientais começaram a consolidar algum tipo de vida comunitária. Em 1917 havia quarenta e seis mesquitas e quarenta e três templos, enquanto apenas dois templos haviam sido identificados por uma comissão real em 1870[65]. O fim do contrato de servidão, embora não tão decisivo quanto o fim da escravidão, produziu uma nova onda de sentimento comunitário entre os indianos orientais da Guiana. Um dos produtos desse sentimento foi a Associação das Índias Orientais da Guiana Britânica. A ideia foi colocada em prática por iniciativa do sr. Mudhoo Lall Bhose, e os outros signatários da primeira circular convocando a formação da Associação foram J. Viapree, Rampersaud Sawh, E. Kawall, J. D. Rohee, M. Ishmael, A. S. Ruhoman e Peter Ruhoman. No dia 13 de fevereiro de 1919, a Associação foi criada com o sr. J. Luckhoo como o primeiro presidente[66]. Os objetivos e finalidades da Associação

---

64. N.A.: R.T. Smith, em *A Guiana Britânica*, sugere que isso ocorreu porque a "classe média" das Índias Orientais não era aceita pela já estabelecida "classe média" portuguesa e negra.
65. N.A.: R. T. Smith: *A Guiana Britânica*.
66. N.A.: Peter Ruhomon: *Centenary History of the East Indians of British Guiana* (Georgetown, 1938). Ele dá o crédito pela fundação da Associação a seu irmão, Joseph Ruhomon, que iniciou uma Associação das Índias Orientais em Berbice em 1916. No entanto, esta Associação estava praticamente extinta em 1919, quando o esforço de Georgetown foi feito.

das Índias Orientais da Guiana Britânica eram o aperfeiçoamento social, intelectual e moral de seus membros por meio de debates, palestras, redação de ensaios e oferecimento de biblioteca e instalações recreativas. Depois de algumas divergências, decidiu-se que a Associação também deveria se dedicar a atividades políticas. A Associação também publicou o *Indian Opinion* como seu órgão oficial, defendendo a causa dos indianos orientais na Guiana. Além disso, havia um grande interesse nos assuntos do subcontinente indiano. O editorial de uma das primeiras edições do *Indian Opinion*, publicada em maio de 1919, tratou dos recentes distúrbios na Índia e dos assuntos do Congresso Nacional Indiano.

Houve um ressurgimento simultâneo da consciência racial negra. Também estava ligada ao fim do contrato de trabalho, já que as discussões sobre o papel e o *status* dos indianos orientais na Guiana inevitavelmente envolviam comparações com os negros. Mas ainda mais decisivo foi o impacto da luta dos negros estudunidenses.

O governo tentou por duas vezes aprovar uma legislação (em 1918 e 1919) contra a importação da literatura negra americana, que era amplamente lida entre as massas negras da Guiana. O fim da guerra presenciou as tentativas do movimento pan-africano de fazer *lobby* na Conferência de Paz, na França. Reuniões foram realizadas em vários lugares, notadamente nas prefeituras de Georgetown e New Amsterdam, para discutir a questão do envio de um delegado à Conferência de Paz. Cartas à imprensa, palestras e sermões sobre os problemas do negro eram comuns, recorrendo frequentemente a exemplos dos Estados Unidos.

Em 1923, as massas negras formaram organizações como a filial de Georgetown da Universal Negro Improvement Association (de Marcus Garvey), a Liga das Comunidades Africanas e a Convenção do Progresso Negro. A relativamente pequena comunidade portuguesa procurou também organizar-se em torno da Sociedade Beneficente Portuguesa. Falava-se muito entre eles de seu "patrimônio português", da necessidade de preservar a língua portuguesa na Guiana e da conveniência de um partido político português.

A LUTA DE CLASSES

Em paralelo à ênfase na identidade racial, houve um poderoso surto de consciência de classe. O Reverendo M. A. Cossou, falando em McKenzie em fevereiro de 1919, observou que "se, como disse o presidente Wilson, o mundo precisa ser seguro para a democracia, as relações entre capital e trabalho devem ser as melhores". Três meses depois, o preâmbulo de uma resolução dos operários de Georgetown versava o seguinte: "Que esta reunião das classes trabalhadoras na cidade de Georgetown e delegados de várias associações das classes trabalhadoras do eleitorado dos condados de Demerara, Essequibo, Berbice e da cidade de New Amsterdam, expressa [...]" etc. Essas eram expressões típicas da consciência das contradições de classe fundamentais da sociedade.

PREÇOS CRESCENTES

Durante a guerra, os preços dispararam. Uma comissão designada para preparar um relatório sobre os salários dos funcionários públicos constatou que, em média, o custo de vida havia aumentado 150% em 1918. Que melhora o fim da guerra traria? Esta foi a principal questão colocada pelos guianenses quando o conflito na Europa se aproximava do fim. Em dezembro de 1918, logo após o Armistício de novembro anterior, o Reverendo R. T. Frank, um grande defensor dos operários, advertiu-os a não esperar muito. Em particular, ele estava sombrio, mas realista em sua avaliação de que o custo de vida não cairia. Ele pedia a formação de sindicatos operários, e foi justamente a alta dos preços das mercadorias durante e depois da guerra que obrigou os trabalhadores a se organizarem.

A AGITAÇÃO DOS ESTIVADORES

Já em 1905, H. N. Critchlow, então com dezoito anos e estivador, concebeu com alguns outros trabalhadores portuários a ideia de entrar em greve por salários mais altos. Isso foi colocado em prática naquele mesmo ano, precipitando tumultos generalizados que foram respondidos pelas armas da polícia. Quando outra tentativa de greve foi feita no ano seguinte, Critchlow, como porta-voz dos estivadores, foi levado perante o Magistrado da Cidade sob a acusação de "impedir que um operário chamado Abraham Richie ganhasse a vida honestamente". A acusação foi retirada, mas também o plano de greve recuou. Apenas em 1916 um novo movimento ocorreu. A jornada de trabalho dos portuários naquela época era das 6h30 às 18h, com intervalo de uma hora para o café da manhã. Os estivadores determinaram que as horas deveriam ser reduzidas e que o salário de 64 centavos por dia deveria ser aumentado para 84 centavos. Com a ajuda de J. Sydney McArthur, advogado de Georgetown, e Nelson Cannon, membro do legislativo local, eles prepararam uma petição ao governo. Quando isso falhou, a ação grevista militante conquistou para os operários suas demandas.

O primeiro sucesso dos portuários em 1916 foi em vão, pois os preços continuaram em espiral e, em setembro de 1918, eles voltaram à greve. Liderados mais uma vez por Critchlow, exigiam aumentos para operários ocasionais e de tempo integral, um sistema de pagamento diferente e redução das jornadas de trabalho. Os estivadores barganhavam com astúcia, elaborando um índice detalhado do custo de vida, mostrando o aumento dos preços dos alimentos e outros itens essenciais. Trabalhando uma semana completa de seis dias e sessenta e nove horas, os funcionários regulares podiam ganhar no máximo apenas quatro dólares e oitenta centavos por semana, o que era manifestamente inadequado quando comparado ao índice de custo de vida. A Câmara do Comércio, que conduziu as negociações para a Bookers e outras firmas da Water Street, alegou que elas não eram responsáveis pelo aumento dos preços dos alimentos básicos, e eles estavam inicialmente dispostos a conceder não mais do que um xelim[67] por semana de aumento. Os estivadores foram inflexíveis e impuseram seu ponto. Em uma carta final concedendo vitória aos operários, a Câmara do Comércio

---

67. N.E.: Moeda que, até fevereiro de 1971, representava a vigésima parte da libra esterlina britânica.

acrescentou ameaçadoramente: "o Conselho espera que isso coloque um ponto final nas demandas recorrentes". A duração da jornada de trabalho diária dos estivadores era então de nove horas. O "dia de oito horas" tornou-se o próximo grito de guerra desses operários, e reivindicações nesse sentido foram feitas à Câmara do Comércio no início de dezembro de 1918. A Câmara já havia insinuado que pretendia interromper quaisquer melhorias adicionais relativas aos estivadores; e agora expressavam "extremo pesar e surpresa que os operários, após seis semanas de uma concessão generosa e liberal de todos os termos exigidos em sua petição datada de 16 de setembro de 1918, estivessem novamente recorrendo à Câmara em busca de novas concessões". Os comerciantes alegavam que desde o início da guerra a escala de pagamento havia subido quase 100% e, cortar uma hora da jornada de nove horas significaria, com efeito, outro aumento de 10%. A rejeição contínua da Câmara à reivindicação dos estivadores pela jornada de oito horas foi categórica, não deixando espaço para barganha. Assim, em janeiro de 1919, foi decidida a ação grevista militante, levando diretamente à formação do Sindicato dos Operários da Guiana Inglesa.

SINDICATO DOS OPERÁRIOS DA GUIANA BRITÂNICA

A BGLU[68] celebra o seu aniversário a 11 de janeiro, mas a organização que existia a 11 de janeiro de 1919 parece não ter passado de um "Sindicato dos Portuários", uma entidade não oficial criada pela greve no cais. Foi em 6 de abril que uma reunião foi realizada na Unique Friendly Society, em Regent Street, na qual Critchlow propôs uma resolução para o estabelecimento de um sindicato operário, e ela foi aprovada. Dois representantes da Bookers também foram convidados, e deles surgiu a sugestão para a formação de um Conselho Industrial para dirimir disputas entre os estivadores e os patrões de Water Street. O Conselho de três homens se reuniu logo depois e recomendou a jornada de oito horas e certos aumentos salariais.

---

68. N.E.: Sigla em inglês (British Guiana Labour Union).

Da agitação dos estivadores surgiu uma organização que transcendia sua própria luta. Como apontou um correspondente do *Argosy*, a tensa situação laboral do pós-guerra no mundo em geral, regularmente tratada na imprensa guianense, não poderia deixar de influenciar o proletariado guianense. Foi um testemunho do estado de ânimo revolucionário dos operários em todo o país o fato de que os pedidos começaram a chegar de várias partes do país para a associação no BGLU. Em abril foi realizada uma reunião em Victoria (Demerara Costa Leste) que decidiu a favor de um sindicato operário para a área. No mês seguinte, os operários de Bagotville (costa oeste de Demerara) seguiram o exemplo; e estes foram exemplos típicos do movimento que levou ao rápido estabelecimento de uma organização de operários em todo o país. Todos os setores da mão-de-obra estavam envolvidos, inclusive os comerciantes. O primeiro presidente, M. Hosanah, era alfaiate; e houve até zombarias de que os moradores do Asilo de Idosos também podiam ingressar no Sindicato. Isso porque o Sindicato era também uma Sociedade de Auxílio Mútuo e Funerária, enxertando-se assim em uma das mais antigas formas de organização social que as massas da Guiana haviam experimentado.

    O BGLU tinha uma ampla base de ação industrial direta. A última parte de 1919 e a maior parte de 1920 testemunharam uma sucessão de disputas e greves, envolvendo, entre outros, as Ferrovias, a Companhia Elétrica, as Serrarias, Estações de Açúcar, o *Argosy* e as docas. A pressão dessa agitação, realizada pelos operários braçais, foi suficiente para obter vantagens até mesmo para os funcionários da Water Street, embora não seja surpreendente que esses trabalhadores de colarinho branco nunca tenham mostrado uma lealdade real ao movimento operário.

    A primeira reunião geral anual em 1920 foi uma espécie de fiasco e o Sindicato quase se desintegrou. A adesão caiu de um pico de 13.000 para algumas centenas, mas o Sindicato continuou a funcionar como um grupo de pressão. Em 1923, os delegados da conferência geral podiam recordar alguns anos de realizações sólidas. Uma campanha do Sindicato levou à aprovação no início de 1922 de um projeto de lei de restrição dos aluguéis. Houve um boato em janeiro de 1923 de que a Lei do Aluguel estava prestes a ser revogada e os operários se prepararam para retomar a luta se necessário. Essa foi uma das várias maneiras pelas quais os operários indicaram que usariam o sindicato para realizar outras tarefas além das negociações salariais. Uma resolução da conferência de 1923 visava o estabelecimento de uma organização voluntária para fornecer aconselhamento que impediria as massas de se entregarem a pequenos litígios em casos que pudessem ser resolvidos fora do tribunal. Outra preocupação principal era com o desemprego, contra o qual foi organizada uma petição. Talvez a mais ambiciosa das medidas tomadas pela BGLU tenha sido sua tentativa de convocar a primeira Conferência das Índias Ocidentais em 1920. Infelizmente, apenas a Associação dos Operários de Trinidad conseguiu enviar delegados – os territórios restantes expressaram disposição, mas incapacidade de comparecer. A chance de desenvolver uma perspectiva comum das Índias Ocidentais para o movimento operário foi, portanto, perdida, embora as lutas dos operários em Trinidad fossem observadas de perto na Guiana.

REVOLUÇÃO RURAL

É necessário enfatizar que o despertar entre as massas da Guiana foi nacional, e não apenas confinado às atividades dos operários urbanos em Georgetown. O BGLU também se interessou pelos trabalhadores das plantagens, embora suas atividades nelas fossem severamente limitadas pela oposição dos gerentes à adesão de seus trabalhadores ao sindicato. Os trabalhadores indianos orientais, em sua maioria, continuaram a usar os Crosby[69] e o Departamento de Imigração para expressar seus problemas, pedindo a proeminentes advogados indianos que intercedessem em seu nome. Este não foi de forma alguma um arranjo passivo. Tanto os advogados dos Crosby quanto os indianos tiveram

---

69. N.E.: James Crosby, que morreu em 1880, foi um "Protetor dos Imigrantes" tão poderoso e por tanto tempo (cerca de três décadas) que os escritórios do governo colonial relacionados aos trabalhadores indianos em servidão contratual passaram a ser conhecidos por seu nome.

que enfrentar enormes delegações que chegavam a Georgetown vindas de uma plantagem ou área específica, onde as queixas se manifestavam. Frequentemente, todo o pessoal da plantagem partia em massa, como aconteceu em 1917 e novamente em 1924 com mão de obra de Ruimveldt. Na última ocasião, houve uma unidade encorajadora entre o esforço rural e urbano. Quatro mil indianos e negros começaram a marchar em Georgetown com bandeiras, paus e suas ferramentas – alguns para encontrar Critchlow no escritório da BGLU e outros para o Departamento de Imigração para reclamar de salários irregulares.

Além da formação do Sindicato dos Operários, a iniciativa nas questões relativas ao bem-estar das massas veio do campesinato rural. O presidente do Victoria Institute observou, em abril de 1919, que "Georgetown olha para a Costa Leste para decidir seus assuntos políticos", e os fatos confirmam essa situação. As armas que o proletariado rural e o campesinato forjaram para sua luta incluíam cooperativas de crédito e sociedades agrícolas, enquanto os Conselhos de Aldeia e as Conferências de Presidentes de Aldeia eram fóruns para a expressão da vontade das massas rurais e sua determinação de enfrentar a classe dos fazendeiros. Em fevereiro de 1919, o procurador-geral acusou A. A. Thorne, um representante dos trabalhadores no legislativo, de querer ver liderados pelo presidente de algum vilarejo um bando de bolcheviques. Em resposta, o presidente da Sociedade Agrícola do Assentamento Ocidental observou que "o procurador-geral introduziu o sinistro termo russo... A questão era uma de capital e trabalho. O trabalho estava representado pela Conferência dos Agricultores e pela Conferência dos Presidentes de Aldeia."

CULTIVO DE CANA

Uma das tendências mais significativas durante a era da guerra foi o desenvolvimento de um sistema de cultivo de cana baseado na agricultura camponesa. Em 1897, uma Comissão Real recomendou subsídios de ajuda aos agricultores de cana. Muito pouco foi feito pelo governo para implementar o relatório, mas fazendeiros e agricultores de açúcar fizeram acordos privados em algumas propriedades. Os fazendeiros enfrentaram grandes dificuldades, como o transporte de sua cana para as usinas e seu descarregamento, mas se organizaram para superar esses problemas e obter maiores recompensas das fazendas de açúcar que compravam seu produto. Em março de 1919, o Movimento dos Lavradores da Cana propôs uma legislação para regularizar a relação entre o pequeno lavrador de cana e a propriedade que comprava e moía a sua cana.

BANCOS COOPERATIVOS DE CRÉDITO

Ao lado da lavoura da cana, surgiu o movimento dos Bancos Cooperativos de Crédito, pois os empréstimos desde a semeadura até a safra eram essenciais. Na verdade, as facilidades de crédito desempenharam um papel cada vez maior na jovem indústria do arroz. Vários Bancos Cooperativos de Crédito foram estabelecidos no início do século, mas eles se tornaram realmente importantes com a intensificação do movimento do cultivo da cana, com o crescimento da indústria do arroz e quando o Conselho do Governo Local, sob influência popular, assumiu o projeto em 1916. Ao final de 1915, apenas três bancos foram registrados; no final de 1916, eles haviam aumentado para 18; e em 1918 existiam 26 Bancos Cooperativos de Crédito. O número de acionistas aumentou de 220 em 1915 para 5.815 em 1918; e no mesmo período o capital de giro passou de 611 dólares para 28.020 dólares.

As operações do Ann's Grove-Clonbrook Co-operative Credit Bank podem ser tomadas como um exemplo típico. Durante o ano de 1918, emitiu empréstimos a 156 acionistas no valor de 2.508 dólares. Estes se estendiam por períodos de um a doze meses e envolviam somas de cinco a vinte dólares. Os clientes eram principalmente produtores de arroz, juntamente com produtores de mantimentos e de cana, vendedores ambulantes, fabricantes de óleo de coco e pequenos negócios. O resultado de seus esforços foram obviamente pequenos, já que havia limites estreitos para o que poderia ser arrancado do regime colonial.

A REAÇÃO DA PLANTOCRACIA

Cada uma das tendências até agora identificadas representava uma ameaça direta ou potencial ao antigo sistema colonial. A abertura do interior, o fim da servidão por contrato dos indianos, o surgimento do cultivo da cana e a organização do proletariado eram vistos pela plantocracia como algo que minava a estrutura da sociedade açucareira.

Na década de 1890, quando as minas de ouro foram abertas, os senhores de engenho encontraram grande dificuldade em manter uma oferta estável de mão-de-obra com os salários que ofereciam e esta foi a situação que deu origem à Comissão Real em 1896. Mas a recomendação da Comissão Real de que as terras da Coroa deveriam ser abertas aos camponeses era um anátema para os fazendeiros. De acordo com J. Eleasar, um advogado de Georgetown, "as Terras da Coroa foram trancadas e mantidas fora do alcance das pessoas por muitos, muitos anos porque os fazendeiros pensavam que qualquer coisa feita para estabelecer as pessoas na terra tenderia a tirar mão-de-obra das fazendas de açúcar". Isso era de conhecimento comum entre as massas. No final da guerra, os fazendeiros estavam mais ansiosos do que nunca, porque a bauxita, a balata, o arroz, o ouro, os diamantes, os projetos de cultivo de cana e irrigação ofereciam empregos alternativos para trabalhadores guianenses anteriormente ligados às fazendas de açúcar. Os fazendeiros, portanto, embarcaram em uma ofensiva contrarrevolucionária.

Após a Comissão de 1896, os proprietários da Vryheid's Lust (rio Berbice) incentivaram o cultivo de cana em suas propriedades pelos agricultores, sendo as terras cedidas gratuitamente. Esta prática foi adotada por uma série de outras propriedades. Em dezembro de 1918, os fazendeiros de cana foram repentinamente informados de que teriam de pagar de nove a doze dólares por acre. Nenhum aviso foi dado, nem houve qualquer aumento oferecido aos fazendeiros pelo quilo da cana. La Bonne Mere foi a única propriedade que não seguiu essa política reacionária. Em vão os agricultores propuseram projetos alternativos para a continuação do cultivo das terras da propriedade. O que os fazendeiros queriam era uma desculpa para introduzir uma legislação de imigração, o único método que eles conheciam para manter o sistema hierárquico de plantagem. Eles retiraram terras da produção que os fazendeiros de cana ansiavam por promover; e dentro de um curto período, somente em Berbice, as propriedades de Adelphi, Canefield, Bath, La Retraite, Highbury, Goldstone Hall e Everton foram fechadas, ostensivamente por falta de mão de obra, quando na verdade havia muitas pessoas dispostas a trabalhar, se ao menos os salários de fome fossem aumentados.

O PROJETO DE COLONIZAÇÃO

No início de 1919, o presidente da Associação dos Plantadores abordou o Procurador-Geral alegando que havia uma redução de 6.000 acres na indústria da cana e que havia uma perspectiva de redução maior se os plantadores não conseguissem novos suprimentos de mão-de-obra. Desse pedido nasceu o Projeto de Lei da Colonização, que visava introduzir na Guiana outro influxo de mão-de-obra barata, preferencialmente da Índia.

Os fazendeiros introduziram a medida em um momento em que ainda vigorava o Regulamento de Defesa da Colônia dos tempos de guerra. Thorne reclamou que "era manifestamente injusto que, enquanto os operários interessados no assunto eram informados de que não deveriam lidar com a questão devido à época em que viviam, por outro lado, os capitalistas pudessem se reunir e formular um projeto". No entanto, os operários se recusaram a ser amordaçados. Eles reconheceram o Projeto de Colonização pelo que era – uma tentativa de minar a mão-de-obra local e mantê-los em uma posição de sujeição. Eles fizeram uma campanha vigorosa contra a proposta quando ela foi apresentada ao legislativo e advertiram os representantes eleitos de que deveriam expressar a oposição popular ao projeto de lei. Uma crônica editorial rebateu dizendo que "os membros eleitos seriam muito tolos se fossem aterrorizados por agitadores, que os alertam para não votar nessas propostas com o risco de perderem suas cadeiras". Insinuava sombriamente que tal ação forneceria fortíssimos argumentos para a criação de um Governo da Coroa na Colônia. Tais ameaças não impediram os operários de todo o país de deixar clara sua posição. Cada uma das assembleias anti-colonização realizadas em todo o país foi um sucesso, enquanto a facção pró-colonização descobriu que suas assembleias eram, invariavelmente, fiascos. Embora o legislativo tenha enviado uma missão à Inglaterra e à Índia, nada resultou do Projeto de Colonização. No entanto, foi a questão mais importante do debate público na Guiana no final da Primeira Guerra Mundial e mostrou de forma decisiva como as massas estavam avaliando sua situação colonial e como estavam decididas a acabar com ela. No estado de ânimo em que estavam, nada escapava à vigilância das massas. Quando o governo introduziu uma legislação para proibir a importação de literatura negra americana, os operários lutaram contra isso em duas ocasiões; quando um reacionário Projeto de Lei do Júri foi apresentado, os operários novamente lutaram amargamente, embora sem sucesso; e em outra ocasião, a oposição popular cortou pela raiz uma proposta do governador de que uma Lei da Vagabundagem fosse aprovada para coagir os operários a trabalhar em obras públicas em troca de salários ridículos.

A CONSTITUIÇÃO

Um lembrete do tipo de sistema político existente na Guiana é necessário neste momento. Em 1891, a *Court of Policy*, que até então era um órgão puramente nomeado, foi reformado para permitir a eleição de quatorze membros junto com os oito membros nomeados pelo governador, que juntos formavam a *Combined Court*. Havia também dois Representantes Financeiros eleitos, embora o poder sobre as finanças estivesse constantemente em disputa, porque introduzia um choque com o poder executivo do Governador. De qualquer forma, demorou algum tempo até que o corpo governante refletisse a mudança na Constituição, sendo essa mudança vocacionada a dar alguma representação à "classe média" portuguesa e de cor[70].

---

70. N.E.: Considerado no Brasil um eufemismo para designar o povo negro, a expressão "de cor", nos EUA (e na Guiana, por influência), é compreendida como uma expressão correta para designar o conjunto dos povos não-brancos.

Considerado o sufrágio muito estreito e restrito, é óbvio que os novos representantes na *Combined Court* após 1891 não foram eleitos pelos operários e não os representavam. Mas alguns benefícios derivaram de ter no centro do poder político local um grupo de indivíduos que se opunham à classe dos fazendeiros e a muitos aspectos do antigo sistema colonial. Por exemplo, como observou Raymond Smith, é provavelmente significativo que a indústria do arroz tenha começado em uma época em que a indústria açucareira estava em depressão e quando a nova "classe média" estava chegando ao poder após as reformas constitucionais de 1891. Além disso, a "classe média" não estava satisfeita. Ela clamava por mais controle sobre os assuntos do país, especialmente na esfera financeira; e como tantas vezes acontece, eles encorajaram os operários a gritar junto deles, para fazerem o maior barulho possível

O ano de 1916 parece ter sido decisivo. Um Movimento de Recall[71] foi lançado contra o então governador, Egerton, que se tornou impopular entre os comerciantes de Georgetown porque interferiu em sua especulação prejudicial nas exportações de arroz. No entanto, a "classe média" jogava para uma plateia que tinha sua própria razão para abominar o sistema colonial e seu representante, o Governador. Os operários também começaram a clamar por uma Constituição mais democrática e por um programa político para seu próprio aperfeiçoamento. Como um correspondente do *Chronicle* escreveu em outubro de 1918: "É um pensamento comum entre as pessoas mais pobres desta colônia que os lugares sob o domínio britânico não progridem rapidamente... Até que a política do país chegue às mãos do povo por meio de seus representantes, ele será obrigado a fazer lentos progressos".

No final da guerra, o eleitorado se deparou com um "Partido Progressista", que não era uma unidade organizacional, mas uma aliança de políticos, que surgiu do Movimento de Recall com a intenção de capturar todos os quatorze assentos que seriam preenchidos eleitoralmente. Mais uma vez, eles se identificavam

---

71. N.E.: Recall (em inglês, "revogação"), é o instituto jurídico-político que prevê a revogação de um mandato eletivo.

com as massas, e isso foi motivo de decepção quando foram eleitos com sucesso.

A INFLUÊNCIA POLÍTICA DAS MASSAS

A influência que os operários exerciam sob o limitado direito de voto da era pré-sufrágio adulto [universal] costuma ser subestimada. A agitação física das massas era um fator que sempre deveria ser levado em consideração. Durante as três primeiras décadas deste século, distúrbios e motins irromperam com grande frequência. Eles foram chamados de "motins do pão"; e não se poderia pedir exemplos mais flagrantes de pessoas pedindo pão e recebendo balas. A pressa ofegante com que o regime colonial leu o *Riot Act*[72] foi um testemunho de seu medo profundamente enraizado da ação em massa, que haviam herdado dos plantadores de açúcar e dos proprietários de escravos.

Além da ameaça de violência, os operários causaram impacto por meio de assembleias públicas. Os operários de Georgetown se reuniam sob os auspícios do BGLU para discutir os méritos relativos de Percy Wight e P. N. Cannon, concluindo que o último era um inimigo da classe operária; os operários de Nova Amsterdã se reuniram e exigiram que Eustace Woolford voltasse ao eleitorado e prestasse contas de sua administração na *Combined Court* e, especialmente, para explicar sua ambivalência sobre o Projeto de Lei da Colonização que os operários denunciaram; quando camponeses da Costa Leste Demerara se reuniram em Victoria Village, condenaram o governo no poder e concordaram em formar uma "Associação Política", reunindo membros de Anne's Grove e Bachelor's Adventure. Tudo isso foi no período após o Movimento de Recall e a formação do "Partido Progressista", e pode parecer algo em vão, já que os operários não tinham direito ao voto.

No entanto, o clamor popular tinha efeito sobre os que votavam e os que se apresentavam como representantes do povo. Em 1923, por exemplo, Cannon havia perdido a prefeitura de Georgetown e, embora ele próprio mantivesse uma cadeira na

---

72. N.E.: Em inglês, "Lei do Motim".

Combined Court, os candidatos que ele apoiara não obtiveram sucesso. A prova do impacto da agitação popular contra a Lei da Colonização veio quando o próprio governo decidiu realizar uma série de assembleias públicas para obter apoio para a medida. Os operários simplesmente invadiram essas reuniões, realizadas em 1919, e aprovaram suas próprias resoluções pedindo melhorias no saneamento, drenagem e irrigação e salários, antes de consentir em um novo influxo de imigrantes.

A SUSPENSÃO DA CONSTITUIÇÃO EM 1928

Todos achavam que a Constituição de 1891 havia perdido sua utilidade. A "classe média" queria mais poder, especialmente sobre as finanças e o executivo; enquanto a classe dos fazendeiros, já tendo cedido parte de sua autoridade à "classe média", e vislumbrando o espectro do poder de massa caso fossem concedidas reformas mais liberais, estava disposta a deixar a coroa britânica assumir a responsabilidade direta pela colônia da Guiana Inglesa. A insatisfação com as formas constitucionais era de fato geral nas Índias Ocidentais britânicas após a guerra e resultou na nomeação de uma comissão real, que visitou a área e produziu um relatório em 1922. A Comissão da Madeira, como era chamada, rejeitou as exigências da classe dos fazendeiros guianenses em favor de um passo atrás, mas também não permitiu a presença de membros eleitos no Executivo como o "Partido Progressista" demandava. Nenhuma mudança importante foi feita, então as eleições de 1926 foram realizadas sob a Constituição de 1891.

A. R. Webber, um dos poucos historiadores da Guiana e um indivíduo que esteve pessoalmente envolvido na política do período, escreveu que as eleições de outubro de 1926 foram "lutadas com ferocidade sem precedentes" e que "a declaração nas urnas mostrou uma arrebatadora vitória do Partido Popular; e uma derrota completa e devastadora de seus oponentes, que estavam em posse dos bens deste mundo"[73]. Mas praticamente todos os assentos foram contestados judicialmente e, eventualmente, cinco

---

73. N.A.: A. R. Webber: *Centenary History and Handbook of British Guiana* (Georgetown, 1931).

membros da *Court of Policy* foram destituídos por tecnicalidades legais. Sem dúvida, o Ministério das Colônias [*Colonial Office*] estava sendo informado desses acontecimentos, bem como recebendo conselhos do grupo de fazendeiros para acabar com a Constituição que deu poder à nova "classe média" e encorajou os operários a brincar de política.

Como mencionado anteriormente, já em 1919 havia indícios sombrios de que, se os membros eleitos se deixassem influenciar por agitadores populares, isso "forneceria fortíssimos argumentos para a criação de um Governo da Coroa na Colônia". Novamente em 1925, essa ideia foi expressa publicamente pelo governador da Guiana Britânica quando ele voltou para a Inglaterra; e em 1927 decidiu colocá-la em prática.

Ninguém sabia ao certo qual era o propósito dos comissários que visitaram a Guiana em 1927 – pelo menos não até o ano seguinte, quando ficou claro que eles buscavam desculpas para suspender a Constituição. De qualquer forma, a Constituição de 1891 havia sido tão radicalmente alterada que o efeito havia sido a retirada de todo o poder dos representantes eleitos. É claro que mesmo a pequena medida de representação prevista na Constituição de 1891 era vista pelo regime colonial como uma ameaça. Assim, em 1928, não pela primeira vez nem pela última, um golpe de estado constitucional foi efetuado para quebrar a resistência local ao sistema imperial britânico.

RAÇA E CLASSE

Na medida em que a reflexão sobre o período em discussão é compreensivelmente influenciada pela atual conjuntura de circunstâncias na Guiana, é óbvio que a questão da inter-relação entre raça e consciência de classe é de extrema importância. Na década após 1955, esses dois fatores se mostraram antagônicos e, consequentemente, a luta anticolonialista das massas guianenses sofreu um sério revés. No entanto, em 1900-1928 a situação era totalmente diferente. Então, foi a consciência entre indianos e negros das desvantagens peculiares sob as quais sua própria raça trabalhava que precipitou um ataque à sociedade colonial.

A consciência racial foi mobilizada quando um grupo sentiu que trabalhava sob desvantagens especiais. O *Indian Opinion* lançou um ataque ao governo por manter as massas da Índia Oriental em estado de analfabetismo. Ele apontou que de vinte mil crianças de pais indianos em idade escolar, apenas seis mil estavam frequentando a escola. Isso foi rotulado como "uma negligência não apenas indesculpável, mas culpável". Em torno de uma questão como esta, a raiva comum foi dirigida conjuntamente contra o regime colonial, porque as massas negras estavam naquele momento travando uma luta para lançar as bases de um sistema educacional mais democrático, rejeitando o "Pagamento por Resultados" e outras limitações que estavam em voga desde a Portaria sobre o Ensino Fundamental de 1876. Aliás, a luta dos professores não apenas em seu próprio nome, mas por um sistema de ensino que beneficiasse seus alunos e o país, é sem dúvida uma luta das mais magníficas nos anais da história da classe operária guianense.

Além das demandas por mais educação, houve também alguma atenção dada aos currículos, e uma das sugestões da comunidade da Índia Oriental foi que as línguas indianas deveriam ser ensinadas. Uma característica marcante do debate sobre o assunto pela Associação de Professores foi a posição de R. French, que argumentou que, a menos que eles tomassem medidas para ensinar as línguas indianas, estas desapareceriam, como desapareceram as línguas africanas dos escravos, e a comunidade seria empobrecida por isso. Este e muitos outros pontos de vista sobre tópicos relacionados indicavam que os grupos raciais na Guiana estavam se voltando seriamente a um exame de sua posição, do que possuíam de valor e de quais mudanças eram desejáveis. A cada momento, eles desmascaravam a sociedade colonial como sua inimiga.

Quando, em 1917, os indianos orientais conseguiram que as cerimônias de casamento ministradas por mawlawi[74] e pânditas[75]

---

74. N.E.: Título religioso islâmico dado a estudiosos religiosos muçulmanos, ou ulama, precedendo seus nomes. Mawlawi geralmente significa um estudioso islâmico altamente qualificado, geralmente aquele que concluiu estudos completos em uma madrassa (escola islâmica) ou *darul uloom* (seminário islâmico). Aqui, o autor refere-se ao reconhecimento legal das cerimônias de casamento ministradas pelos líderes religiosos não-cristãos.

75. N.E.: Um pândita é um estudioso, um professor, em especial um profundo conhecedor de sânscrito, da lei, da música e da filosofia hindus.

fossem reconhecidas, eles obtiveram uma vitória sobre a concepção branca-cristã-capitalista da sociedade[76], e era contra isso que as massas negras também dirigiam seu fogo. Eles se juntaram ao refrão dos negros dos EUA de que os negros lutaram lado a lado com os brancos durante a guerra e agora deveriam ter novas oportunidades. É extremamente significativo que a administração colonial tenha visto associações como a Convenção do Progresso Negro não como grupos racistas, mas como formações de classe. A literatura dos EUA era abominável porque era amplamente lida pelas "classes mais pobres da sociedade"; e foi sugerido que o ramo local do movimento de Garvey deveria ser banido por ser "bolchevique".

O Reverendo Frank escreveu em janeiro de 1919 sobre as massas negras da Guiana: "as possibilidades encerradas nelas e os poderes dentro delas são imensos". Isso se aplicava igualmente às massas da Índia Oriental; mas para a liberação das energias de todos os envolvidos, havia necessariamente um processo de autocompreensão, que estava ocorrendo em uma estrutura de agrupamentos raciais, e não no contexto da "nação". Esse processo de autocompreensão comum não levou inevitavelmente as raças ao conflito, nem retardou a formação de organizações ao longo das linhas de classe, nem enfraqueceu a luta contra o colonialismo.

O que ocorreu no período após 1955 foi que a consciência comunitária foi, por várias razões, voltada para dentro para exacerbar as contradições raciais entre os operários e camponeses da Guiana. Digo "exacerbar" porque o conflito racial na Guiana foi um acompanhamento inevitável do fato de que a servidão por contrato (da Índia Oriental, chinês e português) foi concebida especificamente para quebrar a oposição negra à classe dos fazendeiros. Ao longo das décadas após o início da imigração indiana em 1838, houve diferenças salariais entre os grupos raciais nas fazendas açucareiras, provocadas pela política deliberada dos fazendeiros de jogar um grupo contra o outro. Sem dúvida, o conflito racial alimentou o racismo e vice-versa; e, de fato, há uma série de outras interconexões que poderíamos fazer. O que

---

76. N.A.: Não consegui determinar os termos exatos da concessão, mas o assunto não foi tratado de forma satisfatória, e outras medidas tiveram que ser tomadas em tempos mais recentes.

é certo é que explicações simples e definitivas devem dar lugar a uma análise mais sóbria das complexidades do desenvolvimento do movimento de massas da Guiana – da relação entre consciência racial e preconceito racial, entre competição econômica e conflito racial, entre identificação comunitária e objetivos de classe.

7

CARLOS MARIGHELLA

Nascido em 1911 em Salvador, Bahia, foi um militante, escritor e guerrilheiro negro. Conheceu a prisão pela primeira vez em 1932, após escrever um poema contendo críticas ao interventor Juracy Magalhães. Em 1934 abandonou o curso de engenharia civil da Escola Politécnica da Bahia para ingressar no PCB. Tornou-se então, militante profissional do partido e se mudou para o Rio de Janeiro, trabalhando na reorganização do PCB. Em 1º de maio de 1936, foi preso por subversão e torturado pela polícia subordinada a Filinto Muller. Permaneceu encarcerado por um ano. Ao sair da prisão entrou para a clandestinidade, sendo recapturado em 1939 e novamente torturado, permanecendo na prisão até 1945, quando foi beneficiado com a anistia do processo de redemocratização do país. Elegeu-se deputado federal constituinte pelo PCB baiano em 1946. Em dezembro de 1966, renunciou à Comissão Executiva Nacional do PCB. Em agosto de 1967, participou da I Conferência da Organização Latino-Americana de Solidariedade (OLAS), realizada em Havana, Cuba, a despeito da orientação contrária do PCB. Foi expulso do partido em 1967 e em fevereiro de 1968 fundou o grupo armado Ação Libertadora Nacional (ALN), que, no ano seguinte, participaria do sequestro do embaixador norte-americano Charles Elbrick, em uma ação conjunta com o MR-8. Foi assassinado em 4 de novembro de 1969 por agentes do DOPS, em uma emboscada na Alameda Casa Branca, em São Paulo.

LUTA INTERNA E DIALÉTICA

Publicado em 15 de outubro de 1966 na Tribuna de Debates do VI Congresso PCB. Assinado sob o pseudônimo C. Menezes.

Todos os partidos do proletariado que foram adiante e obtiveram vitórias – inclusive chegando ao poder – passaram por um processo mais ou menos agudo de luta interna. Isto aconteceu na URSS, na China, em Cuba e outros países.

A experiência histórica brasileira mostra – por sua vez – que todos os passos para a frente em questões de orientação ou de correção de erros, na vanguarda do proletariado, sempre foram acompanhados de intensa luta interna.

Foi o que se deu em 1942-1945 (período do Estado Novo) e em 1956-1958 (período da discussão do culto à personalidade). É o que se dá agora, no período da derrota imposta ao nosso povo pelo golpe militar-fascista de 1º de abril de 1964.

Que é a luta interna, como e por que ocorre no partido marxista do proletariado?

A luta interna é o choque que sobrevém no seio do partido, quando se confrontam ideias contrárias, relacionadas com a prática na atividade dos militantes.

A dialética marxista incumbe-se de explicar o mecanismo da luta interna e sua natureza intrínseca, isto é, sua natureza própria, peculiar.

A dialética marxista mostra que, no mundo, tudo é inter-relacionado, tudo se desenvolve, quer se trate da natureza, da sociedade humana ou do pensamento. A vanguarda do proletariado brasileiro, que é um organismo social vivo, representando interesses políticos e ideológicos de uma determinada classe, não foge aos princípios da dialética marxista. O que se passa na vanguarda de nosso proletariado obedece às leis fundamentais da dialética marxista. A ideologia do partido é uma ideologia determinada, é a ideologia do proletariado. Sobre ela, porém, exerce uma enorme influência a ideologia burguesa, vinda do exterior.

O choque é inevitável, sobretudo nos momentos de derrota do proletariado, quando a ideologia burguesa aproveita as brechas ocorridas no seio da vanguarda e penetra mais fundo.

A derrota do partido marxista do proletariado é – via de regra – consequência de erros que se localizam na incompleta acumulação ideológica no seio da vanguarda ou na influência demasiado acentuada da ideologia burguesa. Outras causas de erros podem subsistir. Mas o fundamental consiste em causas ideológicas,

Devido, pois, ao papel ativo das ideias na sociedade e no partido marxista do proletariado, a luta interna deve obrigatoriamente ser tratada como luta ideológica, não podendo ser levada a efeito, com resultados positivos, se não obedecer às leis da dialética materialista, aos princípios da filosofia marxista.

Sob o ponto de vista dos princípios, o primeiro cuidado na luta interna é não tratá-la como luta entre inimigos.

O partido em seu conjunto luta contra os inimigos de classe. Sua finalidade é assegurar a direção da luta de classes dos trabalhadores – e como consequência a direção da luta de todo o povo pela sua libertação, a paz, o progresso, o socialismo.

A luta interna é chamada luta interna, no partido marxista do proletariado, exatamente para diferenciá-la da luta que ele – o partido marxista – trava e dirige em nome dos interesses políticos e ideológicos do proletariado e de todo o povo, contra os inimigos da classe operária e da nação brasileira, contra o imperialismo, contra o latifúndio, contra as classes exploradoras, contra tudo o que freia o progresso, a marcha para a frente.

A luta interna não é um reflexo da luta de classes nem a própria luta de classes no interior do partido.

No interior do partido não há tal, porque o partido não é uma organização composta de classes opostas.

Os membros do partido lutam pelos objetivos de classe do proletariado e esforçam-se para que sua consciência seja uma só – a consciência do proletariado.

Os conflitos que surgem no partido não provêm de choques de classes diferentes, atuando internamente, mas de influências ideológicas das classes que exteriormente são hostis ao desenvolvimento da consciência de classe do proletariado e de seu partido. Os que discordam no interior do partido não são inimigos de classe. As discordâncias são uma contingência dialética do desenvolvimento da consciência e devem ser toleradas e admitidas normalmente.

Na luta interna não se trata de liquidar quadros. Não se trata de aplicar medidas de coação.

Quando a luta interna é encarada como luta de classes no interior do partido, estamos em face de um desvio, de um desvirtuamento do marxismo e sua filosofia.

Ter a luta interna na conta de luta de classes (ou de uma forma de luta de classes) é um procedimento que estimula a prepotência, favorece o clima do culto à personalidade, fomenta o poderio individual ou a luta de grupos.

É igualmente errôneo considerar a luta interna como luta desordenada, visando a desrespeitar o centralismo democrático, princípio diretor da estrutura e funcionamento do partido, onde a unidade e a disciplina permanecem necessária e obrigatoriamente como fundamentos partidários.

Difundir a intolerância, exercer qualquer tipo de coação, liquidar quadros, fracionar, abalar a unidade e a disciplina, são métodos condenáveis e condenados na luta interna.

Não sendo uma luta entre inimigos, a luta interna tem que obedecer necessariamente a um método capaz de fazer avançar o partido marxista do proletariado, sem destruí-lo internamente e sem debilitar a sua unidade ou enfraquecê-lo perante o inimigo de classe.

Dentro do partido não se pode evitar a luta interna. Os que pensam impedir ou deter a luta interna (ou diante dela se omitem) desconhecem a inexorabilidade das leis que presidem ao desenvolvimento social.

A luta interna, como qualquer outra luta que diz respeito a relações entre os homens, não é desencadeada por forças cegas, espontâneas. Ao contrário, a luta interna, assim como qualquer outra lei objetiva do desenvolvimento social, manifesta-se através da ação dos indivíduos. Estes, a princípio, podem ser surpreendidos com a manifestação das leis objetivas. Ou podem ser levados a exageros e excessos ao interpretá-las, ou à omissão.

Todas as leis objetivas, porém, são cognoscíveis, podem vir a ser conhecidas, e os homens podem utilizá-las ou vir a utilizá-las corretamente em sua atividade prática.

Assim, uma vez surgida, é através da ação dos homens, é através da atividade a da consciência dos membros da vanguarda que a luta interna será realizada. Os homens são seres conscientes, que propõem determinados objetivos e se esforçam por alcançá-los.

O marxismo é o que pode haver de mais oposto e contrário ao espontaneísmo e à renúncia ao domínio das leis sociais.

Em vez de deixar que as leis objetivas se manifestem sem dominá-las, o materialismo histórico procura conhecê-las e utilizá-las como guia em favor da ação do proletariado.

Daí por que só há um método correto a ser aplicado na luta interna, um único método capaz de fazer avançar o partido no curso de tal luta, e este é o método dialético-materialista.

Segundo tal ponto de vista, a luta interna constitui a um só tempo uma luta ideológica e teórica.

A teoria por si só não pode modificar a realidade, não tem condições para fazê-lo. Mas sem a teoria é impossível conhecer e dominar as leis objetivas, uma vez que o conhecimento não é mais do que a atividade teórica do homem.

Como luta teórico-ideológica, a luta interna exige que se saiba generalizar a experiência da realidade brasileira, a experiência concreta de nossa revolução e de nosso partido. E isto não se consegue sem o manejo da teoria.

O objetivo da lula interna – no seu aspecto teórico-ideológico – ou como luta teórico-ideológico – é conseguir chegar a mudanças na cabeça dos homens, na consciência dos militantes da vanguarda.

Assim se podem obter transformações internas (do ponto de vista ideológico), transformações que facilitem melhor traçado e execução da linha política. Tudo está em obter um avanço na acumulação ideológica, em melhorar a condição ideológica do partido em favor das concepções proletárias.

A luta ideológica, aliás, ou a luta teórica-ideológica, não é uma luta abstrata. Ela só tem valor quando inter-relacionada com a luta política, levando-se em conta que, se as coisas não forem vistas sob o ângulo da ideologia de classe do proletariado, nada se conseguirá no terreno da política.

Por exemplo, sob o governo Goulart a linha política foi levada a uma derrota (a de 1º de abril) em consequência da falta das condições ideológicas. Ou seja – de nossa parte – a existência de profundas ilusões de classe na burguesia, ao lado de uma flagrante submissão à política do governo, então empenhado na luta pelas reformas de base.

Todos os Partidos a homens (teóricos ou práticos) que avançaram no caminho da revolução marxista, só o fizeram reformando sua ideologia no curso de lutas internas. Mesmo Marx e Engels – fundadores do socialismo científico – antes de se transformarem em marxistas, eram hegelianos de esquerda, e, em dado momento, feuerbachianos, como confessaram. Não teriam superado suas posições de democratas radicais, se não se colocassem sob o ângulo de visão do proletariado e não tivessem mudado de ideologia.

O caso de Cuba é outro exemplo. Ali, reformas ideológicas foram efetivadas no curso da luta interna, e à medida que se foi dando, na prática, o emprego da crítica e da autocrítica.

É por isso que a crítica e a autocrítica fazem parte obrigatória e indispensável do método aplicado na condução da luta interna. É necessário não esquecer – nesse caso – que o emprego da crítica e autocrítica exige como ponto de partida fixar uma posição de classe (a posição de classe do proletariado), para o exame dos erros cometidos. Examinados esses erros – sob tal ponto de vista – não é difícil chegar à conclusão de que o fundamental na luta interna e no método de encaminhá-la é chegar a uma reforma da ideologia.

Como tal entende-se renunciar às posições ideológicas falsas e chegar às posições ideológicas inerentes à classe operária.

Quais são as posições falsas, quais as que correspondem aos interesses do proletariado? A luta interna pode responder a estas questões – no caso brasileiro – quando se defrontam as ideias em torno da hegemonia da revolução da questão agrária, da aliança operário-camponesa, do problema do poder, da constituição da frente única, dos caminhos da revolução (pacífica ou armada), da tática eleitoral, das formas de luta, do papel do partido, de sua independência de classe ou do reboquismo ante a burguesia, e várias outras questões.

ECLETISMO E MARXISMO

Escrito em 1967.

A falha capital das *Teses* (em debate) é preferir o ecletismo e deixar de lado a concepção filosófica marxista. O ecletismo é a junção de tendências filosóficas discrepantes: o materialismo ao lado do idealismo, a dialética mesclada à metafísica. O pensamento evolucionista fundido ao pensamento revolucionário e assim por diante.

A tática marxista, entretanto, não permite a substituição da teoria do proletariado por outra, nem mesmo a mistura de teoria. Ao expor a teoria do socialismo científico, no trabalho que escreveu para o dicionário Granat, em 1913, Lênin afirmou o seguinte:

> "Marx determinava a tarefa essencial da tática do proletariado de modo rigorosamente baseado nas premissas de sua concepção materialista-dialética."

A tática marxista é incompatível com qualquer evolucionismo. Ela tem em conta – no dizer de Lênin – a "dialética objetivamente inevitável da história da humanidade." A tática marxista utiliza e desenvolve a consciência, as forças e capacidade de luta do proletariado. Ao mesmo tempo orienta todo o trabalho preparatório no sentido do objetivo final visado pelo proletariado, capacitando-o a resolver na prática as tarefas que lhe estão reservadas pela História.

O que distingue a tática marxista é ser exata e rigorosamente uma tática da classe de vanguarda, uma tática de combate.

A tática marxista jamais pode ser uma tática a reboque da burguesia. Ao contrário, caracteriza-se pelo fato de que o proletariado pode e deve assumir a liderança do movimento democrático de todo o povo contra a ditadura atual.

Fatores relacionados com causas ideológicas levaram, porém, a que as *Teses* traçassem uma tática baseada não na hegemonia do proletariado, mas na hegemonia da burguesia.

Tornou-se, assim, impossível para as *Teses* a formulação clara de uma tática marxista. E as coisas são ali apresentadas sob uma forma dúbia, condicional e incerta, ou sob o efeito de uma opção.

SUBMISSÃO À BURGUESIA E ILUSÕES

As *Teses* submetem-se à inconsequência da burguesia. Em vez de apresentar a questão da saída decisiva contra a ditadura, com o trabalho prioritário do partido apoiado nas forças fundamentais da frente única antiditatorial (classe operária, camponeses, pequena burguesia urbana) – teoria que de resto já encontramos sustentada por Lênin antes de 1905 – as *Teses* preferem destacar o papel do MDB [Movimento Democrático Brasileiro] e da oposição burguesa (Tese 54).

O partido aparece diluído ou quase diluído na burguesia, é chamado a trabalhar de pés e mãos atadas diante dela, e com isto a iniciativa e a energia dos militantes são inapelavelmente rebaixadas. Esta sujeição à "débil e tímida" oposição burguesa ajudará as classes dominantes brasileiras a encontrar uma saída de conciliação depois do caminho aventureiro empreendido com o golpe de abril.

A força capaz de obter a vitória completa e decisiva sobre a ditadura, sejam quais forem as consequências futuras, é o povo, e não a burguesia.

A identificação das *Teses* – nesse particular – ainda agora serve de estímulo às repetidas declarações de nossos documentos combatendo o revanchismo, como se o partido devesse ter a preocupação burguesa de salvar os criminosos golpistas, em vez de chamar o povo concretamente a uma luta; querem que o proletariado seja dócil e moderado para não assustá-la, querem negociar com a burguesia sua benevolência e seu consentimento à ação. Tudo isso sob o pretexto de que não somos fortes, de que a hegemonia ainda está nas mãos da burguesia. É a teoria da inevitabilidade e do fatalismo histórico da liderança burguesa.

Consequência dessa teoria são as ilusões nos líderes políticos burgueses. Tais ilusões não estão sepultadas e, após o golpe de abril, foram passando de Mauro Borges a Juscelino Kubitschek, Justino Alves, Amauri Kruel, Adhemar de Barros, até chegar a Carlos Lacerda e sua pretendida "frente ampla".

TÁTICA NÃO-MARXISTA E ESPONTANEÍSMO

A tática atual apresentada pelas *Teses* prevê saídas para as variadas situações criadas no chamado processo de acumulação de forças, indo dos movimentos reivindicatórios às manifestações antiditadura e à luta armada (*Teses* 57). O máximo previsto nessa tática é a combinação de formas elementares e legais de luta com a luta armada. A insurreição armada e a guerra civil são admitidas quando impostas ao povo pela ditadura, com o apoio do imperialismo norte-americano (*Teses* 58 e 60).

Uma tática que se ocupa fundamentalmente em dar saída a cada uma das situações erradas no decurso do movimento não é uma tática marxista. Essa tática não é subordinada à estratégia revolucionária, não é determinada para um plano marxista. Em um momento político determinado, como é o caso da ditadura atual em nosso país, o marxismo estabelece obrigatoriedade de um plano de atividade sistemática, baseado em princípios firmes e aplicado rigorosamente, único plano que merece o nome de tática – segundo Lênin – e sem o qual é impossível a vitória do proletariado contra o governo.

Tal plano tático exclui subordinar insurreição armada ou a guerra civil a uma imposição da ditadura, sobretudo quando esta, pela violência com que reprime o povo e sufoca as liberdades, já por si justifica a ação revolucionária do partido e das massas.

Fora disso é cair no espontaneísmo: a tática vem a ser um processo do crescimento das tarefas do partido. Tudo passa a obedecer a fórmulas: "é desejável a luta que é possível, a luta que se trava em um momento dado", fórmula que Lênin, já em seu tempo, criticou e rejeitou como ofensa ao marxismo.

Em vez da escolha do caminho direto e decisivo, em vez da mobilização das energias das massas, que não solicitam concessões e aspiram a esmagar a ditadura atual, teremos caminhos enviesados, entendimentos de cúpula à expectativa de uma ação da ala burguesa oposicionista.

De acordo com essa tática, já se apregoa a derrota da ditadura como consequência de uma explosão espontânea das massas ou por efeito das contradições entre as classes dominantes.

A propósito de tais questões, seria útil reler agora *Que fazer?* e *Duas táticas da social-democracia na revolução democrática*. Nesta última obra Lênin diz que o erro fundamental é render culto ao espontaneísmo, pois quanto maior e mais poderoso seja o auge espontâneo das massas, tanto mais se exige elevar a consciência do partido. Sem isso não se pode dirigir todo o movimento. E de explosões espontâneas nada se pode esperar, se não há liderança da vanguarda do proletariado.

A PERSPECTIVA ERRÔNEA DE UM NOVO CAMINHO PACÍFICO

Deixando de estabelecer um plano tático marxista, as *Teses* se omitem quanto aos caminhos da revolução brasileira, talvez porque considerem subentendida sua aquiescência ao caminho pacífico.

A esse respeito é interessante transcrever a passagem do livro intitulado *A crise brasileira (ensaios políticos)*, surgido a propósito do debate.

É do seguinte teor:

"A adoção mais uma vez de um caminho pacífico por parte dos marxistas não lhes permitiria tomar a iniciativa, nem desencadear nenhuma ação decisiva contra a ditadura e sua pretendida institucionalização. E isto porque a ditadura está baseada na força, que é o principal elemento empregado contra o povo e contra a oposição. O único efeito de um novo caminho pacífico, tentado à guisa de solução da crise brasileira, seria impelir os marxistas a um erro de cálculo e a uma inevitável colaboração com a ditadura, em benefício dos interesses das classes retrógradas."

E mais adiante:

"O caminho pacífico da revolução brasileira no momento atual teria o efeito de prosseguir alimentando ilusões no povo, e minaria o moral das forças populares e nacionalistas, que precisam de estímulo revolucionário. Os fatos indicam que o proletariado, em face do tremendo impacto da abrilada, não tem outro recurso senão adotar uma estratégia revolucionária, que leve à derrubada da ditadura. Trata-se da revolução, da preparação da 'insurreição armada popular.' Trata-se do caminho não pacífico, violento, até mesmo da guerra civil. Sem o recurso à violência por parte das massas, a ditadura será institucionalizada por um período de maior ou menor duração.

Sem uma estratégia revolucionária, sem a ação revolucionária apoiada no trabalho pela base e não exclusivamente de cúpula, é impossível construir a frente única, movimentar as massas e dar-lhes a liderança exigida para a vitória sobre a ditadura."

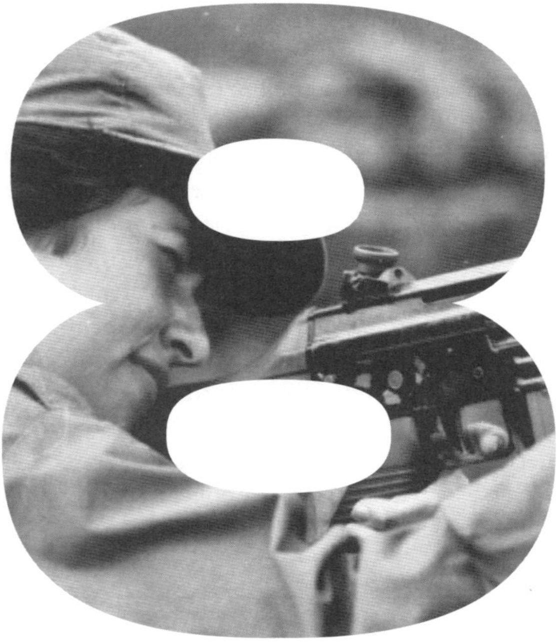
8

RUY MAURO MARINI

Nasicdo em 1932, foi um cientista social brasileiro, conhecido internacionalmente como um dos elaboradores da Teoria da Dependência. Adere mais tarde à organização Política Operária (POLOP), fundada em 1961, que desenvolve uma crítica tanto ao reformismo da CEPAL quanto à teoria etapista da "Revolução Democrática Brasileira", defendida então pelo PCB. Depois do golpe militar de 1964, exilou-se no México e, em 1971, transfere-se para o Chile, onde foi professor da Universidade do Chile até a queda do governo de Salvador Allende em 1973. Retorna ao México em 1974, para lecionar na Universidade Nacional Autônoma do México (UNAM), onde produz a maior parte de sua obra, e onde atualmente há um centro de referência sobre sua obra. Nos anos 1980 retorna ao Brasil, embora seu retorno definitivo seja apenas em 1985. A maioria de suas obras permaneceram inéditas em português até sua morte, em 1997. No exterior, Ruy Mauro Marini, publicou suas obras mais importantes, entre outras, *Subdesenvolvimento e revolução* (1969), *Dialética da dependência* (1973) e *O reformismo e a contrarrevolução. Estudos sobre o Chile* (1976). Cunhou os conceitos de "superexploração" e "subimperialismo".

CRÍTICA DE
A REVOLUÇÃO BRASILEIRA,
DE CAIO PRADO JR.

Publicado na *Revista Mexicana de Sociologia*,
México, 1967.

A fim de proporcionar uma cobertura ideológica à divisão que se espalha atualmente nas fileiras do comunismo brasileiro, o autor da conhecida *História econômica do Brasil* (Buenos Aires, 1960) faz uma análise crítica, em sua mais recente obra, da tese básica do marxismo oficial no Brasil – a do caráter democrático--burguês – ou, se preferirem, antifeudal e anti-imperialista – do processo revolucionário nacional. No entanto, o faz de modo incompleto, esquivando-se de discutir a própria validade de tal caracterização. Essa hesitação, compreensível em quem abraçou por tantos anos as teses do Partido Comunista Brasileiro, acaba, como veremos, por comprometer seriamente o esforço de classificação teórica que se pretende.

Prado Jr. rejeita claramente a concepção que apresenta as relações de produção vigentes no campo brasileiro como resquícios feudais – concepção que tende naturalmente a propor a extensão do capitalismo ao campo como solução para o problema. Argumentou, com as mesmas estruturas da colonização portuguesa, analisando as situações concretas que se apresentam atualmente na agricultura brasileira; demonstra e proporciona com isso as melhores páginas do seu ensaio – o caráter capitalista dessas relações, cujas distorções não seriam resquícios feudais, e sim escravistas.

Por outro lado, submete à severa crítica a teoria marxista oficial no Brasil, pondo em evidência de que se trata de uma aplicação mecânica das concepções elaboradas pela Terceira Internacional, no período estalinista.

Segue com sua argumentação tomando agora a tese consagrada de uma "burguesia nacional", de caráter anti-imperialista e, após insistir no mesmo caráter de importação apresentado por essa tese, procura demonstrar a natureza própria das relações que tradicionalmente o Brasil tem mantido com o mundo capitalista, muito diferentes, certamente, daquelas que vigoraram nos países coloniais da Ásia e África. A contribuição teórica do autor, neste particular, não se distingue por sua originalidade, e fica atrás, em profundidade e penetração, dos estudos divulgados, nos primeiros anos da década, por autores como Wanderley Guilherme (Introdução ao estudo das contradições sociais do Brasil, Rio, 1963) e do grupo "Política Operária".

Retificado o enfoque, Prado Jr. considera que o sentido profundo do processo brasileiro, sua dialética, digamos assim, seria a transição de uma situação colonial "para uma coletividade nacionalmente integrada, ou seja, voltada a si mesma, e estruturada social e economicamente em função de sua individualidade coletiva e para atender às aspirações e necessidades próprias" (p. 130). Nessa perspectiva, se definiriam suas contradições fundamentais como as que se expressam no enfrentamento com o imperialismo e nas inadequações da estrutura produtiva às necessidades de consumo e, sobretudo, do emprego da população. Retoma-se assim, embora o autor não o diga explicitamente, a linha de pensamento que vem sendo desenvolvida em obras como as de Celso Furtado, do já citado Wanderley Guilherme e outros, que constitui a valorização de um dos filões mais fecundos do marxismo.

No entanto, é a partir daqui que começam a se manifestar as limitações do estudo. Preocupado em propor um programa político para a revolução brasileira e em identificar as forças sociais encarregadas de sua aplicação, Caio Prado vai se chocar com as insuficiências de sua análise de classe, as mesmas que o impediram de esclarecer a validade do caráter democrático-burguês proposto pelo marxismo oficial para a revolução brasileira.

Essas insuficiências já haviam sido percebidas nos ataques do autor aos erros da teoria revolucionária vigente, interpretada apenas como desvio de ordem subjetiva, efeito do prestígio estalinista, deficiência teórica, e não como o resultado das classes que participaram efetivamente em sua elaboração. O livro não faz sequer referência à pequena burguesia e ao papel desempenhado na constituição do Partido Comunista Brasileiro, bem como a conformação de sua ideologia. Mesmo quando se refere à penetração da ideologia burguesa no partido, Caio Prado o faz através de uma categoria duvidosa – a do "capitalismo burocrático" – que é deficiente por sua própria formulação, posto que se expressaria melhor como "burguesia burocrática", e que não explica os enfrentamentos travados entre os grupos dominantes pelo controle do aparelho estatal. Deve-se reconhecer, neste particular, que tais enfrentamentos são explicados muito mais pelos conflitos entre a agricultura e a indústria, e pelos que emergem dentro do próprio setor industrial pela diferenciação de camadas tendentes a uma crescente diferenciação, bem como por enfrentamentos específicos com os interesses de grupos estrangeiros.

O autor trata, contudo, de identificar as forças revolucionárias, e as encontra nos trabalhadores da cidade e do campo, não tendo, porém, realizado uma análise profunda da burguesia, que só é tentada no que se refere às relações desta com o imperialismo. Não tem os elementos necessários para pôr em evidência as contradições que se desenvolvem no seio da sociedade brasileira entre o capital e o trabalho. Tende, pois, a superestimar o papel dos trabalhadores rurais, cuja ação hegemonizaria, no seu entender, a política revolucionária e aos quais o proletariado urbano deveria se submeter, transformado praticamente em braço auxiliar da organização e das reivindicações do campo. Tais reivindicações, referidas basicamente a problemas de emprego e de salário, tenderiam, segundo Caio Prado, a promover um reajuste das estruturas produtivas às necessidades reais da nação brasileira, o que implicaria criar bases para um desenvolvimento posterior a formas superiores de organização, ou seja, socialistas (embora esta ideia não chegue nunca a ser explicitada na obra).

Na etapa atual, no entanto, as reformas propostas não implicam uma mudança no sistema. Mesmo quando se refere ao Estado e a seu papel decisivo nesta fase, o autor não parece acreditar necessariamente em modificar suas bases de classe. Recomenda inclusive modéstia às "forças trabalhadoras e de esquerda", as quais deveriam atuar "sem sectarismos, sem pretensões utópicas, sem as ânsias de conquistar posições de mando" (p. 294). No mesmo sentido, enfatiza o papel a ser desempenhado pela iniciativa privada no novo marco de desenvolvimento nacional planificado.

Tais objetivos contrastam singularmente com a análise da burguesia feita anteriormente, a qual aparecia como vinculada diretamente à grande propriedade agrária e ao imperialismo, e cada vez mais dependente deste último. A insistência em destacar este fato justifica a escolha dos trabalhadores da cidade e do campo como elementos propulsores da política tendente a estabelecer o desenvolvimento nacional planificado. Porém, deixa dúvidas se, ao se definir, em função de tal ação, as trincheiras da revolução e da contrarrevolução, como pretende o autor, a burguesia passará à primeira, podendo continuar comandando o aparelho do Estado.

As inconsequências de Prado Jr. quanto à caracterização da burguesia brasileira debilitam outros aspectos de sua análise, notadamente no que se refere à integração econômica continental (pp. 306-309). O autor se esquece, aparentemente, das vinculações que constatou entre a burguesia nacional e as empresas imperialistas e se limita a considerar a tendência à integração regional como um movimento derivado exclusivamente dos interesses dos grupos estrangeiros que operam na América Latina.

Por outro lado, a insuficiência da análise da burguesia não nos permite ver com clareza as diferenças que se expressam entre suas várias camadas (grande, média e pequena), nem sequer entre seus principais setores (indústria pesada e leve). No entanto, a compreensão de tais diferenças contribuiria muito mais para esclarecer as lutas em torno do controle do Estado do que o conceito de "burguesia burocrática", visivelmente importado de certas análises da realidade mexicana, bem como situar melhor a posição da burguesia frente ao problema de desenvolvimento planificado e o atrito dali derivado em relação ao capitalismo internacional. Finalmente, Caio Prado Jr. expressa a convicção de que, levando adiante suas reivindicações de salário e emprego, os trabalhadores rurais poderão abrir o caminho para a superação definitiva da velha sociedade brasileira, dentro de uma via progressiva, que não implica a ruptura radical do sistema vigente.

Não analisa, contudo, o efeito das reivindicações similares levantadas pelos trabalhadores urbanos, os quais, em anos bem recentes, desencadearam um violento processo de radicalização política, aceleraram o processo da depressão econômica e levaram a um enfrentamento direto com as classes dominantes, que culminou com a ditadura militar de 1964.

O que o autor não considera em nenhum momento é a própria natureza do desenvolvimento capitalista brasileiro, o qual tem conduzido a uma integração crescente à economia capitalista internacional e tem motivado uma completa inadequação da estrutura de produção às necessidades de emprego e salário das massas trabalhadoras, tudo isso não em caráter circunstancial, e como consequência da sobrevivência de resquícios coloniais, mas sim pela própria dinâmica do crescimento econômico em uma economia capitalista periférica. Isso, que constitui a tendência profunda da dialética capitalista no Brasil, coloca divisões muito mais radicais para as forças sociais envolvidas no processo do que as que Prado Jr. supõe.

Em última instância, o resultado é a invalidação definitiva das concepções reformistas, as mesmas que, apesar da crítica que faz ao reformismo oficial, continuam norteando o pensamento do autor.

PRÓLOGO AO LIVRO *A REVOLUÇÃO CUBANA: UMA REINTERPRETAÇÃO*, DE VÂNIA BAMBIRRA

Escrito em junho de 1974.

Esta obra de Vânia Bambirra representa o produto de um paciente trabalho de investigação. Com a independência intelectual que a caracteriza, a autora negou-se a aceitar ideias feitas e enfoques tradicionais sobre a Revolução Cubana e, remetendo-se às fontes, procurou reinterpretar alguns aspectos fundamentais desse processo de tanto significado para os povos da América Latina. A exposição dos resultados ordena-se em torno de duas vertentes: a guerra revolucionária, em relação à qual se examina a concepção estratégica que a guiou, bem como as forças sociais que nela intervieram, e o carácter da revolução.

Definindo com rigor as linhas estratégicas que os dirigentes cubanos adotaram sucessivamente durante a guerra revolucionária, o estudo permite acompanhar a integração progressiva das diversas classes no processo. Entende-se este como uma expressão da luta de classes na sociedade cubana, que levou a que, após a reação da pequena burguesia, se caminhasse para a formação de uma aliança de classes na qual se salientou cada vez mais o papel desempenhado pelos operários e pelos camponeses.

Será difícil, doravante, continuar a defender, relativamente ao processo cubano, teses que desprezam a importância da participação das massas e da organização partidária, como as que se expressaram nas propostas foquistas. A autora completa, assim, um trabalho em que surgiu como pioneira, desde que, sob o pseudônimo de Clea Silva, submeteu, pela primeira vez na América

Latina, a uma crítica sistemática, os pontos de vista defendidos por Régis Debray[77].

No entanto, o fato de a aliança de classes se encontrar ainda em formação, ao triunfar a Revolução, terá repercussões no curso que esta virá a tomar, após a queda de Batista. É isto que leva a autora, o que representa sem dúvida a tese do seu trabalho que melhor se prestará à polêmica, a distinguir duas etapas no curso da revolução, a democrática e a socialista, cuja linha divisória se estabelece no segundo semestre de 1960, ou seja, mais de um ano depois da queda da tirania[78].

A importância desta tese merece que nos detenhamos em algumas considerações à volta dela. Para lá das intenções da autora, os equívocos a que pode conduzir são susceptíveis de prejudicar o combate que se iniciou, justamente a partir da Revolução Cubana, contra os que, em nome da revolução democrática, preconizam, na América Latina, a aliança da classe operária com uma burguesia nacional portadora de interesses anti-imperialistas e antioligárquicos.

É certo que a autora não admite sequer a existência de uma burguesia nacional deste tipo (veja-se o capítulo "Rumo à Revolução Socialista"). Contudo, e ainda que a dúvida possa dissipar-se se se consultarem outros trabalhos seus, a sua argumentação no presente livro não esclarece de forma categórica se, nos países latino-americanos, onde o desenvolvimento industrial deu lugar ao surgimento de uma burguesia vinculada ao mercado interno, esta possui virtualidades revolucionárias.

Convém, portanto, recordar que um dos méritos dos estudos sobre a dependência, que se desenvolveram na América Latina a partir de meados da década passada e em cujo âmbito a autora iniciou o seu trabalho intelectual[79], foi o de demonstrar que o imperialismo não é um fenômeno externo ao capitalismo

---

77. N.A.: Veja-se, de Clea Silva, *Los errores de la teoría del foco*, in: *Monthly Review: Selecciones en Castellano*, Santiago, Chile, n.º 45, dezembro de 1967.

78. N.A.: Critério semelhante adota Adolfo Sanchez Rebolledo, na sua antologia de discursos e documentos de Fidel Castro: *La Revolución Cubana*. 1953-1962, México, Era, 1972.

79. N.A.: O resultado das suas investigações neste campo foi publicado nesta série sob o título *El capitalismo dependiente latinoamericano*.

latino-americano, mas, sobretudo, um elemento constitutivo deste. A consequência teórica mais importante que daí se desprende, e que não foi ainda tratada sistematicamente, é a de que a dominação imperialista não se reduz às suas expressões mais visíveis, como sejam a presença de capitais estrangeiros na produção, a transferência de mais-valor para os países imperialistas mediante mecanismos mercantis e financeiros e a subordinação tecnológica, antes se manifesta na própria forma que o modo de produção capitalista assume na América Latina e no carácter específico que aqui adquirem as leis que regem o seu desenvolvimento. O modo como se agudizam, no capitalismo dependente, as contradições inerentes ao ciclo do capital; o agravamento do caráter explorativo do sistema, que o leva a configurar um regime de superexploração do trabalho; os obstáculos criados à passagem do mais-valor extraordinário ao mais-valor relativo, e seus efeitos perturbadores na formação da taxa média de lucro; a consequente extremação dos processos de concentração e centralização do capital – é isto que constitui a essência da dependência, a qual não pode ser suprimida sem se eliminar o próprio sistema econômico que a engendra o capitalismo. Este traçado teórico apoia a tese política segundo a qual não há anti-imperialismo possível fora da luta pela liquidação do capitalismo e, por conseguinte, fora da luta pelo socialismo. Mas o socialismo não é apenas um determinado regime de organização da produção e distribuição da riqueza, ou seja, não é simplesmente uma certa forma econômica. O socialismo é, acima de tudo, a economia que exprime os interesses de uma classe – o proletariado – e se opõe, portanto, aos interesses da classe afrontada pelo proletariado: a burguesia. A luta pelo socialismo expressa-se, pois, através da revolução proletária, que opõe a classe operária e seus aliados à burguesia enquanto classe. Entende-se, assim, que esta não tenha lugar no bloco histórico de forças a quem incumbe realizar a revolução latino-americana.

Aclaremos bem este ponto. A luta pelo socialismo é, fundamentalmente, uma luta política, no sentido de que o proletariado tem de contar com o poder do Estado para quebrar a resistência da burguesia aos seus desígnios de classe e impor aos setores mais débeis desta, às camadas médias burguesas, que subsistem ainda durante um certo tempo, uma política que destrua as suas bases materiais de existência. A política do proletariado em relação à burguesia é sempre uma política de força; o que varia é o grau de força, isto é, de violência, que o proletariado utiliza relativamente às diversas camadas e frações burguesas, grau esse que se determina em última instância pela capacidade de resistência das ditas camadas e frações à política proletária. É isto que faz com que, para Lênin, o socialismo não seja apenas a eletrificação, o desenvolvimento das forças produtivas, as transformações econômicas, mas também os sovietes, quer dizer, o poder do proletariado organizado no Estado.

A etapa democrática da Revolução Cubana, tal como Vânia Bambirra a define aqui, é uma luta dura pelo poder, um esforço ingente para afirmar a hegemonia proletária no seio do bloco revolucionário de classe que se começara a forjar no curso da guerra e para a exprimir plenamente no plano do Estado. A autora fica-nos a dever, neste sentido, um estudo mais pormenorizado de como as classes revolucionárias, cuja vanguarda se achava organizada no Exército Rebelde, enfrentaram as tentativas da burguesia e do imperialismo para manter o seu domínio e arrancar-lhes a vitória tão duramente conquistada; de como o aparelho do Estado foi disputado palmo a palmo e conquistado através de medidas tais como a criação dos tribunais militares e a substituição de Miró Cardona por Fidel Castro à frente do governo; de como, através das milícias armadas camponesas e operárias, cuja existência adquiriu forma legal com o estatuto da Milícia Nacional Revolucionária de 26 de outubro de 1959, se continuou a incorporação e organização de massas cada vez mais amplas de operários e camponeses no eixo do poder revolucionário – o Exército –; de como o governo revolucionário de Fidel Castro, apoiado na força das massas organizadas e armadas, fez desaparecer progressivamente a presença burguesa e imperialista do aparelho do Estado, o que se simboliza na substituição de Urrutia por Dorticós na Presidência da República, e impulsionou decididamente a direção operária e camponesa sobre a produção e distribuição da riqueza.

A etapa democrática da revolução proletária não é senão isto: uma aguda luta de classes, mediante a qual a classe operária incorpora as vastas massas na luta pela destruição do velho Estado e passa a constituir os seus próprios órgãos de poder, que se contrapõem ao poder burguês[80]. Reconhecer, portanto, a existência das duas etapas no processo revolucionário cubano não deve induzir em confusão. A etapa democrática da Revolução Cubana não é a etapa democrático-burguesa que se tem pretendido erigir em necessidade histórica da revolução latino-americana e que se definiria pelas suas tarefas anti-imperialistas e antioligárquicas. Ela é, sobretudo, a expressão de uma determinada correlação de forças, na qual subsiste ainda o poder burguês, a classe operária não deslinda ainda totalmente o seu próprio poder para afrontar definitivamente o poder burguês e a constituição da aliança revolucionária de classes segue o seu curso, mediante a incorporação nela das camadas atrasadas do povo. E neste quadro que começa a apagar-se a ideologia pequeno-burguesa no seio do bloco revolucionário, como o presente estudo demonstra para o caso cubano.

São, portanto, as condições de desenvolvimento da aliança revolucionária de classes e o processo de formação do novo poder que definem as etapas da revolução proletária. É assim que se compreende porque é que a etapa democrática da Revolução Cubana se estendeu para além do momento em que a vanguarda revolucionária logrou instalar-se no aparelho do Estado. A confrontação com a experiência russa, distinta sob muitos aspectos, é elucidativa. Ali, o desenvolvimento do poder dual dos operários, camponeses e soldados percorre uma primeira etapa de coexistência com o poder burguês, que detém o poder estatal, mas distingue-se claramente deste, incluso em termos de estruturação orgânica; a situação é, pois, distinta da de Cuba, onde ambos os poderes se confundem no interior do Estado. A contradição mais denunciada que se observa na Rússia, no plano político, é a que leva a que a passagem do aparelho estatal para as mãos da

---

80. N.A.: A ela se referiram Marx e Engels na *Mensagem da Direção Central à Liga Comunista*, de 1850, quando empregaram a expressão "revolução permanente" à qual Trótski daria mais tarde um cunho marcadamente economicista.

vanguarda proletária coincida com a liquidação violenta do poder burguês através de uma insurreição armada; em Cuba, essa situação não se produz porque as bases materiais do Estado burguês – as forças repressivas e a burocracia – haviam sido anteriormente suprimidas.

Cabe aqui assinalar que essa transformação gradual do Estado cubano nada tem a ver com as teses que se estabeleceram na esquerda chilena, em relação a uma dualidade de poderes no seio do Estado, com base nas eleições presidenciais de 1970. Sem insistir em que, no Chile, o aparelho estatal burguês permaneceu intacto e, mais do que subordinado, subordinou a si o governo que emergiu dessas eleições, teses como as mencionadas tendem a desviar a atenção do que Lênin considerava como um problema fundamental da revolução: a conquista do poder político pelo proletariado. Com efeito, a característica central das duas revoluções aqui consideradas reside na criação de um tipo superior de estado democrático, para usar a expressão de Lênin, antagônico da república parlamentar de tipo burguês, que se tendeu a criar em ambos os países. Na república burguesa, "o poder pertence ao Parlamento; a máquina do Estado, o aparelho e os órgãos de governo são os usuais: exército permanente, polícia e uma burocracia praticamente inamovível, privilegiada e situada por cima do povo"[81]. As diferenças entre a democracia proletária e a democracia burguesa estão precisamente em que a primeira suprime essa máquina de opressão: exército, polícia e burocracia, e assegura a vida política independente das massas, a sua participação direta na edificação democrática de todo o Estado, de baixo a cima", que a república parlamentar burguesa dificulta e afasta"[82].

Na Rússia, o caráter socialista da etapa subsequente afirma-se a partir do momento em que se corta o nó górdio do poder em favor do proletariado. Este torna-se, desde o primeiro dia da insurreição vitoriosa, a força hegemônica da aliança de classes revolucionária. As tarefas que se propõe não são, ainda, do ponto de vista econômico, rigorosamente socialista[83], mas o seu ob-

---

81. N.A.: Lênin, *As tarefas do proletariado na nossa revolução*, sublinhados de Lênin.
82. N.A.: *Ibid*, sublinhados de Lênin.
83. N.A.: A supressão da propriedade dos terratenentes e o controle operário da produção.

jetivo é. Com o seu rigor acostumado, Lênin define a situação na proclamação ao povo em 25 de outubro: "O Governo Provisório foi deposto. O poder do Estado passou para as mãos da Comissão Militar Revolucionária que é um órgão de deputados operários e soldados de Petrogrado e se encontra à frente do proletariado e da guarnição da capital", terminando com uma saudação à "revolução dos operários, soldados e camponeses"[84]. Na sua mensagem do mesmo dia ao Soviete de Petrogrado, Lênin é ainda mais explícito, quando, depois de afirmar que a revolução operária e campesina "se realizou", declara: "Inicia-se hoje uma nova etapa na história da Rússia, e esta, a terceira revolução russa, deve conduzir finalmente à vitória do socialismo"[85].

O que realmente define o caráter de uma revolução é a classe que a realiza. Neste sentido, devemos falar de revolução proletária do mesmo modo como falamos de revolução burguesa. As suas etapas determinam-se pelo grau em que o proletariado logra constituir-se em centro de poder, quer dizer, consegue estruturar o tipo de Estado que lhe permite aproximar-se das vastas massas do povo e manter com elas a luta contra a dominação burguesa. O que desde logo implica tarefas econômicas capazes de retirar a esta classe as suas condições de existência e, simultaneamente, encaminhar a construção de uma sociedade que aponte para o banimento da exploração. Mas não são as tarefas econômicas de responsabilidade da revolução que determinam o seu caráter

---

Cf. Lênin, *Aos cidadãos da Rússia*, Obras Escolhidas, Moscou, Editorial Progresso, T. 2, p. 487. Nenhuma dessas medidas implica a socialização da economia. Os bolcheviques não previam inicialmente a nacionalização rápida e massiva das empresas na Rússia. O testemunho de Lênin não deixa dúvidas a tal respeito: "Um dos primeiros decretos, promulgado em final de 1917, foi o do monopólio estatal da publicidade. Que implicava este decreto? Implicava que o proletariado, que tinha conquistado o poder político, supunha que haveria uma transição mais gradual para as novas relações econômico-sociais: não a supressão da imprensa privada, mas o estabelecimento de um certo controle estatal. que a conduziria pelos canais do capitalismo de Estado. O decreto que estabelecia o monopólio estatal da publicidade pressupunha, simultaneamente: a existência de periódicos privados como regra geral; que se manteria uma política econômica que requeria anúncios privados; e que subsistiria o regime da propriedade privada, continuando a existir uma quantidade de empresas privadas que careciam de anúncios e propaganda". *Obras Completas*, Buenos Aires, Cartago, t, XXXV, p. 535.

84. N.A.: *Aos cidadãos da Rússia*, sublinhado nosso.
85. N.A.: *Informe sobre as tarefas do poder soviético*, Obras Completas, op. cit. t. XXVI.

– como o sustentaram num debate estéril estalinistas e trotskistas –, uma vez que, para realizá-las, o proletariado depende dos compromissos contraídos com os seus aliados e do grau de consciência destes[86].

É bom ter-se presente que, quando se afirma que a necessidade histórica da revolução democrático-burguesa consiste no fato de ser preciso liquidar as tarefas não cumpridas pela burguesia, para poder enfrentar as que são próprias da construção do socialismo, está-se a idealizar, se não a burguesia, pelo menos a democracia burguesa. As tarefas democráticas que elevam o proletariado não são tarefas da burguesia nem podem ser cumpridas no âmbito da democracia burguesa. Isto é certo principalmente com relação às que se referem à democratização do Estado; recordemos que ainda que na sua forma mais avançada: a república democrática parlamentar, o Estado burguês obstrui e afasta a participação política das massas, já porque restringe as tomadas de decisões aos órgãos do Estado, que se situam fora de qualquer controle por parte do povo, já porque exerce sobre este a coerção armada. Tais tarefas só podem cumprir-se, pois, mediante a democracia proletária, quer dizer, aquela que assegura a ditadura da maioria sobre a minoria. Ainda no contexto de situações históricas determinadas, a necessidade da democracia proletária (como instrumento que permite ao povo fazer valer a sua vontade) põe-se precisamente porque a burguesia no poder não assegura o cumprimento das tarefas exigidas pelas massas. Na Rússia, foi a incapacidade da burguesia para levar a cabo a reforma agrária, a contratação da paz e o abastecimento de bens essenciais às tropas combatentes e à população das cidades o que convenceu as

---

86. N.A.: Lênin sabia-o perfeitamente, quando, ao planejar a tomada do poder pelo proletariado, advertia ao partido do proletariado não poderá de modo nenhum propor-se 'implantar' o socialismo num país de pequenos camponeses enquanto a imensa maioria da população não tiver tomado consciência da necessidade da revolução socialista... Em que consistiria então, inicialmente, a revolução? Na criação de um Estado capaz de permitir ao proletariado guiar o campesinato ao socialismo. Para a construção desse Estado era possível conquistar os camponeses. "Se nos organizarmos e elaborarmos com inteligência o nosso programa, conseguiremos que não só os operários mas também nove décimos dos camponeses estejam contra a restauração da polícia, contra a burocracia inamovível e privilegiada e contra o exército separado do povo". E Lênin insistia: "É precisamente nisto e só nisto se estriba o novo tipo de Estado". *As tarefas do proletariado...*, op. cit., p. 29 e 34.

massas da justeza do programa proletário e abriu as portas à tomada do poder pelos bolcheviques[87].

Resumindo:

A Revolução Russa de 1917 foi uma revolução proletária, no sentido de que o proletariado era a classe hegemônica que a realizou; uma revolução operária e camponesa, porque, dado o atraso do capitalismo na Rússia, o campesinato era a força social maioritária no bloco revolucionário; e uma revolução socialista, porque, coerente com o seu interesse de classe, o proletariado elegeu o socialismo como meta. A sua etapa democrática precedeu a passagem do aparelho estatal para as mãos da vanguarda proletária.

A Revolução Cubana foi uma revolução popular, em virtude da aliança de classes que a impulsionou, constituída pela pequena burguesia urbana, o campesinato, a classe operária e as camadas pobres da cidade, cuja etapa democrática se prolongou para além da chegada da vanguarda revolucionária ao poder do Estado; a razão desta peculiaridade reside no fato de a vanguarda ter tido acesso ao poder estatal (cujas bases materiais tinham sido suprimidas) antes de se completar a organização do poder operário e campesino e a incorporação das vastas massas no processo. A passagem da revolução popular à revolução operária e camponesa em Cuba, correspondeu à destruição do aparelho estatal burguês, do qual a ditadura de Batista não fora senão uma expressão, e às transformações operadas num sentido socialista ao nível da estrutura econômica; ambos os processos se realizaram com base no poder armado dos operários e camponeses, manifestado no exército e nas milícias populares. É esta particularidade que explica o fato de que, quando a Revolução afeta também o plano da ideologia e se proclama socialista, já a construção do socialismo se tinha iniciado, ao contrário do que se passou na Rússia.

As peculiaridades das duas revoluções têm de explicar-se à luz das condições particulares em que se desenvolveram, bem

---

87. N.A.: A tal respeito, Lênin assinalou que a satisfação das necessidades econômicas mais prementes das massas não poderia ser realizada pela burguesia, e por muito "forte" que seja o seu poder estatal. E acrescentava: "O proletariado, em compensação, pode fazê-lo no dia seguinte após a conquista do poder estatal, pois dispõe para isso tanto do aparelho (sovietes) como dos meios econômicos (expropriação dos senhores de terras e da burguesia) [...]". *As eleições para a Assembleia Constituinte e a ditadura do proletariado*, sublinhados nossos.

como à luz do grau de desenvolvimento ideológico e político do proletariado em ambos os países[88]. O maior mérito do livro de Vânia Bambirra é, como assinalamos no início, situar-se neste terreno, repudiando o lugar-comum e as explicações fáceis. Neste sentido, não deve ser tomado por aqueles a quem é dedicado – os militantes revolucionários – tão só como um estudo sério e bem fundamentado; tem de tomar-se também como uma valiosa achega à discussão ideológica e política que se está travando no seio da esquerda latino-americana, em torno do tema da revolução proletária.

Haveria que dizer, enfim, que o estudo de Vânia Bambirra foi levado a cabo no quadro do programa de investigações do Centro de Estudos Sócio-Econômicos (CESO), da Universidade do Chile, e foi publicado inicialmente, na série de textos que essa instituição editava, como uma homenagem ao vigésimo aniversário do 26 de Julho, data chave na história da Revolução Cubana. Dava-se isto na altura em que no Chile a luta de classes alcançava um dos pontos mais altos que apresentou nos últimos quinze anos na América Latina. Neste sentido, *A revolução cubana: uma reinterpretação* era mais do que uma simples homenagem e ultrapassava em muito o alcance de um exercício meramente acadêmico: representava igualmente um esforço para trazer elementos novos à intensa luta ideológica que se verificava então no seio da esquerda chilena.

E era bom que fosse assim. Uma revolução como a de Cuba não pode comemorar-se apenas através de atos rituais, destinados a sacralizá-la. A comemoração de uma verdadeira revolução deve ser, antes de mais nada, uma renovada tomada de posse dos seus conteúdos fundamentais, com o objetivo de impulsionar o desenvolvimento do espírito revolucionário das massas e de os converter cada vez mais em patrimônio dos povos.

---

88. N.A.: É significativa a importância que Lênin atribui, no êxito da Revolução Russa, a condução que, após quinze anos de existência, o Partido bolchevique lograra afirmar no seio do proletariado. Essa condução, que se expressava na "centralização mais severa e numa disciplina férrea", explicava-se, aos olhos de Lênin, precisamente pelas "particularidades históricas da Rússia". Cf. *A doença infantil do "esquerdismo" no comunismo*, Obras Escolhidas, op cit., t. 3, p. 373 e ss.

A ACUMULAÇÃO CAPITALISTA MUNDIAL E O SUBIMPERIALISMO

Publicado em *Cuadernos Políticos*, nº 12, Era, México, abr.-jun, 1977, p. 21-39, sob o título *La acumulación capitalista mundial y el subimperialismo*.

I

A segunda guerra mundial correspondeu ao auge de um longo período de crise da economia capitalista internacional, provocado pelo deslocamento de forças entre as potências imperialistas e pelo surgimento de novas tendências, no que se refere à acumulação de capital. Crise essa que se manifestou primeiro através da intensificação da luta por mercados, conduzindo à primeira guerra, e continuou na grande depressão dos anos trinta, cujo resultado mais imediato foi a afirmação da hegemonia incontestável dos Estados Unidos no mundo capitalista. Além de lhes permitir centralizar uma enorme quantidade do capital-dinheiro internacional (em 1945, 59% das reservas mundiais em ouro, cifra que alcançaria 72% em 1948)[89], o conflito bélico havia impulsionado um desenvolvimento econômico e tecnológico febril nos Estados Unidos, ao mesmo tempo em que os dotava – graças ao armamento atômico – de uma superioridade militar absoluta. A devastação sofrida pelas economias capitalistas da Europa e do Japão não fazia senão acentuar a posição vantajosa em que se encontravam os Estados Unidos.

Coube a esse país, portanto, a tarefa de reorganizar a economia capitalista mundial em seu benefício. Para isso, o imperialismo

---

89. N.A.: HUDSON, M. *Superimperialismo. La estrategia económica del imperialismo norteamericano*. Ed. Dopesa, Barcelona, 1973, p. 88.

norte-americano se moveria em duas direções: restabelecer o funcionamento normal do mercado internacional, de maneira a assegurar o investimento dos enormes excedentes comerciais que sua capacidade produtiva estava em condições de gerar; e a ampliar o raio para a acumulação de capital, com o objetivo de permitir a absorção produtiva da imensa massa de dinheiro que sua prosperidade engendrava. Os instrumentos fundamentais que presidiram a reestruturação capitalista mundial foram os organismos criados na conferência de Bretton Woods em 1944: o Fundo Monetário Internacional (FMI) e o Banco Mundial (BM), o Banco Internacional de Reconstrução e Desenvolvimento (Bird), bem como o Acordo Geral sobre Tarifas e Comércio (Gatt), firmado em 1947.

Com esse Acordo, e seguindo o exemplo da Inglaterra em sua fase de hegemonia no século passado, os Estados Unidos buscavam impor o livre-comércio, suprimindo as barreiras alfandegárias passíveis de dificultar o fluxo de suas exportações; o Gatt é um acordo multilateral entre governos, cuja principal função é a diminuição ou supressão de tarifas e a consecução de outras facilidades comerciais. O FMI e o Bird se organizaram de acordo com as normas das corporações privadas, mediante subscrições de capital por parte dos países-membros; na medida em que drenavam as reservas em divisas e em ouro dos países capitalistas, tais organismos correspondiam, na prática, a trustes financeiros internacionais. A função do FMI consistia em financiar os déficits dos balanços de pagamentos, utilizando as reservas mundiais que centralizava, a fim de impedir que surgissem obstáculos à circulação internacional do capital; contando com mais de 20% dos votos, quando geralmente o voto de maioria exige 80%, os Estados Unidos detinham naquele organismo o direito de veto. Ao Bird havia sido atribuída a tarefa de – utilizando também as reservas mundiais em seu poder – financiar projetos de desenvolvimento econômico, a fim de criar condições para a rentabilidade do capital privado; os Estados Unidos, ao participar com 30% do capital, asseguravam sua hegemonia nesta instituição.

O papel do governo dos Estados Unidos na reorganização da economia capitalista mundial, em benefício do capital norte-americano, não se limitou à ação multilateral. Interveio, também, no plano bilateral, através de seus programas de ajuda externa – econômica e militar –, assim como de sua política financeira. Entre 1945 e 1952, o total de investimentos e créditos dos Estados Unidos no exterior alcançou 190 bilhões de dólares, em sua maior parte correspondendo a dívidas governamentais de países estrangeiros, adquiridas diretamente através de operações bilaterais ou mediante a intervenção dos organismos internacionais[90].

Não obstante, desde o início da década de 1950, as bases da expansão norte-americana se modificaram. As consequências inflacionárias da guerra da Coreia e a saída massiva de capitais privados para o exterior (que após uma breve redução, acelera-se a partir de 1957) originaram uma série quase ininterrupta de déficits no balanço de pagamentos. Cabe destacar que, em que pese o fato de tais déficits terem resultado em um saldo negativo de 16 bilhões de dólares, entre 1950 e 1957[91], a reserva de ouro norte-americana se manteve praticamente estável até 1958[92] (HUDSON, 1973, p. 97), dada a confiança dos bancos centrais europeus na estabilidade do dólar. Somente na década seguinte viria a crise monetária, que conduziu: primeiro aos direitos especiais de saque do FMI, em 1968, por meio dos quais as nações com déficit no balanço de pagamentos podiam receber empréstimos proporcionais às suas próprias cotas na instituição e saldá-los posteriormente; e depois, em 1971, à não conversibilidade e, assim, à desvalorização do dólar.

Nesse sentido, dois fenômenos de grande significado já haviam se produzido. Entre 1949 e 1968, a circulação de dólares em papel-moeda no exterior passou de 6,4 bilhões para 35,7 bilhões, enquanto as reservas norte-americanas baixavam de 24,6 bilhões para 10,4 bilhões[93]; havia nascido o eurodólar, sobre cuja base aumentaria a euromoeda em geral, ampliando consideravelmente a circulação monetária internacional. Paralelamente, o controle

---

90. N.A.: Ibid., p. 78.
91. N.A.: GRANOU, A. *La nueva crisis del capitalismo*. Ed. Periferia, Buenos Aires, 1974, p. 83.
92. N.A.: HUDSON, *op. cit.*, p. 97.
93. N.A.: TAMAMES, R. *Estructura económica internacional*. Ed. Alianza, Madrid, 1974, p. 111.

dessa imensa massa monetária se deslocou progressivamente em direção aos bancos privados; o fenômeno foi particularmente acentuado a partir de meados da década: em 1964, apenas onze bancos norte-americanos tinham filiais no exterior, cifra que havia se elevado, em 1974, para 125. Enquanto isso, no mesmo período, seus ativos cresciam de pouco menos de 7 para 155 bilhões de dólares[94]. Logo teremos oportunidade de examinar a causa profunda dessa formidável expansão do mercado de dinheiro.

Tem sido sobre a base do reordenamento da economia capitalista mundial e da expansão monetária que tem tido lugar a ampliação progressiva do raio de acumulação do capital privado norte-americano, integrando, sob seu controle, os aparatos produtivos nacionais ali compreendidos. *O período da hegemonia britânica havia sido o da criação e da consolidação do mercado mundial; o período da hegemonia norte-americana haveria de ser o da integração imperialista dos sistemas de produção.*

Na raiz desse processo, encontra-se um acelerado processo de monopolização. Tal fenômeno é normal nas economias capitalistas, mas se amplia à medida que aumenta a escala de acumulação. Assim, vemos que nos Estados Unidos, em vinte anos (1909-1929), as empresas que contavam com mais de mil assalariados e que correspondiam, em qualquer um dos anos considerados, a menos de 1% do total das fábricas, passaram de 540 a 921, enquanto que o número de trabalhadores sob seu comando evoluía de um milhão para dois milhões. Vinte e cinco anos depois (1955), o número dessas empresas era de aproximadamente 2.100, controlando 5,5 milhões de assalariados; a dimensão média das empresas manufatureiras – que era, em 1914, de 35 trabalhadores – havia subido para 40, em 1929, e para 55,4, em 1954. Este processo de concentração foi acompanhado de uma crescente centralização de capital, bastando pontuar que as 200 maiores sociedades dos Estados Unidos absorviam, em 1935, o volume

---

94. N.A.: U.S. House of Representatives, Committee on Banking, Currency and Housing, *Financial Institutions and the National Economy. Discussion Principles*, novembro, 1975.

de 35% dos negócios de todas as sociedades e, em 1958, 47%[95]. Em 1968, esta cifra havia se elevado a 66%[96]. Detendo enormes massas de capital, os monopólios norte-americanos as direcionaram para o exterior. O investimento direto norte-americano no exterior tem aumentado entre 12% e 15% anualmente; seu valor contábil era já de 32 bilhões de dólares em 1959, alcançando 80 bilhões em 1970 (um aumento recorde de 22%, em relação ao ano anterior). Somados os reinvestimentos no exterior e os investimentos em títulos, os ativos norte-americanos somavam, no exterior, nesta última data, 120 bilhões, gerando receitas de 250 bilhões, ou seja, cinco vezes maiores que as exportações de mercadorias procedentes dos Estados Unidos[97].

Entende-se, assim, que a produção multinacional em todos os países tenha correspondido, em 1968, à quarta parte do Produto Nacional Bruto Mundial a preços de mercado, e que algumas estimativas prevejam que esta cifra será de 53% em 1998 (*idem, ibidem*). O peso do capital norte-americano é incontestável, correspondendo a 61% do total mundial de investimentos diretos, no ano considerado[98].

II

As exportações de capital não constituem em si um traço novo, próprio do período contemporâneo do capitalismo. Encontramos tais exportações desde meados do século passado, principalmente sob a forma de investimentos britânicos em carteira, e, mais tarde, impulsionadas, sobretudo, pelos Estados Unidos, sob a forma de investimentos diretos, quase sempre em atividades agrícolas e extrativas. A novidade, em nossos dias, é a escala que os investimentos de capital fora de seu país de origem têm alcançado; o

---

95. N.A.: MANDEL, E. *Tratado de economia marxista*. Ed. Era, México, 1975, t. n, p. 15 e ss.
96. N.A.: Cf. Kolko, G. *Los Estados Unidos y la crisis mundial del capitalismo*. Ed. Avance, Barcelona, 1975, p. 50
97. N.A.: Dados tomados de LEVINSON, C. *Capital, inflação e empresas multinacionais*. Ed. Civilização Brasileira, Rio de Janeiro, 1972, p. 62.
98. N.A.: HYMER, S. *Empresas multinacionales: la internacionalización del capital*. Ed. Periferia, Buenos Aires, 1972, p. 105.

Quadro 1. Investimentos dos Estados Unidos no Exterior (em bilhões de dólares)

Classe de investimentos	Total			Europa Ocidental	Canadá	América Latina
	1955	1965	1968+	1968-	1968*	1968-
Investimentos privados	29 136	81 197	10 1 900	28 124	31 679	17 077
A longo prazo	26 750	71 044	88 930	24 687	30 476	13 791
Diretos	19 395	49 474	64 756	19 386	10 488	11 010
Outros	7 355	21 570	24 174	5 301	10 988	2 781
Ativos de curto prazo	2 386	10 153	12 970	3 437	1 203	3 286
Crédito do Governo dos Estados Unidos	13 143	23 479	28 524	011	011	5 204
Total	65 076	120 176	146 134	39 658	31 694	22 281

Fonte: Departamento de Comércio dos Estados Unidos (apud TAMAMES, 1974, p. 339).
*Dados provisórios

Quadro 2. Valor do Investimento Direto dos Estados Unidos no exterior por tipo de atividade (em milhões de dólares)

Atividades	1950	1960	1970
Total	11 788	32 765	70 763
Manufaturas	3 831	11 152	29 450
Petróleo	3 390	10 948	19 985
Serviços Públicos	1 425	2 548	2 676
Mineração e Metalurgia	1 129	3 001	5 635
Comércio	762	2 397	5 832
Outros	1 251	2 709	7 194

Fonte: Chapoy (1973, p. 109).

predomínio destes em investimento direto e, mais recentemente, o peso dos empréstimos e financiamentos; a amplitude do raio geográfico que cobrem, e a porcentagem cada vez maior dedicada à indústria manufatureira (ver QUADRO 1 e QUADRO 2). Todas essas mudanças tinham forçosamente que modificar a estrutura das empresas que respondem a este traço característico do capitalismo contemporâneo. Sob a denominação genérica de multinacionais (alguns autores consideram mais adequado chamá-las transnacionais) – entendendo-se como tais aquelas empresas que têm 25% ou mais de seu investimento, produção, emprego ou vendas no exterior[99] – essas empresas possuem filiais localizadas em diferentes partes do mundo e cobrem os mais diversos campos de atividades, podendo operar simultaneamente na agricultura ou indústria extrativa, na indústria manufatureira, no comércio e nos serviços. A procedência nacional do capital se perde em um emaranhado processo de associações, fusões e acordos, de tal maneira que uma empresa localizada no país A pode fazer um investimento conjunto com outra empresa no país B e este derivar-se ao país C, o que, por sua vez, refletirá no país A. Encontramos entre tais empresas verdadeiros gigantes econômicos, cuja produção total supera, em muitos casos, o produto nacional da maioria dos países (ver QUADRO 3).

Entre as razões que determinam o investimento multinacional, podemos identificar, sem dúvida alguma, o fator rentabilidade, isto é, seu efeito na taxa de lucro da empresa. Sabe-se, por exemplo, que a taxa de lucro dos investimentos norte-americanos no exterior é aproximadamente o dobro daquela que obtêm os investimentos internos[100]. Entre os muitos elementos que contribuem para que isto seja assim, como a infraestrutura de

---

99. N.A.: A definição é de Sydney e Damm, cit. por CHAPOY, A. "Las empresas multinacionales y América Latina", in: *Corporaciones multinacionales en América Latina*. Ed. Periferia, Buenos Aires, 1973.

100. N.A.: Cf. *U. S. News and World Report*, 17 dez. 1972, p. 84. De acordo com um estudo recente, a taxa geral de lucro das corporações manufatureiras nos Estados Unidos foi de 12% ao ano no período de 1947-1959, de 11,2% na década seguinte e de 11,5% durante 1970-1974, enquanto que as taxas de lucro dos investimentos norte-americanos no exterior, no período de 1950-1974, variaram de 11,5% a 23%, embora em regiões como a América Latina tenham sido

Quadro 3. Os cem "PNBs" mais altos em 1969, excluindo os países socialistas e o Bancos Comerciais Internacionais (em milhões de dólares)

1.	Estados Unidos	931,4	34.	IBM	7,2	67.	GOODYEAR TYRE & RUBBEN	3,2
2.	Japão	164,8	35.	CHRYSLER	7,0	68.	RCA	3,2
3.	Alemanha Ocidental	153,7	36.	Coreia do Sul	7,0	69.	Argélia	3,2
4.	França	137,8	37.	MOBIL OIL	6,6	70.	Marrocos	3,2
5.	Reino Unido	108,6	38.	Tailândia	6,3	71.	SWIFT	3,1
6.	Itália	82,3	39.	Colômbia	6,1	72.	Vietnã do Sul	3,1
7.	Canadá	73,4	40.	Indonésia*	6,0	73.	MCDONNEL DOUGLAS	3,0
8.	Índia	39,6	41.	UNILEVER	6,0	74.	UNION CARBIDE	3,0
9.	Brasil	39,4	42.	TEXACO	5,9	75.	BETHELEHEM	2,9
10.	Austrália	29,9	43.	Egito*	5,7	76.	BRITISH STEEL	2,9
11.	México	29,4	44.	Chile	5,5	77.	HITACHI	2,8
12.	Espanha	28,7	45.	ITT (Y GRINNEL)	5,5	78.	BOEING	2,8
13.	Suécia	28,4	46.	Portugal	5,4	79.	Líbia ***	2,8
14.	Países Baixos	28,4	47.	Nova Zelândia	5,3	80.	EASTMAN KODAK	2,7
15.	GENERAL MOTORS	24,3	48.	Peru	5,1	81.	PROCTER & GAMBLE	2,7
16.	Bélgica–Luxemburgo	22,9	49.	GULFOIL	4,9	82.	ATLANTIC RICHFIELD	2,7
17.	Argentina	19,9	50.	WESTERN ELECTRIC	4,9	83.	NORTH AMER. ROCKWELL	2,7

Quadro 3. Os cem "PNBs" mais altos em 1969, excluindo os países socialistas e o Bancos Comerciais Internacionais (em milhões de dólares)

18.	Suíça	18,8	51.	US STEEL	4,7	84.	INTERN. HARVESTER	2,6
19.	África do Sul	15,8	52.	Israel	4,7	85.	KRAFTCO	2,6
20.	STANDARD OIL NJ	15,0	53.	Formosa	4,6	86.	GENERAL DYNAMICS	2,5
21.	FORD MOTOR	14,8	54.	STANDARD OIL CAL.	3,8	87.	MONTECATINI EDISON	2,5
22.	Paquistão	14,5	55.	Malásia	3,7	88.	TENNECO	2,4
23.	Dinamarca	14,0	56.	LINGOTEMCO-VOUGHT	3,7	89.	SIEMENS	2,4
24.	Turquia	12,8	57.	DU PONT	3,6	90.	CONTINENTAL OIL	2,4
25.	Áustria	12,5	58.	PHILIPS	3,6	91.	UNITED AIRCRAFT	2,3
26.*	ROYAL DOTCH/SHELL	9,7	59.	SHELL OIL	3,5	92.	BRITISH LEYLAND	2,3
27.	Noruega	9,7	60.	VOLKSWAGENWERK	3,5	93.	Kuwait	2,3
28.	Venezuela	9,7	61.	WESTINGHOUSE	3,5	94.	DAIMLER-BENZ	2,3
29.	Finlândia	9,1	62.	STANDARD OIL IND.	3,5	95.	FIAT	2,3
30.	Irã	9,0	63.	B. P.	3,4	96.	FIRESTONE	2,3
31.	Grécia	8,5	64.	Irlanda	3,4	97.	AUGUST THYSSEN-HUTTE	2,3
32.	GENERAL ELETRIC	8,4	65.	GEN. TEL. & ELETRONIC	3,3	98.	TOYOTA	2,3
33.	Filipinas	8,1	66.	ICI	3,2	99.	FARBWERK HOECHST	2,3
						100.	BASF	2,2

*1967. ** 1968. ***Estimativa 1969.

Fonte: Dados de *Visión* (Paris) (*apud* LEVINSON, 1972, p. 109).

transportes, energia etc., a existência de matérias-primas e outros, e em que pese a opinião contrária de alguns autores[101], influi neste sentido o custo da mão de obra. É significativo, nesse sentido, ter em conta as diferenças salariais entre Estados Unidos, por um lado, e Japão e Europa Ocidental (no caso desta última, a taxa salarial tem sido influenciada, em grande medida, pela importação de trabalhadores estrangeiros), assim como América Latina e outras zonas subdesenvolvidas, para onde têm se dirigido os investimentos norte-americanos (ver QUADRO 4). Igualmente significativo é o fator mercado, uma vez que as filiais das companhias multinacionais têm em vista, em primeiro lugar, o mercado interno disponível, assim como os mercados próximos; voltaremos a este ponto mais adiante.

Quadro 4. Salário na Indústria Manufatureira de alguns países, 1967 (US$/hora)

Países	Salário Médio
Coreia do Sul	0,13
Formosa	0,23
Singapura	0,31
Hong Kong	0,33
Brasil	0,45
Japão	0,67
Reino Unido	1,16
Austrália	1,20
Alemanha Ocidental	1,28
Suécia	1,80
Estados Unidos	2,83

Retirado de Córdoba Chávez

---

mais frequentes as taxas de 20 e 25%. Veja-se KOLKO, G. *Main Currents in Modern American History*, Harper & Row, Nova York, 1976, pp. 337 e 381.

101. N.A.: Vide ALAVI, Hamza. "Old and New Imperialism" in: *The Socialist Register*. Monthly Review Press, Nueva York, 1965.

Com isso, o mercado capitalista mundial alcança sua plena maturidade. Como disse Granou:

> Para se desenvolver uma verdadeira internacionalização do capital, será necessário esperar a modificação das condições de produção, que marcará a finalização da etapa da grande indústria. Estas novas condições de produção se desenvolveriam através de uma exploração direta das desigualdades, ou seja, através da taxa de lucro e por conseguinte das condições sociais de produção entre os diversos países, estendendo o processo de produção a diferentes países. A partir de então, se um capital dado se encontra fracionado entre distintos países, sua valorização se realiza, não obstante, diretamente em escala mundial, constituindo assim um mercado mundial – de capitais e por fim, de mercadorias – no qual se há de confrontar a rentabilidade dos diferentes capitais acumulados. Esta internacionalização do mercado permite assim a realização do valor das mercadorias diretamente em escala mundial, isto é, independentemente de seu país de origem e de destino.[102]

Uma segunda razão da expansão das exportações de capital se refere ao forte aumento das indústrias de bens de capital ou correlatas, como as de material bélico, que tem tido lugar nos Estados Unidos durante o conflito mundial e nos anos imediatamente posteriores, e que tem se observado também, posteriormente, na Europa Ocidental e no Japão. O crescimento da produção em setores da eletrônica, de química pesada, de máquinas-ferramentas e de outras tem determinado a necessidade de investir na indústria manufatureira de outras áreas para criar

---

102. N.A.: *Op. cit.*, p. 64. Granou exagera a incidência do fenômeno, posto que a realização do valor das mercadorias diretamente em escala mundial somente se dá nos segmentos de mercado totalmente internacionalizados, como é o caso do petróleo, do cobre etc. Em ampla medida, o mercado mundial segue sendo o agregado e a resultante dos distintos mercados nacionais. É precisamente a internacionalização imperfeita do mercado mundial o que assegura a persistência das desigualdades à qual alude Granou.

mercado para as indústrias de bens de capital, assim como ocorreu primeiro nos países já desenvolvidos da Europa e Japão e depois, ainda que em menor escala, nas áreas subdesenvolvidas – transferir para lá parte da própria produção. Isso explica a constatação de Mandel no que diz respeito ao fato de que a produção de bens industriais tradicionais como, por exemplo, os da indústria têxtil e siderúrgica, cresce a um ritmo muito mais acelerado do que as vendas mundiais respectivas; este fenômeno não se dá, ou se dá de maneira muito mais atenuada, em relação aos produtos "novos" como os acima mencionados[103].

É evidente que, nas indústrias novas, o montante de investimento que o capital constante exige, particularmente o capital fixo, indica uma elevada composição orgânica, que ameaça constantemente a taxa de lucro. Entende-se, pois, que as grandes empresas busquem diversificar suas atividades em setores com composição orgânica mais baixa, como a agricultura ou os serviços[104]. Um dos fenômenos mais característicos e menos estudados da acumulação capitalista contemporânea é precisamente o fato de que *o capital busca, de forma crescente, deslocar o mecanismo de nivelamento do lucro do âmbito das relações entre as empresas* (como ocorria normalmente na fase do capitalismo concorrencial e ainda, em boa medida, no capitalismo do pré-guerra) *para o âmbito das relações intraempresas*, isto é, entre suas distintas filiais.

Tal fenômeno é acentuado pela redução do prazo de amortização do capital fixo, como consequência das inovações tecnológicas provocadas pela guerra mundial e pela corrida armamentista posterior, a qual, segundo Mandel, teria se reduzido à metade, caindo de oito para quatro anos. Movidos pelo impulso do mais-valor extraordinário, os monopólios se encontram forçados a substituir o capital fixo antes que este esteja totalmente amortizado. A exportação de capital fixo para áreas de menor desenvolvimento tecnológico, onde representam ainda inovações e nas quais se dispõe de uma força de trabalho remunerada em níveis

---

103. N.A.: *Op. cit.*, pp. 105 e ss.

104. N.A.: Entre os serviços, destacam-se, neste contexto, os de tipo financeiro e os de transferência de tecnologia via mercado de patentes, mediante os quais o capital se valoriza evitando totalmente a passagem pelo ciclo do capital produtivo.

mais baixos, permite que a amortização se complete e mantenha aberto o caminho para a renovação tecnológica nos centros capitalistas avançados.

É necessário, ademais, considerar que o progresso tecnológico não incide apenas na circulação do capital produtivo, senão também, e de maneira decisiva, na circulação do capital dinheiro. Ao encurtar a rotação do ciclo de capital circulante, as inovações tecnológicas, e o conseguinte incremento da produtividade, fazem com que uma determinada parte do capital desembolsado reste supérflua para o processo de produção e se desvincule deste, a menos que, e até que, se amplie a escala da produção. Expulso assim da órbita do capital produtivo, esse capital não deixará, entretanto, de perseguir sua valorização e buscará o retorno à esfera produtiva, através do mercado financeiro. Isto é o que explica a expansão do mercado de dinheiro, que se manifestou no auge bancário já mencionado e respondeu, em boa medida, aos fluxos da exportação de capital. Ao contrário do que geralmente se supõe, estas não derivam exclusivamente do mais-valor gerado, senão também da própria mecânica da reprodução do capital, isto é, *da desvinculação do capital dinheiro desembolsado por efeito da simples redução do período de rotação.*

Observemos que isso introduz um claro elemento de periodização no desenvolvimento financeiro das últimas décadas. É necessário distinguir aí o aumento da circulação financeira que impulsionou o Estado norte-americano, no período imediato ao pós-guerra, respaldado por suas ponderáveis *reservas* em divisas, e que adotou inclusive, em certa medida, a forma de doações, e o que se registrou na década passada, cujo motor propulsor foram os bancos privados e o capital produtivo constituído ou desenvolvido no período anterior. Como veremos, isto terá incidência nas relações internacionais, levando à diminuição da monopolaridade no mundo capitalista, própria de uma época em que a acumulação de capital em escala mundial se encontrava sob a égide e sob o impulso de um Estado, e à emergência de uma *integração hierarquizada* dos centros de acumulação[105], característica do pe-

---

105. N.A.: Coincidindo com Hymer no que se refere ao duplo processo de centralização e hierarquização que caracteriza a internacionalização do capital, preferimos utilizar o conceito

ríodo em que o capital privado recuperou plenamente as rédeas de seu próprio processo de valorização.

Seja como for, a expansão e a aceleração tanto da circulação do capital produtivo como da circulação do capital dinheiro foram configurando uma nova economia mundial capitalista, que repousa sobre um esquema de divisão internacional do trabalho distinto daquele vigente antes da crise mundial que mencionamos inicialmente. Já se foi o tempo do modelo simples centro--periferia, caracterizado pelo intercâmbio de manufaturas por alimentos e matérias-primas. Encontramo-nos diante de uma realidade econômica na qual a indústria assume um papel cada vez mais decisivo. Isto é certo ainda que o capital industrial se amplie e se fortaleça em áreas extrativas e agrícolas; mais ainda, quando consideramos a extensão e a diversificação em escala mundial da indústria manufatureira. O resultado tem sido um reescalonamento, uma hierarquização dos países capitalistas em forma piramidal e, por conseguinte, o surgimento de centros medianos de acumulação – que são também potências capitalistas medianas –, o que nos têm levado a falar da emergência de um subimperialismo[106]. Este processo de diversificação, que é simultaneamente um processo de integração, segue ostentando à sua frente a superpotência que a crise mundial fez surgir: os Estados Unidos da América.

III

A América Latina ingressou nessa nova etapa do desenvolvimento capitalista em condições relativamente favoráveis, se a comparamos à África e à maioria da Ásia. No período da crise mundial do entre guerras, as economias latino-americanas de maior desenvolvimento relativo, como o Brasil, o México, a Argentina, o Chile e o Uruguai, conseguiram impulsionar o processo de industrialização, que posteriormente se generalizaria à Venezuela, à América Central e aos demais países. Isto permitiu à América

---
de integração hierarquizada, na medida em que não traz implícita a subestimação do político, presente em Hymer (1972, p. 119 ss.).

106. N.A.: Vide meu livro *Subdesenvolvimento e revolução*.

Latina aproveitar as mudanças que ocorriam na economia capitalista internacional para fortalecer sua indústria manufatureira. Isso se ilustra pelo comportamento do investimento norte-americano na região. Após a redução experimentada em razão da crise de 1929, e que implicou a queda de seu valor de 35 bilhões de dólares, naquela data, para 2,7 bilhões, em 1940, o investimento direto norte-americano entra em processo de recuperação, superando, já em 1950, ligeiramente a cifra de 1929. Mas agora sob um signo distinto: enquanto em 1929 o investimento direto norte-americano na indústria manufatureira da América Latina não representava senão 6,7% do total, em 1950 alcançou o valor de 19,1%; esta porcentagem aumentou, crescendo de maneira mais acelerada do que o investimento total, para representar, em 1967, 32,3% do investimento total (ver QUADRO 5). Três países recebem mais de dois terços desse valor e, neles, a proporção que cabe ao setor manufatureiro é muito mais elevada que a média: 64% para a Argentina, 68% para o México e 69% para o Brasil, em 1968, segundo dados da Comissão Econômica para a América Latina (Cepal)[107].

Observemos de passagem que a periodização anteriormente indicada, referente ao predomínio do capital público e privado na circulação financeira, tem validade também para a região, embora com alguns anos de atraso. Com efeito, o fluxo de capitais públicos e privados dos Estados Unidos para a América Latina – sem considerar a ajuda militar nem o fluxo inverso em virtude de amortizações, juros, remessa de dividendos, pagamento de royalties etc. (o que resultou em um saldo negativo) – foi de 2,8 bilhões de dólares na década de 1960. O capital governamental participou com 51%. Entretanto, se distinguimos dois subperíodos, 1961-1965 e 1966-1970, observamos que a participação do capital privado se elevou de 45%, no primeiro período, a 68%, no segundo[108].

---

107. N.A.: Vide PINTO, A. *Inflación: raíces estructurales*. Ed. Fondo de Cultura Económica, México, 1973, p. 334.

108. N.A.: Ibid., pp. 389 e ss.

Quadro 5. Investimento direto Norte-Americano na América Latina*
(bilhões de dólares)

Anos	1	2	3
	ID Total	ID manufatureiro	Relação de 1/2 em %
1929	3,5	0,2	6,7
1940	2,7	-	-
1950	3,8	0,7	19,1
1960	7,4	1,5	20,2
1965	9,4	2,7	29,2
1967**	10,2	3,3	32,3

*Exclui Cuba e países não membros da OEA.
**Preliminar.
Fonte: Departamento de Comércio dos Estados Unidos, Syrveu of Current Business, 1967.

Essa penetração do capital estrangeiro na economia latino-americana, e em particular em seu setor manufatureiro, é apresentada por alguns autores como um processo de internacionalização do mercado interno. Tal expressão gera confusão. Embora seja verdade que, entre as décadas de 1920 e 1940, a indústria latino-americana obteve, em alguns países, um peso importante no mercado interno – o que é conhecido como primeira fase da industrialização por substituição de importações –, o próprio fato de que se tratara de um processo de substituição indica sua correspondência a um aumento da participação da produção nacional em um mercado já constituído, e constituído precisamente por um caráter internacionalizado. O que caracteriza realmente o período do pós-guerra é a reconquista desse mercado pelo capital estrangeiro, não mais através do comércio, mas sim da produção. Mais do que a internacionalização do mercado interno, trata-se da internacionalização (e a conseguinte desnacionalização) do sistema produtivo nacional, isto é, de sua integração à economia capitalista mundial.

Essa integração produtiva se dá sob uma forma distinta, a qual começara a operar desde o final do século passado, mediante os chamados "enclaves" que consistiam na simples anexação de áreas produtivas (em geral extrativas, ainda que também agrícolas) aos centros industrializados, permanecendo essas áreas subtraídas da estrutura produtiva nacional, com exceção das transferências de valor que lhes eram feitas mediante a via tributária e, em menor medida, salarial. Agora, trata-se da vinculação do capital estrangeiro a um setor da estrutura produtiva nacional, que tem como contrapartida sua desnacionalização em termos de propriedade, ainda que não sua subtração da economia nacional. Convém apontar que nem todo investimento estrangeiro na indústria se reveste desse caráter, já que pode consistir, como ocorria no caso do enclave, em um processo de anexação econômica; voltaremos logo a este ponto.

Sendo inegável o desenvolvimento do aparato produtivo, acarretado pelo investimento estrangeiro, é necessário examinar mais de perto seu efeito na economia latino-americana. Um primeiro aspecto a ser considerado é a acentuação do processo de concentração e centralização do capital dele derivado. Como indicamos, tal processo acompanha a ampliação da escala da acumulação capitalista, sendo um fenômeno natural; entretanto, pelas condições econômicas dos países avançados, nos quais são maiores os níveis tecnológicos e de capital mínimo exigido para colocar em marcha a produção, o investimento estrangeiro, ao incidir numa economia mais atrasada, provoca de súbito, uma forte concentração do capital e conduz rapidamente à centralização. No Brasil, uma amostra das maiores empresas industriais mostrou que 44,4% das empresas estrangeiras que ali operam ocupam mais de 500 pessoas, porcentagem que, quando referida às empresas nacionais, cai para 13,5%. Além disso, das 1.325 filiais estrangeiras na América Latina, somente 48,2% são novas empresas; 35,8% são empresas adquiridas e parte dos 8% restantes resulta de fusões, ambos os casos sendo expressão da centralização do capital[109].

Uma forma usual, e que ganha crescente prestígio entre as multinacionais, é a associação com empresas locais. Com relação a isso, Levinson assinala que, há duas décadas, quase 75% das

---

109. N.A.: FAJNZYLBER, F. "La empresa internacional en la industrialización de América Latina", in: *Corporaciones multinacionales...*, *op. cit.*, pp. 25 e ss.

filiais norte-americanas no exterior eram de propriedade integral; contudo, atualmente, a proporção é de apenas 40% e tende a diminuir[110]. Muitos também são os casos em que a propriedade da empresa é nacional, mas esta se encontra ligada a grupos multinacionais por laços financeiros e tecnológicos. Tudo isto tem feito cristalizar na América Latina um estrato de grandes empresas, ou seja, um grande capital, cuja superioridade sobre o resto da classe capitalista é esmagadora. O Chile, que não estava, no entanto, entre os países em que o capital estrangeiro havia penetrado de maneira mais acentuada na indústria manufatureira, mostrava em 1968 um conjunto espetacular de grandes empresas que, representando 3% do setor, controlavam 44% dos empregos, 58% do capital e 52% do mais-valor gerado na indústria; outros dados indicam, para o mesmo período, que menos de 4% das grandes empresas industriais participavam com 49% nas vendas totais geradas pelo setor manufatureiro[111].

Levada nestes termos, a industrialização latino-americana tem tido uma repercussão desfavorável na criação de empregos. Tem-se assistido a um duplo processo: por um lado, as formas de propriedade da terra e a introdução de inovações tecnológicas na agricultura, assim como as expectativas de emprego e salário provocadas pela indústria manufatureira, têm gerado fortes movimentos de migrações internas e um processo acelerado de urbanização. Por outro lado, em boa medida – pela elevação do nível tecnológico, ainda que também por limitações da taxa de investimento, a massa trabalhadora tem enfrentado crescentes dificuldades para encontrar trabalho. A Venezuela, que ingressa numa fase de febril industrialização no pós-guerra, ilustra bem esse fenômeno: entre 1950-1959, a força de trabalho cresceu em 684 mil pessoas que buscam emprego, o que implica uma oferta média de 67 mil pessoas por ano; entretanto, a porcentagem de desocupação, no que tange à força de trabalho, praticamente dobrou, na década considerada, passando de 6,2% em 1959 para 13,7% em 1960[112].

---

110. N.A.: *Op. cit.*, p. 105.

111. N.A.: Vide meu livro *O reformismo e a contrarrevolução. Estudos sobre o Chile*. Ed. Era, México, 1976, pp. 66 e ss.

112. N.A.: Dados do Escritório Central de Coordenação e Planificação da Venezuela.

Com maior ou menor intensidade, o fenômeno se repete em toda a América Latina e se agrava com o subemprego, ou desemprego disfarçado, o qual tem sido estimado, para as zonas urbanas, pela Organização Internacional do Trabalho (OIT), em cerca de 30 a 40% da força de trabalho. As estimativas para o campo são ainda menos precisas e confiáveis, mas as próprias migrações em direção aos centros urbanos já bastariam para indicar a magnitude da superpopulação latente que ali se encontra.

A pressão desse imenso exército industrial de reserva constitui, sem dúvida, um dos fatores que pressionam o nível salarial na região. É significativo observar que a participação das remunerações e dos salários dos operários no valor agregado do setor manufatureiro é, no Brasil, a metade do que esta representa nos Estados Unidos e na Inglaterra (ver QUADRO 6). Por outro lado, o número de trabalhadores, em todos os setores, que ganham até um salário mínimo, no Brasil, vem aumentando nos últimos anos (ver QUADRO 7); o aspecto positivo que o fenômeno pode ocultar – a elevação da remuneração no trabalho artesanal e na pequena indústria até o nível do salário mínimo e a destruição de formas mistas de pagamento no campo – vê-se neutralizado quando consideramos o descenso do salário mínimo, em termos reais (ver QUADRO 8).

Quadro 6. Remuneração e salários dos operários como porcentagem do valor agregado das manufaturas

País	Ano	%
Chile	1963	15
Peru	1963	18
Brasil	1963	18
Irã	1963	19
Colômbia	1963-64	21
México	1963	21
Japão	1960	24
Estados Unidos	1963	32
Reino Unido	1963	37

Fonte: Dados das Nações Unidas (*apud*) LITTLE, J., *et al.*, 1975, p. 66).

Quadro 7. Brasil: Trabalhadores que recebem salário mínimo (em porcentagem)

Ano	Até um salário mínimo	Mais que um salário mínimo
1965	24,3	75,7
1970	40,4	59,6
1972	57,6	42,2

Fonte: Anuários Estatísticos, IBGE.

Quadro 8. Brasil: Índice do salário mínimo real (1965=100)

Ano	Índice
1961	111,0
1965	100,0
1970	80,3
1972	81,6
1974	78,1

Fonte: Anuários Estatísticos, IBGE.

Há que se considerar, finalmente, o impacto do capital estrangeiro sobre a estrutura industrial. Já apontamos que, nos Estados Unidos e, por conseguinte, nos demais países avançados, têm se desenvolvido novos ramos de produção, que respondem, em boa medida, pelo desenvolvimento das exportações de capital. Embora muitos dos produtos que dali se derivem, de maneira direta ou indireta, resultem claramente suntuários nas condições da América Latina[113], tem sido em função deles que, por conveniência do capital estrangeiro, alterou-se a estrutura produtiva. O caso do Brasil é significativo. Em 1950, os setores têxteis e de alimentos respondiam por 50% do valor total da produção; em 1960, esta proporção reduz-se para 36,24%, enquanto se eleva a participação do setor de transporte de 2,28% para 6,7%, da indústria química de 5,13% para 8,85% e da metalúrgica de 7,51%

---

113. N.A.: Consideramos suntuário o produto a cujo consumo não possuem acesso, em grau significativo, as massas trabalhadoras. Para operacionalizar o conceito, pode-se partir da distribuição tradicional da receita por estratos e considerar como suntuário os produtos que não são consumidos senão pelos grupos que integram o estrato superior de 20%.

para 10,4%; em 1970, os setores têxteis e de alimentos contribuíam com apenas 29,49% do total, enquanto os outros três se elevavam para 8,2%, 10,89% e 12,47%, respectivamente[114]. Ainda que isto apareça, em abstrato, como natural e bom, deve-se levar em conta, para dar apenas um exemplo, que o setor de transporte se encontra fortemente influenciado pela indústria automobilística, a qual produz prioritariamente automóveis de passeio e que tem se constituído como eixo da expansão econômica brasileira nos últimos anos, localizando-se na nona posição da produção mundial e induzindo, de forma direta, o desenvolvimento da produção metalúrgica, química etc. Os dados para o Chile indicam, por sua vez, que, entre 1960 e 1967, enquanto o setor de transporte crescia a uma média anual de 16,7%, o setor vestuário e calçadista possuía uma média anual de crescimento de apenas 1,4%, inferior à taxa de crescimento demográfico[115].

É natural que, nestas circunstâncias, o desenvolvimento industrial latino-americano tendesse a se apoiar na expansão do mercado constituído pelos grupos de alta e média renda, divorciando-se, portanto, das necessidades de consumo das massas. A extrema concentração da renda vigente na região é a contrapartida necessária da estratificação que vem se verificando ao nível do aparato produtivo. Isto tornou, ademais, indispensável a intervenção direta do Estado, que não só atua como criador de demanda, mas também suprime obstáculos à realização da produção e inclusive a incentiva artificialmente, absorvendo parte dos custos[116]. Contudo, a indústria latino-americana é incapaz de satisfazer-se com o mercado interno e conta com limitações estruturais para executar sua ampliação de forma acelerada. Impõe-se a ela, pois, abrir-se ao exterior, o que tem convertido a

---

114. N.A.: Dados dos Censos industriais do Brasil.

115. N.A.: Dados da Corporação de Fomento do Chile.

116. N.A.: A relação entre os gastos do governo e o produto interno bruto, no Brasil, mostra o aumento acelerado no pós-guerra: de 12,5% que representava em 1920 e 17,1% em 1947, saltou para 34% em 1969. Neste último ano, a relação é de 50%, se agregamos os gastos das empresas governamentais federais e ainda sem considerar os gastos dos governos municipais e suas empresas (BAUER, *et al.*, 1973, p. 898, 904 e 905). No que diz respeito aos incentivos governamentais, estes podem ser exemplificados com o que se aponta mais à frente no QUADRO 9.

exportação de manufaturas na característica mais marcante do grande capital estrangeiro e nacional na América Latina.

IV

Trata-se de um fenômeno recente, que somente ganha importância a partir da segunda metade da década passada. Com efeito, alguns estudos apontam que, até 1965, as empresas estrangeiras localizadas na América Latina destinavam 93% de sua produção às vendas locais, permanecendo apenas um remanescente de 7% para a exportação; a proporção havia se mantido, *grosso modo*, nestes termos, desde 1957[117]. Isso corresponde à situação do país onde a mudança de tendência tem sido mais acentuada: Brasil; em 1964, suas exportações de manufaturas somavam menos de 100 milhões de dólares e não representavam senão 7% do total de suas exportações.[118]

Desde então, para o Brasil, as coisas têm mudado substancialmente. Em 1972, suas exportações de manufaturas já alcançavam um bilhão de dólares, o equivalente à quarta parte de suas exportações totais (ver QUADRO 9); tem-se registrado casos como o de Moçambique, para o qual as exportações brasileiras de manufaturas se multiplicaram por mais de dez vezes em três anos, passando, entre 1968 e 1970, de 92 para 968 mil dólares. O papel desempenhado ali pelas filiais dos grupos multinacionais tem sido relevante. Em 1967, uma em cada quatro empresas estrangeiras no Brasil exportava manufaturas; a relação aumentou de uma para três em 1969. Neste último ano, as exportações de manufaturas provenientes de empresas estrangeiras alcançaram 43% das exportações totais do setor; nos setores de maquinaria e veículos, essa participação foi de 75%[119]. Com menos intensidade, o fenômeno se apresenta também em outros países de grau de desenvolvimento relativo similar, como o México e a Argentina, mas também em países de menor desenvolvimento, corno El Salvador.

---
117. N.A.: Dados citados por Fajnzylber, *op. cit.*, p. 39.
118. N.A.: FGV: Contas nacionais.
119. N.A.: Fajnzylber, *op. cit.* p. 41.

Quadro 9. Investimento direto Norte-Americano na América Latina*
(bilhões de dólares)

Anos	Valor das exportações totais (em milhões de dólares)	Índice 1968 = 100	Valor das exportações de manufaturados (milhões de dólares)	Índice 1968=100	Participação 3*1 em %
	1	2	3	4	5
1967	1.654	87,9	294	106,5	17,8
1968	1.881	100,0	276	100,0	14,7
1969	2.311	122,9	366	132,6	15,8
1970	2.739	145,6	531	192,4	19,4
1971	2.904	154,4	678	245,7	23,3
1972	3.987	212,2	1.032	373,9	25,9

Fonte: Dados da FGV: Contas Nacionais e CIEF-IPEA: Comércio Exterior do Brasil (*apud* Von Doellinger, 1974).

Tende-se muitas vezes a confundir a exportação de manufaturas com o conceito de subimperialismo. Sem dúvida, este implica a exportação de manufaturas, assim como a luta por mercados se encontra também presente no conceito de imperialismo. No entanto, o próprio modo mediante o qual se realiza a exportação de manufaturas, ou seja, a forma que assume o fenômeno, já indica diferenças, que apontam para o fato de que não basta exportar manufaturas para ser um país subimperialista. É significativo observar que uma das formas de exportação de manufaturas que se registra no México e que predomina nas Filipinas, Coreia do Sul, Hong Kong – a das maquiladoras, mediante a qual plantas localizadas no território nacional finalizam ou unem partes e componentes recebidos de plantas estrangeiras e os devolvem a estas para o processo final – está longe de gerar tendências subimperialistas, na medida em que não se apresenta para o país, onde a indústria maquiladora opera, a necessidade de disputar a conquista de mercados. A característica essencial da maquiladora é a de constituir uma fase do processo de produção referente ao ciclo de reprodução de um capital individual, que se realiza em um âmbito nacional, alheio àquele no qual tal ciclo tem lugar. Isto implica que – como ocorria na antiga economia de enclave – um determinado fator de produção (neste caso, a força de trabalho) é subtraído da economia dependente e incorporado à acumulação capitalista da economia imperialista, configurando, pois, um caso de anexação econômica. A razão pela qual se deve diferenciar esta situação daquela que dá lugar ao subimperialismo será melhor entendida quando analisarmos a incidência do nacional no processo de internacionalização do capital.

Alguns autores questionam também o significado das exportações de manufaturas do ponto de vista das necessidades de realização da produção. Esse questionamento costuma ser feito tanto sustentando a inexistência de problemas de realização para a produção capitalista em geral, e para a brasileira em particular[120], como – para os que não negam as dificuldades que a superexploração do trabalho e a distribuição regressiva da renda geram à expansão do mercado interno no Brasil – colocando ênfase na demanda gerada pelas camadas médias e pelo Estado.

Com relação à primeira objeção, já apontamos em outra ocasião que aqueles que sustentam a impossibilidade de problemas de realização no sistema capitalista não fazem senão confundir toscamente Marx com Say. Quando Marx demonstra, no livro

---

120. Um dos argumentos esgrimidos neste sentido é o de que o valor das exportações de manufaturas não supera, nos anos de 1967-1969, a média anual de 3% em relação ao valor do produto industrial brasileiro; vide Fernando Henrique Cardoso, *"Las contradicciones del desarrollo asociado"*, in: *Cuadernos de la Sociedade Venezoelana de Planificacíon*, n. 113.115, Caracas, junho-agosto de 1973. Em que pese a inadequação do período escolhido e o *fato* de que, se se seguisse a evolução dessa média, particularmente pelos setores industriais, haveria muito o que dizer, não insistirei neste ponto por uma questão de método. Tem razão Samir Amin quando – ao perguntar-se se sua tese sobre a proeminência de valores mundiais no comércio internacional poderia ser contestada – escreveu: "Uma afirmação incorreta 'estatisticamente': a quantidade de produtos congoleses exportados ou importados não supera 30% da quantidade que se produz para o mercado interno, 20% na Alemanha e 5% nos Estados Unidos? Esta é uma visão contábil (*comptable*) curiosamente pobre. Porque são estes 30% que conformam tudo no Congo, a vida cotidiana e a 'grande política', as ideologias e a luta de classes. E são os 'problemas' relativos aos 20% da Alemanha e aos 5% dos Estados Unidos os que colocam fim à dominação norte-americana e transformam radicalmente uma ordem internacional que marcou 25 anos de história contemporânea". *L'échange inégal et la loi de la valeur. La fin d'un débat.* Anthropos-IDEP, París, 1973, pp. 22-23.

II de *O capital*, como a produção se resolve na realização, situa-se no mais alto nível de abstração e trata simplesmente de determinar as leis que regem a reprodução e a circulação do capital em seu conjunto. Não pretende de forma alguma daí derivar – isto deixa para os apologetas burgueses – a inexistência de problemas de realização no sistema e, muito pelo contrário, dá várias indicações a esse respeito, ao longo de sua obra. É Lênin quem encerra de maneira mais contundente a discussão.

> A questão da realização é um problema abstrato, vinculado à teoria do capitalismo em geral. Quer tomemos um só país ou o mundo inteiro, as leis fundamentais da realização descobertas por Marx são sempre as mesmas. O problema do comércio exterior ou do mercado externo é um problema histórico, um problema das condições concretas do desenvolvimento do capitalismo em tal ou qual país, em tal ou qual época. [Cabe indicar que] todas as outras leis do capitalismo descobertas por Marx representam [...] unicamente um ideal do capitalismo, mas nunca sua realidade. [Lênin prossegue:] Desta teoria [da realização – RMM] deduz-se que, *ainda que* a reprodução e a circulação do conjunto do capital fossem uniformes e proporcionais, não seria possível evitar a contradição entre o aumento da produção e os limites restringidos do consumo. [E conclui:] *Ademais*, o processo de realização não se desenvolve na realidade segundo uma proporção idealmente uniforme, senão somente através de dificuldades, de "flutuações" de "crise" etc.[121]

A tentativa de contrapor à saída ao exterior a demanda criada pelas camadas médias e pelo Estado – diretamente, como comprador e, indiretamente, mediante seus gastos produtivos e

---

121. N.A.: Lênin: *Sobre a assim chamada questão dos mercados*. [In: *Escritos econômicos de Lênin*, LavraPalavra Editorial, 2023.]

improdutivos – resulta também estéril. Em trabalhos anteriores[122], não só já havíamos sublinhado a importância desses dois tipos de demanda no esquema de realização subimperialista, como também indicamos *seus limites*. Mas, ainda que não avancem muito em relação ao que já se sabia, existem teses derivadas dessa contraposição que podem resultar danosas, levando água ao moinho daqueles que, a partir de uma ou outra posição, ideologizam o sistema capitalista brasileiro. É o que decorre com a chamada "terceira demanda" a que recorre Salama[123], seguindo as pegadas de alguns autores brasileiros.

É certo que Salama afirma que essa "terceira demanda" deriva de uma redistribuição dos rendimentos "em detrimento da classe trabalhadora" (preferindo situar-se no plano da distribuição e não no plano da formação dos rendimentos, evita-se a questão da superexploração do trabalho). Entretanto, a própria expressão "terceira demanda" confunde, na medida em que obscurece o fato de que o consumo individual, em uma economia capitalista, só pode ser gerado a partir de duas fontes: o salário e o mais-valor, entendendo-se aqui o salário como a remuneração por excelência da classe trabalhadora. Além disso, fornece a base para negar (ou melhor, a expressão parece ter sido forjada *ex profeso* para isso) o rompimento, na esfera da circulação de mercadoria, entre o consumo da classe trabalhadora e o que surge do mais-valor não acumulado[124]. É assim como; depois de indicar que sua "terceira demanda" inclui os grupos médios e setores da classe trabalhadora (os "trabalhadores mais qualificados"), Salama afirma que "a recomposição do emprego industrial permite *assim atenuar a não correspondência existente entre as duas esferas de consumo*" para concluir que "é *falso* querer realizar uma não correspondência absoluta entre os dois mercados" (os grifos são de Salama).

---

122. N.A.: Vide "Lucha armada y lucha de clases en Brasil", in: Vânia Bambirra (ed.), *Diez años de insurrección en América Latina*. Ed. Pia, Santiago de Chile, 1971, e "Brazilian Subimperialism"; in: *Monthly Review*. Nova York, janeiro de 1972. Ambos os ensaios constam na 5a. Edição de *Subdesenvolvimento e revolução, op. cit.*
123. N.A.: Vide SALAMA, P. *El proceso de subdesarrollo*. Ed. Era, México, 1976, pp. 204 e ss.
124. N.A.: Para um desenvolvimento dessa questão, vide meu livro *Dialética da dependência*. Ed. Era, México, 1973, pp. 49 e ss.

Deixemos de lado os dois mercados, que acabam sendo três, e a não correspondência entre eles, que existe e não existe, para apontar que, em um certo nível de abstração, é necessário determinar com precisão os fatores que originam os fenômenos econômicos; é isto o que autoriza os autores marxistas a falar de "bens salários" ainda que seja evidente que, trabalhador ou burguês, todos os consomem. Se a demanda suntuária é sustentada fundamentalmente pela classe capitalista e pela pequena, média e alta burguesia, é a elas que tal demanda deve ser atribuída, e não àquele contingente de trabalhadores – maior ou menor, segundo a fase do ciclo – que possa ter acesso à mesma.[125]

Tomemos um exemplo referente ao Brasil. Dados oficiais sobre o pessoal ocupado em dez setores da indústria de São Paulo indicam que, em 1969, 94,29% estava constituído por trabalhadores não especializados, que recebiam menos de dois salários mínimos (já apontamos a deterioração sofrida pelo salário mínimo), e que os de nível superior (onde se incluíam, também, os gerentes) não chegavam a 1% do total, recebendo quase 15 vezes o salário mínimo (ver QUADRO 10). É esta pequena porcentagem (cerca de 7.500 pessoas sobre mais de um milhão) que pode se incorporar à demanda correspondente à alta esfera da circulação, de maneira permanente; a proporção do estrato médio capaz de atingir parcialmente a mesma varia segundo a fase do ciclo, como já indicamos; entretanto, tendo em vista que o nível médio de consumo é baixo e o fato de que, em média, as remunerações deste estrato são apenas 2,6 vezes maiores que a remuneração média total, não é ousado supor que, nas condições concretas do Brasil, essa proporção, mesmo durante fase de prosperidade, como em 1969, tende a ser muito pequena.

Haveria outros aspectos a serem considerados nas colocações de Salama, que não vêm ao caso aqui[126]. Mas é preferível, para

---

125. N.A.: Sobre o pensamento teórico de Marx, no que diz respeito à relação entre a produção e o consumo de bens de consumo necessário e bens suntuários, assim como a influência que neles exerce o ciclo econômico, ver o inciso IV do capítulo XX, relativo à reprodução simples em *O capital*, v. II.

126. N.A.: Mencionemos apenas a atribuição que me fazem, assim como a Palloix, de limitar-me ao ciclo do capital-dinheiro e de não considerar o ciclo do capital-produtivo, o único (segundo Salama) "apto para a análise da reprodução do capital e, portanto, de sua valorização"

verificar a validade do argumento que nega ao capitalismo brasileiro a necessidade de recorrer ao mercado externo para expandir e realizar sua produção, tomar o caso significativo de um setor produtor de bens de consumo corrente: o de vestuário e o de calçados. Típico setor tradicional, de crescimento vegetativo, ainda considerando como ano base o ano da crise – 1965 – o índice de produção não vai além de 112,9 em 1970, registrando-se o caso de 1969 – já em plena prosperidade – em que caiu para 95,7[127]. E, entretanto, esse modesto crescimento *não corresponde ao mercado interno*. Aproveitando os incentivos à exportação (ver QUADRO 11), os fabricantes se lançam ao mercado externo (fundamentalmente o norte-americano). De 2,6 milhões de dólares, *que já exportavam em 1969*, passam a 11,3 em 1970, a 43,2 em 1971 e a 88,9 milhões de dólares em 1972, saltando do discreto 18º lugar que ocupavam na pauta de exportação de manufaturas, em 1967, para o 5º lugar, no último ano considerado. Observemos, ao mesmo tempo, que, em relação aos dez setores industriais de São Paulo acima mencionados, em 1969, é o de vestuário e o de calçados que apresentava remunerações mais baixas, ocupando o último lugar da escala, com um salário médio igual a 1,5 vezes o salário mínimo e inferior, portanto, à média total (2,2 vezes o

---

(*op. cit.* p. 207). A realidade é que tenho buscado sempre considerar o ciclo do capital em suas três formas: capital-dinheiro, capital-produtivo e capital-mercadoria, atentando-me para não cair no enfoque unilateral que Marx atribui ao mercantilismo, à economia política pré-marxista e aos fisiocratas, por terem considerado apenas uma delas, respectivamente, e atendo-me à Marx: "o ciclo em seu conjunto constitui uma unidade real de suas três formas" (*O capital*, v. II). Em todo caso, no que se refere à valorização, conviria relembrar a Salama o ensinamento de Marx: "o ciclo do capital em dinheiro é [...] a forma mais unilateral e, portanto, a mais clara e a mais característica na qual se manifesta o ciclo do capital industrial, cuja finalidade e cujo motivo propulsor: a valorização do valor, o fazer dinheiro e a acumulação, saltam aqui vista (comprar para vender mais caro). O fato de que a primeira fase seja D - M faz com que se ressalte também o mercado de mercadorias como origem dos elementos do capital produtivo e, em geral, a circulação, o comércio, como os fatores que condicionam o processo capitalista de produção". E, mais adiante: "O ciclo do capital-dinheiro segue sendo a expressão genérica do capital industrial, à medida que implica sempre a valorização do valor desembolsado. Em *P* ... *P*, a expressão em dinheiro do capital somente se manifesta como preço dos elementos de produção, isto é, simplesmente como um valor expresso em dinheiro aritmético, sob cuja forma figura na contabilidade" (Ibid., p. 55).

127. N.A.: Dados dos *Anuários Estatísticos*, IBGE.

salário mínimo)[128]. Recentemente, diante das medidas protecionistas adotadas pelos Estados Unidos, os exportadores de calçado têm pressionado o governo brasileiro para que lhes outorgue maiores facilidades para exportar, afirmando: "O mercado interno não teria condições para absorver mais que 30 ou 40% de toda a produção nacional que é destinada ao mercado externo."[129]

Quadro 10. São Paulo: distribuição do pessoal empregado em dez setores industriais, por grau de especialização e nível salarial, 1969

Grau de especialização	Número de pessoas	%	Remuneração mensal média (cruzeiros)	Relação entre remuneração e salário mínimo
Não especializados	944 886	94,29	302,82	1,9
Nível médio	49 804	4,97	901,20	5,8
Nível superior	7 416	0,74	2 298,56	14,7
Total	1 00 106	100,0	347,12	2,2

1. Os setores são: produtos alimentícios, têxtil, vestuário e calçados, papel e papelão, química e farmacêutica, artigos de plástico, minerais não metálicos, metalurgia, mecânica e material elétrico e eletrônico, e construção e reparação de veículos.
2. O agrupamento por estratos se faz a partir das funções desempenhadas pelo pessoal na empresa.
3. O salário mínimo em São Paulo, em 1969, era de 156,00 cruzeiros.
Fonte: Dados do Departamento Nacional de Mão de Obra (apud PASTORE, J.; LOPES, H.C., 1973, Quadros 3.1, 3.5 e 4.4.

---

128. N.A.: PASTORE, J., e LOPES, J. C. *A mão-de-obra especializada na indústria paulista.* Universidade de São Paulo, Instituto de Pesquisas Econômicas, São Paulo, 1973, p. 83.

129. N.A.: Declaração de Claudio Strassburger, secretário de Indústria e Comércio de São Paulo e um dos proprietários da fábrica Strassburger. S. A. Indústria e Comércio, uma das maiores exportadoras do produto. (*Opinião*, Rio de Janeiro, 30 de abril de 1976)

Quadro 11. Brasil: Efeito teórico dos incentivos à exportação de manufaturas, 1972

Preço de venda no mercado interno, sem impostos de venda	100,00

Deduções diretas	
Isenção total de impostos de vendas	16,00
Créditos fiscais: impostos sobre as vendas e consumo	13,40
Crédito sobre o imposto de venda	1,00
	30,40
Deduções indiretas	
Economias de mercado	1,70
Isenção do imposto sobre a renda	3,00
Redução dos custos de financiamento	2,00
Utilização de capacidade excedente	2,00
Isenção do imposto de importação ("drawback")	1,00
Isenção de outros impostos	0,20
	25,20
Total de deduções	56,60

Outros custos	
Armazenamento e direitos do porto	2,80
Preço finao FOB	46,20

Redução final do preço de venda	53,80

Cálculo de Pinto Bueno Neto, F. P., "Exports of Manufactured Goods: Effects of Incentives of Formations of Selling Prices", em Brazilian Business, jan., 1973, (*apud* Córdoba Chávez, 1975).

V

Definimos, em outra oportunidade, o subimperialismo como a forma que assume a economia dependente ao chegar à etapa dos monopólios e do capital financeiro. O subimperialismo implica dois componentes básicos: por um lado, uma composição orgânica média na escala mundial dos aparatos produtivos nacionais e, por outro lado, o exercício de uma política expansionista relativamente autônoma, que não apenas é acompanhada de uma maior integração ao sistema produtivo imperialista, senão que se mantém no marco da hegemonia exercida pelo imperialismo à escala internacional. Estabelecido nesses termos, parece-nos que, independentemente dos esforços da Argentina e de outros países para ascender a uma categoria subimperialista, apenas o Brasil expressa plenamente, na América Latina, um fenômeno desta natureza.

Na falta de dados mais precisos, a composição orgânica do capital de uma nação pode ser inferida da participação de seu produto manufaturado no produto interno bruto. Cálculos da UNCTAD, para meados da década passada, referentes a 92 países subdesenvolvidos, mostram que, excluindo-se naturalmente a Iugoslávia (de resto, o único país socialista abrangido), assim como as Filipinas (dado o predomínio ali da indústria maquiladora), apenas seis países apresentavam, sob este aspecto, um índice de participação igual ou superior a 25%. Entre eles, os três países latino-americanos de maior desenvolvimento relativo, com relação aos quais se têm registrado – a partir do ponto de vista estritamente econômico – traços subimperialistas: Brasil, Argentina e México. Irã constitui, ao lado do Brasil, um caso típico de subimperialismo; algo similar poderia ser dito de Israel. A Espanha, por fatores históricos e por sua localização geográfica, goza de uma situação muito particular, para ser comparada aos demais (ver QUADRO 12).

Quadro 12. Participação do setor manufatureiro no Produto Interno Bruto de alguns países (em porcentagem)

País	Ano	%
Argentina	1965	34
México	1965	29
Brasil	1964	27
Irã	1963	29
Israel	1965	25
Espanha	1964	26

Fonte: Unetad (*apud* TAMAMES, 1974, p. 69 ss.)

O subimperialismo brasileiro não é somente a expressão de um fenômeno econômico. Resulta, em grande medida, do próprio processo de luta de classes no país e do projeto político, definido pela equipe tecnocrático-militar, a qual assume o poder em 1964, conjugados às condições conjunturais na economia e na política mundiais. As condições políticas se relacionam com a resposta do imperialismo, à passagem da monopolaridade à integração hierarquizada, que já mencionamos, e mais especificamente com sua reação frente a revolução cubana e ao ascenso das massas registrado na América Latina na década passada; não nos deteremos agora na análise destas questões. As condições econômicas se relacionam com a expansão do capitalismo mundial nos anos 1960 e com sua particular expressão: o *boom* financeiro.

Indicamos que o *boom* começa em meados da década passada, mas inicialmente isto afetou pouco os países subdesenvolvidos. É a partir da década de 1970 que o fluxo de capitais privados, em particular o de euromoedas, deslocou-se em direção a tais países. O Brasil se colocou na primeira linha, entre seus receptores, no momento em que o mercado de euromoedas dobrava, em menos de quatro anos, suas disponibilidades: de 45 bilhões de dólares, em 1969, para 82 bilhões, na metade de 1972[130].

A estrutura institucional e jurídica brasileira, para atrair para si o fluxo de dinheiro, havia começado a ser montada desde que o regime militar assumira. Em 1965, ampliou-se o regime proporcionado ao capital estrangeiro, mediante a modificação da Lei nº 4131, de 1962, que já lhe proporcionava condições bastante vantajosas, e se abriu a porta para a contratação de empréstimos em dinheiro entre empresas estrangeiras e locais. A partir de 1967, novas medidas facultaram aos bancos comerciais e de investimento a tomada e o repasse de créditos às empresas no país para financiar seu capital fixo e de giro. Surge, então, um verdadeiro mercado de capitais no país[131].

Enquanto o crédito bancário se expandia ao setor privado, assim como o extrabancário, assegurado pelas companhias de

---

130. N.A.: *The Economist*, Londres, janeiro de 1973.
131. N.A.: VON DOELLINGER, C., e outros. *A política brasileira de comércio exterior e seus efeitos:* 1967. IPEA, Rio de Janeiro, 1974, pp. 55 e ss.

financiamento e de investimento[132], o capital estrangeiro afluía em massa. Os créditos governamentais ou de instituições internacionais, embora tenham aumentado em volume, perderam relativamente importância frente ao capital privado. Entre 1966 e 1970, sua participação havia sido de 26,3% no financiamento externo, mas esta caiu para 15,6% em 1971 e 9,2% em 1972. Enquanto isso, o investimento estrangeiro a médio e longo prazo, que somara 1.028 milhões de dólares em 1966-1970, crescia em progressão geométrica: 2.319 milhões em 1971 e 4.788 milhões de dólares em 1972; o item que apresentou um aumento mais espetacular foi o dos empréstimos e financiamentos em moeda, que passaram de 479 a 1.379 e a 3.485 milhões de dólares nos períodos apontados. Ao contrário dos créditos externos oficiais, dirigidos para os investimentos em infraestrutura e indústrias básicas, a quase totalidade (82,3% do total dos itens) do capital privado se dirigiu à indústria manufatureira, particularmente aos setores metal-mecânico, material elétrico e comunicações, material de transporte, químico, borracha, farmacêutico e metalúrgico[133].

Entende-se, pois, a necessidade de assegurar a plena circulação do capital assim investido, isto é, de abrir caminho à sua realização. Já indicamos que o Estado interveio ativamente neste sentido, criando ou subsidiando a demanda (interna e externa) para a produção. Ocupou-se também de assegurar áreas de investimento no exterior, mediante operações das empresas estatais, créditos intergovernamentais ou garantias a operações privadas em países da América Latina e da África. Lançado à órbita do capital financeiro internacional, o capitalismo brasileiro faria tudo para atrair o fluxo monetário para si, embora não fosse capaz de assimilá-lo em sua integralidade enquanto capital produtivo e devesse reintegrá-lo ao movimento internacional de capitais. Com isso, a seu modo, dependente e subordinado, o Brasil entraria na etapa de exportação de capital[134], assim como na

---
132. N.A.: TAVARES, M. C. *Da substituição de importações ao capitalismo financeiro*. Zahar, Rio de Janeiro, 1972, p. 230.
133. N.A.: VON DOELLINGER, *op. cit.*, pp. 141 e ss.
134. N.A.: "Os investimentos diretos do Brasil no exterior, realizados principalmente pelas

espoliação de matérias-primas e fontes de energia no exterior, como o petróleo, o ferro, o gás.

É natural que, sobre a base dessa dinâmica econômica, o Brasil coloque em prática uma política de potência. Porém, reduzir o subimperialismo a essa dimensão e pretender substituir o próprio conceito de subimperialismo pelo de subpotência[135] não faz senão empobrecer a realidade complexa que temos diante de nossos olhos, e não permite entender o papel que o Brasil desempenha, hoje em dia, no plano internacional. O subimperialismo brasileiro implica uma política de subpotência; mas a política de subpotência praticada pelo Brasil não nos dá a chave da etapa subimperialista em que este tem adentrado.

Contudo, o recurso a essa categoria de análise internacional nos remete a um fato que, nas análises econômicas, perde-se frequentemente de vista: o fato de que o processo de internacionalização de capital não conduz ao desaparecimento progressivo dos Estados nacionais, nem muito menos implica a perda de sua vigência. Isto é assim, antes de tudo, porque a internacionalização do capital – base objetiva da integração dos sistemas produtivos – não constitui um processo unívoco e uniforme, isento de contradições. Supor o contrário levou, no passado, a teses errôneas como à do superimperialismo, que Lênin e Bukhárin combateram com vigor.

Bukhárin, em particular, enfatizou o fato de que a internacionalização do capital não pode ser considerada independentemente de sua *nacionalização*, estabelecendo precisamente sobre essa contradição a estrutura das duas primeiras partes de seu estudo clássico sobre o tema[136]. O jogo dialético do proces-

---

empresas públicas, alcançaram o montante de 120 milhões de dólares em 1975, mais que o dobro do ano anterior. A expansão capitalista brasileira tem no Banco do Brasil seu principal agente: no ano passado, enquanto seus ativos no exterior cresceram mais de 900 milhões de dólares, os créditos concedidos sobem para 1,4 bilhões de dólares (81%)." *Conjuntura Brasileira*, Paris, 10, março-abril, 1976, p. 5.

135. N.A.: Vide SILVA MICHELENA, J. A. *Política y bloques de poder. Crisis en el sistema mundial*. Ed. Siglo XXI, México, 1976, pp. 196 E ss.

136. N.A.: *La economía mundial y el imperialismo*. Utilizamos a edição em castelhano dos *Cuadernos de Pasado y Presente*. Ed. Siglo XXI, Argentina, Buenos Aires, 1973.

so de internacionalização-nacionalização é por ele evidenciado, ao escrever:

> O processo de organização [do sistema de produção mundial] [...] tende a sair do marco nacional; porém, então, aparecem dificuldades muito mais sérias. Em primeiro lugar, é muito mais fácil vencer a concorrência no terreno nacional do que no terreno mundial (os acordos internacionais se formam geralmente sobre a base de monopólios nacionais já constituídos); em segundo lugar, a diferença de estrutura *econômica* e, por conseguinte, de gastos de produção tornam *onerosos* os acordos para os grupos nacionais avançados, *e em terceiro lugar*, a *aglutinação com o Estado e suas fronteiras constitui por si mesma um monopólio cada vez maior, que assegura ganhos suplementares*.[137]

Para Bukhárin, esse processo implicava que a internacionalização da vida econômica tivesse como contrapartida "a tendência à formação de grupos nacionais estreitamente coesos, armados até os dentes e prontos a todo o momento a se lançarem uns contra os outros" em virtude da subordinação ou absorção dos Estados mais débeis ou atrasados aos centros imperialistas[138]. O período da história mundial que conduziu à guerra de 1939 confirmou a veracidade dessa previsão, assim como a nova etapa que se abriu ao terminar o conflito, a qual revisamos brevemente no início desse trabalho, mostrou o quão poderosa é a tendência integradora do capitalismo contemporâneo. Mas, ao produzir um maior desenvolvimento capitalista nas zonas subordinadas, como na América Latina, a integração fez com que também nelas se manifestassem com maior força suas contratendências, em particular aquela que trabalha no sentido de reforçar os Estados nacionais.

---

137. N.A.: *Op. cit.*, p. 95, sublinhado no original.
138. N.A.: Ibid., pp. 134, 181 e ss.

Ao falarmos de contratendências, não devemos incorrer em erros. O fortalecimento do Estado nacional nos países dependentes atua, de fato, como um dos elementos que, de maneira contraditória, asseguram o desenvolvimento da integração dos sistemas de produção. Do ponto de vista econômico, o capital exportado pelos países imperialistas para as zonas dependentes exige dos Estados nacionais de tais zonas uma capacidade crescente em matéria de obras de infraestrutura, defesa do mercado interno, negociações financeiras e comerciais com o exterior, financiamento interno e criação de condições políticas (em particular no terreno laboral) favoráveis ao investimento estrangeiro. Se a exportação do capital a partir de uma nação imperialista marca o momento em que se expressa em forma pura a tendência do capital a se internacionalizar, sua conversão em capital produtivo no marco de uma economia nacional determinada representa o de sua negação, ao passar este capital a depender da capacidade desta economia – e, por conseguinte, do Estado que a rege – para assegurar sua reprodução. A exceção (uma vez que os entraves de produção de matérias-primas estão deixando de sê-los, como mostra o caso do petróleo no qual o papel dos Estados nacionais dependentes na reprodução do capital tem se acentuado) consiste no capital que opera na indústria maquiladora, o qual não se integra efetivamente à economia nacional em que se encontra, senão que segue incorporado diretamente ao capital matriz, com sede na economia imperialista. O fato de que o capital investido na maquiladora utilize mão de obra da economia dependente teria, praticamente, o mesmo efeito se esta mão de obra fosse deslocada fisicamente para a economia imperialista, para ser ali explorada pelo capital matriz.

Por outro lado, não são apenas os interesses do capital estrangeiro "nacionalizado" que determinam o fortalecimento do Estado nacional dependente. Intervém aqui outro elemento contraditório[139]. Não se trata de retomar a velha tese sobre o antagonismo entre a burguesia nacional e o imperialismo, embora, em setores inferiores da burguesia nacional e com caráter

---

139. N.A.: Esse tipo de contradição opera também no seio do bloco constituído pelo capital estrangeiro, porém não o analisaremos aqui.

marcadamente secundário, observem-se contradições neste sentido[140]. O problema de fundo é outro: precisamente por assumir conscientemente a decisão de se submeter à tendência integradora que lhe impõem os centros imperialistas, a burguesia dos países dependentes precisa concentrar e organizar suas forças para dela se beneficiar. Suas desvantagens em relação à burguesia imperialista são demasiadamente grandes para que aquela queira negociar diretamente com esta, e é por essa razão que opta pelo fortalecimento do Estado nacional como instrumento de intermediação. Isto, conjugado à intensificação do processo de concentração e centralização do capital que se verifica nas economias dependentes, a que fizemos referência anteriormente, conduz à reprodução do fenômeno de "aglomeração" do capital com o Estado nacional, ao qual alude Bukhárin, nestes países, envolvendo tanto o capital nacional como o estrangeiro.

Deve-se evitar aqui o raciocínio mecanicista: o produto dessa aglomeração não é o de avassalamento puro e simples do Estado pelo capital. Embora seja evidente que o Estado se converte no que Bukhárin denomina "truste capitalista nacional", o próprio fato de que o Estado seja chamado a regular e a arbitrar a vida econômica (até onde seu arbítrio é compatível com a sua subordinação aos Estados imperialistas) o coloca em uma situação em que sua *autonomia relativa* se acentua frente aos distintos grupos capitalistas. O fenômeno do moderno Estado militar latino-americano tem ali, em grande medida, sua explicação (constituindo-se a contrarrevolução imperialista na região na outra vertente de sua análise).

Tem sido em função disso que o Estado brasileiro tem conseguido pautar o projeto, não de uma estrutura subimperialista, mas de uma *política* subimperialista, com um grau de racionalidade muito superior ao que podia conferir-lhe o capital nacional e estrangeiro que opera no Brasil. Tem sido isto também o que lhe permite competir os grupos capitalistas a implementarem este projeto, atendendo tanto aos interesses econômicos destes grupos, quanto aos interesses políticos (poderia se dizer,

---

140. N.A.: Para o desenvolvimento desse ponto, consultar meu livro *Subdesenvolvimento e revolução*, *op. cit.*, pp. 11 e ss, bem como *O reformismo e a contrarrevolução*, *op. cit.*, parte II, cap. 1.

se quiser, os interesses de potência) que expressa a elite tecnocrático-militar, que detém o controle do aparato estatal. Em um grau muito mais acentuado do que no Brasil, este fenômeno já havia sido registrado na Rússia czarista, como o apontou Rosa Luxemburgo[141].

Além de ser uma categoria analítica, o subimperialismo é um fenômeno histórico e, como tal, seu estudo exige o exame cuidadoso de seu processo de desenvolvimento. Não temos aqui a intenção de continuar esse estudo, sobre o qual apresentamos os resultados em trabalhos anteriores. Parece-nos útil, entretanto, indicar que a nova crise capitalista, em cujo seio nos encontramos, constitui um ponto de referência obrigatório para o mesmo. Nesse sentido, seria preciso dedicar particular atenção aos dois postulados globais a partir dos quais os Estados Unidos têm buscado fazer frente à crise: o que se expressa através da multipolaridade, colocada em prática mediante a política externa que ficou marcada pela figura do ex-secretário de Estado, Henry Kissinger; e a que estabelece um retorno à monopolaridade, tal como se encontra colocado hoje pela administração Carter. É nesse contexto que se pode entender a dinâmica subimperialista do Brasil nos últimos cinco anos e, em particular, as margens de ação com que conta o Estado brasileiro para levar adiante seu projeto.

Como quer que seja, qualquer estudo sobre a maneira como a crise capitalista incide na realidade mundial, a qual foi se forjando no pós-guerra, exige o aprofundamento de nosso conhecimento sobre essa realidade, isto é, sobre sua natureza e sobre suas tendências. É ilusório crer que a economia capitalista mundial poderá voltar atrás e restabelecer a situação existente há 25 anos. O próprio desenvolvimento da crise, cujo fim ainda não se vislumbra, ao agravar as contradições do sistema, intensifica a ação dos fatores que trabalham pela conformação de uma nova economia, cujos resultados já começam a perfilar-se diante de nossos olhos. Quanto mais capazes sejamos de entender esses resultados

---

141. N.A.: "esta tendência (o expansionismo econômico russo não surge da burguesia russa; devido ao peculiar desenvolvimento econômico-político da Rússia, a política se apodera frequentemente da iniciativa do progresso econômico a partir de seus próprios interesses". *The industrial development of Poland*. Campaigner Publications, Nova York, 1977, p. 166.

durante o processo de sua gestação (e antes, pois, que se cristalizem), mais condições teremos para proporcionar meios de intervenção ativa na crise às forças sociais que lutam em nossos países pela superação do atraso e da dependência, e, portanto, pela supressão do capitalismo.

Toda crise capitalista profunda abre possibilidades para que essa suprema façanha tenha lugar – ou, ao menos, para que seja seriamente postulada. Não há razão alguma para sustentar que, no curso da atual crise, os povos da América Latina devam proceder de outra maneira.

9

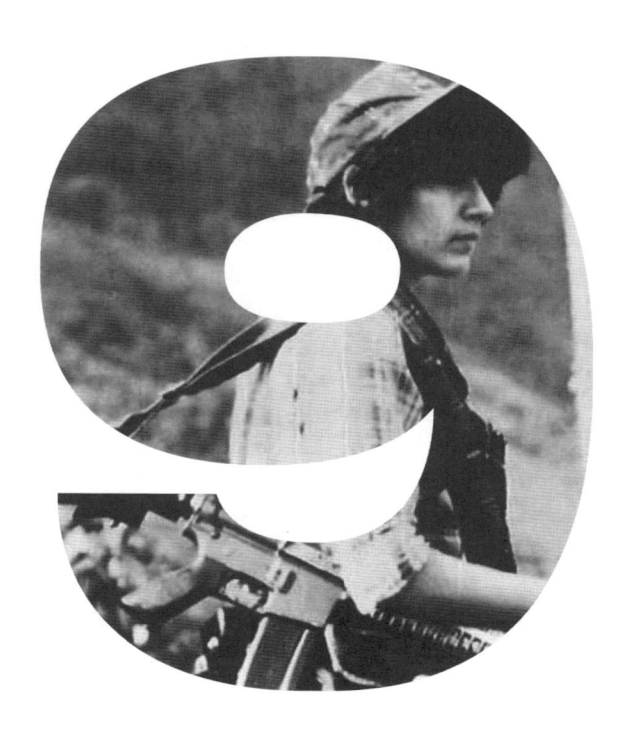

MIGUEL ENRÍQUEZ E O MIR

Miguel Enríquez Espinosa foi um médico chileno que fundou e presidiu o Movimiento de Izquierda Revolucionaria – uma organização política marxista-chilena nascida em 15 de agosto de 1965. O MIR teve uma política de ação direta e armada desde 1967, deixando de lado essas ações durante o governo da Unidad Popular (1970-1973). Em seu ápice, no ano de 1973, contava com aproximadamente 10 mil integrantes. Após golpe militar de 11 de setembro de 1973, Enríquez organizou a resistência clandestina contra a ditadura do general Augusto Pinochet. Após um ano na clandestinidade, a polícia política do regime, a DINA, descobriria seu esconderijo em um bairro pobre de Santiago. Em 5 de outubro, sua casa foi cercada por agentes da DINA e centenas de policiais com tanques e helicópteros. Enríquez recusou se entregar à polícia e foi morto por uma granada lançada em sua casa.

CONVOCATÓRIA DO MIR AOS OPERÁRIOS, CAMPONESES E SOLDADOS

Declaração pública emitida pelo Secretariado Nacional do MIR em janeiro de 1971.

1. Nos últimos meses os trabalhadores intensificaram suas mobilizações lutando por seus legítimos interesses de classe, ameaçando as garantias que a burguesia e o imperialismo obtiveram durante séculos. Em resposta, o Partido Democrata Cristão, o Partido Nacional e a Democracia Radical desencadearam uma escalada propagandística através dos meios de comunicação que controlam, com o sinistro propósito de criar uma imagem de caos e anarquia que permita deslegitimar a mobilização operária e camponesa e, ao mesmo tempo, tentando criar um clima propício para arrastar setores das Forças Armadas para um golpe militar reacionário.

2. Os operários e camponeses sempre foram objeto da mais impiedosa exploração: sofreram na sua própria carne o roubo, a miséria, a fome e as doenças. Hoje, novas perspectivas se abrem diante dos trabalhadores, daqueles que se mobilizam para fazer delas realidade.

As classes dominantes respondem utilizando todo tipo de meios, o assassinato político de Hernán Mery Fuenzalida[142] e do general Schneider[143], o terrorismo de grupos sediciosos, o caos fi-

---

142. N.T.: Militante da Democracia Cristã (partido que, diferente dos demais partidos burgueses, tinha bases populares e operárias organizadas) assassinado em 30 de abril de 1970, em uma tentativa de ocupação fundiária rural.

143. N.T.: General René Schneider Chereau foi o comandante-em-chefe do Exército chileno

nanceiro iniciado por Andrés Zaldivar (ministro da Fazenda de Frei[144]), a sabotagem econômica dos patrões etc., como passos prévios necessários para garantir a sedição direitista.

Hoje o PN, o DR e o PDC clamam por ordem, autoridade e respeito à Lei, enquanto os patrões aos quais defendem não pagam salários, demitem trabalhadores, fogem do país com o seu capital etc., constituindo-se como os responsáveis diretos pela queda da produção e o aumento do desemprego que vemos hoje.

3. Contra o caos e a desordem que a burguesia e seus partidos semeiam, mobilizam-se os trabalhadores do campo e da cidade. Por isso, reivindicamos o direito legítimo e essencial dos trabalhadores, camponeses, *pobladores*[145] e estudantes de se mobilizarem, elevando assim seus níveis de organização e consciência política. Esta é a única forma de acumular forças que possam resistir com sucesso à contraofensiva reacionária da direita e da Democracia Cristã, garantindo assim um caminho irrevogável para a revolução socialista.

4. Rechaçamos a hipocrisia do PDC, do PN e da DR, que tentam atribuir à mobilização dos trabalhadores o caos e a desordem que a própria burguesia está criando. Temos divergências com alguns representantes da Unidad Popular, que aceitaram as regras do jogo que a direita e a DC querem impor ao país. Isso, porém, jamais nos fará perder de vista o inimigo fundamental. Temos reiterado que a vitória da Unidad Popular constitui um acontecimento historicamente significativo, que abriu possibilidades para

---

na época da eleição presidencial chilena de 1970, quando foi assassinado durante uma tentativa fracassada de sequestro. Constitucionalista, Schneider havia expressado firme oposição à ideia de impedir a posse de Salvador Allende por meio de um golpe de estado. "Neutralizar" Schneider tornou-se um pré-requisito fundamental para um golpe militar. A CIA forneceu a um grupo de oficiais chilenos liderados pelo general Camilo Valenzuela armas para a operação, que deveria ser atribuída aos apoiadores de Allende. Após duas tentativas frustradas de sequestrá-lo, uma terceira tentativa terminou com sua morte.

144. N.T.: Eduardo Nicanor Frei Montalva (1911-1982) venceu as eleições contra Allende em 1964, pelo Partido Democrata Cristão. Com a vitória da Unidad Popular em 1970, tornou-se oposicionista.

145. N.T.: Em espanhol, "morador", aquele que povoa alguma região. No dialeto político chileno, indica os moradores dos bairros populares.

o desenvolvimento das lutas dos trabalhadores pela conquista do poder. Por isso mesmo, o MIR tem proposto a defesa do que já foi conquistado pelos trabalhadores contra as agressões e a conspiração dos capitalistas donos das terras e das fábricas, e de seus partidos políticos.

PARA ENFRENTAR A GUERRA CIVIL

Questionário respondido por Miguel Enríquez e publicado na revista *Chile hoy* ("Chile hoje"), nº 50, em maio de 1973.

Nenhum setor da esquerda ou da classe trabalhadora e do povo a desejam ou a promovem. Ao contrário, esta surge como a nova tática dos setores patronais, dado o fracasso das tentativas de conciliação de classes, e sua substituição objetiva pelo aguçamento e polaridade da luta de classes.

Quem pretende desencadeá-la são alguns setores da classe dominante, que respondem à política "jarpista"[146], desatando um locaute imediato, acusando o governo de "ilegitimidade" e daí até a ruptura das Forças Armadas.

Alertar o povo apenas contra esta tática patronal pode desarmá-lo, pois existe outro setor reacionário, que chamamos de "freísta", que, aceitando expulsar a UP do governo, propõe uma tática (que não é menos reacionária só porque é sofisticada) que lhes permite evitar a guerra civil propriamente dita e derrubar o governo por meio de greves, oxalá de origem "laboral"[147], que divi-

---

[146]. N.T.: Sergio Onofre Jarpa Reyes (1921-2020) foi um dos fundadores do Partido Nacional, em 1966; editor do jornal reacionário *Tribuna* e senador oposicionista eleito em meio de 1973. Após o golpe militar, tornou-se diplomata, e serviu como Ministro do Interior de Pinochet de 1983 a 1985.

[147]. N.T.: Referência às greves não apenas dos setores patronais (como a greve dos transportes) mas de setores da aristocracia operária chilena, como os mineiros, que em 19 de abril de 1973 iniciaram uma greve por tempo indeterminado na mina de cobre nacionalizada El Teniente, 120 quilômetros ao sul de Santiago. A greve envolveu 1.300 trabalhadores exigindo reajustes salariais e durou 74 dias. O governo sustentou que o interesse nacional estava acima dos interesses dos privilegiados mineiros de cobre e utilizou forças policiais para interromper a greve, em meio a graves conflitos.

dam a classe trabalhadora, "gradualmente", que impeçam o povo de tomar consciência da agressão patronal; a criação de conflitos institucionais entre o Parlamento e o Executivo, que originam uma dualidade institucional e daí intimar e depois desalojar o Governo; tentam, assim, evitar a ruptura das Forças Armadas, conquistando a oficialidade constitucionalista.

É por isso que a política que os setores reformistas desenvolvem, de apenas denunciar a possibilidade de uma guerra civil, também não arma totalmente o povo. Sustentamos que a tarefa fundamental é acumular a força de massas necessária, seja para impedir a guerra civil, seja para vencê-la se ela estourar por decisão reacionária.

Esta acumulação de forças só pode ser assegurada erguendo um Programa Revolucionário do Povo, que surja da discussão da própria classe trabalhadora e do povo, para a indústria, a agricultura, a habitação, a educação, o Código do Trabalho etc.; que reanime, arme e una o povo; e no desenvolvimento e fortalecimento de organismos de massas que, incorporando todos os setores do povo, permitam organicamente à classe operária exercer seu papel de vanguarda sobre as demais camadas do povo, na perspectiva do desenvolvimento de um poder popular alternativo à ordem burguesa e independentes do Governo: os Comandos Comunais dos Trabalhadores.

AS TAREFAS DO POVO CONTRA A OFENSIVA GOLPISTA

Declaração pública do Secretariado Nacional do MIR, de 29 de junho de 1973.

Hoje, um setor reacionário das Forças Armadas, chefiado pelo Comandante do 2º Regimento Blindado, Roberto Souper, tentou um golpe de estado, ocupando as ruas próximas ao Palácio de la Moneda no início da manhã.

A INTENTONA GOLPISTA FRACASSOU

A ultradireita chilena, o Partido Nacional e setores ultrarreacionários da Democracia Cristã apoiaram esta tentativa de golpe, convocando os gorilas[148] *criollos* para realizar a ação golpista contra o povo, que custou a vida de numerosos trabalhadores inocentes.

No entanto, o povo respondeu com mobilização imediata, ocupando as fábricas, fazendas e locais de trabalho e promovendo decisivamente o Poder Popular através da criação dos Comandos Comunais de Trabalhadores.

Ao mesmo tempo, as Forças Armadas e Carabineiros[149] leais ao governo se mobilizaram decisivamente e esmagaram a tentativa de ocupação do Palácio de la Moneda, controlando a situação.

---

148. N.T.: O termo "gorilas" é utilizado amplamente na tradição política latino-americana como forma de referência pejorativa aos militares: o gorila seria uma síntese de brutalidade e estupidez.

149. N.T.: Carabineiros do Chile é a instituição de polícia ostensiva (uniformizada) do Chile. É responsável, ainda, por atuar na área de defesa civil naquele país.

Mas a tentativa de golpe tem raízes e ramificações mais amplas. Políticos e parlamentares de direita e militares ultrarreacionários estão envolvidos nessa ação sediciosa e golpista. O PN, a ultrarreação democrata-cristã, a SOFOFA, a CUPROCH, o SNA[150] e o imperialismo estão comprometidos.

OFENSIVA COMPLETA CONTRA OS REACIONÁRIOS

A classe operária e o povo devem agora lançar uma ofensiva completa contra a reação e a ultrarreação chilenas. O povo tem força de sobra para resolver a seu favor a crise que se coloca.

Somente a mobilização e organização independente dos trabalhadores e o combate determinado e imediato contra os patrões e a reação imperialista podem derrotar definitivamente esta tentativa de golpe e qualquer tentativa posterior. A classe operária e o povo têm claro que a crise atual não pode ser resolvida por outras forças que não sejam as forças da classe operária e dos trabalhadores.

É a classe operária e os trabalhadores organizados nos Comandos Comunais, os Comitês de Autodefesa dos Comandos Comunais que devem assumir o controle das comunas, bairros, cidades e campos do país.

ALERTA E PODER POPULAR

Por isso convocamos a classe operária, os trabalhadores e o povo a permanecerem em estado de alerta e mobilização. Manter a ocupação das fábricas e fazendas e locais de trabalho, reforçando os Comitês de Autodefesa e desenvolvendo a organização das Brigadas de Vigilância de forma massiva. Não devolver nenhuma das grandes empresas tomadas pelos trabalhadores e impor o Controle Operário às demais.

Por isso o MIR apela ao reforço dos Comandos Comunais onde existam e à sua criação imediata onde ainda não tenham

---

150. N.T.: Respectivamente: Sociedade de Fomento Fabril, a federação dos industriais chilenos; Confederação Única de Profissionais do Chile, de profissionais autônomos; Sociedade Nacional da Agricultura.

sido constituídos, integrando todas as organizações de massas existentes no município: Sindicatos, Centros de Mães, JAP[151], Juntas de Vizinhos, Centro Estudantis etc.

IMPULSIONAR OS COMITÊS DE VIGILÂNCIA E DE AUTODEFESA.

O Comando Comunal deve assumir imediatamente o controle e vigilância da comuna.

Convocamos os Comitês Diretivos dos Comandos Comunais a se declararem em sessão permanente. Criar e pôr imediatamente em funcionamento um Comitê de Defesa do Comando Comunal, para que este assuma o controle da ordem e vigilância na comuna, organizando o plano de defesa e criando brigadas de massas organizadas de vigilância e defesa.

Organizar a Comissão de Saúde, a Comissão de Abastecimento, a Comissão de Agitação e Propaganda e todas as comissões necessárias ao bom funcionamento do Comando Comunal.

CADEIA PARA OS OFICIAIS REACIONÁRIOS E GOLPISTAS

Conclamamos a classe operária e o povo a monitorar e prender imediatamente os oficiais reacionários e golpistas e lutar pela democratização das Forças Armadas e dos Carabineiros.

O MIR pede o fortalecimento da unidade da classe operária e do povo fardado, com os oficiais honestos, suboficiais, soldados e carabineiros.

---

151. N.T.: As Juntas de Abastecimento Popular existiram de 4 de abril de 1972 a 15 de setembro de 1973. Eram essencialmente comitês de racionamento, criados para aliviar a crônica escassez de alimentos e suprimentos do país. Como forma de organização do Poder Popular, cuidavam da distribuição de víveres em bairros populares e da fiscalização ao ocultamento especulativo de mercadorias promovido pelos comerciantes, a fim de vendê-las mais caro no mercado paralelo.

QUEBRAR O PODER DOS PATRÕES

O MIR apela à passagem imediata de todas as fábricas com capital superior a 14 milhões de escudos[152] para o poder dos trabalhadores; à passagem das propriedades fundiárias superiores a 40 HRB[153] para as mãos dos trabalhadores e à exigência da sua intervenção.

Expropriar o CENADI e o CONCI[154] e todos os grandes distribuidores e armazéns e que o povo tome imediatamente em suas mãos a distribuição e o abastecimento da população.

Expropriar todos os bens do imperialismo e suspender o pagamento da dívida externa.

Fechar, expropriar e passar para as mãos e controle do povo todas as rádios, jornais e canais de televisão que hoje estão a serviço do golpe. Expropriar imediatamente as cadeias *El Mercurio*, *Tribuna*, *Rádio Agrícola* e *Canal 13*.

UNIDADE DE TODA A ESQUERDA E DOS REVOLUCIONÁRIOS

O MIR convoca toda a esquerda a unir forças para lutar frontalmente contra a burguesia, a reação e a ultrarreação nacional e estrangeira, para deter o planos e projetos golpistas e sediciosos, derrotando-os definitivamente através de um combate em que a classe operária e o povo se apoderam de suas fábricas e fazendas e os expulsam de suas trincheiras de poder político: Parlamento, Controladoria e Suprema Corte.

O MIR convoca a classe operária e o povo a não se deixar enganar pelos Jarpas e pelos Frei, pelos parlamentares reacionários, pelo PN e pelo PDC, pela imprensa reacionária, que tentarão esconder sua responsabilidade nesta tentativa frustrada de golpe, que custou a vida de dezenas de trabalhadores inocentes.

---

152. N.T.: Unidade monetária chilena.
153. N.T.: *Hectáreas de riego básico* ("hectares de irrigação básica"): unidade de medida utilizada como base para as expropriações.
154. N.T.: Respectivamente, Central Nacional de Distribuição e Comando Nacional Contra a Inflação.

Entre os responsáveis estão instigadores, promotores, cúmplices, organizadores e executores diretos. Os trabalhadores e o povo devem estar atentos para exigir que os responsáveis, independentemente do seu grau de participação, não fiquem impunes e paguem pelos seus crimes. O povo exige prisão e punição severa e exemplar para aqueles que violaram seus interesses.

O MIR saúda a classe operária, os trabalhadores e o povo, os oficiais honestos, soldados e carabineiros, toda a esquerda e nossos militantes que souberam enfrentar os golpistas, nos quartéis, nas ruas, nas fábricas, nos bairros populares, nas cidades e nos campos do Chile. Ao mesmo tempo, apelamos a que permaneçam alertas e continuem a combater a reação e o golpe, na luta cotidiana dos trabalhadores e do povo contra os seus inimigos, através das tarefas aqui definidas.

DESENCADEAR UMA GRANDE CONTRAOFENSIVA REVOLUCIONÁRIA E POPULAR

O MIR convoca o desencadeamento de uma vasta ofensiva revolucionária e popular contra os inimigos do povo, contra a reação patronal e o golpe.

O MIR conclama a lutar pelo Programa Revolucionário do Povo, pela plataforma imediata destinada a resolver os problemas mais urgentes das massas.

Criar e fortalecer o Poder Popular, criando os Comandos Comunais de Trabalhadores em todas as comunas do país, assumindo o controle e vigilância da comuna e a direção das lutas da classe operária e do povo. Lutar pela democratização das Forças Armadas e dos Carabineiros e pela vigilância e prisão dos oficiais reacionários e golpistas. Promover com mais força do que nunca a luta pela substituição do Parlamento burguês pela Assembleia Popular e pela imposição do estabelecimento de um verdadeiro Governo Operário.

SECRETARIA NACIONAL
MOVIMENTO DE ESQUERDA REVOLUCIONÁRIA.

ENTREVISTA COM MIGUEL ENRÍQUEZ (EXCERTO)

Coletiva de imprensa realizada em 8 de outubro de 1973.

Pergunta: Na sua opinião, por que o governo chileno caiu?

Resposta: A crise do sistema de dominação, que vinha se desenvolvendo no Chile há anos, cristalizou-se na ascensão ao governo de Unidad Popular, agudizando a crise interburguesa e multiplicando a ascensão do movimento de massas. Isso criou condições que permitiam, se o governo tivesse sido usado como instrumento das lutas dos trabalhadores, culminar na conquista do poder pelos trabalhadores e em uma revolução proletária. Mas o projeto reformista que a UP tentou foi aprisionado na ordem burguesa; não atacou o conjunto das classes dominantes, na esperança de conseguir uma aliança com um setor burguês; não contou com a organização revolucionária dos trabalhadores em seus próprios órgãos de poder; rejeitou a aliança com soldados e suboficiais, preferindo fortalecer-se no aparelho do Estado capitalista e no corpo de oficiais das Forças Armadas, buscando selar uma aliança com uma fração burguesa. A ilusão reformista permitiu que as classes dominantes se fortalecessem na superestrutura do Estado e a partir daí iniciassem sua contraofensiva reacionária, primeiro contando com os sindicatos patronais, depois com a pequena burguesia e por fim com o corpo de oficiais das Forças Armadas para então derrubar o governo sanguinariamente e reprimir os trabalhadores. Quem pagou e ainda paga pela ilusão reformista são os trabalhadores, seus dirigentes e partidos, que trágica e heroicamente a defenderam até o último minuto, confirmando hoje dramaticamente a frase do revolucionário francês do século XVIII, Saint-Just: "Quem faz revoluções pela metade apenas cava sua própria cova."

Pergunta: O fracasso da esquerda, na sua opinião, cancela a luta pelo socialismo no Chile por um longo período?

Resposta: Não parece ser o momento de reviver velhas diferenças dentro da esquerda, mas, ao mesmo tempo, pensamos que é necessário que os trabalhadores e a esquerda obtenham todas as lições que a experiência chilena oferece, para nunca mais incorrer em erros. Por isso mesmo: no Chile não falhou a esquerda, nem o socialismo, nem a revolução, nem os trabalhadores. No Chile, terminou tragicamente uma ilusão reformista de modificar as estruturas socioeconômicas e fazer revoluções com a passividade e o consentimento dos afetados: as classes dominantes.

Agora, a luta, longe de ser cancelada, apenas começou. Será longa e difícil. O movimento de massas e a esquerda não foram esmagados. Nas novas condições, a força dos trabalhadores, da esquerda como um todo e dos revolucionários, primeiro derrotados, depois se reconstruindo, tende a aumentar novamente, pois setores da pequena burguesia, ontem inflamados contra a UP, agora se unem à luta contra a ditadura como reação à sangrenta repressão fascista da Junta [Militar] e contra as medidas antipopulares e regressivas por ela impostas. Progressivamente, mas solidamente agora, uma vasta resistência popular à ditadura fascista se desenvolverá mais uma vez.

[…]

10

VÂNIA BAMBIRRA

Nascida em Belo Horizonte em 1940, era filha de uma dona de casa e de um alfaiate militante do Partido Comunista Brasileiro. Tornou-se socióloga, cientista política e economista internacionalmente renomada. Participou da formulação da chamada Teoria da Dependência. Foi membro da organização revolucionária Política Operária (Polop). No Chile, exilada, integrou o Centro de Estudos Sócio-Econômicos (CESO) da Universidade do Chile. Três anos depois, ocorre o golpe militar no Chile, e Vânia parte para novo exílio, dessa vez no México, onde leciona na Universidade Nacional Autônoma do México até 1980, quando retorna ao Brasil.

EXCERTO: REVOLUÇÃO DEMOCRÁTICA E REVOLUÇÃO SOCIALISTA (REVOLUÇÃO MEXICANA E REVOLUÇÃO CUBANA)

Publicado em 1974 na Cidade do México.

II) A REVOLUÇÃO MEXICANA COMO MODELO DE REVOLUÇÃO DEMOCRÁTICA BURGUESA

1. Inimigos, tarefas e forças motrizes

A revolução mexicana foi a experiência mais avançada da revolução democrática burguesa na América Latina. Em nenhum outro país do continente houve um processo revolucionário tão longo, massivo e radical como no México. Este foi, sem dúvida, o resultado da combinação de uma série de fatores e circunstâncias específicas que possibilitaram um profundo questionamento da estrutura econômico-social oligárquica-latifundiária permeada pela dominação imperialista, por meio de uma guerra civil que se alastrou por todo o país. O desenvolvimento das forças produtivas, expresso em um significativo crescimento industrial ocorrido desde o final do século XIX, entra em contradição com as relações sociais de produção e com a superestrutura política, jurídica, administrativa e cultural da dominação oligárquica-latifundiária e impõe a necessidade de romper drasticamente esses entraves. O regime ditatorial de Porfirio Díaz havia expressado, por muitos anos, esse sistema de dominação. Nesse período, caracterizado pela repressão econômica e política ao campesinato pobre – classe social mais numerosa do país –, ao proletariado urbano, à pequena burguesia e às classes médias, foram gestados os germes da rebelião que explodiu em 1910. A ditadura de Díaz, por seu caráter prolongado e cruel e, sobretudo, por representar a hegemonia do poder dos latifundiários, capitalizou contra si uma forte oposição dessas classes, às quais se somou, além disso, a jovem burguesia industrial.

Durante esse governo, o processo de monopolização das terras, baseado na expropriação das terras camponesas, atingiu um patamar elevado. Essa situação era insustentável por parte do campesinato, pois lhe tirava os meios de sobrevivência. Estas são as condições básicas que explicam o desencadeamento do processo revolucionário no final da primeira década. No entanto, seu aprofundamento e generalização se explica, sobretudo, pela intransigente tentativa dos setores oligárquico-latifundiários de frustrar o processo de transformação e manter o controle hegemônico do poder, que se expressou no assassinato de Francisco I. Madero e no governo reacionário do general Huerta.

Não é nosso propósito fazer um relato factual dos acontecimentos da Revolução Mexicana em nossas breves reflexões sobre ela (o que, aliás, já foi feito por múltiplos de seus estudiosos), mas discutir algumas de suas características. Há um consenso de grande parte de seus analistas em sua caracterização geral como democrático-burguesa e, por isso, nos parece irrelevante tentar comprová-lo novamente. Porém, é importante insistir um pouco mais na caracterização da perspectiva que orientou a participação da principal força motriz da revolução: o campesinato. Isso é necessário devido à existência de uma série de distorções em diversas análises sobre o papel do campesinato na luta revolucionária. É o caso, por exemplo, do estudo de Adolfo Gilly[155], que tenta demonstrar a tese de que a participação do campesinato – particularmente dos zapatistas – tendeu a superar o quadro democrático-burguês da revolução. É verdade que este autor reconhece que tanto o campesinato, por sua limitação de classe, quanto o proletariado, por sua falta de direção e de partido revolucionário naquele momento, não conseguiram resolver a questão essencial:

---

155. N.A.: *La Revolución Interrumpida*. Ediciones El Caballito, México, 1973.

a do poder do Estado. A resposta ficou nas mãos da burguesia e da pequena burguesia. "No entanto" – continua o autor – "eles só foram capazes de resolver essa questão depois de anos, depois de grandes batalhas e longas campanhas em que os exércitos camponeses e o povo em armas transformaram o país e abalaram para sempre todos os alicerces da estabilidade burguesa."[156]

A última afirmação é verdadeiramente absurda. A análise dos resultados da revolução, expressos no desenvolvimento econômico e institucional do país, permite tirar conclusões diametralmente opostas às deste autor. Se há um país na América Latina cujo desenvolvimento capitalista tem se processado de forma estável – claro, sem anular as contradições intrínsecas a todo capitalismo – esse país é o México. Isso se refletiu não apenas em seus níveis de crescimento econômico, que foram os mais equilibrados do continente, mas também no notável controle que as classes dominantes mexicanas tiveram sobre o proletariado e o campesinato desde o fim da revolução. Tudo isso foi resultado da revolução que, apesar de não ter conseguido a maioria de seus objetivos, em todo caso produziu um processo de mudança (o mais relevante que existiu na América Latina até a revolução boliviana e, claro, depois, até a revolução cubana), que forneceram bases muito estáveis, pelo menos até hoje, para o desenvolvimento do sistema.

Voltaremos, mais adiante, a discutir esse aspecto. Também gostaríamos de considerar brevemente outra abordagem contida no texto citado acima. É verdade que na época da revolução não havia direção nem partido proletário. Por isso, aparentemente, pode-se explicar a incapacidade dessa classe de postular o problema do poder, tentando superar o quadro democrático-burguês da revolução. No entanto, a inexistência destes requisitos é sintoma de um estágio da luta, de um nível de desenvolvimento econômico e social. A direção e o partido proletário não surgem de repente, mas são fruto de uma necessidade histórica que os coloca em pauta. Em 1905, na Rússia, havia o POSDR e havia a fração bolchevique. Apesar disso, Lênin considerava que o desenvolvimento do proletariado ainda era imaturo e que não fazia sentido propor a tomada do poder por essa classe. A tarefa histórica

---

156. N.A.: Op. cit., p. 85.

do proletariado consistia em tentar levar a revolução burguesa até suas últimas consequências, pressionando, como dizia Lênin, "por cima e por baixo", sem pretender que fosse possível contornar essa etapa. No México, portanto, o problema da tomada do poder pelo proletariado – o problema do socialismo – não se colocava não exatamente pela inexistência de uma vanguarda revolucionária, mas – e isso é o essencial – pela inexistência das condições objetivas e subjetivas (do qual a vanguarda é resultado, não espontâneo, mas consciente) que tornam necessário e possível um sistema socioeconômico superior, isto é, socialista. Portanto, qualquer tipo de especulação sobre por que a revolução mexicana não se tornou socialista é injustificada.

Da mesma forma, é uma verdadeira falácia tentar encontrar um conteúdo anticapitalista no programa do campesinato zapatista. O mesmo autor tenta demonstrá-lo na disposição do Plano de Ayala que preconizava "que os camponeses despojados de suas terras obteriam posse delas imediatamente, ou seja, as tomariam imediatamente exercendo seu próprio poder". "Essa posse", expõe o autor, será mantida "a todo o custo, de armas em mãos", e serão os latifundiários usurpadores que, triunfando da revolução, terão de recorrer a tribunais especiais para provar o seu direito às terras já ocupadas e recuperadas ao longo da luta pelos camponeses"[157]. De onde o autor tira a demonstração de que a pretensão camponesa à posse da terra é anticapitalista? Ou será que ele acredita que esse caráter decorre da velocidade com que se recomenda a aplicação dessas medidas? Não há base científica para essa afirmação. Pelo contrário, Marx, Engels e Lênin, conseguiram demonstrar que teoricamente não há incompatibilidade entre a forma mais radical de confisco da terra dos latifundiários (nacionalização da terra) e o capitalismo; ao contrário, isso corresponde aos interesses mais consistentes do desenvolvimento do capitalismo[158]. O que dizer então da posse da terra pelos camponeses! Gilly diz que "Emiliano Zapata não pretendia conscientemente destruir o regime capitalista [...]. No entanto, a aplicação do Plano de Ayala significaria de fato a destruição das bases de

---

157. N.A.: Op. cit., p. 63 e 64.
158. N.A.: Karl Marx, *O capital*, e Lênin, *O programa agrário*...

existência do capitalismo."¹⁵⁹ Esta é mais uma das falácias do referido autor. Como ele mesmo descreve em seu livro, o Plano de Ayala era eminentemente camponês. Os zapatistas – sem dúvida o setor mais radical da revolução – defenderam seus interesses particulares e nunca chegaram a propor um plano de reformas que correspondesse aos interesses nacionais ou de conjunto das classes dominadas. Quando dominaram grande parte do país, juntamente com Francisco Villa, e tomaram o governo central, não conseguiram promulgar sequer um decreto que beneficiasse minimamente o proletariado urbano. Isso explica porque os liberais burgueses – cuja melhor expressão durante a revolução é Obregón –, depois de algumas concessões concretas, conseguiram mobilizar os operários e formar os batalhões vermelhos para combater o Exército Camponês, a Divisão do Norte, sob o argumento de que estavam lutando contra os reacionários, contra os inimigos da classe operária.

Esta interpretação que exagera o caráter avançado do programa camponês se assenta no pressuposto de que a comunidade agrária representa uma forma de organização socioeconômica superior ao capitalismo, ainda que este a tenha destruído e decomposto em grande medida: "[...] o capitalismo não foi capaz de introduzir uma cultura superior no campo [...] o campesinato persistiu em seus costumes coletivos, suas relações igualitárias, suas formas de produção do trabalho baseado na cooperação e na ajuda recíproca, sua linguagem fraterna, com um caráter social de força superior à do capitalismo"¹⁶⁰. E o autor busca em vão uma citação de Marx e Engels para ajudar em seu argumento, embora estas sirvam melhor para refutá-lo. Esta apologia das relações comunitárias do campesinato resulta numa abordagem verdadeiramente revolucionária. É evidente que a penetração do capitalismo no campo representa a implantação de uma economia e cultura superiores. Seu principal efeito é a proletarização do campesinato através da desapropriação de suas terras. Embora esse processo expulse para as cidades um grande contingente humano, que perde seus meios de subsistência no campo, ele

---

159. N.A.: Op. cit., p. 69.
160. N.A.: Op. cit., p. 36 e 37.

conforma, por outro lado, um contingente de proletários agrícolas, cuja perspectiva, por sua condição de classe, não está vinculada à demanda pela posse da terra, mas sim a demandas de natureza tipicamente operária. O proletariado agrícola – criado pelo desenvolvimento capitalista – é o aliado mais sólido do proletariado industrial, aquele que potencialmente formará as bases para a transformação socialista da agricultura e que tem melhores condições para implantar uma cultura comunista superior. É a relevância da presença do proletariado agrícola – especialmente dos canavieiros – na região de Morelos, principal base do zapatismo, que pode explicar fundamentalmente o caráter relativamente mais avançado desse setor do campesinato revolucionário e o fato de que, na prática, a propriedade privada da terra tenha sido profundamente questionada lá. O autor está ciente dessa situação porque a relata em seu livro, mas não articula adequadamente esse fenômeno com a explicação essencial da radicalização do campesinato zapatista. Mas, em todo caso, apesar dessa radicalização da luta em Morelos, ela nunca deixou de se inserir em marcos democrático-burgueses.

Por todas essas considerações, a afirmação de que "o que os camponeses e operários agrícolas de Morelos criaram naquela época era uma comuna, cujo único antecedente mundial equivalente havia sido a Comuna de Paris" (Sic!) nos parece verdadeiramente descabida. "Mas a Comuna de Morelo não era operária, e sim camponesa. Não foi criada no papel, mas de fato. E se a lei agrária zapatista é importante, é porque mostra que, para além do horizonte camponês local, havia uma ala que tinha a vontade nacional de organizar todo o país sobre essas bases".[161] A Comuna de Paris foi a primeira experiência não "no papel, mas de fato" da ditadura do proletariado. Essa jamais terá qualquer "equivalente" em uma pretensa "ditadura" camponesa. Além disso, a Comuna de Paris, apesar de sua existência efêmera, por todos os erros que cometeu, representava um Estado qualitativamente diferente do Estado burguês, o Estado proletário. A Comuna como novo Estado, preconizava – já que não tinha condições históricas para realizar – toda uma revolução da organização política, econômica

---

161. N.A.: Op. cit., p. 252.

e social. O "partido camponês zapatista" tinha um programa que, como reconhece o referido autor, "não ultrapassava os limites burgueses, representados por Soto y Gama"[162].

A verdade é que este programa "não ultrapassou os limites burgueses" e o reconhecimento disso demonstra, por si só, toda a incongruência da tese do autor. Obviamente, seria possível admitir uma falta de correspondência entre o programa e a prática dos camponeses zapatistas. Mas não houve tal fato. A prática representou, no máximo, uma radicalização do programa, não exatamente sua superação. Outra falácia do mesmo autor consiste em atribuir a Soto y Gama e ao setor "de direita" do zapatismo o programa e as políticas democrático-burguesas do movimento. Isso não está certo. Zapata era o líder indiscutível e consciencioso do movimento. Consiste em subestimar seu papel ao considerar que a linha de movimento foi feita à margem e pelas costas dele. A ideologia de Zapata era, pela particularidade dos interesses que defendia, camponesa e, nesse sentido, mais limitada que a ideologia democrático-burguesa. Isso, claro, não diminui seus méritos como a melhor expressão de revolucionário e de líder de uma etapa de lutas do povo mexicano, da etapa da revolução democrático-burguesa. É verdade, como cita o autor, que Emiliano Zapata, após a consumação da revolução russa, na esteira da mexicana, expressou sua admiração por ela. É possível que se Zapata tivesse se tornado socialista... Mas que importa especular sobre isso? O fato é que no México daquele tempo não havia sequer um movimento socialista que pudesse ter tentado levar muito mais longe as conquistas democráticas. Zapata terminou seus dias buscando desesperadamente um acordo com os líderes políticos liberais burgueses, o que o levou à emboscada fatal (apesar de Gilly atribuir grosseiramente essa decisão política às manobras de seus secretários, feitas pelas costas...). Os políticos burgueses queriam um acordo com o zapatismo, mas sem Zapata, sem seu líder, símbolo das demandas particulares da classe; queriam um zapatismo sem cabeça, capaz de se ajustar dócil e incondicionalmente a um lento processo de reformas parciais... e isso se consumou a partir de 1920.

---

162. N.A.: Op. cit., p. 272.

A revolução mexicana, pela sua forma, foi a mais radical das revoluções burguesas realizadas na América Latina, mas, pelo seu conteúdo, ajustou-se ao que Lênin propunha a respeito dessas revoluções: "é conveniente para a burguesia que a revolução burguesa não varra resolutamente todas as sobrevivências do passado, mas deixe algumas delas de pé."[163] Por esta razão, a constituição democrática de 1917, que representa um dos mais avançados programas de mudanças que podem existir sob o sistema burguês, não foi aplicada senão parcialmente, gradualmente, até o período presidencial de Lázaro Cárdenas, que representou a mais avançada experiência de transformações democrático-burguesas que existiu no Continente. Vamos discuti-lo na próxima seção. Mas queremos expressar nossa opinião no sentido de que, embora o governo de Cárdenas implemente postulados básicos definidos pela revolução, isso não significa que a própria revolução mexicana durou até a década de 1930. Seu término ocorre em 1920, com a pacificação do movimento zapatista. O período de Cárdenas, quando ocorre um novo processo de mudanças, será caracterizado não como uma época revolucionária, mas sim como uma época de reformas.

Finalmente, uma última divergência com Gilly. Ele afirma que "a revolução não terminou com o triunfo do capitalismo, nem foi suprimida. Foi interrompida."[164] Que conclusão estranha! Será então possível dizer que a revolução socialista francesa foi interrompida desde a Comuna... Mas de que adianta essa conclusão? Esse raciocínio serve apenas para distorcer a compreensão do caráter da revolução, de sua especificidade e de seu esgotamento.

2. A frustração da Revolução e o cardenismo

a) As condições que geraram o cardenismo

Embora a revolução mexicana tenha golpeado o poder oligárquico-latifundiário, não o liquidou definitivamente. Durante o

---
163. N.A.: *As duas táticas da social-democracia na revolução democrática*.
164. N.A.: Op. cit., p. 32.

processo revolucionário, enquanto durou a ascensão do movimento camponês, realizou-se, especialmente nas áreas zapatistas, uma reforma agrária efetiva. Porém, com o declínio do movimento, uma rearticulação do monopólio da propriedade da terra voltava a se processar, embora nem sempre sob a posse dos antigos proprietários, mas sim, em várias partes, pela formação de um novo setor de proprietários rurais (muitos deles oriundos da pequena burguesia que se juntou às fileiras dos exércitos revolucionários) e que confere à agricultura um caráter moderno, baseado na organização capitalista da produção.

A estrutura de poder que se formou a partir da revolução pode ser caracterizada como um poder oligárquico-burguês. Sem dúvida, as velhas classes dirigentes cedem sua hegemonia aos setores mais modernos e dinâmicos do capitalismo, ou seja, aos setores mais diretamente ligados à produção industrial. No entanto, embora a burguesia industrial venha gradativamente a deter a hegemonia do poder, esta é uma hegemonia comprometida, já que se limita a uma série de compromissos acordados com os setores dominantes tradicionais, que consistem na manutenção, por estes, de uma série de seus privilégios[165].

A hegemonia burguesa poderia ser garantida, basicamente, pelo apoio das grandes massas camponesas e do proletariado urbano. No entanto, até o período cardenista, as concessões que lhes foram feitas eram bastante irrelevantes, apesar de toda uma série de promessas que os setores dirigentes continuaram a fazer, envoltas em uma fraseologia muito radical herdada da revolução.

Todas as análises objetivas desta etapa demonstram isso. A título de exemplo, citaremos o que diz Arnaldo Córdova[166]: "A reforma agrária, particularmente, tornara-se um simples instrumento de manipulação das massas camponesas, através de limitadas distribuições agrárias, muitas vezes apenas de terras públicas, que de nenhum maneira contribuía para transformar as relações de propriedade contra as quais o movimento revolucionário havia sido realizado. A Revolução havia sustentado o princípio de

---

165. N.A.: Uma análise desse processo em nível latino-americano foi realizada em nosso *Capitalismo dependente latino-americano*, capítulo IV, PLA. Santiago de Chile, 173

166. N.A.: *La política de masas del Cardenismo*, Era, México, 1974.

que era necessário destruir o monopólio da propriedade da terra em poucas mãos, como requisito indispensável para o progresso do México; os governos revolucionários não só puseram no esquecimento este princípio, mas também tentaram por todos os meios à sua disposição preservar a velha classe dirigente e assimilá-la à nova que se organizava". Avaliações desse mesmo tipo podem ser encontradas em Jesús Silva Herzog[167], eminente analista mexicano do processo revolucionário, bem como em outros autores, como Tzvi Medin[168], Antatolo Shulgovski[169] e muitos outros.

[...] O país soube pelo censo agrícola de 1930 que um grupo de 13.444 latifundiários monopolizava 83,4% do total das terras em mãos privadas; que os 668.000 ejidatários[170] possuíam terras que representavam apenas 1/10 do que estava nas mãos dos fazendeiros, e que junto com eles havia 2.332.000 camponeses sem-terra; em outras palavras, que deste ponto de vista a revolução tinha sido praticamente inútil.[171]

As tensões sociais motivadas pela frustração das aspirações revolucionárias explodiram nos primeiros anos da década de 1930, agravadas pela crise do sistema capitalista em nível internacional. O movimento grevista se manifesta constantemente nas cidades, questionando o tradicional controle do governo sobre a classe operária. No campo reapareceram alguns focos isolados, mas em

---

167. N.A.: *El agrarismo mexicano y la reforma agraria*. *Exposición y Crítica*. FCE, México, 1964.
168. N.A.: *Ideología y praxis políticas de Lázaro Cárdenas*. Siglo XXI. México, 1972.
169. N.A.: *México en la encrucijada de su Historia*. Ed. de Cultura Popular.
170. N.E.: N.T.: *Ejidos* são parcelas de terra não cultivada de propriedade estatal, arrendadas em contratos para a população (os chamados ejidatários). Compõem a maior parte do território rural mexicano. Em 1960, 23% das terras cultivadas no México eram *ejidos*.
171. N.A.: Arnaldo Córdova, op. cit., p. 14. Tzvi Medin, em cálculos feitos diretamente com base no censo de 1930, especifica melhor a informação: "de uma área total de pouco mais de 131 milhões e meio de hectares, 110 milhões pertenciam a 15.448 propriedades maiores que 1.000 hectares, enquanto as 796.600 propriedades com tamanho de um a 100 hectares mal somavam 5 milhões e meio de hectares. A situação fica mais evidente se verificar que mais de 70 milhões de hectares foram distribuídos em menos de 2.000 propriedades com mais de 10.000 hectares cada". O mesmo autor, analisando a reforma agrária durante o período que vai da constituição de 17 até o início do governo de Cárdenas, diz: "os 18 anos da Revolução apenas testemunharam tímidos começos ou iniciativas distorcidas". Op. cit., pp. 36 e 46.

todo caso muito significativos, de descontentamento camponês. Soma-se a tudo isso a luta antirreligiosa promovida por Calles, que representou um importante fator de convulsão social. A estabilidade do regime produzido pela revolução estava ameaçada. Para garanti-la, era necessário um governo que implementasse reformas sociais efetivas; que, com base nisso, restaurasse o equilíbrio social; resgatasse a confiança das massas nos governantes; acalmasse os ânimos das classes descontentes; e, sobretudo, promovesse o desenvolvimento da indústria e o crescimento da economia do país em geral, através de uma política nacionalista arrojada e eficaz. Era imprescindível cumprir essas tarefas, o que significava voltar ao rumo perdido das reformas preconizadas pela revolução, um governo que representasse uma autoridade nacional efetiva, que tivesse condições de prevalecer diante de todas as classes sociais, fazendo delas sua condição imprescindível mas, ao mesmo tempo, reprimindo suas reivindicações que gerassem conflitos insuportáveis para o sistema. Para isso era necessário um grande líder, que fosse um verdadeiro fator de coesão das grandes massas, que restaurasse a confiança no sistema, requisito essencial para a afirmação dos objetivos do desenvolvimento burguês. Como Vargas, no Brasil, como Pedro Aguirre Cerda, no Chile, ou como um Perón, na Argentina, Cárdenas representou para o México o político capaz de unir o país para implementar o processo de industrialização, impondo uma política de incentivo e proteção à indústria nacional.

A posição social da origem familiar de Cárdenas pode ser definida como pertencente à classe média. Sua ascensão social começou como consequência de sua destacada participação como soldado na revolução, o que progressivamente lhe abriu as portas da atividade política e da liderança. No entanto, este homem cujas posições ideológicas melhor expressavam o pensamento pequeno-burguês radical desenvolvido pela revolução e que não tinha ele próprio nenhuma identificação de classe com a burguesia, independentemente da maior ou menor consciência que tivesse do seu papel, passará, em seu governo, a representar a alternativa mais consistente e viável para o desenvolvimento do capitalismo mexicano, também independentemente de se a burguesia industrial tinha uma maior ou menor capacidade de compreender seu significado. Isso porque, muitas vezes, uma política altamente condizente com os interesses de preservação e expansão do sistema pode entrar em conflito parcial e/ou momentâneo com setores específicos do empresariado. Vamos dar um exemplo: a concessão do direito de greve – que caracterizava em geral a política cardenista –, do ponto de vista imediatista, violava os interesses empresariais. No entanto, essa orientação, inserida em toda a política de Cárdenas, criou as condições para a expansão e consolidação do sistema, na medida em que se inseriu em um complexo sistema de controle da classe operária por parte do governo e da criação das bases institucionais dessa cooperação com o regime. Claro que só os setores mais lúcidos da burguesia conseguem entender essa política e subjugar seus interesses particulares à segurança mais ampla do funcionamento do modo de produção capitalista. É o caso da maioria das medidas transcendentais deste governo.

Mas todas essas afirmações gerais são demonstradas na análise concreta do governo cardenista. Não é nosso objetivo fazer uma análise exaustiva desse período, mas tentar caracterizar seus conteúdos essenciais, como expressão de uma certa política de classe. Passaremos a apontar os aspectos mais relevantes desta política, destacando o seu significado.

b) O significado político do cardenismo

O governo de Cárdenas caracterizou-se pela implementação de uma série de reformas que foram essenciais no sentido de romper os obstáculos, no nível infra e superestrutural, que dificultavam a abertura de uma nova fase do processo de acumulação capitalista.

Nesse período a reforma agrária se acelerou, com a distribuição de 17.609.139 de hectares de terra (todos os governos anteriores ao de Cárdenas e depois da revolução haviam distribuído aproximadamente 10.000.000 de hectares). Além disso, a distribuição da terra não se orientava apenas à expansão da pequena propriedade privada, forma que predominou nos governos que a precederam, mas, nesse sentido, privilegiou de maneira muito especial a propriedade ejidatária, procurando expandir significativamente o *ejido* coletivo e a organização cooperativa. A reforma agrária cardenista também recuperou importantes glebas expropriadas dos indígenas, buscando organizar sua produção sob a mais racional forma cooperativa.

As desapropriações foram feitas sem indenização prévia e inseridas em um plano global que contemplava a concessão de crédito aos camponeses, instalação de sistemas de irrigação, armazenamento, além de prever a construção de escolas e hospitais na região reformada. Uma parcela significativa das terras desapropriadas era de propriedade de estrangeiros.

Paralelamente à reforma, o governo incentivou a organização sindical do campesinato e vinculou essa organização ao aparato do Estado, cuidando para mantê-la separada das organizações operárias congêneres. Ele estimulou a criação da CNC (Confederação Nacional Camponesa), mas a manteve separada do movimento operário nacionalmente organizado.

Da mesma forma, o governo de Cárdenas incentivou a criação da CTM (Confederação dos Trabalhadores do México), mas sempre tentou mantê-la sob o controle do aparato estatal e utilizá-la como uma das principais bases de sustentação de sua política desenvolvimentista.

Já tendo o controle sobre as principais organizações de massa, Cárdenas tentou então coordenar suas ações e garantir sua orientação e liderança através da criação do PRM (Partido da Revolução Mexicana, cujas origens vêm do PRN e que anos depois se chamaria PRI). Além dos setores camponeses e operários, deveria ser constituído por setores das Forças Armadas, artesãos, industriais, profissionais liberais, comerciantes, agricultores, enfim, todos aqueles que concordassem com a política reformista do governo. Seu programa, elaborado com base em toda uma terminologia marxista, parte do reconhecimento da luta de classes e chega a advogar a constituição de uma "democracia dos trabalhadores" e do socialismo. A terminologia radical não é uma especificidade do governo de Cárdenas no México. Seus predecessores a usaram abundantemente, assim como os governos que o sucederam.

O radicalismo verbal é, sem dúvida, um instrumento de mobilização das massas, identificando-se com elas e ajustando-as aos marcos adequados ao funcionamento do sistema. No entanto, embora no período de Cárdenas tenha sido utilizada uma conceituação radical, que mantinha uma grande distância das possibilidades práticas de realizar as transformações nominalmente preconizadas (por exemplo, a chamada educação socialista), não se encontra, entre os discursos ou textos escritos de Cárdenas, nenhuma afirmação que possa ser considerada mistificadora no sentido de que não expresse suas sinceras convicções democráticas e pró-capitalistas, embora não no sentido liberal, historicamente ultrapassado, mas na direção do desenvolvimento capitalista moderno, no qual o Estado tem um papel de intervenção proeminente na vida econômica e social, quer como empresário, quer como promotor de obras de solidariedade social, com o objetivo de, preservando os interesses sociais fundamentais, garantir a continuidade do desenvolvimento estável do sistema de proprietários privados. Como exemplo, citaremos alguns de seus conceitos que são muito representativos de seu pensamento e da orientação política de seu governo:

> Mais do que reformas políticas, o que realmente define um regime, nesse sentido, é sua organização econômica e social; e o governo mexicano não coletivizou os meios ou instrumentos de produção, nem monopolizou o comércio exterior, tornando o Estado proprietário das fábricas, casas, terras e depósitos de suprimentos. Os casos isolados e excepcionais de expropriação de máquinas por razões de utilidade pública, como a indústria petrolífera, as ferrovias, o Mante, Yucatán e a Laguna, foram plenamente justificados pelas condições especiais desses procedimentos, que os próprios proprietários ou empresas irremediavelmente provocaram com sua atitude. E a admissão do socialismo científico nas escolas públicas significa apenas a exposição do conhecimento moderno, que não pode ser escondido e que tem perspectivas abertas para o futuro, não como

sistema dogmático e absoluto, mas como orientação para novas formas de vida social e de justiça. Portanto, não há governo comunista no México. Nossa Constituição é democrática e liberal, com alguns traços moderados de socialismo em seus preceitos, que regulam a propriedade territorial, principalmente para fins de restituição, e nos estatutos que se referem às relações entre capital e trabalho, que não são, nem de longe, mais radicais do que os de outros países democráticos e mesmo de alguns que preservam instituições monárquicas.[172]

Pode-se argumentar que essas declarações de Lázaro Cárdenas foram feitas em 1940, no final de seu mandato, quando, segundo vários analistas, sua política tendia a uma notável diminuição do impulso do radicalismo. No entanto, o mesmo tipo de considerações pode ser encontrado em textos anteriores, desde o início de sua presidência. Por exemplo, em fevereiro de 1936 ele disse:

> A presença de pequenos grupos comunistas não é um fenômeno nem exclusivo de nosso país. Essas pequenas minorias existem na Europa, nos Estados Unidos e, em geral, em todos os países do mundo. Sua ação no México não compromete a estabilidade de nossas instituições, nem alarma o governo nem deve alarmar os empresários.[173]

Em outro texto ele se refere à importância de que

> [...] se apliquem as soluções que o interesse social demanda. Só assim se conseguirá a tranquilidade, a paz orgânica a que aspiram não só os patrões, mas sobretudo os operários e camponeses, que dela mais necessitam.[174]

---

172. N.A.: *Ideario político*. Ed. Era, México, 1972, p. 69.
173. N.A.: Op. cit., p. 190.
174. N.A.: Op. cit., p. 199.

A paz social, a conciliação entre patrões e operários é uma preocupação constante que se revela no pensamento de Cárdenas. Para isso, sempre procurou convencer os empresários da importância de fazer concessões pelo bem do interesse social, conforme a citação a seguir:

> Não é desejo do governo que nenhum empresário renuncie aos seus direitos e entregue os elementos de produção que possui. Mas deve-se considerar que, embora esses elementos estejam sob o controle de pessoas específicas, que os administram em seu benefício, em sentido amplo e geral, fábricas, imóveis e até capital bancário constituem o corpo da economia nacional; e o interesse social é ferido quando os proprietários se abstém de exercer corretamente suas funções, blindados por um conceito anacrônico de propriedade.[175]

Sem dúvida, esses julgamentos revelam não um pensamento liberal tipicamente ortodoxo, mas a concepção moderna de uma ideologia burguesa, antes neoliberal[176] no sentido de que, embora justifique claramente o princípio da propriedade privada dos meios de produção, o sujeita à eficiência para que possa cumprir "em sentido amplo" suas funções de interesse social, ou seja, a compatibilização entre interesses particulares e a expansão geral do sistema. Por esta razão, a função capitalista do Estado é maximizada. Nesse sentido, esse tipo de pensamento não pode ser considerado simplesmente um pensamento "utópico e pequeno burguês". Embora, por seu radicalismo e idealismo, o pensamento cardenista contenha muitas das características da ideologia pequeno-burguesa em seu essencial, a valorização da eficiência e modernização do sistema o leva a se aproximar muito mais do

---

175. N.A.: Op. cit., p. 246.
176. N.E.: Quando da escrita deste texto, ainda não era de uso corrente o termo neoliberalismo com a conotação que assumiria depois, expressando as tendências hegemônicas (e sua ideologia correspondente) do capitalismo mundial das décadas finais do século XX. Sua intenção aqui foi chamar atenção para formas particulares da configuração do Estado e do pensamento cardenistas, que diferiam do "velho liberalismo".

pensamento e da prática daquelas que são as melhores expressões do desenvolvimento burguês consequente.[177] Os textos de Cárdenas do início de seu mandato presidencial não são contraditórios com os do final. Sua preocupação em evitar conflitos entre capital e trabalho é uma constante ao longo dessa fase de sua vida política.

É essa preocupação básica com a harmonia e a paz social e com a promoção do desenvolvimento capitalista do México que norteia a constituição do PRM (Partido da Revolução Mexicana), e não aquilo que ele diz em seu programa, ou seja, a preparação do povo para o socialismo. O analista do período cardenista não pode se deixar enganar pelo revestimento que cobre o tratamento dos problemas, pela retórica marxista da época. Como disse Marx: se a aparência fosse igual à essência dos fenômenos, a ciência não seria necessária.

De fato, a formação de todas essas organizações de classe, como a CTM, a CNC, a criação de um novo partido e a incorporação a ele de importantes setores populares, são as bases essenciais, lançadas durante o período cardenista, que garantirão, nesta época e nas décadas seguintes, a estabilidade do sistema político e econômico mexicano. Nesse sentido, pode-se dizer que essas medidas, juntamente com outras que destacaremos de imediato, constituirão o grande legado do governo de Cárdenas para o desenvolvimento e afirmação do sistema capitalista em seu país.

A expropriação petroleira representa a reforma econômica mais transcendental do período. Ao que tudo indica, Cárdenas não tinha intenção de fazê-la, pelo menos não sob a forma tão radical como foi finalmente consumada. Ela foi antes o resultado da intransigência com que as empresas inglesas e norte-americanas

---

177. N.A.: "[…] não é o grau em que o governo intervém ou deixa de fazê-lo na vida econômica que define o caráter do sistema. No capitalismo de Estado, o Estado continua sendo capitalista, e se ele participa mais diretamente da economia, e sobretudo da chamada 'infraestrutura', é porque a dinâmica do sistema, a acentuação do caráter social do produção, a tendência a uma crescente concentração e centralização do capital, e mesmo concretamente a pressão dos capitalistas obrigam-na a agir – e às vezes a se abster – em seu benefício, e em outro sentido, porque a empresa privada não é mais, como era na época do capitalismo clássico, um motor capaz de conduzir e manter o sistema em um nível satisfatório de atividade." Alonso Aguilar M., "Problemas e perspectivas de uma mudança radical", *El Milagro Mexicano*, Ed. Nuestro Tiempo, México, 1960, p. 280.

tentaram manter os seus privilégios abusivos sobre esta riqueza do país. Cárdenas manifestou, em todas as suas dimensões, as suas qualidades de estadista, revelando grande audácia política, não temendo mobilizar toda a nação para lutar pela defesa do petróleo, na iminência de uma guerra com as potências imperialistas, transformando-se num dos precursores de toda uma linha nacionalista e anti-imperialista no continente. Não apenas o movimento popular, mas também importantes setores da burguesia e da pequena burguesia latino-americana seguiram essa linha até a década de 1950.

A nacionalização do petróleo mexicano foi o ápice da luta anti-imperialista no período cardenista. Ela criou as condições para o fortalecimento do capitalismo de Estado mexicano, uma das bases fundamentais para o desenvolvimento do processo de industrialização. Esta foi, como já assinalamos, uma das características mais marcantes do governo reformista de Cárdenas. O Estado passou a desempenhar o papel de promotor do desenvolvimento industrial, por meio de uma série de medidas de proteção e incentivo à criação de novas indústrias privadas, bem como da promoção de uma série de obras públicas.[178]

Data, portanto, do período cardenista, a consolidação do poder econômico da burguesia industrial mexicana.[179]

---

178. N.A.: Vide Raymond Vernon, *The dilemna of Mexico's development: the roles of the private and public sectors*, Harvard University Press, Cambridge, 1965. Vide também *México, cincuenta años de Revolución: la economía*, FCE, v. I, México, 1960, vários autores.

179. N.A.: Como bem diz Fernando Carmona: "nenhuma das mudanças ocorreu, como sabemos, sem lutas e contradições seguidas de novas lutas e contradições sociais. A estrutura de classes da sociedade mexicana começou a mudar e, com ela, a composição social do Estado. A classe que mais se fortaleceu foi, naturalmente, a burguesia, cujos componentes mais nacionalistas, que lideraram e triunfaram na Revolução, exerceram uma poderosa influência em 1931-1940, na luta pela sua independência nacional, e tornaram-se porta-estandartes de muitas reivindicações populares que coincidiam com a necessidade de quebrar as barreiras ao desenvolvimento econômico nacional. Essa posição atingiu seu ápice com o cardenismo, quando a Grande Depressão Capitalista Mundial estimulou a impaciência dos camponeses, operários e intelectuais avançados, que com seu sangue derrubaram a tirania e frustraram as sangrentas tentativas contrarrevolucionárias e que, no entanto, em duas décadas de agudas contradições e duras lutas, só conseguiram iniciar reformas parciais com alcance limitado. E com as vigorosas medidas de reforma agrária, nacionalização de recursos, reorientação e aumento dos investimentos públicos, aumentos salariais e proteção da indústria nacional do governo Cárdenas, o que é meramente incidental – e discutível – passa a ser a 'alta elasticidade da

É claro que o fortalecimento do capitalismo de Estado mexicano, ao favorecer o desenvolvimento burguês, restringiu um pouco a possibilidade de investimento privado em alguns setores econômicos importantes. É o caso, por exemplo, não só da extração de petróleo, mas, principalmente, da distribuição desse produto. Naturalmente, seria mais vantajoso para a burguesia mexicana que o Estado deixasse a seu cargo a exploração dessa riqueza... O fortalecimento do capitalismo de Estado durante o período cardenista também favoreceu a formação de um vasto setor burocrático, oriundo das classes médias, que se vinculou de múltiplas maneiras ao aparelho de Estado.

A partir do governo de Cárdenas, foram criadas todas as condições para a expansão de seu sistema, apesar de todas as mudanças essenciais que modificarão essencialmente seu caráter dependente após o pós-guerra.[180]

É importante destacar que uma dessas condições mais importantes foi a subordinação da maioria do movimento operário e camponês organizado à política do governo. Essa subordinação foi tão profunda que não só durou no governo de Cárdenas, mas se estendeu até o presente. Anatoli Shulgovski assim o expressa: "O movimento sindical e a classe operária, objetivamente, tornaram-se a força motriz fundamental das reformas progressistas, mas também se colocaram a serviço do aparato do Estado, no qual havia não poucas pessoas antipáticas à política de Cárdenas, que esperavam o momento oportuno para ocupar os postos e ao mesmo tempo expulsar os elementos democráticos. Isso explica de maneira importante que, à medida que os grupos burgueses de direita nos círculos dirigentes se tornaram

---

renda da demanda', o 'desenvolvimento com inflação' ou o 'desenvolvimento para fora' de que falam os economistas neokeynesianos e muitos funcionários públicos e empresários privados, e o fundamental é o avanço rumo à independência econômica nacional (nunca foi superior a um verdadeiro desenvolvimento 'para dentro'!), o fortalecimento do mercado interno, a criação, em uma palavra, de condições mais propícias ao desenvolvimento capitalista e... a consolidação definitiva da burguesia como classe dominante". "A situação econômica", *El Milagro Mexicano*, Ed. Nosso Tempo, 1970, p. 62.

180. N.A.: Sobre o processo de integração monopolista global e o novo caráter assumido pela dependência na América Latina, vide o meu *Capitalismo dependente latino-americano*, PLA. Santiago do Chile, 1973.

mais fortes, o movimento sindical, cuja direção estava intimamente ligada ao aparato governamental, tornou-se cada vez mais um apêndice do governo."[181] Este autor considera que esta situação ocorre a partir de 1937, data que marca "uma virada no movimento sindical mexicano", quando a CTM adota a linha de "unidade da classe operária para apoiar integralmente a política do governo de Cárdenas", baseada na concepção da "unidade da família revolucionária". Segundo Shulgovski, tal linha "conduziu à perda total da perspectiva proletária de classe"; a que a classe operária "só fez o jogo da elite governamental e impediu o uso de possibilidades favoráveis do aprofundamento do movimento de libertação e anti-imperialista". O mesmo autor destaca como o Partido Comunista passou a apoiar esta linha expressa em sua palavra de ordem "unidos a todo custo" e conclui que "ao adotar tal política, de fato, o Partido Comunista abandonou a luta por uma linha política independente no movimento sindical e se subordinou a todas as resoluções do Conselho Nacional da Confederação dos Trabalhadores do México. Semelhante unidade do movimento operário não só não ajudou a alcançar sua independência, como deixou a iniciativa política nas mãos de elementos reformistas que atuavam nos sindicatos, gerando perigos para o desenvolvimento independente do futuro movimento operário."[182]

Tal análise crítica nos parece bastante lúcida. A posição do PCM variou de uma rejeição ultraesquerdista à candidatura de Cárdenas, passando por uma recusa em apoiá-lo em sua luta contra Calles, até um apoio quase incondicional a ele, culminando em sua incapacidade de cooperar efetivamente para uma sucessão presidencial que expressasse, pelo menos, os ideais mais progressista do cardenismo. Por todos esses e outros equívocos estratégico-táticos, o partido mais importante da esquerda mexicana

---

181. N.A.: Op. cit., p. 304.

182. N.A.: Pablo González Casanova, em sua obra *La democracia en México*, não situa a classe operária organizada como um dos fatores de poder, mas sim como um componente do governo. De fato, a organização sindical mexicana herdada do cardenismo passou a funcionar mais como uma base sólida de apoio governamental do que como expressão dos interesses independentes da classe.

abdicou sucessivamente de sua tarefa de se afirmar como vanguarda da classe operária, sempre cedendo seu posto à direção burguesa e pequeno-burguesa.

Anatoli Shulgovski também aponta que "ao ingressar no Partido da Revolução Mexicana, a direção da Confederação dos Trabalhadores do México declarou que esse passo não significava a perda da independência de classe no movimento de libertação, porém", aponta o autor, "a partir desse período inicia-se o processo de intensa subordinação da classe operária mexicana ao aparato governamental [...]. Objetivamente, continuava existindo uma situação favorável para o desenvolvimento bem-sucedido do movimento revolucionário de libertação, no qual o proletariado poderia desempenhar o papel dirigente, mas, subjetivamente, a classe operária já estava entrelaçada com os fios finos, mas fortes, da teoria da unidade da família revolucionária e não poderia determinar os destinos da luta de libertação".[183]

Essa chamada "teoria da unidade da família revolucionária" foi magistralmente concebida e manipulada por Calles (fundamentalmente através do uso da CROM[184]) e foi, sem dúvida, um de seus legados que o cardenismo soube resgatar, mas de forma muito mais elaborada, extensa e complexa. Calles formou um sindicalismo amarelo[185] e gângster – cuja melhor expressão foi Morones, que, embora servisse perfeitamente aos seus objetivos de controle sobre a classe operária, tendeu, em um período de tempo relativamente curto, a se isolar dela e despertar seu repúdio. Cárdenas, por outro lado, patrocinou a organização e

---

183. N.A.: Op. cit., p. 305.

184. N.E.: Confederação Regional de Operários Mexicanos. Fundada em 1918 em um congresso de delegados sindicais convocado pelo presidente mexicano Venustiano Carranza. A federação marcou um afastamento da postura tradicionalmente anarquista dos operários mexicanos para uma posição nacionalista. Depois de apoiar Carranza, que foi derrubado em 1920, a CROM foi uma base fundamental de apoio para dois de seus sucessores, Álvaro Obregón e Plutarco Elías Calles, dois dos três generais revolucionários do estado de Sonora. Apesar de uma cisão à esquerda em 1921, que fundou a CGT (Confederação Geral dos Trabalhadores), a CROM seria ultrapassada em influência sindical apenas em 1936, com a fundação da CTM (op. cit.).

185. N.E. Designação antiquada dada ao sindicalismo pelego. Termo de origem racista, uma vez que muitas vezes trabalhadores orientais ("amarelos") eram contratados como "fura greves" pelos capitalistas dos EUA e Europa.

unificação da classe como um todo, atendeu a muitas de suas reivindicações mais sinceras, conseguiu obter seu apoio praticamente incondicional para sua política progressista em nível interno e internacional, superando assim a resistência de seus adversários de esquerda, como o PC e como parte de líderes como Lombardo Toledano, conseguindo, assim, alcançar o que Calles havia preconizado: "a unidade da família revolucionária". Naturalmente, existiu durante este período um clima político internacional muito favorável ao cardenismo. Era a época em que as frentes antifascistas começavam a se formar em quase todo o mundo; em que os partidos comunistas, sob a orientação da URSS, começaram a flexibilizar sua linha e a propor o que mais tarde se chamaria de Frentes Populares; em que as potências capitalistas assustadas com a ameaça nazista tentaram atrair aliados e os EUA implementaram a política de "boa vizinhança" em relação à América Latina; enfim, a época em que os setores mais importantes da pequena burguesia se radicalizavam e clamavam por uma política de reformas sociais (esse setor havia sido muito afetado pelo impacto da crise mundial do capitalismo). Para um importante setor da direção sindical mexicana, essa ascensão do movimento antifascista mundial, aliada à derrota da Revolução Espanhola, contribuiu para reforçar não exatamente suas tendências revolucionárias, mas sim as tendências reformistas de cunho social-democrata. Por exemplo: na ideologia professada por uma das figuras proeminentes do sindicalismo mexicano, Lombardo Toledano, encontram-se características próprias de um pensamento bernsteiniano[186] e que se expressavam na sua crença na possibilidade de uma transformação gradual da sociedade capitalista em socialista. Essa concepção influencia, de certo modo, todo um setor do próprio cardenismo. Uma de suas manifestações pode ser encontrada, por exemplo, na ideia da importância revolucionária do desenvolvimento do movimento cooperativo,

---

186. N.E. O bernsteinianismo é uma tendência revisionista do movimento social-democrata internacional, surgida no final do século XIX na Alemanha, nomeada em razão do social-democrata alemão Eduard Bernstein, que tentou revisar o ensino revolucionário de Marx no espírito do liberalismo burguês, do kantismo e da teoria da transição gradual e pacífica ao socialismo.

e na sua definição como substituto das empresas privadas e como forma de produção socialista. O governo chegou a aprovar uma lei sobre cooperativas declarando como objetivo alcançar a independência dos trabalhadores... Mas o aspecto mais ousado da política de Cárdenas não residia no cooperativismo. Onde essa política foi mais longe é, sem dúvida, em suas experiências de administração operária. Se esse aspecto tivesse sido sistematicamente desenvolvido, teria se tornado motivo de preocupação por parte da burguesia. Porém, foram poucas as experiências existentes nesse sentido e, mais ainda, foram totalmente frustradas. O caso mais dramático foi o da administração operária das ferrovias nacionalizadas. O governo, embora a aceitasse, não lhe dava nenhum apoio; não permitia aumentar o preço do transporte dos produtos das empresas estrangeiras e, além disso, a administração operária era obrigada a arcar com todas as dívidas das empresas estrangeiras junto com os altos impostos que tinha de pagar ao próprio governo. A falência era inevitável e, com ela, se espalhava a desmoralização da capacidade dos trabalhadores de administrar a empresa. Não se pode dizer que essa atitude do governo foi maquiavelicamente concebida para dissuadir os operários de exigir a administração operária das empresas. Mas, na prática, essa dissuasão foi obtida, e isso deixou de ser um problema. Foi semelhante ao destino da administração operária do petróleo. Importantes setores operários, inclusive o PC, passaram a defender apenas a participação dos operários na gestão das empresas nacionalizadas. O argumento principal era o realismo...

Pode-se dizer, sem risco de exagero, que por todas essas características do governo de Cárdenas, ele pode ser considerado o modelo mais avançado e puro de política populista do continente. No entanto, é interessante observar que Cárdenas, apesar do impressionante controle que obteve sobre o movimento de massas (através de um tipo de liderança que combinava muito bem tanto os apelos racionais, modernizadores e classistas quanto os de uma vertente mais tradicional, como os paternalistas, emocionais, que despertam confiança incondicional no patrão ou caudilho), não deixou herdeiros políticos (como Vargas fez) nem um movimento organizado (como o peronismo). É verdade que o cardenismo vigorou até hoje no México mas, ao que tudo indica, sem nunca ocupar um posto político relevante, o que poderia ter sido alcançado praticamente se o seu dirigente máximo tivesse disso se ocupado. Pelo contrário, embora Cárdenas ainda ocupasse cargos públicos após o término de seu mandato, ele não tentou manter nenhuma liderança pessoal marcante na vida política do país. Em todo caso, justamente pela influência decisiva que seu período exerceu sobre a vida institucional do país, o desenvolvimento posterior do capitalismo mexicano pôde prescindir de um "chefe máximo" e seguir seu curso "normal" em uma situação de relativa estabilidade e "paz social". O movimento de massas foi rigidamente organizado e controlado de tal forma que levaria várias décadas até que pudesse romper esse quadro e encontrar novas formas de organização e manifestação. O campesinato estava fortemente separado da classe operária, cada qual defendendo seus interesses particulares como classes isoladas. Ocorre no PRM todo um processo de metamorfose que resulta na criação do PRI – cujo nome é bastante sintomático da institucionalização do processo revolucionário –, que continua a manter as mesmas funções do primeiro, mas com um programa claramente diferente. O capitalismo de Estado desenvolveu-se o suficiente para manter em seus marcos a defesa dos "interesses sociais" por um bom período…

E o que aconteceu com as tendências e setores esquerdistas e pró-socialistas que sem dúvida existiram durante o período de Cárdenas tanto fora quanto dentro do aparelho de Estado? Se considerarmos que o regime de Cárdenas foi uma "democracia revolucionária" – como faz Shulgovski – a explicação é a seguinte:

> Uma série de fatores de natureza objetiva e subjetiva não permitiram a consolidação da democracia revolucionária no poder nem a realização plena daquelas reformas que em certas condições poderiam criar premissas favoráveis ao desenvolvimento socialista do país.
> A causa fundamental deste acontecimento, segundo cremos, residiu no fato de que a corrente democrática-revolucionária, que por algum tempo influenciou consideravelmente

a política do governo de Lázaro Cárdenas, não conseguiu se tornar uma força orgânica da sociedade mexicana, não conseguiu criar uma unidade estreita com outros grupos e classes que ocupavam posições progressistas. Nesse período, as possibilidades da democracia revolucionária estabelecer contato próximo com as forças mais avançadas e se aproximar de sua ideologia revolucionária não ocorreram.

Os representantes da corrente democrática revolucionária chegaram ao poder num momento em que os trabalhadores da cidade e do campo ainda não estavam realmente organizados nem tinham perspectivas e objetivos de luta claros, careciam de uma direção de classe independente.

Vale a pena fazer algumas considerações sobre essa explicação. Para começar, diremos que os conceitos só têm utilidade analítica quando servem para caracterizar, para definir claramente um determinado fenômeno. Nesse sentido, conceituar o governo de Cárdenas como uma "democracia revolucionária", sem mais, não revela seus elementos essenciais, sua composição de classe e, o que é mais importante, os interesses objetivos que, por trás de todo verbalismo radical, dirigem o sentido e a orientação da política concreta implementada. Repetimos: não há dúvidas quanto à existência de uma corrente de esquerda, ou melhor, esquerdizante, dentro do cardenismo. Agora, considerar que ela chegou ao poder não faz sentido porque, por maior que tenha sido sua influência no governo, essa situação está muito longe da detenção do poder...

Por outro lado, é verdade que ao proletariado e ao campesinato pobre "faltava uma direção de classe independente". Essa direção não foi forjada durante o governo de Cárdenas e, mais ainda, essa tarefa a partir de então se viu extremamente dificultada justamente pelo processo de institucionalização que o governo realizou sobre o movimento popular. Ora, se esses fatores explicam a ausência de um movimento socialista revolucionário, eles, por sua vez, também devem ser entendidos, dialeticamente, como resultado dessa ausência. Como disse Lênin: "a realidade viva é bicolor". O cardenismo foi permeável à influência esquerdista apenas na medida em essa o complementou, sem representar propriamente uma tendência que o ameaçasse seriamente. Por isso, o peso específico da esquerda cardenista se dissolve na vida política do país como um balão que estoura a partir do momento em que Cárdenas deixa a presidência. O cardenismo representou o máximo de política progressista que pode ser alcançado sob o capitalismo: nem mais nem menos. Foi um momento de euforia reformista do sistema, um alívio pelo não cumprimento dos objetivos fundamentais da revolução. E, sobretudo, uma necessidade de modernização do sistema burguês impulsionada pela pequena burguesia através da mobilização popular. A juventude e imaturidade da esquerda socialista, como reflexo dessas mesmas características do proletariado mexicano, a incapacitavam a postular uma alternativa qualitativamente superior e propor-se a uma luta pela disputa da hegemonia do poder.

Ao chegar ao fim dessa experiência, o sistema de proprietários privados exigia a tranquilidade e a segurança necessárias para continuar exercendo seu domínio. A disputa pela sucessão presidencial ocorreu um terreno único. No programa de Almazán, o furioso candidato da direita, e no de Ávila Camacho, indicado por Cárdenas e apoiado pela esquerda, havia uma coincidência básica: dar tranquilidade aos empresários, afiançar a moderação da próxima administração governamental. "Derrotado o Almazán, Ávila Camacho se encarrega de pôr em movimento o programa dos almazanistas que, aliás, logo se reincorporam à chamada justiça revolucionária."[187]

Lázaro Cárdenas viveu até ao ano de 1970. Embora a sua participação política enquanto tal fosse, a partir de 1940, bastante discreta, as suas avaliações sobre questões políticas e sociais tenderam a adquirir uma importância cada vez mais relevante. Houve uma evolução notória de seu pensamento. Talvez ao acompanhar a evolução do processo histórico mundial e do México em particular, lhe tenha sido revelado a incompatibilidade entre seus ideais de justiça social e a manutenção do sistema de

---

187. N.A.: Jorge Carrión, "Retablo de la política a la mexicana", *El Milagro Mexicano*, op. cit., p. 196.

proprietários capitalistas. Cárdenas continuou sendo democrata, nacionalista e anti-imperialista, mas o sistema capitalista dependente latino-americano estava esgotando suas possibilidades democráticas, nacionalistas e anti-imperialistas. A evolução de Cárdenas não revela uma incoerência com suas ideias da década de 1930, mas sim uma tentativa de manter-se coerente com elas. É por isso que se torna um defensor da primeira revolução socialista da América Latina e diz, sobre Cuba: "A revolução cubana não é, como afirmam vã e falsamente seus inimigos, um movimento alheio à vontade do povo ou um perigo que ameaça a segurança do continente ou de qualquer país americano. É uma revolução feita pelo povo. É uma das grandes revoluções americanas. É um movimento que responde não só aos antigos desejos e às novas preocupações de emancipação do povo cubano, mas de todos os povos que entendem que chegou o momento de conquistar sua plena independência."[188]

A evolução do pensamento de Cárdenas se manifesta em vários aspectos: por exemplo, em 1961, na Universidade Obrera de México, diz: "Não estamos propondo o comunismo. Mas declaro que o comunismo será construído neste país quando o povo quiser. Não é uma doutrina estranha a nenhum povo; mas apenas cada povo pode decidir seu destino. O que é evidente é que a teoria comunista da sociedade é, antes de tudo, uma teoria que visa elevar o povo ao mais alto nível."[189]

Em um artigo por ocasião do 20º aniversário da vitória sobre o nazifascismo, ele diz: "Infelizmente, uma vez derrotado o nazifascismo, ficou claro que as principais causas das guerras não foram destruídas: o imperialismo e a mais remota origem de sua existência, a exploração do homem."[190]

Em 1970 declarou que: "as ideias que sustentei sobre o desenvolvimento político, econômico, social e cultural do México e o futuro do mundo não mudaram: acredito que os princípios do

---

188. N.A.: *Ideario político*, op. cit., p. 285.
189. N.A.: Op. cit., p. 98.
190. N.A.: Op. cit., p. 302.

socialismo são compatíveis com as ideias da Revolução Mexicana em seu desenvolvimento ulterior e inevitável."[191]

III) REVOLUÇÃO CUBANA: REVOLUÇÃO DEMOCRÁTICA E REVOLUÇÃO SOCIALISTA

1. O caráter da revolução

A revolução democrática em Cuba, que culminou em 1959 com a derrubada da ditadura de Fulgêncio Batista, foi produto de um movimento revolucionário liderado pela pequena burguesia, mas no qual também se destacou de maneira muito especial a participação do campesinato pobre e da classe operária, além de contar com o apoio de setores da burguesia e, ao final, quando a vitória era iminente, até de setores da oligarquia cubana. O inimigo principal e imediato era a tirania. Nesse sentido, quando a revolução cubana triunfou, sem dúvida representou uma ampla unidade nacional contra o governo ditatorial. Referindo-se a este fato, Fidel Castro sublinhou o caráter insólito da revolução por ter conseguido o apoio de noventa e cinco por cento da população.

Essa extensa unidade de classe se explica por dois fatores fundamentais: pelo caráter odioso da ditadura de Batista, pelo fato de nela se sintetizarem corrupção, repressão e ineficiência, o que a tornava não apenas inimiga dos setores populares, mas antes despertou o descontentamento entre as próprias classes dirigentes, das quais tornou-se um servidor ineficaz e insustentável, pelo clima de insegurança que provocava; devido ao caráter amplamente democrático do programa revolucionário que, embora contemplasse a satisfação de demandas vitais para as massas (como a reforma agrária, a liquidação do desemprego, a construção de casas, o acesso do povo à educação, a nacionalização de alguns trustes etc.)[192], concedeu certas garantias fundamentais aos setores burgueses e pequeno-burgueses por preconizar um desenvolvimento nos marcos do capitalismo.

---

191. N.A.: Op. cit., p. 37.

192. N.A.: Vide o primeiro programa da revolução, exposto por Fidel Castro em *A história me absolverá*.

Em Cuba nunca se formou uma burguesia industrial nacional[193] e, portanto, o desenvolvimento capitalista como tal foi antes uma reivindicação sustentada por setores pequeno-burgueses que, por sua impossibilidade de oferecer à sociedade um programa próprio, de classe, tendem adotar como suas as perspectivas de outras classes, seja a burguesia ou o proletariado. É isso que explica porque a pequena burguesia pode tanto apoiar um programa democrático-burguês quanto, pelo menos em alguns de seus setores, avançar para um programa proletário e socialista. Em Cuba aconteceu assim: a pequena burguesia começa por apoiar um programa democrático que no decurso do processo revolucionário tenderá a radicalizar-se e a superar-se progressivamente, dando origem a uma prática qualitativamente diferente que resultará numa revolução socialista.

A principal força política da revolução, o Movimento 26 de Julho, que formava o núcleo principal do Exército Rebelde, era formado principalmente pela juventude do PPC (Partido do Povo Cubano). Este partido foi fundado em 1947 por Eduardo Chibás e formado pelos "ortodoxos", setor que rompeu com o PRC (Partido Revolucionário Cubano). A causa da ruptura foi o abandono, por sua parte, da linha nacionalista e anti-imperialista que se definira sob a influência do movimento revolucionário dos primeiros anos da década de 1930 que, no contexto de uma situação insurrecional da classe operária, derrubou o governo ditatorial de Machado. A partir de 1944, quando a RPC assumiu o governo com Ramón Grau, começou a implementar toda uma política adequada aos interesses oligárquicos e imperialistas, adotando geralmente uma atitude corrupta e repressiva. Os "ortodoxos", liderados por Chibás, tentaram restabelecer o antigo programa abandonado pela RPC que, embora defendesse medidas nacionalistas, não deixaram de inseri-las no quadro de um desenvolvimento capitalista fortemente tingido de moralismo e largamente anticomunista. Este programa indubitavelmente influenciará setores da juventude "ortodoxa" que comporão o M-26-7, embora tenda a uma maior radicalização devido ao

---

193. N.A.: Esse termo foi tratado no âmbito latino-americano em nosso livro *O capitalismo dependente latino-americano*.

impacto de outras influências que atuam sobre ele.[194] Por exemplo, é importante destacar de maneira especial a influência que teve sobre o M-26-7 a ideologia democrática, nacionalista e anti-imperialista expressa pelo pensamento de José Martí, que foi o grande herói da luta pela independência de Cuba, seu maior teórico e líder político. As tarefas que preconizava no final do século XIX, embora não ultrapassassem o quadro democrático burguês, ainda estavam pendentes na década de 1950. Nada estranho, então, que seu pensamento ainda fosse válido e exercesse notável influência sobre os jovens do M-26-7[195].

Também é relevante destacar a influência exercida pelo pensamento desenvolvimentista da CEPAL (Comissão de Estudos para a América Latina) que permeia todo o programa econômico do M-26-7. Durante a década de 1950, a ideologia desenvolvimentista era geralmente compreendida pela esquerda latino-americana como um pensamento progressista. Nada estranho, então, que tenha exercido sua influência sobre o movimento revolucionário cubano[196].

Vale destacar também que os revolucionários cubanos souberam aprender com as lições da Revolução Boliviana e de outras tentativas de libertação latino-americanas, como o episódio da Guatemala que culminou com a deposição de Jacob Arbenz e a invasão dos Estados Unidos. Mas, os maiores aprendizados de luta foram buscados pelos revolucionários cubanos na própria história da pátria, nos episódios das guerras de independência do final do século XIX – como a ideia da invasão da Ilha – mas também, muito especialmente, nas lições das insurreições operárias dos primeiros anos da década de trinta, quando a ditadura de Machado desmoronou no contexto de uma greve geral[197].

---

194. N.A.: Vide, a esse respeito, Fidel Castro, *Mensaje al congreso de militantes ortodoxos*, 16 de agosto de 1955, in: *Pensamiento crítico*, nº 31, Havana, Cuba.

195. N.A.: Vide José Martí, "Nuestra América", "El tercer año del Partido Revolucionario del Pueblo", *Pensamiento revolucionario cubano*, Ed. de Ciencias Sociales, Havana, 1971.

196. N.A.: Vide "Pensamiento económico (tesis del Movimiento 26 de Julio)", *Pensamiento político, económico y social de Fidel Castro*, Ed. Lex., Havana, Cuba, 1959.

197. N.A.: Vide *A história me absolverá*.

O M-26-7, que trazia consigo uma considerável massa herdada da "ortodoxia", sempre teve como objetivo derrubar a ditadura por meio de uma greve geral nas principais cidades. O movimento considerou, desta forma, a classe operária como a principal força motriz da revolução. O insucesso das sucessivas tentativas de realização de uma greve geral levou a que, na prática, esta tática fosse substituída por outra, a tática de guerrilha. No entanto, os revolucionários nunca desistiram da convicção de que o golpe final na tirania seria desferido por meio de uma greve geral. A tática de guerrilha na Revolução Cubana consistiu na generalização desta forma de luta por todo o país: no campo, na planície, nas cidades, bem como a combinação de múltiplas formas de luta que iam desde o trabalho de agitação e propaganda, passando pelo "boicote" à produção, passando por manifestações de rua, até grandes confrontos entre exércitos. Na medida em que o movimento revolucionário infligia derrotas importantes ao aparato repressivo, conquistava a adesão de setores cada vez mais amplos da Nação, isolando a ditadura e dando à guerra um caráter cada vez mais nacional, da Nação contra a tirania. Nestas circunstâncias, a própria ajuda dos EUA ao governo Batista tendia a afrouxar, além do fato de que os EUA acreditavam que poderiam contar com a simpatia do novo governo... Em uma situação de insurgência generalizada e de alquebramento do exército ditatorial, ocorrem as batalhas decisivas e a revolução triunfa quando a última resistência é derrotada pela greve geral. A greve geral, defendida nas duas concepções estratégicas que orientaram o curso da revolução em momentos distintos – a insurrecionalista urbana e a guerrilheira – pode ser considerada como o ponto de confluência entre ambas.

2. O Governo Provisório e a Etapa Democrática.

A revolução triunfante cria seu primeiro governo, o governo de Manuel Urrutia. Embora o novo poder tenha se baseado no apoio popular e no Exército Rebelde, a hegemonia é mantida por setores burgueses e pequeno-burgueses. O governo provisório era a expressão dos interesses oligárquicos-burgueses que tentavam direcionar a revolução pelo caminho do desenvolvimento capitalista. Como foi apontado, isso foi defendido pelo programa revolucionário, mas que também preconizava uma série de medidas que, na prática, eram insuportáveis para as classes dominantes. Mas o M-26-7 queria cumprir os compromissos assumidos com o povo, queria cumprir o seu programa... Por isso se vai gerando a curto prazo uma radical incompatibilidade entre os autênticos ideais de justiça social preconizados pela verdadeira direção revolucionária – expressa por Fidel, Che, Camilo, Raul e tantos outros – e os usurpadores do poder, o Gabinete do Governo Provisório. Essa contradição, que representava de fato uma dualidade de poderes, foi resolvida com a deposição desse governo poucos meses após sua formação, e pela posse de Fidel como primeiro-ministro e a constituição de um novo ministério formado, em sua maior parte, por membros do M-26-7 e do Exército Rebelde. Começa então o cumprimento do programa democrático preconizado pelo Movimento 26 de Julho em relação às reformas sociais de base – como a reforma agrária – e uma série de medidas de ampla justiça social – como a construção de casas, escolas, hospitais etc. – que vão liquidando rapidamente o problema do desemprego. Essas tarefas democráticas caracterizarão o regime revolucionário em seu primeiro ano e meio de existência. Até então, a Revolução Cubana só pode ser caracterizada como uma revolução democrática.

Porém, uma vez que começou o cumprimento das tarefas de maior justiça social, a contrarrevolução passou a atuar tentando boicotar o processo revolucionário. E suas ações são realizadas em conexão direta com o imperialismo estadunidense, cuja dominação permeou praticamente todos os níveis da economia e da sociedade cubana. Durante o ano de 1959, as medidas anti-imperialistas tomadas ainda não eram abundantes. Ocorre a intervenção na Cuba Telephone Co. e em alguns canaviais de propriedade de norte-americanos. Mas, em outubro deste ano, Havana é bombardeada por aviões dos Estados Unidos, deixando um saldo de 20 mortos e 50 feridos. Diante das ações da contrarrevolução e do imperialismo, é necessário criar milícias revolucionárias e estabelecer Tribunais Revolucionários para justiçar as ações contrarrevolucionárias. O governo revolucionário tenta chamar o governo dos EUA à razão, mas sem sucesso. As ações de hostilidade por parte dos EUA continuaram a crescer até que, em 1960, Cuba, em resposta às agressões imperialistas, tomou medidas cada vez mais radicais para nacionalizar as propriedades norte-americanas. As grandes propriedades da United Fruit Co. são expropriadas, todos os bancos e grandes empresas, nacionais e estrangeiras, são nacionalizados. Tais medidas significam o golpe fatal contra o imperialismo e a burguesia nativa. Significam a destruição da base material de sustentação do sistema capitalista dependente. Assim, foram criadas as condições fundamentais para uma organização econômica e social superior, para a transição para o socialismo. No início de 1961, o Judiciário foi reorganizado e magistrados e juízes que mantinham uma atitude contrarrevolucionária foram afastados de seus cargos. São criados o Ministério da Indústria, Comércio Exterior, Comércio Interno e o Conselho Central de Planejamento. As peças fundamentais para o funcionamento da nova sociedade socialista já estavam montadas antes que, em abril de 1961, Fidel Castro declarasse, uma vez derrotada a invasão mercenária, que Cuba era socialista.

3. A transformação socialista.

A transformação qualitativa da estrutura econômica e social cubana começou a ocorrer no segundo semestre de 1960. As relações de produção foram revolucionadas; a velha estrutura institucional, legal e administrativa foi quebrada; os valores culturais da velha sociedade foram questionados profundamente; o sistema de propriedade privada entrou em colapso através das nacionalizações de empresas nacionais e estrangeiras.

O fator decisivo que explica a rapidez com que esse processo se consumou foi a resistência que os setores contrarrevolucionários nacionais e, sobretudo, os Estados Unidos, opuseram às mudanças sociais. Cada ação de "boicote" contra a Revolução foi respondida com uma maior coesão das fileiras revolucionárias, com uma maior vontade de luta e com a implementação de medidas cada vez mais radicais e profundas. A Revolução havia assumido uma série de compromissos com o povo para criar melhores condições de existência. O cumprimento delas demonstrava a impossibilidade de manutenção do sistema capitalista. Além disso, o necessário caráter anti-imperialista que a revolução assumia – como resposta às iniciativas agressivas dos imperialistas – exigia claramente uma ruptura drástica e radical com o sistema de dominação imperial e criava as condições para a superação da fase democrática. Esgotada esta etapa, o processo revolucionário cubano evolui, através de uma transformação qualitativa de seu caráter, rumo ao socialismo. O seu percurso demonstrou, mais uma vez, de forma inequívoca, que a emancipação social e nacional não pode ser alcançada sem romper definitivamente com o sistema socioeconômico que gera e mantém a dominação e subjugação de um povo.

A passagem da fase democrática à fase socialista foi possível pelo fato de que o Governo Revolucionário dispunha de todos os instrumentos de poder necessários para esta transição: tinha o controle total sobre o aparato do Estado; existia o Exército Rebelde e as milícias populares; possuía a base econômica fundamental (agrícola, industrial, comercial e financeira). Ele poderia, portanto, dispor de todos esses instrumentos de poder, combiná-los e articulá-los formando o novo sistema de vida social. O socialismo é assim estabelecido em Cuba através da gestação de novas formas de poder econômico e político. A classe operária, em aliança com o campesinato, assume a direção do processo produtivo e suas vanguardas políticas, compostas fundamentalmente por elementos da pequena burguesia revolucionária, assumem a direção sobre o processo revolucionário como um todo. Criam-se as Organizações Revolucionárias Integradas (ORI), que logo evoluirão para o Partido Unido da Revolução Socialista (PURS) ou posteriormente o Partido Comunista Cubano (PCC), que se encarregaria da direção máxima da nova sociedade.

CONCLUSÕES

Não se trata de traçar um paralelo entre Cárdenas e Fidel Castro. No entanto, seu apoio irrestrito à Revolução Cubana nos leva a refletir sobre algumas coincidências básicas que poderiam existir entre o ideal transformador de ambos em seus primeiros estágios de vida política. É verdade que ambos exerceram sua liderança em diferentes momentos históricos. O cardenismo afirmou-se na década de 1930, época em que florescia o capitalismo dependente na América Latina, quando as burguesias industriais ainda tinham a possibilidade de sua efêmera afirmação histórica através da proposta às suas sociedades de sua própria alternativa de desenvolvimento. A hora da classe operária, da revolução proletária, ainda não havia soado no continente. O proletariado latino-americano participou das revoluções burguesas, mas não pode imprimir nelas, como defendia Lênin para a Rússia em 1905, sua própria marca. Ao contrário, serviu de instrumento para a afirmação do novo tipo de dominação oligárquico-burguesa no continente. O cardenismo, como já discutimos anteriormente, foi a expressão mais desenvolvida nesse processo. Os ideais de justiça social de um Cárdenas limitavam-se, portanto, às possibilidades concretas desta situação em que ainda não estavam maduras as condições para uma resolução definitiva das mais agudas contradições sociais. O cardenismo não pode, portanto, deixar de ser apenas a expressão mais avançada e progressista dos ideais democrático-burgueses.

Fidel Castro surgiu de um movimento político que, em suas origens, não ultrapassou substancialmente os postulados dos cardenistas. No entanto, o momento histórico em que se formou o Movimento 26 de Julho é outro. Muitas experiências de luta já haviam sido acumuladas no continente e, além disso, em Cuba não haviam sido criadas as condições essenciais para que algumas aspirações básicas de justiça social pudessem ser minimamente conciliadas com a manutenção do sistema. A dominação imperialista era uma realidade avassaladora e intransponível para esses ideais. É claro que as condições objetivas, embora determinantes, não explicam por si mesmas a evolução do processo revolucionário. Quer dizer, ela é, dialeticamente, produtora, mas também produto da evolução da direção revolucionária e da condução que esta soube imprimir à luta popular.

Isso marca uma diferença essencial entre fidelismo e cardenismo: embora Cárdenas tenha alcançado os ideais do socialismo, chegou sozinho, sem condições de arrastar seu povo consigo. Por outro lado, Fidel, partindo dos postulados democráticos, soube afirmá-los, superá-los e inaugurar em Cuba e na América Latina a era da Revolução Socialista.

PROJEÇÕES DA REVOLUÇÃO CUBANA NA AMÉRICA LATINA

Comentário em uma mesa-redonda realizada em 1 de dezembro de 1975, na Faculdade de Ciências Políticas da Universidade Nacional Autônoma do México.

Não é possível fazer aqui uma análise exaustiva de todas as projeções da Revolução Cubana na América Latina. Por isso me deterei naquelas que considero suas maiores projeções e que são de natureza sócio-política. O impacto da Revolução Cubana teve e continua tendo profundas implicações para a luta revolucionária no continente e, portanto, também causou ampla repercussão nas ciências sociais, particularmente na ciência política. Essa repercussão teve impacto tanto na ciência social comprometida com a luta revolucionária – que a nosso ver é a ciência propriamente dita – quanto na chamada "ciência" social comprometida com os interesses burgueses de manutenção do capitalismo dependente. Em ambos, o impacto da Revolução Cubana teve enormes projeções.

Vou tentar apontar brevemente quais, a meu ver, foram as maiores projeções sócio-políticas da Revolução Cubana na América Latina para destacar imediatamente suas implicações nessas duas grandes correntes das ciências sociais.

Antes, é necessária uma localização histórica muito rápida do contexto latino-americano em que se situa o triunfo da Revolução Cubana.

1959: fim de uma década particularmente tumultuada e crucial em todo o continente. Não só pelos grandes acontecimentos que marcaram a história da época, como o suicídio de Vargas no Brasil; a deposição de Perón na Argentina; a Revolução Boliviana; a Revolução da Guatemala e sua frustração com a intervenção aberta do imperialismo e muitos outros eventos, mas pelo que eles representaram: a crise do nacionalismo populista. Esta década marcou o fim de um antigo período e o início de um novo. Sim, na década de cinquenta ocorreram acontecimentos marcantes para o destino de nossos povos. Porque esta década marca o início da penetração maciça do capital estrangeiro na indústria manufatureira, por meio do investimento direto; marca, assim, o início do processo sistemático de desnacionalização da propriedade privada dos meios de produção e marca, portanto, o início do fim dos projetos capitalistas autônomos de desenvolvimento nacional. As burguesias e pequenas burguesias que haviam apoiado essas bandeiras, através de lutas orientadas pela ideologia nacionalista-populista, percebem que essa orientação é uma vã ilusão. E que o capitalismo dependente não poderia reagir como tal à dominação imperialista... A classe operária e os setores populares em geral também começam a perceber esta grande verdade.

A Revolução Cubana ocorre nesse contexto histórico de superação do nacionalismo-populista e é, sem dúvida, sua melhor expressão.

Pois bem: como parte das lutas latino-americanas, a Revolução Cubana apresenta em seu início, em sua etapa de luta nacional e democrática, características semelhantes às lutas de classes então travadas em todo o continente. Mas a Revolução Cubana foi a única experiência latino-americana que conseguiu atingir rápida e profundamente esses objetivos e, exatamente por isso, conseguiu demonstrar – e esta é sem dúvida a maior projeção da Cuba revolucionária – que o nacionalismo e a democracia, com conteúdo autenticamente popular, só pode ser alcançado superando o capitalismo dependente e avançando para o socialismo.

A Revolução Cubana contribuiu assim decisivamente para radicalizar a luta anti-imperialista na América Latina, expondo as limitações e falácias do anti-imperialismo burguês e, da mesma forma, contribuiu para desmascarar o reformismo burguês e pequeno-burguês.

Outra grande projeção da Revolução Cubana foi demonstrar na prática que a luta revolucionária e anti-imperialista e pelo socialismo pode ser realizada com sucesso em um país latino-americano pequeno e subdesenvolvido e que, apesar da incrível superioridade dos recursos bélicos e econômicos do imperialismo, ele pode ser vencido.

Há outra projeção da Revolução Cubana no continente que durante muito tempo foi pouco compreendida, sobretudo nos anos 1960, pelas novas organizações de esquerda. Trata do papel da classe operária no processo revolucionário. Apesar de que na última década se tentou enfatizar o papel do campesinato como força motriz por excelência, a verdade é que Cuba voltou a confirmar a ortodoxia marxista, pois o proletariado cubano, em aliança com o campesinato pobre, compunham as forças motrizes fundamentais da revolução.

Outra das grandes projeções da Revolução Cubana é sem dúvida toda essa rica experiência de construção do socialismo em nosso continente, ou seja, um país latino-americano que começa a construir uma nova sociedade com base em condições econômicas bastante atrasadas, comuns a vários dos demais países latino-americanos. Cuba demonstra como é possível, a partir de um intenso esforço do povo e contando com a ajuda fraterna do campo socialista, iniciar a construção do socialismo em uma sociedade cuja base econômica fundamental era o setor primário exportador.

Mas Cuba também projeta agora sua maravilhosa experiência de construção de um Poder Popular para a América Latina, cuja inspiração mais remota é a Comuna de Paris e a mais próxima, os sovietes. Desta forma, o povo cubano está dando passos muito longos rumo ao seu autogoverno, através da mais ampla participação das massas na gestão do Estado, ou seja, através de sua interferência direta em muitas tarefas governamentais; pela implementação de um sistema de sufrágio quase universal; pelo direito de revogar os mandatos de qualquer um de seus representantes; pelo funcionamento amplo dos tribunais populares; finalmente, pela descentralização de atividades de caráter crucial, econômico e anti-imperialista. Assim, com base nas melhores experiências e tradições revolucionárias, Cuba recria no continente, de acordo com suas condições específicas, a ditadura do proletariado.

Estas são, em linhas gerais, as maiores projeções da Revolução Cubana para a América Latina.

Claro, ainda existem inúmeras projeções que se situam mais no campo da tática política revolucionária e que não temos tempo para discutir aqui. Vale ressaltar, porém, que foi sob sua influência que se formou uma "nova esquerda" em quase todos os países latino-americanos, que procurou assimilar seus ensinamentos e aplicá-los à luta.

Infelizmente, os ensinamentos mais transcendentais da Revolução Cubana nem sempre foram bem compreendidos e os fracassos ocorreram em todos os lugares... E não foram bem compreendidos ou assimilados porque não souberam captar o mais profundo da experiência cubana: sua capacidade de saber como combinar várias formas de luta – e não, como erroneamente se acreditou por muito tempo, que a Revolução Cubana não valorizava mais do que uma forma de luta, a guerrilha –; sua imensa flexibilidade tática que se expressava, por exemplo, na realização de alianças, mas com base no princípio marixsta de "marchar separados e golpear juntos" aos setores vacilantes que, definitivamente, se somam ao processo revolucionário apenas durante uma parte de seu caminho. Essa capacidade, portanto, de salvaguardar a independência das classes avançadas. Finalmente, não souberam apreender aquela lição essencial, que consiste em saber usar a ofensiva como forma básica de defesa e saber usar a ascensão revolucionária da luta das massas para produzir a virada da história.

Sem dúvida, a grande projeção da Revolução Cubana é essa confiança imensurável na capacidade de luta do povo e essa capacidade de saber estar intimamente ligado ao movimento de massas.

Não: ao contrário do que se supunha na década de 1960, a Revolução Cubana não foi obra de um pequeno grupo isolado das massas que, de repente, por meio de seu heroísmo inicialmente solitário, conseguiu provocar, em ondas sucessivas, uma insurgência generalizada, mas uma organização revolucionária com profundas raízes populares.

Porém, é importante não perder de vista que derrotas momentâneas fazem parte e são inevitáveis em qualquer luta. Como disse Lênin, "as grandes guerras da história, as grandes tarefas das revoluções, foram realizadas apenas porque as classes avançadas repetiram seu ataque violento, não uma ou duas vezes, mas várias vezes, e alcançaram a vitória, ensinadas pelas experiências da derrota. Exércitos derrotados aprendem com suas derrotas e é às custas delas que aprendem a triunfar".

Embora a esquerda latino-americana tenha fracassado imediatamente, ela gerou, estimulada pela Revolução Cubana, todo um novo clima político na América Latina; contribuiu decisivamente para colocar em pauta toda uma série de lições sociais comprometidas com o processo revolucionário. Esperemos e confiemos que assim seja.

Esta é, sem dúvida, uma tarefa que economistas, sociólogos e, sobretudo, cientistas políticos comprometidos com o processo revolucionário devem enfrentar individualmente e, sobretudo, coletivamente.

As lições das lutas revolucionárias dos povos latino-americanos e, especialmente, da Revolução Cubana, não devem ser consideradas apenas como lutas do passado e que, portanto, contêm apenas um valor histórico acadêmico. Elas devem ser entendidas como um ponto de referência básico para as lutas do futuro. Devemos analisar os processos revolucionários vitoriosos para aprender com eles e também devemos analisar os fracassados para não cometer os mesmos erros novamente...

E aqui voltamos ao nosso ponto de partida e queremos, para terminar, voltar à referência que fizemos sobre as projeções das consequências da Revolução Cubana nas ciências sociais do continente. Vou sintetizar essas consequências em duas direções principais. Por um lado, o impacto da Revolução Cubana contribuiu definitivamente para desmascarar toda uma concepção desenvolvimentista e pró-capitalista, que supunha utopicamente que os países latino-americanos poderiam seguir o mesmo rumo de desenvolvimento que foi tomado nos países imperialistas;

assim desmascarou esta pretensa ciência social burguesa. Por outro, ao demonstrar que o socialismo é a única forma de superar o atraso, a miséria, enfim, a dependência que os envolve, a Revolução Cubana contribuiu, direta e indiretamente, para o desenvolvimento de um profundo questionamento e esforço crítico dos postulados pretensamente científicos da burguesia e de seus intelectuais, enfim, para o desenvolvimento da ciência marxista no continente.

Naturalmente, todo o esforço para repensar nossa realidade com base na ciência proletária ainda está em seus primórdios e, apesar das relevantes contribuições que foram feitas até agora e que buscam sistematizar a teoria marxista da dependência e a revolução socialista na América Latina, falta, é evidente, muito a aprender e muito a investigar.

11

CONFERÊNCIA DOS PARTIDOS COMUNISTAS DA AMÉRICA LATINA E DO CARIBE

Organizada em Havana, Cuba, em 1975.

DECLARAÇÃO DA CONFERÊNCIA DOS PARTIDOS COMUNISTAS DA AMÉRICA LATINA E DO CARIBE

Aprovada em Havana, em 13 de junho de 1975. Publicada em 22 de junho no *Granma* e, posteriormente, no nº 44 da revista *Tricontinental*, pp. 69-108, sob o título: *A América Latina na luta contra o imperialismo, pela independência nacional, a democracia, o bem-estar popular, a paz e o socialismo.* Traduzido por Red Yorkie.

Todos os partidos comunistas da América Latina e do Caribe se reuniram em Havana no início de junho de 1975. Essa conferência foi apenas a terceira em meio século: eles haviam se encontrado pela primeira vez em Buenos Aires, em 1929, e depois em Havana, em dezembro de 1964.

Desta vez, todos os 24 partidos comunistas do continente estavam presentes – inclusive os de Guadalupe, Martinica e da Guiana (ex-Guiana Britânica). Os dos EUA e do Canadá foram convidados como observadores.

Mudanças consideráveis ocorreram nos últimos 16 anos – a era da revolução cubana – que deram uma nova face à América Latina. O documento que estamos publicando reflete a amplitude e a profundidade da análise da situação real da América Latina hoje, seus processos econômicos e políticos, e a troca de experiências que ali ocorreu sobre as lutas dos trabalhadores e do povo e sobre a atividade dos partidos comunistas.

Publicar em extenso na França a "Declaração" da conferência é certamente expressar mais uma vez nossa solidariedade com as lutas nacionais e democráticas dos comunistas latino-americanos. Mas é também, em um mundo onde o equilíbrio de forças está constantemente mudando em favor do socialismo, testemunhar a importância que deve ser dada à contribuição da América Latina às experiências e lutas do movimento comunista internacional.

Além disso, afirmando a unidade de opiniões de todos esses partidos irmãos sobre os problemas fundamentais, a "Declaração" deixa claro que cabe a eles, na marcha rumo ao socialismo, oferecer a todo o movimento anti-imperialista da América Latina e do Caribe uma clara orientação para a união e ação das mais amplas forças para derrotar primeiro seu principal inimigo, o imperialismo estadunidense.[198]

I

Cento e cinquenta anos após a batalha de Ayacucho, que significou o declínio do colonialismo espanhol no continente, a forte e total independência de nossa América pela qual combateram os heróis da luta de libertação, ainda não se tornou realidade.

Desde a virada do século, o domínio comercial das antigas potências europeias começou a ser rapidamente substituído pela crescente penetração do imperialismo na economia. A fraca economia dos países latino-americanos foi subjugada pelo poderoso capital financeiro da Grã-Bretanha, Alemanha e França, e, mais tarde, caiu sob o domínio do imperialismo estadunidense. Alguns territórios são praticamente colônias até os dias de hoje.

O imperialismo interrompeu o desenvolvimento econômico independente da América Latina. O mesmo vale para a Ásia e a África, onde durante décadas impediu qualquer aparência de tal desenvolvimento. A interferência econômica, social e política aumentou e adquiriu novo caráter, tornando os estados latino-americanos presas fáceis do imperialismo, especialmente do imperialismo estadunidense. Assim, a América Latina, não tendo alcançado a plena libertação e não tendo desenvolvido todas as suas potencialidades, caiu nas mãos de novos mestres. A

---
198. N.T.: Apresentação da Conferência na revista francesa *Cahiers du Communisme* (9 de setembro de 1975).

soberania dos países latino-americanos foi violada. Esta dependência significou o início de um novo período dramático. Embora o capitalismo tenha se tornado – em maior ou menor grau – o sistema econômico dominante, e vários países latino-americanos tenham atingido um nível médio de crescimento capitalista, e em alguns deles estejam surgindo características de capitalismo monopolista, a dependência econômica, por um lado, determina a preservação das velhas estruturas, e, por outro lado, impõe sua marca no processo capitalista.

A maior parte da América Latina é caracterizada pela pobreza, atraso econômico, analfabetismo, falta de assistência médica, ausência de direitos civis e restrição arbitrária da soberania nacional, da qual a maioria da população dos países economicamente mais desenvolvidos também sofre.

Com uma população de 320 milhões de habitantes e imensa riqueza natural, a América Latina poderia ser uma das regiões mais desenvolvidas do mundo.

Na verdade, mais de 100 milhões de latino-americanos sofrem de desnutrição, e 36 milhões, inclusive 15 milhões de crianças, estão em avançado estado de emaciação. Mais de um quinto da população vive em países onde o consumo médio de calorias e proteínas está abaixo do mínimo necessário. Enquanto nos países capitalistas desenvolvidos morrem 20 crianças em 1.000 durante seu primeiro ano de vida, no Haiti, este número é de 230, em algumas regiões do Brasil, 180, e, no importante centro industrial de São Paulo, é de 90. No Chile, de cada mil crianças nascidas, 79 morrem, e agora este número está crescendo. Para a América Latina como um todo, com exceção de Cuba, onde o número é inferior a 30, o número médio é 66.

Em alguns países, o nível de analfabetismo registrado é em média de 27%, mas o número real é muito maior, especialmente onde mesmo números aproximados são inatingíveis. Foi calculado que, atualmente, não menos de 12 milhões de crianças em idade escolar não têm nenhuma chance de ir à escola, e a taxa de abandono escolar entre os alunos do ensino fundamental varia de 50 a 80 por cento.

Apenas um terço dos alunos do ensino fundamental continua os estudos no ensino médio e apenas 9% na faixa etária de 20 a 24 anos ingressam nas universidades. Muitos graduados universitários, incapazes de encontrar trabalho ou em razão dos baixos salários, tendem a procurar trabalho nas metrópoles e vão para os Estados Unidos, o que não é nada além de uma fuga de cérebros. O desemprego total ou parcial é um dos mais graves males sociais. De acordo com dados oficiais, envolve de 10 a 25% da população potencialmente ativa. Mas este número não inclui dezenas de milhões de mulheres capazes de produzir trabalho e que precisam dele por razões econômicas; nem inclui os vários milhões de latino-americanos que se dedicam à agricultura em condições miseráveis, e que estão praticamente desempregados.

A América Latina continua sendo uma região que produz principalmente matérias-primas agrícolas e minerais. Em 20 anos, até 1970, a participação da indústria no produto nacional bruto aumentou de 18,7 para 25,2 por cento. Mas estes números não refletem a situação real na maioria dos países, pois este índice é influenciado pelo nível de produção industrial na Argentina, Brasil e México, que está acima da média do continente. Na maioria dos casos, a indústria é caracterizada por um atraso técnico considerável, baixo nível de produção, baixa produtividade do trabalho e uso inadequado de recursos. Em alguns países, especialmente os pertencentes ao Mercado Comum Centro-Americano, e também os países do Caribe, a maior parte da capacidade industrial instalada está nas mãos de filiais de monopólios imperialistas, engajadas principalmente na fase final de produção. Além disso, muitas empresas são criadas com o único objetivo de utilizar a mão de obra barata e exportar produtos para os EUA; este é outro fator que aumenta a dependência e o caráter distorcido das economias latino-americanas.

A penetração de alguns ramos da agricultura por empresas transnacionais está associada à introdução de formas modernas de exploração, representando um novo método de aproveitamento de nossos recursos naturais e aumentando nossa dependência do capital monopolista dos EUA.

A estrutura socioeconômica do campo latino-americano é caracterizada por um desenvolvimento desigual e contraditório. Por um lado, a produção agrícola para exportação e o nível técnico de produção têm aumentado. Por outro lado, as formas retrógradas de posse da terra persistem. Milhões de trabalhadores rurais sofrem com a pobreza e a exploração. Uma das principais causas é que os latifundiários e as empresas capitalistas locais e estrangeiras são os proprietários da maior parte da terra. Além disso, há um grande número de "minifúndios" improdutivos, com fracos laços de mercado.

O sistema de propriedade da terra, com algumas exceções, é caracterizado por sua desigualdade, que remonta aos primeiros anos de nossa luta pela independência. Em alguns casos, essa desigualdade aumentou. Os latifundiários, que compreendem menos de 8% dos proprietários da terra, possuem 85% da área agrícola.

A existência de milhões de camponeses sem terra, que são obrigados a buscar rendimentos temporários ou a se mudar para as cidades, agrava a situação das amplas massas rurais. A penetração do monopólio agrava ainda mais a crise agrária. É isto, e não a "explosão demográfica", a principal causa da escassez de alimentos.

A situação é ainda pior em países com grande população indígena. Mais de 30 milhões de índios de diversos grupos étnicos e linguísticos estão sujeitos à mais infame exploração e sofrem com a política de assimilação forçada e discriminação nacional e cultural por parte dos imperialistas e da oligarquia. Como é sabido, os colonialistas e seus seguidores se engajaram no extermínio sistemático da população indígena, que lutou heroicamente por sua liberdade e identidade cultural. Esta luta faz hoje parte da batalha geral de nossos povos. Os atos de genocídio contra a população indígena do Brasil, Paraguai e outros países continuam até os dias de hoje.

Os ideólogos do imperialismo e seus servos locais afirmam que o investimento estrangeiro privado é uma importante fonte de fundos externos necessários para o desenvolvimento da América Latina. A experiência passada e a história recente, no entanto, provam que os investimentos estrangeiros, especialmente os estadunidenses, serviram apenas para roubar os nossos países. O lucro anual dos investimentos na indústria petrolífera é de 20 a 30 por cento, e o lucro da mineração e outros ramos da indústria não é muito menor. O investimento de capital por parte dos imperialistas estadunidenses na América Latina paga-se em poucos anos, após o que toda sua atividade se resume a acumular lucros sem maiores gastos.

Esta superexploração é melhor expressa pelos dados sobre o movimento de capitais. Em 1950, os retornos das empresas estrangeiras eram de 700 milhões de dólares, e, em 1974, de 9.200 milhões de dólares (incluindo juros). Em 1960-1969, os lucros exportados pelas subsidiárias dos monopólios estadunidenses na América Latina excederam em 6.745 milhões de dólares a quantia de capital que entra em nossos países.

No período inicial de penetração imperialista em nosso continente, uma forma típica de exploração foi o investimento de capital na indústria de mineração e em atividades agrícolas onde era necessária relativamente pouca mecanização, como a produção de cana-de-açúcar e banana, frigoríficos, transporte, e na forma de empréstimos aos governos. Mais tarde, os imperialistas assumiram o controle dos serviços públicos, particularmente eletricidade e telefones e os principais estabelecimentos financeiros. Finalmente, eles tomaram as posições-chave na indústria, no comércio interno e externo, e o controle sobre os meios de informação de massa mais importantes. Explorando seu monopólio de tecnologia avançada e das matérias-primas básicas, as grandes empresas transnacionais, em aliança com os poderosos grupos da oligarquia local, tornam os países latino-americanos ainda mais dependentes.

Sob o impacto das profundas mudanças do mundo atual, que continuam sendo influenciadas pela luta dos povos de nosso continente, o imperialismo está mascarando seu uso da força por formas mais sutis de penetração e dominação. O alinhamento do capital local com o imperialismo, como evidenciado pela criação de empresas mistas, corresponde aos interesses imperialistas, pois ajuda a evitar a nacionalização e permite que os monopólios, especialmente os estadunidenses, aumentem seus lucros, utilizando os recursos locais e a legislação local, violando grosseiramente as regulamentações que protegem a economia nacional, e subordinando essas empresas mistas. Os monopólios controlam empresas que são formalmente empresas nacionais, recebendo a maior parte dos lucros através do fornecimento de patentes, na forma de várias deduções e "royalties", etc.; manipulando as contas, sobrestimando os preços das matérias-primas e equipamentos fornecidos por suas matrizes e baixando os preços dos bens vendidos a essas empresas.

O imperialismo também utiliza créditos concedidos pelo Banco Interamericano de Desenvolvimento, Banco Mundial e Fundo Monetário Internacional principalmente a empresas estatais (eletricidade, telefones, ferrovias, obras hidráulicas, etc.) na condição de que sejam reembolsados dos lucros recebidos, entre outras coisas, através do contínuo aumento das tarifas. Tudo isso aumenta a dívida externa, estimula a inflação e os preços, e significa novos impostos e salários reais mais baixos. Em suma, isto poderia levar à desnacionalização dessas empresas e à perda de independência por parte delas.

Um exemplo disso são o México e a Argentina, embora o caso mais típico das novas formas de penetração do imperialismo seja, sem dúvida, o do Brasil. O "milagre brasileiro" já foi desmascarado, e seu fracasso é admitido até mesmo por seus principais defensores. O crescimento econômico do Brasil durante os últimos anos tem sido bem diferente do que seus apologistas lhe atribuíram. Deve-se lembrar, acima de tudo, como esse crescimento foi alcançado e quem se beneficiou dele.

O processo de fascistização, iniciado após o golpe de 1964 pelos direitistas, criou os pré-requisitos políticos necessários para o "milagre econômico". A brutal supressão do movimento sindicalista dos trabalhadores, das forças democráticas e anti-imperialistas refletiu a natureza ultrarreacionária do regime brasileiro e foi utilizada como um poderoso meio político para impor ao país um tipo de desenvolvimento econômico ainda mais dependente e subordinado ao imperialismo estadunidense.

Este crescimento econômico foi alcançado principalmente pela redução dos salários ao mínimo, suficiente apenas para subsistência biológica, a fim de aumentar os acúmulos e os investimentos; pela manutenção da taxa anual de inflação em aproximadamente 20% (até 1973); pelo incentivo a investimentos maciços de capital estrangeiro e a criação de empresas transnacionais; através de medidas governamentais para uma expansão considerável do setor monopolista da economia; por meio do apoio ao latifúndio e pela transferência de recursos naturais, inclusive de extensas áreas agrícolas, para grandes empresas imperialistas; pelo estímulo às exportações em detrimento do mercado interno.

Interferindo, em íntima parceria com o imperialismo estadunidense, nos assuntos políticos e econômicos de Estados vizinhos (especialmente Paraguai, Bolívia, Uruguai e Chile) e conduzindo uma política expansionista, os arquitetos do pseudo milagre – a oligarquia brasileira e o exército – intrometem-se nos interesses de todos os povos da região, convertendo o Brasil em um perigoso reduto imperialista na América do Sul.

Os resultados do "milagre brasileiro" mostram que esse crescimento econômico não é vantajoso para o povo, leva a uma violação ainda maior da soberania nacional, e é alcançado à custa de insuportáveis privações sociais. Por esta razão, ao contrário das afirmações dos defensores do imperialismo, o "milagre brasileiro" não pode ser uma alternativa para os povos latino-americanos que lutam pela libertação nacional e social.

A situação na América Latina dita outros caminhos.

II

Os povos da América Latina nunca cessaram a luta contra a crescente apropriação dos recursos de seus países pelo imperialismo estadunidense, contra a exploração feroz por parte desse imperialismo e da oligarquia. A crise estrutural na América Latina e a existência de uma contradição insolúvel entre os interesses dos países latino-americanos e as reivindicações do imperialismo se tornaram evidentes durante a grande depressão econômica de 1929, aquela manifestação da crise geral do capitalismo. Ela demonstrou a crescente consciência da classe trabalhadora, que havia dado origem às correntes socialistas no século XIX e, posteriormente, sob o impacto da revolução de outubro, levou à formação da maioria dos partidos comunistas latino-americanos.

O movimento popular anti-imperialista e as lutas dos trabalhadores, camponeses e estudantes por mudar a estrutura socioeconômica adquiriram amplo escopo. Eventos de grande importância ocorreram, como a marcha da Coluna Invencível liderada por Luís Carlos Prestes, a revolta operária de 1932 sob a liderança do Partido Comunista de Salvador, a derrubada da tirania de Gerardo Machado em Cuba como resultado da greve geral de 1933, as ações heroicas sob a liderança de Augusto César Sandino, e a poderosa onda de solidariedade com a luta do povo espanhol contra a agressão fascista. A nacionalização da indústria petrolífera e outras reformas durante a administração Lázaro Cárdenas no México e a formação do governo da Frente Popular de Pedro Aguirre Cerda no Chile marcaram de certa forma a conclusão de uma etapa frutífera de acumulação de força e experiência. O escopo da luta contra o fascismo, contra as guerras agressivas e o saque imperialista se expandiu.

A Segunda Guerra Mundial, que mais tarde se transformou numa guerra dos povos contra a escravidão fascista, introduziu certas mudanças na situação da América Latina. Os povos do mundo fecharam suas fileiras diante do desafio descarado da tirania fascista que lutava pelo domínio mundial e a escravidão das nações no interesse dos círculos mais reacionários do imperialismo. A coalizão anti-Hitler foi formada, reunindo na guerra contra o fascismo, as grandes potências imperialistas e a União Soviética, o primeiro Estado socialista, que suportou o grosso da guerra.

Como no período anterior, durante a guerra, os partidos comunistas da América Latina se esforçaram, com maior ou menor sucesso, para criar frentes nacionais antifascistas e anti-imperialistas. Um papel importante neste aspecto foi desempenhado pelas decisões do Sétimo Congresso da Internacional Comunista. Durante a guerra, que terminou na impressionante vitória dos povos, para a qual a União Soviética contribuiu decisivamente, assim como no pós-guerra, com a formação do campo socialista mundial, ocorreram importantes mudanças em muitos países da América Latina, facilitando o desenvolvimento do movimento operário e dos partidos comunistas, e a realização de importantes reformas sociais.

Ao mesmo tempo, o imperialismo estadunidense utilizou as condições do tempo de guerra para espremer seus rivais e penetrar mais na parte sul da América Latina, recorrendo a meios mais sutis. Em 1947, impôs o Tratado do Rio de Janeiro, procurando fortalecer seu domínio político e militar sob a cobertura do chamado pan-americanismo. Ainda assim, não conseguiu evitar o agravamento das contradições entre os monopólios imperialistas e os interesses dos países latino-americanos e seus povos em um momento de crescimento das seções burguesas locais interessadas em uma política de restrição das importações, o que resultou em uma relativa industrialização.

Após a guerra, o imperialismo estadunidense começou a impor sua dominação por meios cada vez mais brutais. Apoiando-se em sua força econômica e utilizando chantagem atômica, procurou estabelecer seu domínio absoluto sobre o mundo, confrontando assim seus interesses com os dos povos do mundo inteiro, e notadamente do continente americano. Em 1947, o imperialismo estadunidense lançou a "guerra fria".

Esta política encontrou expressão no Plano Marshall e, especialmente, no Plano Truman. Sob o pretexto de combater o comunismo, reprimiu-se não apenas os partidos comunistas da América Latina, mas também todas as forças progressistas e democráticas opostas ao domínio imperialista indivisível.

Durante a Segunda Guerra Mundial, os Estados Unidos expandiram sua influência sobre as forças armadas da América Latina como um todo, subordinando-as a seus conceitos estratégicos, sob o pretexto da defesa continental. Durante a guerra fria, os estadunidenses conseguiram manter e fortalecer seu controle por meio de uma invenção grosseira de que a luta contra a "ameaça comunista" significava a continuação da luta contra o fascismo. Como consequência, soldados colombianos e porto-riquenhos derramaram seu sangue na monstruosa agressão na Coreia. Os Estados Unidos estabeleceram um objetivo semelhante durante a guerra no Vietnã, mas a luta popular impediu sua implementação.

Durante todo esse período, o movimento de protesto em massa em nossos países subiu para um novo e mais alto nível. Expressões disso foram as explosões revolucionárias do início dos anos 1950. Na Bolívia, a revolta popular de 9 de abril de 1952, resultou na nacionalização das minas, na reforma agrária e na introdução do sufrágio universal, embora posteriormente os objetivos revolucionários tenham sido emasculados como resultado das políticas de rendição da burguesia. Na Guatemala, a política de reforma agrária do governo Jacobo Arbenz, dirigida principalmente contra a United Fruit Company, mostrou a crescente determinação das forças populares patrióticas da América Latina em se livrar da opressão estrangeira e derrubar os traidores nacionais. Um novo recrudescimento do movimento democrático foi registrado nas colônias britânicas do Caribe. Uma grande conquista foi a vitória decisiva do Partido Popular Progressivo da Guiana nas eleições de abril de 1953; o governo formado por ele permaneceu no poder por 133 dias, após o que foi deposto pelos imperialistas britânicos. Em 26 de julho de 1953, Fidel Castro, com um grupo de camaradas, atacou o quartel de Moncada; a lendária guerra de guerrilha subsequente nas montanhas da Sierra Maestra marcou o início de um salto decisivo na história da América Latina: o processo revolucionário que culminou com a vitória de 1º de janeiro de 1959.

III

A revolução cubana significou uma mudança histórica na vida da América Latina.

Quando, após seis anos de batalhas contínuas que haviam começado com o ataque ao quartel de Moncada, o exército rebelde entrou em Havana, os imperialistas estadunidenses esperavam poder facilmente colocar o movimento sob o controle tradicional de Washington e finalmente destruí-lo. Entretanto, sob a liderança de Fidel Castro e seus camaradas, a vitória sobre Batista levou à criação do primeiro território livre na América e, pouco depois, ao aparecimento do primeiro país socialista do continente.

A luta armada contra o regime tirânico uniu a grande maioria do povo, levou à criação de um novo governo genuinamente popular e contribuiu para transformações tão revolucionárias como a reforma agrária e a nacionalização, assim como para uma política externa independente.

O ódio dos imperialistas concentrou-se em Cuba. Eles queriam paralisar a vida do país, cortando o abastecimento de combustível e estabelecendo um embargo comercial. Foram organizados complôs de assassinato contra os líderes do país, sabotagem e provocações armadas. Quando todas estas tentativas fracassaram, os imperialistas lançaram uma aventura em larga escala concebida, preparada e apoiada oficialmente pela CIA e pelo Pentágono. Mas, na Playa Giron, o imperialismo sofreu sua primeira derrota militar na América Latina.

O desejo obstinado do imperialismo de atacar Cuba, incluindo discussões sérias sobre a possibilidade de agressão direta pelas forças armadas, levou à crise de outubro de 1962. Depois disso, apesar de sua posição arrogante e da falsificação dos fatos, o imperialismo foi obrigado a se comprometer a se abster de atacar Cuba. Como resultado disso, e porque as forças armadas do imperialismo estavam amarradas no sudeste asiático, enquanto a revolução ganhava rapidamente força, o povo cubano teve a segurança garantida e escapou da tremenda destruição e sacrifício de milhões de seus filhos, o que aparentemente teria sido inevitável caso houvesse uma intervenção direta dos EUA.

A heroica resistência e prontidão de luta demonstradas pela classe operária e pelo povo cubano, a liderança firme, ousada e correta de Fidel Castro, a solidariedade internacional dos povos da América Latina e do mundo inteiro, a solidariedade dos países socialistas, especialmente da União Soviética, que forneceram armas e combustível e prestaram apoio político, técnico e econômico, tornaram possível que a revolução cubana se tornasse um fator social irreversível na vida latino-americana.

A revolução cubana derrubou o mito do fatalismo geográfico explorado pelo imperialismo e pelas oligarquias com o objetivo de aumentar sua exploração e opressão, assim como pela burguesia, que gostaria de forçar nossos povos a se contentarem com reformas e desistirem do caminho da mudança revolucionária. Longe de impedir o aprofundamento da revolução cubana, a agressão imperialista a acelerou. O programa apresentado no memorável discurso no julgamento Moncada mostrou que, em nosso tempo, todos os latino-americanos que aspiram à independência e ao progresso de seus países devem conseguir isso através de uma verdadeira mudança social. Sob a liderança de Fidel Castro, as forças em Cuba guiadas pelas ideias do marxismo-leninismo, conseguiram a unidade com aqueles que vieram a aceitá-las com base em sua própria experiência revolucionária; essa unidade é um exemplo para todos os movimentos revolucionários na América Latina.

Em abril de 1961, em resposta à agressão militar imperialista, Fidel Castro instou os cubanos a defenderem a revolução socialista sob o lema: "Pátria ou morte! Venceremos! Aqueles que deram suas vidas na Playa Giron lutaram sob as gloriosas bandeiras do socialismo."

Assim, graças à unidade revolucionária e às mudanças positivas na situação internacional possibilitadas pelos sucessos do socialismo e da luta mundial anti-imperialista, a transição de Cuba para o novo sistema ocorreu muito rapidamente, como resultado do rápido desenvolvimento de fatores favoráveis.

Quatorze anos após os acontecimentos na Baía dos Porcos, as conquistas de Cuba, seus sucessos na economia e seu sistema profundamente democrático estão em nítido contraste com a pobreza, o atraso e o status oprimido da maioria dos povos latino-americanos.

O programa educacional de Cuba é admirado hoje não apenas pelos países em desenvolvimento, mas por especialistas dos países mais avançados: 99,5 por cento das crianças em idade escolar estão frequentando escolas primárias. Todos os anos 150 mil crianças entram nas escolas secundárias, onde o número total de alunos é hoje de quase 500 mil em comparação com apenas 80 mil antes da revolução. Centenas de excelentes internatos, onde quase 200 mil crianças estão estudando, são o orgulho do povo cubano. O sistema de combinar a instrução com o trabalho adotado nas escolas secundárias rurais, escolas técnicas, institutos politécnicos e técnicos e cursos preparatórios para universidades ajuda a fomentar especialistas altamente qualificados, cujo respeito pelo trabalho faz parte da perspectiva moral e política que fez da juventude cubana um exemplo nas condições da crise enfrentada pelos jovens dos países imperialistas e dos países subdesenvolvidos e em desenvolvimento.

Em 1973, as escolas técnicas secundárias de Cuba formaram 12 mil graduados; há mais de 65.000 estudantes universitários, 3,5 vezes mais do que antes da revolução.

Embora mais de 3 mil trabalhadores médicos tenham sido atraídos para fora de Cuba pelo imperialismo estadunidense, existem agora 10.300 médicos em Cuba, número que o coloca entre os três principais países da América Latina. O mais impressionante é o declínio da taxa de mortalidade anual em Cuba, que agora é de apenas seis por mil da população. Doenças endêmicas, como a poliomielite e a malária, foram completamente eliminadas.

O abastecimento alimentar garantido para toda a população tem desempenhado um papel importante na elevação dos padrões de saúde. Cuba ocupa o terceiro lugar na América Latina em consumo de proteínas, e dentro de cinco anos alcançará o nível dos países desenvolvidos. Graças à distribuição justa da renda sob o socialismo e, consequentemente, à distribuição mais equilibrada dos alimentos básicos entre a população (com uma exceção: a revolução dá tratamento preferencial a crianças, jovens e idosos), o índice de consumo per capita em Cuba é realista. Nos países desenvolvidos do mundo capitalista – onde existem hoje mais de 100 milhões de desempregados – esse índice esconde desigualdades tremendas. Como consequência da educação física, boa saúde e boa nutrição, Cuba ocupa um lugar de destaque na América Latina na promoção do esporte.

As mudanças materiais provocadas pela revolução cubana são enormes. Em 15 anos, a capacidade de produção de energia elétrica aumentou quase quatro vezes. A produção de cimento triplicou, e antes de 1980 deverá equivaler a seis vezes o nível de 1959. A capacidade dos reservatórios de água aumentou 200 vezes em comparação com os primeiros dias pós-revolução. A extensão das rodovias aumentou 2,5 vezes. Em 1970, a produção da indústria da construção civil foi estimada em 339 milhões de pesos cubanos. Em 1974, ultrapassou 1,2 bilhão (a preços constantes), e em 1980 ultrapassará 3 bilhões, um aumento de mais de oito vezes em dez anos.

Uma nova distribuição geográfica das culturas agrícolas está sendo introduzida de acordo com os princípios de especialização local e diversificação nacional, levando em conta as estruturas químicas e físicas do solo e a topografia. Cuba consolidou sua indústria açucareira e pretende expandi-la com base no cultivo intensivo da cana de açúcar e na mecanização máxima da colheita. A produção de leite está sendo criada através do uso de inseminação artificial para melhorar a raça da maior parte do gado leiteiro. A captura anual de peixe, que era de pouco mais de 20 mil toneladas no início do período revolucionário, atingiu 200 mil toneladas. A tonelagem de peso morto da marinha mercante subiu de 57 mil toneladas em 1958 para 586 mil toneladas em 1974.

Inicialmente, a liderança revolucionária de Cuba baseou sua estratégia econômica no desenvolvimento da agricultura. Seus planos também previam o crescimento dos setores da indústria responsáveis pelo fornecimento de produtos agrícolas e pelo processamento de produtos vegetais e animais.

A produção de fertilizantes é superior a 660 mil toneladas e em breve dobrará. A produção de leite pasteurizado quadruplicou. Uma única fábrica nova será capaz de processar até um milhão de litros de leite por dia.

Cuba lançou a segunda etapa de sua estratégia de desenvolvimento, na qual o acento será na industrialização. Nos próximos dez anos, a produção anual de níquel aumentará de 36 mil para quase 150 mil toneladas. Uma indústria de plásticos será fundada, e as empresas da indústria siderúrgica serão expandidas, esperando-se que sua produção quadruplique. A indústria têxtil, com uma capacidade de 110 milhões de metros quadrados por ano, dobrou, e, até 1980, produzirá mais de 300 milhões de metros quadrados. A construção de uma fábrica para a produção de colhedoras de cana de açúcar já começou; ela produzirá 600 colheitadeiras por ano, cada uma capaz de cortar e carregar cerca de 100 mil toneladas de cana por dia. Será montada uma indústria pesada para construir refinarias de açúcar, e a indústria automobilística será mais desenvolvida.

A produção de pneus e eletrodomésticos (aparelhos de televisão, geladeiras, etc.) também se expandirá consideravelmente.

Mas estas não são todas as transformações realizadas pela revolução cubana. O melhor exemplo para os irmãos latino-americanos (especialmente a classe trabalhadora) é que Cuba eliminou males como desemprego, discriminação racial, prostituição, jogo e mendicância e libertou o povo da humilhação imperialista e da despersonalização.

Cuba está agora empenhada na consolidação organizacional do sistema socialista que escolheu e está se desenvolvendo. Atualmente, milhões de cubanos estão discutindo o projeto de Constituição, que será finalmente redigido pelo Primeiro Congresso do Partido Comunista e depois submetido a um referendo popular. Além disso, há a experiência bem-sucedida com órgãos do governo popular na Província de Matanzas com o objetivo de encontrar as formas mais adequadas de participação democrática direta do povo tanto nas atividades das instituições políticas quanto na gestão das empresas locais.

Cuba está reorganizando o sistema de gestão econômica e divisão política e administrativa a fim de se adaptar às novas condições sociais.

Hoje, o povo cubano é um símbolo notável da unidade revolucionária, da consciência nacional e internacional, da cultura ascendente e da ética. Eles fizeram avançar sua revolução, a defenderam em todas as frentes, reorganizaram e expandiram confiantemente a economia sem crises e afirmaram laços fraternais com outros países socialistas e com todos os Estados que se opõem ao imperialismo. A revolução cubana marca uma virada brusca na luta contra a dominação imperialista no continente, tornando-a de caráter muito mais amplo e profundo. Ela exerce uma influência considerável nos assuntos internacionais.

IV

Na época do triunfo da Revolução Cubana, o fracasso da "guerra fria" já era evidente.

As incessantes batalhas populares e o surgimento da Cuba revolucionária forçaram o governo de Washington a tomar outros caminhos e usar outros métodos para manter a América Latina em submissão. O imperialismo apelou para a "Aliança para o Progresso".

Em 1962, quando o governo de Washington impôs a expulsão de Cuba da OEA, pensou que o programa de reformas da "Aliança" e o apoio financeiro que afirmava estar pronto para dar seriam suficientes para dar um exemplo em contraste com a Revolução Cubana, que então sonhava em sufocar através do bloqueio econômico, isolamento político e agressão militar.

Washington escolheu o governo de Frei como uma alternativa "democrática" à experiência cubana, à qual se opôs por causa de seu suposto totalitarismo. Enquanto contribuíam para a derrubada de Goulart no Brasil e do Partido Popular Progressivo da Guiana em 1964 – cujo governo havia se recusado a se juntar ao ataque a Cuba – os imperialistas deram o maior apoio a Frei e encorajaram outras experiências similares.

Mas a história tem mostrado que a solução para o verdadeiro desenvolvimento de nossos países não é o reformismo de "capitulação" que pede a ajuda dos monopólios, mas a decisão política de obter a independência econômica e de promover transformações substanciais.

Frei procurou salvar o capitalismo no Chile e impedir a revolução popular e o socialismo. Ele tentou fazer isso não pelos métodos antigos, mas usando novos procedimentos e linguagem. Entretanto, não mexeu nos interesses e privilégios da oligarquia e do imperialismo, adotando posições cada vez mais conservadoras, e seu regime tornou-se francamente reacionário.

A luta dos povos se encarregou de desmascarar outras experiências semelhantes no Peru, Venezuela e outros países. A luta dos povos latino-americanos, agora encorajada pelo exemplo da Revolução Cubana, pelas vitórias do socialismo mundial, pelas ações da classe trabalhadora e das forças democráticas dos países capitalistas desenvolvidos e pela luta de libertação nacional em outros continentes, manifestou-se de muitas maneiras. Foi declarada nos centros educacionais, nas ruas, nos sindicatos e nas fábricas; surgiram guerrilhas nas montanhas e nas planícies, e algumas ainda hoje lutam heroicamente.

A mobilização das massas populares ganha força com a presença decisiva da classe trabalhadora, através de greves, greves gerais e parciais, ocupações de fábricas, manifestações de trabalhadores. É parte da luta contra a queda e o congelamento dos salários, pela melhoria do nível de vida, contra as demissões, pela defesa de sua organização, na luta contra a repressão, e pelas liberdades e conquistas democráticas. Também estão ocorrendo movimentos camponeses vigorosos pela terra e lutas combativas estudantis e populares pela nacionalização das principais riquezas detidas pelo imperialismo.

Os comunistas e outras forças revolucionárias na América Latina aprenderão muito com as experiências deste período, pois já podemos afirmar que foi esta comoção revolucionária que deu origem às transformações na América Latina que expressou tanto a falência do poder imperialista na região, quanto às perspectivas de luta vitoriosa que nossos povos têm.

Em abril de 1965, na República Dominicana, uma revolta popular liderada pelo coronel Francisco Caamano e outros oficiais revolucionários provocou uma crise no domínio imperialista naquele país-irmão, obrigando os Estados Unidos a intervir com um grande número de tropas, a fim de impedir o triunfo da revolução após uma longa, heroica e corajosa resistência do povo dominicano.

Em 3 de outubro de 1968, o Governo Revolucionário da Força Armada tomou o poder no Peru. Desde o início, entrou em conflito com o imperialismo e a oligarquia, adotando uma posição de defesa resoluta dos interesses nacionais, progresso social e uma política externa independente e solidária com os povos que lutam por sua independência nacional.

Em 11 de outubro do mesmo ano, como resultado da luta popular que terminou com as tentativas de transferir mais territórios para os Estados Unidos, a Guarda Nacional do Panamá tomou o poder em suas mãos, removeu as forças reacionárias e pró-EUA e procedeu a mudanças profundas. O novo governo criou órgãos governamentais locais do povo, garantiu a livre atividade das organizações populares e se comprometeu oficialmente a lutar pela restituição completa da Zona do Canal, e contra os monopólios dos EUA.

No Equador, as forças armadas, que chegaram ao poder em fevereiro de 1972, anunciaram um novo programa governamental cujas principais disposições são a defesa da soberania nacional, a recuperação dos recursos naturais do país, especialmente os campos petrolíferos e a pesca, e o desenvolvimento econômico independente. Atualmente, este governo, que conta com o apoio do povo, se contrapõe às conspirações dos monopólios multinacionais e de seus agentes locais.

As formas de desenvolvimento social e político na América Latina são tão variadas quanto o grau de participação de vários setores da população na implementação direta de mudanças políticas e sociais. Nem o conteúdo de classe desse desenvolvimento é o mesmo em todos os lugares. No entanto, é a evidência de uma nova realidade em nosso continente, na qual estão aumentando as possibilidades de formação de governos democráticos contrários ao imperialismo e da busca de uma política social progressista.

Esse processo foi mais longe com a vitória do movimento operário e popular chileno e sua tomada do poder nas eleições presidenciais de 1970. O povo devia sua vitória às lutas em massa sustentadas em todas as esferas públicas. Eles venceram porque se uniram em torno de uma política correta expondo os principais inimigos do povo – o imperialismo, o monopólio e a oligarquia proprietária de terras – e apontando a direção na qual o principal golpe devia ser dado. A classe trabalhadora criou a Unidad Popular, uma frente política e social unida, que conseguiu, graças a essa política correta, tomar a administração do país em suas próprias mãos, bem como conquistar parcialmente o poder político. O movimento popular preparou o caminho para mudanças revolucionárias na sociedade através de duras batalhas pelo poder com as classes dirigentes tradicionais e o imperialismo. No entanto, os inimigos do povo conseguiram, usando métodos fascistas, restaurar seu domínio por algum tempo.

Em vista do fracasso da Aliança para o Progresso, o imperialismo caiu principalmente em seus antigos métodos de intervenção e usou a CIA como um instrumento de espionagem e provocação.

Aquela notória agência imperialista, que atua de mãos dadas com regimes subservientes e círculos reacionários contra governos revolucionários ou mesmo apenas progressistas, engendrou a derrubada do governo democrático da Guatemala e, há 20 anos, dirige a destruição sistemática de milhares de patriotas, entre os quais inúmeros membros do Partido do Trabalho guatemalteco e seus dois bravos secretários-gerais, os camaradas Bernardo Alvarado Monzon e Humberto Alvarado. Em 1969, os líderes e centenas de membros das fileiras do Partido Unificado dos Comunistas Haitianos foram assassinados de acordo com os planos da CIA. A CIA organizou o desembarque da Baía dos Porcos, operou contra Goulart, participou do golpe contra o governo progressista sob o comando do General Torres na Bolívia, planejou um golpe no Uruguai e participou de todas as conspirações reacionárias nascidas em países latino-americanos. Destaca-se nas atividades sinistras da CIA o planejamento de operações subversivas, como a realizada sob instruções do Departamento de Estado contra o governo de Unidad Popular do Chile, com o objetivo de estabelecer uma ditadura fascista. Pode-se ver que as atividades da CIA são múltiplas e variadas, abarcando desde tentativas de impedir a vitória das forças populares no Chile e a assunção da presidência por Salvador Allende até o que é "tecnicamente" conhecido como o "afrouxamento" dos governos e movimentos de libertação nacional, a fim de provocar golpes por parte de grupos de traidores-gerais preparados para exercer o poder pelos métodos fascistas mais brutais.

A deterioração da crise geral do capitalismo, que é completamente incapaz de resolvê-la, leva os setores mais agressivos do capital monopolista a recorrer ao fascismo.

O Presidente Ford admitiu em cínicas declarações que o governo dos EUA vinha dirigindo a subversão no continente. Além disso, ele arrogantemente reivindicou o direito de continuar fazendo isso "no melhor interesse" de seu país.

A experiência chilena é, antes de tudo, uma clara evidência da validade da tese marxista-leninista de que as velhas classes não renunciam ao poder de sua livre vontade, mas, ao contrário, se agarram a ele de forma sinistra. Ela também confirma o papel de liderança da classe trabalhadora e a necessidade de evitar seu isolamento na luta pela mudança social. Confirma a necessidade de uma política de alianças amplas e flexíveis e revela que as forças anti-imperialistas da coalizão devem ter uma liderança unida, firme e homogênea. A experiência chilena mostra claramente que o movimento revolucionário não deve rejeitar nenhuma das formas de avanço democrático ao poder, mas deve, por outro lado, estar totalmente preparado para defender os ganhos democráticos pela força das armas.

Os imperialistas estadunidenses e a oligarquia latino-americana imaginavam que o assassinato de Salvador Allende e a derrota da Unidad Popular lhes facilitaria a recuperação de posições no continente. No entanto, a junta militar fascista se encontra cada vez mais em conflito com o povo e em isolamento internacional, enquanto a luta no continente ganha em alcance.

O Partido Comunista do Chile estava correto ao apontar que as medidas tomadas pelo governo Allende – nacionalização das grandes minas de cobre, estabelecimento de um setor estatal fora dos monopólios nacionalizados, nacionalização dos bancos, uma reforma agrária acelerada, redistribuição de renda em favor do povo trabalhador, êxitos na solução do problema habitacional, na saúde pública e na educação, uma política externa independente, e, especialmente, trazendo uma maior participação do povo na administração dos assuntos nacionais através do fortalecimento dos sindicatos, da Central Sindical Unida de Trabalhadores, dos órgãos de trabalhadores para a cogestão de empresas, dos comitês de abastecimento e de preços, e assim por diante – ressaltam o caráter profundamente nacional e popular revolucionário do governo.

Apesar de um revés temporário, estas conquistas são um legado inestimável para o povo chileno. E mesmo que a junta fascista os tenha eliminado temporariamente, eles continuarão a ser uma bandeira da classe trabalhadora e das massas na sua luta.

Os esforços imperialistas para influenciar os desenvolvimentos no Peru em favor da conciliação não deram frutos. A consolidação do setor estatal da economia, os passos iniciais para criar propriedade pública, uma reforma agrária aprofundada, a abolição do monopólio da oligarquia dos meios de comunicação de massa e o reconhecimento do quíchua como língua oficial são típicos das políticas do governo, cujo objetivo é uma unidade cada vez mais estreita entre as forças armadas e o povo.

O governo panamenho se recusa a ceder às ameaças. Fortalece seus laços com o povo, insiste em sua justa demanda pela restauração do direito legítimo do Panamá ao Canal e toma novas medidas contra o neocolonialismo, prevendo a nacionalização das plantações de banana. A posição do Panamá é um estímulo para outros processos de liberação na região.

Entretanto, há novos sinais de crise na América Latina no que diz respeito às suas relações com o imperialismo.

No final dos anos 1940, a burguesia mexicana começou a entregar de mão beijada os interesses nacionais ao imperialismo. Foi então que se formou uma aliança econômica entre uma seção influente da grande burguesia mexicana e empresas multinacionais, com o resultado de que o capital estadunidense rapidamente entrou no México e colocou uma parte substancial da economia do país sob seu controle. Entretanto, essa política, por sua vez, fracassou. A burguesia média está resistindo ao poder monopolista das grandes empresas multinacionais "mexicanizadas".

A grande burguesia mexicana está procurando uma saída para uma crescente crise econômica, social e política, fundindo o governo e o capital privado com o capital imperialista, bem como perseguindo uma política externa que promova as exportações. Na atual situação internacional, a solidariedade do povo mexicano com os povos fraternais ajuda o país a adotar posições construtivas de política externa.

O México é o único estado latino-americano que se recusou a romper as relações com Cuba revolucionária e, nos últimos anos, vem levando adiante uma política amistosa em relação a esse país. Para a Venezuela, a descoberta de novas e vastas áreas petrolíferas significa que ela deve escolher entre colocar as riquezas do país a serviço das empresas estadunidenses ou tomá-las em suas próprias mãos. A decisão da Venezuela de proteger seus recursos naturais enfureceu o Presidente dos EUA. O Presidente venezuelano, confiando no apoio das forças patrióticas, resistiu firmemente às ameaças de Ford. A nacionalização do petróleo – apesar das limitações da legislação relevante agora em discussão no parlamento – constitui um passo importante para retirar das mãos dos monopólios estrangeiros as riquezas mais importantes do povo.

Na Argentina, onde a situação é complicada, o povo mantém seu espírito militante anti-imperialista, que encontrou expressão na vasta escala de sua luta e na vitória alcançada nas eleições de 1973.

O povo luta para preservar as liberdades que ainda tem e reconquistar as que perdeu, impedindo o caminho para os direitistas fascistas e criando condições para cumprir o programa de medidas acordadas para as quais o povo votou nas eleições e para o estabelecimento de uma verdadeira democracia no país.

Na América Central, um crescente movimento revolucionário impõe-se cada vez mais explicitamente tarefas antioligárquicas e anti-imperialistas. Um fator positivo para isso é o crescimento numérico da classe trabalhadora, a força crescente de suas organizações e sua militância crescente, a luta cada vez mais resoluta dos camponeses e dos trabalhadores agrícolas e o envolvimento de parte dos estratos médios na luta por objetivos democráticos e revolucionários. A formação de amplas frentes antioligárquicas e democráticas em alguns países, a existência de elementos progressistas nos exércitos de alguns países, a formação de uma aliança de países produtores de bananas, a cooperação de vários países da Companhia Marítima do Caribe e do

Sistema Econômico Latino-Americano, e o crescente isolamento da seção mais reacionária das forças armadas, bem como da ditadura de Somoza, principal guardiã dos interesses imperialistas na região, são indícios de ganhos inquestionáveis na luta em curso na América Central.

Com o fracasso de formas de integração econômica como a Associação Latino-Americana de Livre Comércio, o Pacto Andino foi assinado em 1969. Graças à disposição sobre o estatuto do capital estrangeiro, incluída nesse pacto, ele pode se tornar, sob pressão popular, um fator que ajuda os países signatários a lutar contra os investimentos estadunidenses e a dependência do imperialismo na esfera tecnológica.

Os países caribenhos pertencentes à Comunidade Britânica ganharam independência política em uma etapa posterior ao resto da América Latina, mas logo se viram sob domínio neocolonialista. Também nesses países, a contradição entre os interesses dos novos Estados e os do imperialismo se faz sentir. Os governos de Jamaica, Barbados, Guiana e Trinidad e Tobago começaram a participar ativamente da comunidade latino-americana, adotando uma atitude cada vez mais explícita e construtiva.

Em Guadalupe e Martinica, as massas estão intensificando sua luta em unidade pela independência de seus países, aplicando o princípio da autodeterminação contra o colonialismo francês e seus aliados, em particular o imperialismo estadunidense e os monopólios multinacionais.

Esta luta, de caráter variável, está se desenrolando irresistivelmente em todos os lugares. Instâncias dela são a resistência à ditadura no Uruguai, que tomou a forma de uma corajosa greve geral de 15 dias em resposta ao golpe de junho de 1973, os ganhos do movimento pela unidade sindical e popular na Colômbia, os resultados reveladores das eleições gerais no Brasil em novembro de 1974 e a luta incessante contra a tirania brutal na Bolívia, Nicarágua, Guatemala, Haiti e Paraguai.

Cuba, cuja vitória é final, está praticamente perfurando o bloqueio político, enquanto a Organização dos Estados Americanos criada por Washington como, de fato, um ministério colonial para a América Latina, está se tornando completamente ineficaz para o imperialismo. Este é um resultado indiscutível da luta dos povos – a classe trabalhadora e os estratos médios. É também devido ao esplêndido exemplo de Cuba revolucionária.

V

As mudanças que ocorrem na América Latina são parte de uma tendência mundial de progresso, uma tendência que se desenvolve na era da transição revolucionária do capitalismo para o socialismo. Estas mudanças interagem com outros aspectos da nova situação internacional caracterizada pela força crescente do socialismo, um imperialismo em enfraquecimento, o fracasso da política da guerra fria e o início da dissuasão internacional.

A guerra fria foi utilizada em um esforço para justificar a interferência aberta dos imperialistas estadunidenses nos assuntos da América Latina, como no caso da invasão dos EUA na República Dominicana. A atual dissuasão elimina o pretexto usado pelo imperialismo no passado. É principalmente um resultado da mudança no equilíbrio das forças internacionais. O fato de que a União Soviética e a comunidade socialista como um todo, da qual a União Soviética é o componente original e principal, estão se fortalecendo é um fator decisivo para a dissuasão internacional e para torná-la irreversível. O poder militar e econômico e a influência política da União Soviética e de outros países socialistas servem a uma política de paz significativa e consistente.

Uma manifestação notável do novo equilíbrio das forças mundiais é a grande vitória do povo vietnamita sobre a agressão imperialista estadunidense, uma vitória que está entre os principais acontecimentos desde a derrota do fascismo em 1945. Esta vitória, que trouxe ao Vietnã a completa independência nacional e abriu o caminho para sua unificação pacífica, é admirada por todos os povos. É, antes de tudo, uma expressão da bravura e glória do povo vietnamita, que ao longo de trinta anos de guerra lutou sob a sábia e firme liderança do Partido Popular Trabalhador do Vietnã, fundado e liderado pelo imortal Presidente Ho Chi Minh.

Essa vitória enfatiza a importância da capacidade de combinar luta armada, política e diplomática. Ela também mostra que o apoio da comunidade socialista e a solidariedade internacional, em particular do povo progressista dos Estados Unidos, são decisivos hoje em dia. No Laos, no Camboja e, sobretudo, no Vietnã, o imperialismo estadunidense sofreu a mais ignominiosa derrota de sua história, o que proporciona aos povos oportunidades ainda maiores de lutar pela emancipação nacional e social, pela democracia, pelo progresso e pela paz mundial.

A crise do sistema colonial português causada pela corajosa resistência dos povos oprimidos levou, em conjunto com a não menos corajosa luta da classe trabalhadora e do povo de Portugal, à derrubada da ditadura fascista pelo Movimento das Forças Armadas. Foi uma nova e importante indicação do atual alinhamento das forças mundiais favoráveis à luta popular pela democracia, o socialismo e a paz.

Em 25 de abril de 1974, o povo português completou uma longa luta na qual a classe trabalhadora e seu Partido Comunista haviam lutado na vanguarda. O processo que resultou na eliminação de uma velha tirania fascista apoiada pelo imperialismo internacional criou os pré-requisitos do avanço de Portugal para o socialismo com base numa aliança do Movimento das Forças Armadas e organizações populares. A solidariedade com o novo Portugal é um dever de todas as forças revolucionárias e democráticas do mundo. Quase simultaneamente ocorreu um evento tão significativo como a derrubada da ditadura fascista de Atenas pelo povo, um desenvolvimento precipitado pelas intrigas da OTAN contra a independência de Chipre.

O imperialismo está recuando passo a passo, mas não renunciou à sua pretensão de hegemonia, nem renunciará a fazê-lo. A dissuasão internacional tem um longo e árduo caminho a percorrer. É a política consistente de coexistência pacífica perseguida pela União Soviética e outros países socialistas e a cooperação entre nações que têm impedido as forças da guerra, da reação e da agressão de interromper os processos positivos no mundo. Esta luta, que se estende a todas as esferas e é particularmente amarga no campo ideológico, tem que continuar. Os elementos agressivos insistem na corrida armamentista, fazem tudo a seu alcance para prejudicar a luta dos povos pela liberdade e democracia e suas aspirações, e interferem nos assuntos internos de outros países. Nos próprios Estados Unidos, eles aproveitam as decisões oficiais para promover uma política provocadora em relação à União Soviética.

Esta conferência condena enfaticamente a política externa da liderança do Partido Comunista Chinês, que flerta com o imperialismo estadunidense, defende sua presença na Ásia e na Europa, justifica a existência da OTAN, encoraja o imperialismo e o revanchismo da Alemanha Ocidental, ataca e difama a União Soviética com a mesma fúria dos porta-vozes mais ferozes da reação internacional, tenta incitar o militarismo agressivo da burguesia mundial contra ela e segue uma política imprudente de guerra fria contra o heroico povo soviético. A expressão mais desastrosa dessa política da liderança chinesa na América Latina é sua descarada conivência com a junta militar chilena, que apoia politicamente apesar do fato de milhares de comunistas, socialistas e outros patriotas terem sido atrozmente torturados até a morte pela tirania fascista. Além disso, a liderança chinesa apoia por toda parte grupos de pseudorrevolucionários que se fazem passar por "radicais", que dividem forças de esquerda, atacam os partidos comunistas, levantam obstáculos aos processos progressistas e, muitas vezes, atuam como agentes inimigos no movimento revolucionário.

É dever de todo partido comunista da América Latina lutar contra esta política de trair a causa da unidade e da solidariedade e as melhores tradições do movimento revolucionário mundial.

Somado aos reveses militares e políticos do imperialismo hoje em dia, há uma crise profunda que afeta todo o sistema imperialista e ameaça sua estabilidade. Há muitos milhões de desempregados nos Estados Unidos, na Europa Ocidental e no Japão. Os imperialistas estadunidenses tentaram reduzir a escala da crise econômica financiando a guerra do Vietnã, mas o resultado final foi o oposto. A atual intensificação dolorosa da crise, na qual as tendências contraditórias de estagnação econômica e a crescente inflação se misturam, restringe o campo de ação dos imperialistas apesar da inundação das estruturas financeiras europeias com "eurodólares", uma política monetária que tenta manter o poder de compra do dólar em um nível mais alto do que é possível atualmente, e uma política comercial que força os países subdesenvolvidos a vender suas matérias-primas a preços baixos enquanto os preços dos produtos manufaturados que eles têm que comprar estão subindo.

Ao tentar esconder a natureza da crise econômica, os imperialistas acusaram os países subdesenvolvidos produtores de petróleo de perturbar a economia internacional, elevando os preços deste importante combustível.

A defesa do direito dos países produtores de petróleo de fixar os preços do petróleo é parte da resposta dos países subdesenvolvidos ao intercâmbio não equivalente que os condenou a um atraso cada vez mais intolerável em relação aos países industrializados desenvolvidos do mundo capitalista. O aumento dos preços do petróleo foi seguido pelos esforços dos países subdesenvolvidos para coordenar a produção e venda de todas as suas matérias-primas, a fim de assegurar que eles adquiram no comércio internacional um valor proporcional ao benefício que trazem e comparável aos preços dos bens manufaturados.

A condição do capitalismo está sem dúvida piorando como resultado de uma séria pressão sobre a balança de pagamentos de alguns grandes países do Ocidente e do Japão e do crescimento dos preços mundiais do petróleo.

Por outro lado, enquanto os preços dos bens manufaturados e dos combustíveis têm aumentado, os de quase todos os outros produtos e matérias-primas, cuja venda é uma fonte de receita para a grande maioria dos países subdesenvolvidos, como os da América Latina, têm diminuído.

Entretanto, as raízes da crise econômica mundial estão nas contradições inerentes ao sistema capitalista de produção e têm sido agravadas pelo desperdício na economia, a guerra fria iniciada após a Segunda Guerra Mundial, a corrida armamentista e um déficit orçamentário causado pelo financiamento de gastos militares e empreitadas bélicas do imperialismo.

A Cuba socialista propôs uma política correta através de seu líder, Fidel Castro. Considera que os fundos extras derivados pelos países produtores de petróleo dos preços mais altos do petróleo não devem ser investidos em países imperialistas, mas principalmente em sua própria economia e também devem ser oferecidos sob a forma de créditos em condições justas aos países subdesenvolvidos, a fim de resolver seus problemas de balanço de pagamentos e fomentar seu crescimento econômico.

Não há dúvida de que, se os países produtores de petróleo precisam da solidariedade de outros países subdesenvolvidos, eles deveriam, por sua vez, se identificar mais explicitamente na esfera econômica com os países subdesenvolvidos não produtores de petróleo. A situação dos países subdesenvolvidos não produtores de petróleo está se tornando cada vez mais crítica devido ao aumento dos preços dos bens manufaturados e combustíveis de que necessitam e de uma queda alarmante nos preços de seus itens de exportação, o que os força a suportar o peso da crise mundial. Estes problemas exigem a mais séria análise econômica e exigem a busca de soluções corretas e justas.

A posição egoísta e as práticas esbanjadoras de alguns países produtores de petróleo e o fato de investirem grandes excedentes financeiros na economia dos países imperialistas não favorecem os esforços conjuntos e a solidariedade dos povos explorados pelo imperialismo e, de fato, facilitam suas manobras de divisão.

Os povos rejeitam e condenam a solução que os imperialistas mais agressivos dos Estados Unidos exigem, ameaçando com agressão em retaliação pela proteção dos países produtores de petróleo de seus preços. Em um discurso que proferiu em Detroit e que foi condenado pela opinião pública mundial, o próprio presidente estadunidense recordou com nostalgia os dias em que as grandes potências imperialistas resolviam com a ajuda de seus exércitos o problema da obtenção de matérias-primas de países pobres e atrasados. Esses dias desapareceram para nunca mais voltar. Hoje, as medidas resolutas dos países subdesenvolvidos para proteger seus recursos naturais e a produção de sua agricultura e indústria mineira são um novo aspecto da crise geral do imperialismo.

A crescente crise geral do capitalismo, cujos efeitos os monopólios tentam colocar sobre os ombros dos países subdesenvolvidos, obriga o imperialismo estadunidense a utilizar novos e mais refinados métodos de penetração econômica. Em particular, ele tenta resolver os graves problemas de sua política latino-americana por métodos similares aos utilizados no Chile. Ao mesmo tempo, porém, os povos estão intensificando sua resistência, e condições mais favoráveis estão se moldando para sua luta pela independência.

O governo estadunidense está se preparando para celebrar em grande escala o 200º aniversário da Declaração de Independência. A falsa propaganda dedicada ao "espírito de 1776" não diz uma única palavra sobre a opressão do povo porto-riquenho, as dezenas de desembarques de fuzileiros estadunidenses em países latino-americanos, os atos de violência que encontraram sua expressão mais infame na profanação do memorial José Marti em Havana em 1950 ou a anexação do território mexicano através de uma guerra de conquista em meados do século passado. Esse território é habitado por milhões de chicanos, que são oprimidos tão brutalmente quanto os 2,5 milhões de porto-riquenhos e outros imigrantes latino-americanos, para não falar dos 23 milhões de negros que ainda são vítimas da mais nojenta discriminação racial mais de cem anos após a Guerra Civil e a morte de Lincoln.

Por ocasião do 200º aniversário dos Estados Unidos, os povos da América Latina expressam solidariedade à classe trabalhadora e ao povo estadunidense, para o qual o poder do monopólio capitalista também é um inimigo. Eles valorizam muito o apoio de sua luta anti-imperialista pelo povo progressista dos Estados Unidos. Os monopólios acumulam imensa riqueza também através da exploração do povo operário dos Estados Unidos. O imperialismo estadunidense, que faz sofrer nossos povos, transforma o povo dos Estados Unidos em bucha de canhão para seus empreendimentos, intensifica a repressão contra eles e os ameaça com o fascismo e a guerra.

VI

Nas circunstâncias atuais, a grande batalha que o povo da América Latina enfrenta deve se tornar a segunda e última batalha pela independência.

Mas a independência da América Latina hoje não pode ser vista simplesmente como a continuação da luta pelos objetivos que inspiraram seus heróis e povos no início do século XIX e que, como sabemos, foram frustrados. Nosso momento é histórico, quando uma parte considerável da humanidade tomou o caminho da construção socialista, com a União Soviética já em sua fase final, o que a levará a uma sociedade comunista; quando o capitalismo, como sistema, está passando por uma profunda crise socioeconômica, e o imperialismo, como uma besta ferida e encurralada, está tentando manter seu domínio sobre o mundo colonial e dependente que está escapando de sua influência, introduzindo formas neocolonialistas de dominação numa tentativa de adiar ou mitigar sua crise.

Os operários, camponeses e outros trabalhadores latino-americanos não encontrarão solução para os problemas de desemprego, pobreza, baixos salários, analfabetismo, desterro e desigualdade social simplesmente eliminando a exploração estrangeira. Estes problemas só podem ser resolvidos de forma conclusiva através da abolição da exploração por parte dos latifundiários e da burguesia. Esta exploração está sendo agravada numa situação em que os países latino-americanos têm que competir em condições desvantajosas com as corporações imperialistas quase onipotentes que dominam o mercado mundial capitalista.

Enquanto a União Soviética e Cuba – tomamos a experiência de dois países de dimensão e posição geográfica diferentes – fornecem um exemplo vivo de crescimento econômico bem-sucedido apesar da agressão estrangeira, bloqueio e tentativas de mantê-los tecnologicamente atrasados, usados há mais de meio século em um esforço para estrangular o socialismo nascente e hoje para impedir o progresso da Cuba revolucionária, não há um único exemplo de progresso econômico e social bem-sucedido nos países asiáticos, africanos e latino-americanos que tentam alcançar isso ao longo do caminho capitalista.

Sem a participação decisiva dos trabalhadores, camponeses e estratos médios urbanos e rurais, nossas economias não podem se desenvolver a um ritmo necessário para resolver os graves problemas de atraso, desemprego, pobreza e analfabetismo. Nossos povos, como visto no exemplo cubano, só podem ser resolutamente mobilizados ao realizarem transformações profundas, que demonstrarão aos trabalhadores da cidade e do campo, aos intelectuais e profissionais que essa revolução é deles.

Nós, comunistas, consideramos o socialismo o único sistema capaz de garantir o desenvolvimento genuíno e rápido de que nossos países necessitam. Cuba mostrou aos povos fraternais que, em nosso tempo, é possível começar a construir o socialismo no continente americano, e obteve êxitos notáveis. O socialismo é nosso objetivo inalienável. Mas nós, comunistas, compreendemos que o socialismo só se tornará viável em todos os países da América Latina após todo um período de luta intensa e transformações radicais, depois que os trabalhadores tiverem adquirido experiência prática como resultado da luta ideológica consistente e teimosa de todos os que aspiram ao socialismo para superar as deformações e confusões ideológicas inculcadas através dos meios de comunicação de massa e da educação dominada pelo imperialismo e pelas oligarquias.

Ao mesmo tempo, fica claro que os povos latino-americanos não podem alcançar um progresso real sem retirar do poder político os representantes das classes e estratos aliados ao imperialismo. Em nossos países, mudanças socioeconômicas profundas são impossíveis, para não falar da realização do socialismo, sem eliminar a opressão por parte do imperialismo estadunidense e a dominação das corporações transnacionais.

A luta pela democracia para as massas populares, por reformas estruturais vitais e pela transição para o socialismo está inseparavelmente ligada à luta contra os monopólios e o imperialismo, que não só controlam nossa riqueza, mas também apoiam e ajudam as oligarquias e os governos oligárquicos.

Como o imperialismo estadunidense é nosso principal inimigo em comum, a estratégia e as táticas de revolução na América Latina para aqueles cujo objetivo final, como o nosso, é o socialismo, devem ser de caráter anti-imperialista. Portanto, Nós, comunistas, julgamos as posições políticas de outras forças latino-americanas principalmente por sua atitude em relação a este inimigo. Enquanto continuamos a luta pelos direitos democráticos e por novas estruturas dentro de nossos países, nós, comunistas, estamos prontos a apoiar e encorajar a posição daqueles governos latino-americanos que se manifestam em defesa de nossos recursos naturais ou lutam para frustrar os esforços das empresas transnacionais de manter e ampliar seu domínio sobre nossas economias.

É verdade que nem todas as medidas em defesa da economia nacional são acompanhadas por uma política genuinamente anti-imperialista. Em alguns casos é uma questão de nacionalismo burguês, que não busca mudanças socioeconômicas e dificulta os governos que as realizam a adotar uma posição progressista sobre os principais problemas de nosso tempo. À medida que as massas populares se unem decisivamente à luta e as contradições entre os governos nacionalistas e o imperialismo se intensificam, os nacionalistas podem ser levados a adotar posições anti-imperialistas e revolucionárias.

Em alguns países, a defesa dos recursos naturais e os esforços para arrancar a economia das mãos das empresas transnacionais estão efetivamente ligados ao programa de reformas sociais. Onde o governo vai além da nacionalização da riqueza apreendida pelo imperialismo e o programa popular de desenvolvimento econômico é implementado, como no Peru, os comunistas – como estão fazendo naquele país – podem apoiar leal e decisivamente estas medidas. O fato de que o conceito de desenvolvimento social dos comunistas difere da orientação deste programa não deve enfraquecer seu apoio à posição governamental acima mencionada, e não será um obstáculo para a solução conjunta de problemas futuros.

A luta anti-imperialista da América Latina pela independência total torna possível e exige a participação dos mais amplos estratos sociais. O papel de liderança nesta luta pertence à classe operária. Seus aliados naturais são os camponeses. Estas são as classes sociais que aspiram às transformações mais profundas.

Embora o capitalismo tenha se desenvolvido na América Latina em condições de dominação e dependência imperialista, ele gerou importantes mudanças na estrutura social dos diferentes países. Característico da América Latina é o crescimento da classe trabalhadora urbana e rural. Existem hoje mais de 50 milhões de assalariados e assalariadas, ou mais de 60% da população assalariada do continente. Aproximadamente metade deles são trabalhadores agrícolas. A estrutura da classe trabalhadora também mudou, e sua concentração em grandes fábricas aumentou. Tudo isso reforçou o papel do proletariado como a principal força produtiva e sociopolítica.

Ao mesmo tempo, a classe trabalhadora está melhorando sua organização e emergindo como uma força social capaz de determinar a situação política em vários países da América Latina. O proletariado está se esforçando para se tornar o principal fator de cimentação de todos os outros estratos sociais democráticos e anti-imperialistas.

A luta pela plena libertação nacional e independência econômica está entrelaçada com a intensificação da luta de classes contra a exploração capitalista e, sobretudo, contra os monopólios estrangeiros e locais e o latifúndio. Sob a opressão do capital, a exploração da classe trabalhadora está aumentando. Em muitos países da América Latina, os salários são extremamente baixos. A participação da classe trabalhadora na renda nacional está diminuindo progressivamente, assim como os salários reais devido à inflação e ao aumento constante do custo de vida.

A experiência do movimento revolucionário latino-americano, abundante em ações heroicas e militantes, mostra que a classe operária encarna os mais firmes princípios de solidariedade com a luta de outros povos contra o imperialismo, pela vitória da revolução nacional-libertadora, pela democracia e pelo socialismo.

O desenvolvimento capitalista também levou ao crescimento de um exército social de reserva formado por milhões de desempregados e camponeses sem terra, que estão deixando as regiões rurais e inundando as grandes cidades do continente.

Os trabalhadores agrícolas, semiproletários, camponeses sem terra, pequenos proprietários, meeiros e todos os estratos empobrecidos de nosso campo formam um poderoso contingente interessado em mudar o sistema de propriedade de terras e em profundas reformas econômicas e políticas em nossos países. A exploração e a miséria os despertam para numerosas ações de classe, que são um componente da luta de libertação de nossos povos.

As limitadas possibilidades da agricultura e a estreita gama de desenvolvimento industrial deixam desempregadas as massas de pessoas que migram das zonas rurais para as zonas urbanas, aumentando assim os grupos sociais sem ocupação, moradia ou meios de subsistência permanentes, que se instalam na periferia das grandes cidades e, além disso, aumentam rapidamente em muitos países.

O drama social dessas pessoas – os habitantes das favelas e cortiços – é a manifestação mais flagrante da natureza injusta, opressiva e exploradora do capitalismo.

Sob a liderança da classe trabalhadora, muitas dessas pessoas podem se livrar da influência demagógica de líderes pequenos burgueses e elementos reacionários e se mobilizar não apenas para exigir uma solução de seus problemas vitais, mas para contribuir para a luta revolucionária e anti-imperialista.

A economia latino-americana também produziu amplos estratos médios compostos não apenas de artesãos e pequenos comerciantes, mas também de pessoas na esfera dos serviços, cuja importância está aumentando. A instabilidade social os induz a participar da atividade política junto com estudantes, intelectuais, técnicos, etc. Em alguns casos, eles se unem à vanguarda comunista e aos movimentos democráticos e anti-imperialistas ou formam grupos de inclinações radicais tipicamente pequeno-burgueses. Outros formam grupos reacionários, que são penetrados pela CIA e utilizados pela oligarquia como uma tropa de choque. No Chile, esses estratos apoiaram o golpe fascista. Tudo isso sublinha a necessidade de luta persistente para ganhar os estratos médios para o lado do proletariado, tendo em mente seu papel dinâmico na América Latina como um todo.

O exemplo dos governos latino-americanos que resistem ao imperialismo e defendem programas de verdadeira libertação nacional mostra que a luta de libertação anti-imperialista no continente pode contar com o apoio de forças e elementos sociais que, por suas contradições com o imperialismo, se aliam às forças progressistas, e que estas últimas devem levar em conta.

Como resultado do processo econômico em curso na América Latina, a porção superior da burguesia local tornou-se tão entrelaçada com o imperialismo e dependente dele para seu próprio crescimento e revigoramento que, de fato, se desenvolveu como um componente do mecanismo imperialista de dominação em seus próprios países.

Este foi o caso da burguesia cubana envolvida na indústria açucareira e nas importações, e o mesmo se aplica a uma parte considerável da burguesia mexicana, argentina, colombiana e brasileira, que adotaram posições de monopólio e estão ligadas às corporações imperialistas que dominam as economias de seus países. Essa burguesia desnacionalizada defende a dependência e se opõe ao processo anti-imperialista. Mesmo quando surgem diferenças ou choques entre esta burguesia, por um lado, e seus companheiros imperialistas, por outro, seus interesses de classe a induzem a buscar a conciliação, ao mesmo tempo em que se opõem às intenções governamentais de romper os grilhões estranguladores da dominação estrangeira. Alguns representantes dessa burguesia se alinham com os grandes latifundiários, com os quais se relacionam economicamente, criando uma oligarquia local pró-imperialista, que se opõe aos interesses da classe trabalhadora e dos camponeses, bem como dos estratos médios e outros círculos burgueses envolvidos no desenvolvimento do mercado interno e no progresso nacional.

Mas isto não significa que entre a burguesia latino-americana não haja nenhuma que, consciente da contradição entre seus interesses e os do imperialismo, adote uma posição convergente com a do proletariado, dos camponeses e de outros setores não capitalistas na luta anti-imperialista e na luta pela independência econômica e pela completa soberania nacional. Consequentemente, esses estratos burgueses podem participar das ações democráticas e anti-imperialistas comuns juntamente com os demais povos.

Os partidos comunistas e todos os outros combatentes contra o imperialismo e pelo progresso social na América Latina atribuem grande importância a essa possibilidade, lembrando que, embora de alcance variável em todo o continente, ela constitui parte essencial de sua luta complexa, multifacetada e difícil.

Seria errado ignorar a limitação e a vacilação desses estratos burgueses em relação a sua participação no processo anti-imperialista. A burguesia latino-americana há muito tempo perdeu a capacidade de desempenhar um papel de liderança, que pertence ao proletariado. Ela é incapaz de levar a nova luta pela independência até o fim. A atração de novas forças e organizações representativas destes estratos burgueses para a ampla luta anti-imperialista e antioligárquica é de imensa importância; mas isto não deve ser feito em nome de compromissos transitórios e em detrimento da aliança principal – a aliança da classe operária, dos camponeses, dos trabalhadores em geral e dos estratos médios – ou a independência de classe do proletariado.

Nos últimos anos, ocorreram profundas mudanças ideológicas, políticas e sociais entre importantes forças que, no passado, foram ferramentas da oligarquia e do imperialismo, mudanças que as estão convertendo em elementos progressistas, com potencial até mesmo revolucionário.

Essas mudanças são perceptíveis entre as forças armadas de alguns países da América Latina. Um movimento com raízes e conteúdo revolucionário liderado por um grupo considerável de oficiais do exército de alto escalão que está se desenvolvendo no Peru, e um movimento iniciado pelos líderes da Guarda Nacional no Panamá e que está ganhando força, refletem claramente a intensificação da crise geral do sistema imperialista de opressão e a crescente consciência patriótica.

Agora, é mais difícil para o imperialismo convencer o povo de que a repressão interna visa salvaguardar a soberania nacional e a integridade territorial, e não manter os privilégios de uma pequena minoria de cidadãos locais e estrangeiros. Não será fácil para os EUA e sua OEA usar as forças latino-americanas como fizeram há apenas dez anos, durante a intervenção armada do imperialismo estadunidense na República Dominicana, que foi heroicamente resistida pelas unidades do exército dominicano leais à Constituição.

O processo em curso nas forças armadas é complexo. O imperialismo está se esforçando para aumentar a influência entre eles, a fim de usar os elementos reacionários e semear ilusões de rápido enriquecimento entre os oficiais de origem popular a quem procuram subornar. À medida que a luta popular cresce, o imperialismo recorre cada vez mais a golpes militares para estabelecer uma ditadura reacionária ou fascista. Mas, quando as tropas são levadas para fora do quartel e colocadas acima da sociedade, quando os soldados são forçados a matar seus irmãos operários e camponeses, quando aqueles treinados para manusear armas para a defesa de seu país são transformados em torturadores, então a luta ideológica aumenta nas forças armadas.

Oficiais que sentem que a oligarquia com seu monopólio do poder político está traindo os ideais patrióticos sob os quais muitos deles foram educados, estão começando a perceber que a razão e a justiça não estão do lado daqueles cujos privilégios eles defendem.

Círculos cada vez mais amplos de militares latino-americanos, envenenados pelo anticomunismo no processo de doutrinação dos quartéis ligado à influência imperialista e reacionária, são levados pela vida a compreender o engano a seu redor e o fracasso da ideologia e da prática do anticomunismo.

Os cristãos, os católicos em particular, o clero e até mesmo alguns dignitários da igreja estão tomando parte cada vez mais ativa na luta popular pelo progresso nacional e social. Eles se inspiram na ideia da Igreja ao lado do povo, como no Brasil e em alguns outros países, e rejeitam qualquer compromisso com a reação e o imperialismo. Os dignitários da Igreja se manifestam contra o terror fascista, pelos direitos democráticos e pelo progresso social.

Os movimentos de sacerdotes e fiéis, sensíveis aos problemas do povo trabalhador e de todo o país, dão uma contribuição notável. Eles se convencem por sua própria experiência da necessidade de ações conjuntas contra inimigos comuns. Estas, às vezes, tomam a forma de protestos ativos, como exemplificado por Camilo Torres, morto durante a ação guerrilheira, que heroicamente lutou contra o anticomunismo e pela unidade popular. Foi, principalmente, o recrudescimento da luta popular que levou ao surgimento de três tendências cristãs na América Latina: conservadora, reformista e progressista. As tendências reformista e progressista representam a grande maioria, e o trabalho entre elas é possível e necessário em todos os lugares.

O diálogo entre crentes e marxistas promove uma ação unida na luta por profundas transformações, contra o imperialismo e a ameaça fascista e lança as bases para uma forte aliança no caminho da construção de uma nova sociedade.

No contexto da luta dos povos latino-americanos, a defesa das organizações democráticas e dos direitos dos povos adquire especial importância. A plena independência nacional, que pressupõe a derrocada e eliminação das oligarquias governantes, está inseparavelmente ligada à luta pela verdadeira democracia.

As forças progressistas, inclusive os comunistas, defenderam e continuam a defender os órgãos representativos e democráticos e, em alguns países, apesar das maquinações e da violência dos reacionários, conseguiram assegurar a participação popular no parlamento por períodos prolongados, tornando possível o uso do parlamento em combinação com a luta fora dele. A experiência das eleições chilenas, que levaram os partidos da Unidade Popular ao poder, mostra que as formas democráticas podem ser utilizadas pela classe trabalhadora e por todo o povo. Ao mesmo tempo, esta experiência confirma que o imperialismo e a oligarquia desconsideram completamente a vontade democraticamente expressa do povo.

A abolição dos direitos democráticos da classe operária e de todo o povo, o uso de tropas contra o movimento operário, o estabelecimento de ditaduras brutais sempre foram táticas do imperialismo e das oligarquias nos países latino-americanos em sua luta para manter seu domínio no continente.

Graças à crescente conscientização dos trabalhadores e camponeses, à radicalização de vários grupos dos estratos médios, à atração de amplos estratos cristãos para a luta das forças de esquerda, e porque em alguns países os militares estão cada vez menos dispostos a participar da repressão de seus próprios irmãos, a crise de dominação imperialista, desencadeada pela revolução cubana, vem se intensificando na América Latina nos últimos anos. No contexto dessa crise, a luta dos povos em todas as suas formas está ganhando força. Por causa disso, o imperialismo e seus servos latino-americanos – sem abandonar métodos encobertos de dominação onde quer que ainda possam ser utilizados – estão recorrendo cada vez mais abertamente a formas e métodos tão brutais como no Chile. O imperialismo estadunidense, que dominou esses regimes, está oferecendo-lhes seus próprios corpos repressivos como instrutores daqueles que foram designados para cometer as atrocidades mais horríveis.

O golpe criminoso no Chile aponta para a urgência de unir fileiras para a luta em defesa da democracia, contra qualquer ameaça fascista na América Latina, e para o elo indissolúvel desta luta com a luta anti-imperialista.

A ligação entre a luta pelos direitos democráticos e a luta pelo socialismo foi evidente desde o início quando Marx e Engels elaboraram a tese da incipiente participação do movimento comunista europeu nas revoluções de 1848-49 e na luta pela democratização e libertação da Europa. Lênin desenvolveu brilhantemente esta tese sobre sua estreita relação, mais tarde mencionada no Sétimo Congresso da Internacional Comunista.

Os comunistas dos países da América Latina e do Caribe estão lutando por uma verdadeira democracia baseada no poder da classe trabalhadora e das massas populares, na liberdade total, na abolição da propriedade privada nos meios básicos de produção, ou seja, pela democracia socialista. Entretanto, eles não são nem podem ser indiferentes aos destinos dos regimes relativamente democráticos, mesmo que estes últimos não correspondam às exigências de uma democracia genuína e completa, pela qual os comunistas estão lutando.

Nós, comunistas, sempre juntaremos forças com todos aqueles que apoiam a democracia, que se manifestam contra as atrocidades fascistas de pessoas como Pinochet, Banzer, Somoza,

Stroessner, Laugerud, Duvalier, Bordaberry[199] e os "gorilas" brasileiros. Ao mesmo tempo, não concordamos que a defesa da democracia burguesa contra a ameaça fascista significa renúncia ao progresso social e aceitação da injustiça. A unidade na luta pela democracia é mais ampla do que a unidade das forças revolucionárias anti-imperialistas com as quais ela está dialeticamente ligada. O caminho das reformas revolucionárias na América Latina pressupõe uma luta coordenada e sustentada, na qual as batalhas contra o fascismo, em defesa da democracia, contra o imperialismo e as oligarquias, e também a participação ativa do povo na vida política compreendem um único processo.

VII

A luta contínua imediata pelos direitos econômicos, políticos e sociais das massas é inseparável da luta pela libertação nacional e social.

Os comunistas mantêm laços com as massas no movimento sindical, entendem suas necessidades urgentes, ajudam a formular suas reivindicações e transmitem um conteúdo de classe genuíno à luta.

A unidade sindical, concebida e promovida como o forjar de uma frente mais ampla que englobe todas as forças do movimento sindical, ajuda, como indica vasta experiência, a atrair novas legiões de combatentes entre os trabalhadores e outros estratos sociais para a grande luta pelo progresso social.

O movimento sindical é elemento de vital importância das forças que lutam pela libertação nacional e social dos países latino-americanos. Não pode haver democracia sem o respeito aos direitos da classe trabalhadora. Todas as forças democráticas e anti-imperialistas têm um interesse nas liberdades sindicais, no direito à greve, na democracia sindical e na independência. O principal é estabelecer um poderoso movimento sindical organizado e unido nas fábricas, até os mais altos escalões.

---

199. N.T.: Respectivamente, os então ditadores de Chile, Bolívia, Nicarágua, Paraguai, Guatemala, Haiti e Uruguai.

A ação unida é essencial para fortalecer a unidade sindical; ela pode ser alcançada pelos esforços conjuntos de todos aqueles que desejam ver a classe trabalhadora cumprir sua missão histórica. A superação das divisões é de primordial importância, não apenas para a classe trabalhadora, mas para todo o movimento democrático progressista, e é o caminho para superar o anticomunismo.

A luta pela reforma agrária democrática, que na maioria dos países da América Latina está intimamente ligada à luta pela libertação nacional e social, é tarefa de todo o movimento revolucionário e progressista e um dos principais elementos da aliança de operários e camponeses.

A reforma agrária democrática estabelece os seguintes objetivos básicos: abolição das grandes propriedades rurais privadas e formas semifeudais de exploração; transferência da terra gratuitamente para aqueles que a cultivam, introdução de formas avançadas de produção que, juntamente com a incorporação de grandes massas camponesas na economia, ajudarão a fortalecer o mercado interno necessário para a industrialização e o desenvolvimento econômico independente. A prática tem mostrado que os programas governamentais burgueses que preveem a venda de terras a camponeses para pagamento diferido e o desenvolvimento de terras em pousio e terras improdutivas são incapazes de resolver a questão agrária; pelo contrário, tornam-se um negócio lucrativo para a burguesia latifundiária e os monopólios imperialistas e atrapalham a luta por uma verdadeira reforma agrária.

A defesa e o desenvolvimento das culturas nacionais – alvo de ataques e distorções do imperialismo, que exerce pressão ideológica – fundem-se com a luta de libertação geral.

A cultura oficial está subordinada aos interesses da minoria reacionária intimamente associada aos modelos do imperialismo estadunidense. A situação é agravada pela existência de regimes tão fascistas como no Chile, onde tudo é feito para suprimir qualquer expressão de cultura popular progressista.

As demandas democráticas na esfera cultural incluem apelos por maiores oportunidades de educação, pelo acesso à educação e sua democratização e pela participação do povo trabalhador em atividades culturais, artísticas, científicas e educacionais.

Profundas mudanças democráticas e revolucionárias abrindo o caminho para uma nova sociedade na qual a educação e a cultura não sejam mais monopólio de uma minoria e se tornem acessíveis a todo o povo, são do interesse da maioria dos intelectuais. É essencial para os trabalhadores culturais que estão conscientes de seu dever para com o povo participar como uma frente organizada e unida no poderoso movimento popular latino-americano para uma completa emancipação. Esse é o único caminho para a independência espiritual e para o florescimento das culturas de nossas nações.

Os movimentos que expressam e organizam a solidariedade mútua na luta contra o inimigo comum e facilitam o apoio político e prático a todos os povos que lutam contra o imperialismo na arena internacional, são parte importante da luta democrática geral pelo progresso social dos povos do continente.

VIII

A luta revolucionária na América Latina é uma batalha difícil e complexa, com lugar para todas as forças que se opõem ao imperialismo estadunidense. O movimento revolucionário deve empregar diferentes formas e métodos, determinando corretamente seu lugar e tempo, de acordo com as condições prevalecentes nos países em questão. É dever de todas as forças anti-imperialistas utilizar todas as oportunidades legais; defender o direito dos povos de decidir sobre as mudanças necessárias por meios democráticos é um princípio inabalável de nossa luta.

Os revolucionários nunca foram os primeiros a recorrer à violência. Mas todos os movimentos revolucionários populares podem e devem estar preparados para responder à violência contrarrevolucionária com violência revolucionária e por vários meios de ação popular, inclusive o uso de armas, para facilitar a realização da vontade soberana da maioria.

Os partidos comunistas, que falam pelos interesses fundamentais da classe trabalhadora, têm papel decisivo na história e responsabilidade especial na luta. Sendo uma força política guiada pelo marxismo-leninismo, a única doutrina capaz de indicar o caminho correto nas condições complexas atuais, eles podem desempenhar esse papel em aliança com as forças revolucionárias. Mas o fato de representarem certos estratos sociais e serem guiados por uma teoria correta não é, por si só, suficiente para assegurar-lhes esse papel. Eles só podem desempenhá-lo se forem os mais firmes combatentes pela libertação nacional e social, se ocuparem posições realmente avançadas na luta, se demonstrarem aos povos seus programas de ação na prática, suas posições estratégicas e táticas destinadas a unir todas as forças anti-imperialistas e a orientá-las em novas mudanças revolucionárias.

Os comunistas têm o direito de esperar de todos os que participam junto com eles na luta nacional de cada país latino-americano o respeito recíproco de sua posição política e ideologia, independentemente de diferenças imediatas nos programas ou objetivos finais.

Os líderes de vários movimentos que se colocam, dentro ou fora da estrutura dos governos latino-americanos, o objetivo da emancipação de seus povos têm todo o direito de declarar que seus objetivos socioeconômicos não são comunistas. A história mostrará quem escolheu o caminho correto para o desenvolvimento da América Latina. Nós, comunistas, não temos dúvidas de qual será o veredicto da história.

Há uma diferença entre não ser comunista e ser anticomunista. Ser anticomunista significa ser cego para a história, uma doença que identifica aqueles afetados por ela com as forças mais reacionárias e os condena à derrota. O anticomunismo é uma postura reacionária, a base da ideologia contrarrevolucionária de nossa época. Podemos respeitar os não-comunistas, mas jamais renunciaremos ao direito de criticar por erro aqueles que assumem posições anticomunistas, e lutaremos inabalavelmente contra aqueles que adotem tal atitude deliberadamente.

A unidade das forças anti-imperialistas é necessária, mas ainda mais essencial é a unidade dentro da esquerda.

A influência mundial das ideias socialistas, como resultado das vitórias irreversíveis da União Soviética e dos países socialistas da Europa e da Ásia, bem como do constante progresso econômico, político e social de Cuba; a difusão da teoria marxista-leninista como única força capaz de resolver os problemas que a sociedade enfrenta; e as atividades dos partidos comunistas – tudo isso levou na América Latina ao aparecimento, ao lado dos partidos comunistas e das organizações socialistas tradicionais, de correntes de esquerda de vários matizes, algumas das quais se chamam organizações marxistas-leninistas e proclamam o socialismo como o objetivo de suas lutas.

Os partidos comunistas, embora notando suas diferenças com estes movimentos no que diz respeito aos conceitos estratégicos e métodos táticos, deveriam levar em conta que alguns deles são motivados pelo desejo de acabar com a opressão imperialista e assumir posições genuinamente socialistas.

Os partidos comunistas não escondem suas diferenças com essas correntes, mas podem distinguir entre visões errôneas e ações aventureiras, que condenam. Nenhum movimento que mantenha posições anticomunistas ou antissoviéticas pode ser considerado de esquerda. Assim sendo, os comunistas procuram isolar aqueles que ocupam tais posições.

As polêmicas com a esquerda devem sempre partir dos interesses da unidade e promover a unidade com base em princípios e tarefas comuns, com base em táticas apropriadas às circunstâncias e condições da luta conjunta.

Nós, comunistas, estamos confiantes na correção de nossas posições e estamos prontos para conduzir as discussões necessárias com base no respeito mútuo, para que as massas trabalhadoras possam chegar à essência dos problemas. Isto não impede uma análise completa e franca das posições de todos os lados ou da luta por uma maior unidade de esquerda. Nós, comunistas latino-americanos, pedimos reflexão e análise e declaramos nossa disponibilidade para superar mal-entendidos, a fim de alcançar uma ação unida.

Os partidos comunistas, que se veem orgulhosamente como os verdadeiros representantes do socialismo na América Latina, estão prontos para participar da luta juntamente com todos aqueles que se propõem seriamente os mesmos objetivos. As oportunidades que se abrem diante dos revolucionários latino-americanos na atual fase de nossa luta e a iminência de grandes e decisivas lutas contra o inimigo imperialista e a oligarquia que a apoia exigem ainda maior unidade e compreensão entre todos os setores das forças anti-imperialistas.

Prontos a contribuir de todas as maneiras possíveis para o processo revolucionário na América Latina, os partidos comunistas consideram essencial expandir sua influência política e a influência das ideias marxistas-leninistas entre as massas, especialmente entre a classe trabalhadora e suas organizações sindicais, para aumentar sua influência entre os trabalhadores do campo e seus sindicatos, associações agrícolas e de outro tipo; para intensificar o trabalho ideológico entre as seções médias da cidade e do campo; para fortalecer seus laços com estudantes, profissionais, todos os intelectuais e engenheiros, e assim se tornar uma força de massa capaz de influenciar decisivamente as políticas de nossos países.

Esforços persistentes para promover o crescimento ideológico dos comunistas, sua educação teórica e prática no espírito do marxismo-leninismo, e para superar todas as tendências reformistas e esquerdistas constituem um elemento importante para o fortalecimento das fileiras comunistas. O aprimoramento de seu nível ideológico e a crítica contínua ao sectarismo dogmático e à suavidade liberal permitirão aos partidos comunistas travar a luta ideológica contra o imperialismo e a oligarquia com mais sucesso.

Em vários estágios da luta anti-imperialista, alguns estratos sociais ou outros podem manter posições sectárias tacanhas ou conciliador-reformistas ou ser influenciados por tais pontos de vista. Uma luta sustentada contra tais visões pode ajudar a consolidar uma ação unida em uma base genuinamente sólida, que afirmará cada vez mais o papel de classe e independente do proletariado revolucionário.

Neste momento de revisão do período passado, os partidos comunistas da América Latina baixam suas bandeiras em homenagem aos muitos milhares de combatentes comunistas que, nas últimas décadas, lutando em todos os países de nosso continente, deram suas vidas pela independência de seus países e pelo socialismo. Enviamos nossas saudações aos comunistas presos, torturados e perseguidos, entre os quais destacamos especialmente os camaradas Luis Corvalán[200], Antonio Maidana[201] e Jaime Pérez[202], cuja liberdade exigimos. Saudamos os revolucionários e patriotas que não são membros de nossos partidos e que estão na prisão e sujeitos à tortura, e mais uma vez prestamos homenagem a todos aqueles que caíram na luta comum pela libertação nacional.

As fortes repressões contra os patriotas e as forças do progresso, especialmente contra o Partido Comunista Brasileiro e seus líderes que resistem firmemente ao regime fascista, e contra todas as forças progressistas, tornam necessário fortalecer e expandir a solidariedade dos países latino-americanos com a luta democrática e anti-imperialista do povo brasileiro.

Expressamos nossa solidariedade com a resistência obstinada dos trabalhadores, de todo o povo da Bolívia contra a ditadura Banzer; com os patriotas do Paraguai, que estão sendo perseguidos e presos; com o povo do Haiti, oprimido por uma ditadura cruel; com as forças progressistas da Argentina, submetidas a bárbaras provocações por parte dos assassinos fascistas da organização "Triplo A"[203]; com aqueles perseguidos pelos fascistas Bordaberry no Uruguai; com os patriotas porto-riquenhos, que estão sendo perseguidos e presos por representantes do regime colonial, e com todos aqueles em outras partes de nossa América, submetidos à prisão e tortura por governos ditatoriais e antidemocráticos.

Declaramos nosso total apoio ao povo guatemalteco e ao Partido do Trabalho, observando a coragem e determinação com que a luta pela libertação nacional e social da Guatemala está sendo travada contra o sangrento regime usurpador; nossa solidariedade com os revolucionários e democratas da Nicarágua,

---

200. N.T.: Ex-Senador chileno (1969-1973) e ex-Secretário Geral do Partido Comunista do Chile (1958-1990).

201. N.T.: Professor e ex-Secretário-Geral do Partido Comunista Paraguaio. Foi sequestrado e assassinado pela polícia na Argentina, em 1980.

202. N.T.: Ex-Secretário-Geral do Partido Comunista do Uruguai (1988-1992).

203. N.T.: Aliança Anticomunista Argentina (AAA) (1973-1976), organização terrorista argentina formada por policiais, responsável pelo desaparecimento e morte de quase 1.500 pessoas.

submetidos a todo tipo de perseguição pela ditadura Somoza, a qual, juntamente com o governo reacionário da Guatemala, está interferindo ilegalmente nos assuntos internos de outros países do continente.

Expressamos nossa especial solidariedade a Lolita Lebron, a patriota porto-riquenha com o mais longo registro de prisioneiros políticos do continente, um símbolo de todos aqueles que estão definhando na prisão por suas convicções.

Ao mesmo tempo em que proclamam sua estreita solidariedade com a luta comum anti-imperialista sobre a base firme do internacionalismo operário, os comunistas da América Latina reafirmam que cada partido formula sua própria política ao longo dos princípios marxistas-leninistas e com a devida consideração das condições nacionais concretas.

IX

O cenário histórico no qual nossa luta se desenvolve com o objetivo de finalmente romper os laços do colonialismo e do neocolonialismo e abrir amplas perspectivas para o desenvolvimento nacional e social de nossos países, difere muito do que era há 150 anos, na época da batalha de Ayacucho[204].

Nossas novas lutas de libertação estão sendo travadas numa época em que os países socialistas veem cada vez mais claramente no progresso econômico e na estabilidade moral de seus povos, na capacidade de proteger sua economia da inflação e do desemprego, esses flagelos do capitalismo, confirmação do poder indestrutível do sistema socialista, enquanto o capitalismo se contorce no prisma do aprofundamento da crise geral.

Nossa luta na América Latina está entrelaçada com a luta vitoriosa dos povos da Indochina, que atualmente precisam urgentemente de apoio para sua reabilitação; com a justa luta do povo coreano para banir as tropas norte-americanas do sul do país, que está sob a opressão imperialista, e pela unificação pacífica do país.

---

204. N.T.: Última grande batalha nas guerras de independência hispano-americanas. Ela aconteceu no Peru, em 9 de dezembro de 1824.

A luta do continente latino-americano, que, após a vitória da revolução cubana, se tornou mais ligado ao campo socialista, é componente do movimento de libertação na Ásia e na África, que está sendo realizado por forças determinadas a pôr fim ao papel odioso de Israel sionista como um ponto forte imperialista no Oriente Médio e a conseguir o reconhecimento dos direitos do povo árabe da Palestina. Faz parte do movimento pela liquidação do colonialismo na Guiné-Bissau, Moçambique e Angola; dos que lutam contra o racialismo no sul da África; dos que, na Argélia, no Congo, na Somália, na Guiné e no sul do Iêmen, iniciaram mudanças que levam ao socialismo.

Na cena internacional, persiste a principal contradição de nosso tempo – a contradição entre o desenvolvimento do socialismo e o imperialismo moribundo. Três correntes principais de nossa época convergem na luta contra o imperialismo: o sistema mundial socialista, a classe trabalhadora internacional e o movimento libertador nacional. No desenvolvimento vigoroso e ininterrupto do socialismo, o exemplo e o papel da União Soviética se destacam claramente para que todos vejam.

Há 58 anos, quando sob a liderança de Lênin e do Partido Bolchevique criado por ele, o primeiro Estado socialista saiu vitorioso, os defensores do imperialismo e da reação internacional apressaram-se a prever sua iminente queda. Décadas mais tarde, quando, como resultado dos árduos esforços de operários e camponeses, o poderoso Estado socialista, no curso do cumprimento dos planos quinquenais, começou a adquirir uma força econômica que o capitalismo era incapaz de alcançar, os imperialistas atribuíram aos fascistas a tarefa de destruir o socialismo nascente. A União Soviética resistiu às provações através dos esforços heroicos de seus povos, contrariou todos os ataques e é atualmente uma expressão admirável do socialismo avançando em direção aos ideais comunistas, algo que parecia irrealizável há algumas décadas.

A União Soviética e seu Partido Comunista, tendo alcançado esplêndidos sucessos econômicos, políticos e sociais com o consequente padrão de vida sempre crescente e a melhoria geral na vida do povo, sempre cumpriram e continuam a cumprir brilhantemente seu dever de internacionalismo proletário. Eles não apenas salvaram a humanidade do nazismo à custa das vidas de 20 milhões de seus filhos e filhas e de enormes perdas econômicas. Por sua existência e firmeza, tornaram possível aos povos da Europa e da Ásia que optaram pelo caminho socialista realizar transformações revolucionárias sem medo de serem esmagados pelo imperialismo.

Aqui na América Latina propriamente dita, como disse o camarada Fidel Castro, a existência do primeiro Estado socialista e a firme política do Partido Comunista da União Soviética, graças à sua solidariedade e ajuda direta na defesa das claras posições ideológicas e políticas de Cuba, tornaram possível que este pequeno país – disposto a lutar até a morte por sua independência nacional e pela realização do socialismo – saísse vitorioso na batalha com o vizinho imperialista aparentemente onipotente que o ameaça com todos os meios disponíveis.

Nesta conferência dos partidos comunistas da América Latina e do Caribe, seus representantes expressam mais uma vez seu respeito, confiança e admiração pela pátria de Lênin e pelo Partido fundado pelos bolcheviques.

Para os povos da América Latina, como parte do mundo que está jogando fora os grilhões do colonialismo e do neocolonialismo e tomando o caminho do desenvolvimento, o poder da União Soviética e de outros países socialistas, que vai aumentando à medida que as divisões do movimento comunista internacional forem eliminadas, representa uma garantia firme em sua luta difícil e desigual pela libertação completa.

Conscientes da necessidade de fortalecer ainda mais o movimento comunista internacional como vanguarda de todas as forças revolucionárias, socialistas e anti-imperialistas, os partidos da América Latina e do Caribe favorecem a realização de uma conferência mundial comunista e trabalharão em conjunto com todos os comunistas do mundo para criar as condições necessárias para que essa conferência contribua positivamente para a causa do fortalecimento do movimento comunista mundial e da classe trabalhadora.

A crescente coordenação entre os países menos desenvolvidos e os países em desenvolvimento, a formação do "Grupo dos 77"[205] na Argélia, assim como o poderoso movimento dos países não alinhados, são uma clara expressão da crescente consciência política nesta vasta área do mundo, que abrange três continentes. Os programas em defesa de suas economias, apresentados pelo movimento dos Estados não-alinhados, formulados na Conferência de Georgetown e concretizados na histórica quarta conferência em Argel, tornaram possível a ampla discussão do direito de nossos países de dispor de seus próprios recursos naturais na sexta sessão especial da ONU. Esta é uma manifestação do caráter universal do conflito entre os povos e o imperialismo, confirmando que a luta latino-americana é um componente da batalha política e econômica mundial.

Entre os países não alinhados e os que optaram pelo socialismo, há outros onde persiste um sistema semifeudal. Embora nem todos estejam em posições igualmente firmes, eles estão unidos por um inimigo comum – o imperialismo – e pela necessidade de coordenar seus esforços para resistir a suas invasões e agressões.

O que é de suma importância para a América Latina e todos os países menos desenvolvidos e em desenvolvimento é compreender que eles não estão sozinhos em sua luta e avaliar corretamente as forças com as quais podem e devem contar.

O camarada Fidel Castro, Primeiro Secretário do Partido Comunista Cubano, fez uma contribuição histórica em Argel para a luta dos países não alinhados, demonstrando a necessidade absoluta de compreender o papel da União Soviética e dos países socialistas como aliados naturais e indispensáveis dos países que lutam por sua independência. Ele denunciou a falsa tese de "dois imperialismos", que serve aos objetivos de divisão permanente do único imperialismo real. Tal posição é mais uma contribuição para a causa do movimento revolucionário mundial em sua luta contra novas formas de ideologia reacionária.

---

205. N.T.: Também conhecido como G77, é um grupo de países em desenvolvimento criado em 1964 em Genebra por 77 países. Atualmente, o grupo engloba 134 países-membros.

Enquanto lutam por seus interesses e pela paz, e com suas forças de vanguarda lutando por transformações que levarão ao colapso do domínio monopolista, a classe trabalhadora e outros estratos nos países capitalistas desenvolvidos estão dando golpes no imperialismo. A classe trabalhadora e outros inimigos internos do grande capital, juntamente com os países socialistas e o movimento de libertação nacional, são parte essencial da ampla aliança que é chamada a provocar a completa e final derrota do imperialismo.

Neste contexto de solidariedade internacional, torna-se cada vez mais clara a necessidade de unidade de todos os povos e de todas as forças progressistas de libertação da América Latina no plano nacional e internacional. Observamos com preocupação, portanto, o alarde artificial dos problemas de fronteira entre alguns países, encorajados por elementos chauvinistas e serviços secretos imperialistas que instigam esses países a uma guerra fratricida para solucionar problemas que podem ser resolvidos pacificamente e sem interferência imperialista.

Uma aliança anti-imperialista pressupõe, sobretudo, unidade de ação; unidade para mobilizar as amplas massas e para atrair as camadas e forças que, embora sofrendo de pilhagem e pobreza, ainda se mantêm afastadas da luta; unidade para coordenar formas concretas e variadas de luta; unidade para ações audaciosas e imaginativas, combinando princípio firme com a amplitude necessária para não perder forças que possam ser arrastadas para a luta.

Os jovens e as mulheres têm um importante papel a desempenhar nesta unidade, que deve ser alcançada o mais rápido possível.

Para milhões de jovens latino-americanos a luta contra o imperialismo e pela plena independência nacional é dever sagrado e alta honra, como herdeiros dos heróis das grandes batalhas de sua gloriosa história. A libertação nacional e social é a única maneira de eliminar o analfabetismo, o atraso, a desnutrição, o desemprego, a prostituição, a discriminação e a insegurança, a fim de iniciar uma nova vida, como a que inspira a juventude cubana com júbilo e sentimento de responsabilidade.

As mulheres latino-americanas estão levando adiante uma esplêndida luta em duas direções: participam da luta geral como parte da classe operária, da camponesa, do movimento dos intelectuais revolucionários, e, junto com seus irmãos, lutam pela verdadeira igualdade, pelo direito ao trabalho, pela satisfação de suas legítimas exigências culturais, e pelo fim da assustadora situação em que elas e seus maridos estão sendo mortos e seus filhos passam fome e vivem na miséria.

Esta luta está ocorrendo dentro das fronteiras de cada país latino-americano e, concomitantemente, em todo o continente. Cada vitória é uma vitória comum, cada fracasso é um fracasso comum.

Aqueles que esperavam fazer do Chile um exemplo concreto com o objetivo de intimidar os patriotas latino-americanos estão agora observando o colapso político dos fascistas chilenos. Embora milhares de chilenos tenham morrido junto com Allende, e outros milhares definhem nas prisões junto com o líder comunista Luis Corvalan, personalidades políticas como Gustavo Ruz, Bautista Van Schowen, Pedro Felipe Ramirez, Anibal Palma, Fernando Flores e Leopoldo Luna, a junta foi incapaz de silenciar o povo chileno. Pelo contrário, sua firmeza inspira o povo e o torna ainda mais forte. Como Cuba, o Chile sairá vitorioso. O povo chileno destruirá o fascismo.

Há doze anos, Washington e sua OEA iniciaram o isolamento de Cuba. Em 1964, eles obtiveram uma vitória temporária vergonhosa ao organizar um bloqueio da ilha, que defendeu resolutamente sua liberdade e soberania.

Devido à firmeza revolucionária do povo cubano, que provocou a primeira derrota militar do imperialismo estadunidense no continente na Playa Giron, o país pôde resistir até que a situação mudasse graças a suas vitórias e à luta dos povos latino-americanos para a qual estas vitórias contribuíram, até que surgissem condições para desacreditar a OEA e frustrar os planos de Washington. Em vez da podre OEA, a América Latina precisa de seu próprio fórum continental para ajudar a organizar a defesa de interesses comuns e abolir o chamado "Tratado Interamericano de Assistência Mútua" – uma ferramenta militar da política de guerra fria do imperialismo estadunidense que se tornou um instrumento de luta contra a independência dos povos latino-americanos.

Esta situação alterada, no contexto do qual a derrota no Chile deveria nos estimular a nos prepararmos para novas e mais amplas batalhas, foi provocada por milhares de latino-americanos derramando seu sangue e morrendo nas montanhas e cidades, em batalhas de guerrilha e confrontos urbanos, em movimentos de greve e manifestações populares; pelos comunistas e combatentes de outros grupos e tendências, simbolizados hoje pelo grande argentino, cubano e latino-americano de perfil universal: Ernesto Che Guevara.

Este sangue nos une e nos obriga. Devemos melhorar nossa estratégia e tática, a fim de reduzir o tempo envolvido na solução dos destinos históricos da América Latina. Os partidos comunistas da América Latina e do Caribe que seguem este caminho expressam sua firme determinação de lutar resolutamente pela futura integração econômica e pela unidade política de nossos países, que estão destinados a formar uma grande comunidade, o sonho querido de nossos valentes lutadores pela liberdade, determinando nossa existência e desenvolvimento – que, com seus imensos recursos naturais, povo inteligente e diligente, ocupará um lugar digno e honroso no mundo de amanhã. Somente os comunistas podem realizar esta grande tarefa histórica.

O 150º aniversário da batalha de Ayacucho mostrou o que deve ser feito. É hora de intensificar a luta pela segunda, genuína e definitiva independência, que, junto com a libertação, deve abrir o caminho para amplos horizontes de transformações sociais, constituindo uma nova esperança para a grande maioria dos homens e mulheres de nossa América.

Avançar para a completa libertação nacional e independência de nossos países, para a democracia e o bem-estar dos povos, para a paz em todo o mundo e para o socialismo!

Havana, Cuba
13 de junho de 1975

Partido Comunista da Argentina
Partido Comunista da Bolívia
Partido Comunista Brasileiro
Partido Comunista da Colômbia
Partido da Vanguarda Popular da Costa Rica
Partido Comunista de Cuba
Partido Comunista do Chile
Partido Comunista Dominicano
Partido Comunista do Equador
Partido Comunista de Salvador
Partido Comunista Guadalupe
Partido Trabalhista Guatemalteco
Partido Popular Progressista da Guiana
Partido Unido dos Comunistas Haitianos
Partido Comunista de Honduras
Partido Comunista da Martinica
Partido Comunista Mexicano
Partido Socialista Nicaraguense
Partido do Povo do Panamá
Partido Comunista Paraguaio
Partido Comunista Peruano
Partido Comunista Porto-riquenho
Partido Comunista do Uruguai
Partido Comunista da Venezuela

12

LUIS CARLOS PRESTES

Nascido em Porto Alegre em 1898 e formado engenheiro militar em 1919, foi uma das personalidades políticas mais influentes no país durante o século XX. Prestes ganhou fama nacional ao liderar a Coluna Prestes na década de 1920. Perseguido e preso durante a ditadura do Estado Novo, Prestes perdeu sua companheira Olga Benário, morta na Alemanha Nazista na câmara de gás, após ser entregue àquele regime pelo governo do presidente Getúlio Vargas. Viveu a maior parte da sua vida entre a prisão e a clandestinidade. Durante a ditadura militar brasileira exilou-se na União Soviética após ter os seus direitos políticos cassados, retornando ao Brasil depois da promulgação da Lei da Anistia em 1979. Foi secretário-geral do Partido Comunista Brasileiro de 1943 a 1980, defendendo a revolução comunista até o final da vida. Em março de 1980, descrente na possibilidade de uma reconstrução revolucionária do PCB, rompe com o partido, que apenas em 1992 viria a se livrar dos liquidacionistas e oportunistas que o infestavam.

CARTA AOS COMUNISTAS

Escrito em março de 1980.

Companheiros e amigos! De regresso ao Brasil, pude nos meses já decorridos, entrar em contato direto com a realidade nacional e melhor avaliar os graves problemas que enfrenta o PCB, o que me leva ao dever de dirigir-me a todos os comunistas, a fim de levantar algumas questões que, em minha opinião, tornaram-se candentes para todos os que, em nosso país, de uma ou de outra forma, interessam-se pela vitória do socialismo em nossa terra. E é baseado no meu passado de lutas e de reconhecida dedicação à causa revolucionária e ao PCB, que me sinto com a autoridade moral para dizer-lhes o que penso da situação que atravessamos.

Sinto-me no dever de alertar os companheiros e amigos para o real significado da vasta campanha anticomunista que vem sendo promovida nas páginas da imprensa burguesa. Campanha esta visivelmente orquestrada pelo regime ditatorial, visando a desmoralização, a divisão e o aniquilamento do PCB. Fica cada vez mais evidente que, através de intrigas e calúnias, o inimigo de classe – após nos ter desferido violentos golpes nos últimos anos – pretende agora minar o PCB a partir de dentro, transformando-o num dócil instrumento dos planos de legitimação do regime. Este é o motivo pelo qual as páginas da grande imprensa foram colocadas à disposição de alguns dirigentes do PCB, enquanto em relação a outros o que se verifica é o boicote e a tergiversação de suas opiniões. Basta lembrar a matéria publicada no Jornal do Brasil de 3 de fevereiro último, quando esse jornal falseia a verdade ao dizer que me recusei a manifestar minha opinião e, ao mesmo tempo, serve de veículo a uma série de calúnias e acusações que lhe teriam sido fornecidas por algum dirigente que não teve a coragem de se identificar.

Seria de estranhar, se não estivesse claro o objetivo deliberado de liquidação do PCB, a preocupação, revelada insistentemente, pela imprensa burguesa com a democracia interna e a disciplina em nossas fileiras. Os repetidos editoriais e comentários que vêm sendo publicados ultimamente a esse respeito são sintomáticos. Demonstram o propósito do regime de desarticular as forças de oposição e, em particular, os comunistas para melhor pôr em prática a estratégia de realizar mudanças em sua estrutura política visando preservar os interesses dos grupos monopolistas nacionais e estrangeiros que representa.

Diante de tal situação não posso calar por mais tempo. Tornou-se evidente que o PCB não está exercendo um papel de vanguarda e atravessa uma séria crise já flagrante e de conhecimento público, que está sendo habilmente aproveitada pela reação no sentido de tentar transformá-lo num partido reformista, desprovido do seu caráter revolucionário e dócil aos objetivos do regime ditatorial.

Devo destacar que, não obstante o heroísmo e abnegação dos militantes comunistas que sacrificaram suas vidas e dos demais que contribuíram ativamente na luta contra a ditadura e para as conquistas já alcançadas por nosso povo, e pelas causas justas por que tem combatido o PCB em sua longa existência, é necessário, agora, mais do que nunca, ter a coragem política de reconhecer que a orientação política do PCB está superada e não corresponde à realidade do movimento operário e popular do momento que hoje atravessamos. Estamos atrasados no que diz respeito à análise da realidade brasileira e não temos respostas para os novos e complexos problemas que nos são agora apresentados pela própria vida, o que vem sendo refletido na passividade, falta de iniciativa e, inclusive, ausência dos comunistas na vida política nacional de hoje.

A crise que atravessa o PCB expressa-se também na falência de sua direção que, entre outras graves deficiências, não foi capaz de preparar os comunistas para enfrentar os anos negros do fascismo, facilitando à reação obter êxito em seu propósito de atingir profundamente as fileiras do PCB, desarticulando-o em grande parte. Não foi a direção do PCB capaz nem ao menos de cumprir o preceito elementar de separar com o necessário rigor a atividade legal da ilegal. Inúmeros companheiros tombaram nas mãos da reação em consequência da incapacidade da direção, que não tomou as providências necessárias para evitar o rude golpe que atingiu nossas fileiras nos anos de 1974 e 1975.

Ao mesmo tempo, graves acontecimentos tiveram lugar na direção do PCB, que, devido à situação de clandestinidade em que nos encontramos, estou impossibilitado de revelar de público. Tais circunstâncias estão sendo utilizadas pela atual direção do PCB para desencadear uma onda de boatos e calúnias e para, numa tentativa desesperada de se manter no poder e conservar o *status quo*, ocultar a verdade da maioria dos companheiros. Assim, vem sendo levantada a bandeira da unidade do PCB para na realidade encobrir uma atividade divisionista e de simples acobertamento de graves fatos ocorridos na direção. Na verdade, uma real unidade em torno de objetivos politicamente claros e definidos inexiste há muito tempo.

Nessas condições, sinto-me no dever de alertar os comunistas para a real situação da atual direção do PCB: uma direção que não funciona como tal e não é capaz de exercer o papel para o qual foi eleita, um Comitê Central em que não é exercido o princípio da direção coletiva – caracterizado pela planificação e o controle das resoluções tomadas pela maioria –, no qual reina a indisciplina e a confusão, em que cada dirigente se julga no direito de fazer o que entende. Na prática, inexiste uma direção do PCB. A situação chegou a tal ponto que fatos e, assuntos reservados, que eram de conhecimento exclusivo dos membros do CC, estão sendo revelados à polícia por intermédio das páginas da imprensa burguesa, causando a justa indignação da grande maioria de nossos companheiros e amigos.

Sem me propor, nesta carta, a analisar as causas profundas que determinaram a situação a que chegou o movimento comunista em nossa terra, considero, no entanto, necessário tornar claros os meus pontos de vista sobre algumas questões fundamentais, de forma que os companheiros e amigos possam julgar sobre sua justeza. Ao mesmo tempo, quero deixar claro que não me eximo de minha parcela de responsabilidade e me considero o principal responsável pelos erros e deformações existentes no PCB. Minha atitude não é de fugir à necessária autocrítica – em palavras e na prática –, mas, ao contrário, de tomar a iniciativa de torná-la pública, procurando, assim, contribuir para o avanço da luta pelos ideais socialistas em nosso país e para a reorganização do movimento comunista do Partido Comunista.

Numa atitude diametralmente oposta, a atual direção do PCB – apesar dos graves acontecimentos ocorridos nos últimos anos – nega-se a uma séria e profunda autocrítica. Quando muito, satisfaz-se com a realização de repetidas e já desmoralizadas autocríticas formais, que, entretanto, nunca se tornam uma realidade palpável. Assim, nega-se a direção atual a reconhecer que a situação do país sofreu grandes transformações, tornando necessária uma ampla discussão democrática de todos os problemas, incluindo as resoluções do último Congresso do PCB. Recusa-se a analisar com espírito crítico se são de todo acertadas as resoluções desse Congresso e pretende ainda agora apresentá-las como um dogma indiscutível para, com base nelas, exigir uma suposta unidade partidária, que lhe permita encobrir e conservar por mais algum tempo a atual situação do Partido e de sua direção.

Na verdade, a justa preocupação da maioria dos comunistas com a unidade do PCB vem sendo utilizada pela atual direção como um biombo para tentar ocultar a falta de princípios reinante nessa direção, o apego aos cargos e postos, o oportunismo dos que mudam de posição política para atender a interesses pessoais, a tradicional conciliação em torno de formulações genéricas que nada definem e que visam apenas a manutenção do status quo, deixando, ao mesmo tempo, as mãos livres para que cada dirigente faça o que bem entenda. Citarei apenas um exemplo: o mesmo Comitê Central que em outubro de 1978 aprovara e distribuíra ao Partido um documento político, contra o qual votaram apenas dois membros da direção, poucos meses depois, no começo de 1979, se propunha a aprovar um novo documento com orientação política oposta ao primeiro, sem antes ter feito um balanço da aplicação e dos resultados obtidos com a política apresentada em outubro de 78. O meu repúdio, na qualidade de Secretário Geral do PCB, a tal tipo de procedimento levou a que a maioria do CC, revelando mais uma vez sua verdadeira face oportunista e total falta de princípios, recuasse e se chegasse à aprovação de um documento de conciliação, anódino e inexpressivo, em maio do ano passado.

O oportunismo, o carreirismo e compadrismo, a falta de uma justa política de quadros, a falta de princípios e a total ausência de democracia interna no funcionamento da direção, os métodos errados de condução da luta interna, que é transformada em encarniçada luta pessoal, em que as intrigas e calúnias passam a ser prática corrente da vida partidária adquiriram tais proporções, que me obrigam a denunciar tal situação a todos os comunistas. Não posso admitir que meu nome continue a ser usado para dar cobertura a uma falsa unidade, há muito inexistente. Reconhecendo que sou o principal responsável pela atual situação a que chegaram o PCB e sua direção, assumo a responsabilidade de denunciá-la a todos os companheiros, apelando para que tomem os destinos do movimento comunista em suas mãos.

Quero lembrar ainda que, para cumprir o papel revolucionário de dirigir a classe operária e as massas trabalhadoras rumo ao socialismo, é necessário um partido revolucionário que baseado na luta pela aplicação de uma orientação política correta conquiste o lugar de vanguarda reconhecida da classe operária. Um partido operário pela sua composição e pela sua ideologia, em que a democracia interna, a direção coletiva e a unidade ideológica, política e orgânica seja uma realidade construída na luta. Somos obrigados a reconhecer que este não é o caso do PCB. Por isso mesmo, tornou-se imperioso para todos os comunistas tomar consciência da real situação existente e começar a reagir, formulando novos métodos de vida partidária realmente democráticos e efetivamente adequados às tarefas que a luta revolucionária coloca diante de nós; é necessário reagir às arbitrariedades e deformações que já atingem proporções alarmantes e dar início a um processo de discussão realmente democrático, que venha tornar possível a eleição, em todos os níveis partidários, de direções que realmente sejam a expressão democrática da vontade da maioria dos comunistas. É necessário lutar por um outro tipo de direção, inteiramente diferente da atual, com gente nova, com comunistas que efetivamente possuam as qualidades morais indispensáveis aos dirigentes de um partido revolucionário. Não é mais admissível a perpetuação da atual direção que está levando o PCB à falência em todos os terrenos.

A convocação do VII Congresso do PCB, dentro dessa perspectiva, deve ser transformada no início de um processo de ampla discussão, por parte de todos os comunistas, não só das linhas gerais de nossa política, como de uma série de aspectos da atividade da direção. Esta é a oportunidade de cobrar da direção tudo que aconteceu nos últimos anos: a falta de preparação para enfrentar a repressão fascista e o consequente desmantelamento de todo o aparelho partidário; as prisões e os desaparecimentos de tantos companheiros e amigos; a ausência de democracia interna, o arbítrio, a falta de planejamento e controle das tarefas decididas; o comportamento dos dirigentes diante do inimigo de classe; a execução prática do chamado "desafio histórico" aprovado no VI Congresso e a falta de empenho em organizar o partido na classe operária; a atividade política da direção nas diferentes frentes de trabalho; a orientação política seguida na Voz Operária; e muitos outros aspectos do trabalho de direção.

Considero imprescindível destacar que o VII Congresso só cumprirá um papel realmente renovador, tanto no que diz respeito à elaboração de uma orientação política correta e adequada às novas condições existentes no país e verdadeiramente representativa da vontade da maioria dos comunistas, como no que concerne à eleição de um novo tipo de direção à altura dessa nova orientação, se os debates preparatórios e todos os procedimentos de sua realização forem realmente democráticos. Não posso admitir, nem concordar com a volta ao "arrudismo", à utilização de métodos discricionários e autoritários na condução da luta interna, à manipulação dos debates, à rotulação das pessoas com as mais variadas etiquetas do tipo "esquerdista", "eurocomunista", "ortodoxo", "duro" etc. Não é admissível que se continue a usar de expedientes, como a nomeação de delegados a conferências partidárias, para as quais deveriam ser democraticamente eleitos pelas organizações a que pertencem.

A democracia no processo de realização do VII Congresso precisa ser defendida com empenho por todos os comunistas. É necessário que todos – e em particular os dirigentes – falem abertamente o que pensam; devemos repudiar o comportamento dos que calam de público para falarem pelas costas ou transmitirem informações sigilosas à imprensa burguesa sem ter sequer a coragem de se identificar.

Quero ainda dizer que tenho conhecimento do quanto estou sendo caluniado e atacado pelas costas. Isso é mais uma prova dos métodos falsos a que me referi acima. Devo deixar claro que, não obstante ser o primeiro a achar que, inclusive pela minha idade já avançada, deveria deixar a direção do PCB, só poderei concordar com a minha substituição num Congresso realmente democrático. Não aceitarei meu afastamento decidido por algum tipo de Congresso-farsa, manipulado e antidemocrático, em que os próprios destinos do PCB e de nossa causa revolucionária corram perigo.

Sei que poderei vir a ser derrotado no Congresso; o importante, entretanto, é que este seja realmente democrático e verdadeiramente representativo da maioria dos comunistas. E para isso é necessário que sejam criadas as devidas condições, pois na situação atual, de virtual desmantelamento do PCB pela reação, de permanência da Lei de Segurança Nacional e de séria crise interna, são praticamente impossíveis um debate e uma participação realmente democráticos num Congresso realizado na clandestinidade. Temos que reconhecer que, nessas condições, o VII Congresso seria uma farsa, inaceitável para a grande maioria dos comunistas. Trata-se, portanto, de prioritariamente dar início a uma ampla campanha pela legalização do PCB, desmascarando o anticomunismo daqueles que a pretexto de defender uma suposta democracia pugnam pela manutenção dos odiosos preceitos da Lei de Segurança Nacional que proíbem a reorganização do Partido Comunista. É preciso esclarecer as amplas massas de nosso povo, mostrando-lhes que o PCB sempre esteve nas primeiras fileiras de todas as lutas democráticas em nosso país e sempre foi a principal vítima da repressão e do fascismo.

É necessário deixar claro que a legalização do PCB terá que ser uma conquista do movimento de massas e de todas as forças realmente democráticas em nosso país. Os trâmites legais junto ao Tribunal Superior Eleitoral estarão fadados ao fracasso, se a legalidade do PCB não se transformar numa exigência das massas, que, nas ruas, imponham sua vontade, como fizeram em 45. A ditadura jamais nos concederá a legalidade sem luta; o que ela tenta, neste momento, é, aproveitando-se da crise interna do PCB, forçá-lo a um acordo. Acordo este que significaria um compromisso com a ditadura, incompatível com o caráter revolucionário e internacionalista do PCB, compromisso que colocaria o Partido a reboque da burguesia e a serviço da ditadura e inaceitável, portanto, à classe operária e a todos os verdadeiros revolucionários.

Empenhar-se numa intensa campanha pela legalização do PCB e pela consequente realização do VII Congresso na legalidade não deve, entretanto, servir de obstáculo ao início do debate preparatório para o Congresso, que poderá ir-se ampliando com o desenvolvimento da própria campanha pelo registro legal do PCB. A luta pela nossa legalidade é inseparável do empenho para que a democracia interna venha a ser uma realidade. Devemos ter claro que num país como o nosso, com a complexidade dos problemas que temos pela frente, é necessário um Partido Comunista de massas, o que só poderá se transformar em realidade se vier a ser um partido verdadeiramente democrático, não apenas em seu empenho na luta pela democracia em nossa terra, como também em todos os aspectos de seu funcionamento.

A gravidade da crise que atravessa o PCB, a flagrante ausência de democracia interna e as profundas deformações no terreno da organização não estão dissociadas dos erros e desvios em nossa orientação política. Não se pode separar a elaboração de uma estratégia revolucionária da estratégia de construção de uma organização revolucionária. Ambas se condicionam reciprocamente. A estratégia revolucionária é a condição da eficiência da organização, e a organização é a condição da formulação de uma estratégia correta.

Sem pretender, nesta carta, uma análise aprofundada dos erros a meu ver cometidos na elaboração de nossa orientação política em diferentes períodos da história do PCB – tarefa que me proponho a realizar posteriormente –, quero apenas me referir a algumas questões que me parecem de maior atualidade e urgência, deixando clara minha posição. Assim, considero importante destacar que, apesar do total arbítrio e do autoritarismo dominantes no país a partir do golpe reacionário de 1964, os governos que se sucederam em 16 anos não resolveram nem um só dos problemas fundamentais da nação. Ao contrário, foram todos agravados. Aumentou a miséria dos trabalhadores, agravaram-se as desigualdades sociais, cresceu consideravelmente a dependência do país ao imperialismo, tornou-se mais crítica a situação do campo com as transformações capitalistas ocorridas na agricultura e as modificações introduzidas no sistema latifundiário que levaram, entre outras consequências, à proliferação do minifúndio e dos chamados "boias-frias". Simultaneamente, cresceu vertiginosamente a criminalidade e a violência nas grandes cidades, agravaram-se problemas antigos como o do menor abandonado, do desemprego, a falta de assistência médica, o analfabetismo e a prostituição de menores. Isto comprova, mais uma vez, que o desenvolvimento capitalista não é capaz de resolver os problemas do povo e nem sequer de amenizá-los.

A solução desses e demais problemas fundamentais exige transformações sociais profundas, que só poderão ser iniciadas por um poder que efetivamente represente as forças sociais interessadas na liquidação do domínio dos monopólios nacionais e estrangeiros e na limitação da propriedade da terra, com o fim do latifúndio. E é por isso que a luta atual pela derrota da ditadura e a conquista das liberdades democráticas é inseparável da luta por esse tipo de poder que, pelo seu próprio caráter, representará um passo considerável no caminho da revolução socialista no Brasil.

Vejo a luta pela democracia em nossa terra como parte integrante da luta pelo socialismo. É no processo de mobilização pela conquista de objetivos democráticos parciais, incluindo as reivindicações não apenas políticas, mas também econômicas e sociais, que as massas tomam consciência dos limites do capitalismo e da necessidade de avançar para formas cada vez mais desenvolvidas de democracia, inclusive para a realização da revolução socialista.

É de acentuar que no Brasil sempre dominaram regimes políticos autoritários. Mesmo nos melhores períodos de vigência da Constituição de 1946, as liberdades sempre foram muito limitadas e, principalmente, os trabalhadores nunca tiveram seus direitos mais elementares respeitados e reconhecidos. Tivemos sempre democracia para as elites, enquanto, para as grandes massas de nosso povo, o que sempre existiu foram a violência policial, tanto dos chefes políticos e caciques do interior, como das autoridades nas grandes cidades, e o total desrespeito pela pessoa humana e pelos direitos do cidadão.

Justamente por isso, nós comunistas, ao lutarmos agora pela derrota da ditadura, devemos fazê-lo esclarecendo as massas e dirigindo-as rumo à conquista de um regime efetivamente democrático. Lutamos agora por um regime em que sejam assegurados os direitos políticos, econômicos e sociais dos trabalhadores. A derrota da ditadura deve levar a um regime em que os trabalhadores tenham o direito de participarem ativamente na solução de todos os problemas da nação; que assegure o desmantelamento do atual aparelho repressivo, que dê fim ao velho "hábito" das torturas, inclusive para os presos comuns; que garanta o voto livre, universal e direto para todos os cidadãos, incluindo os analfabetos e militares dele ainda privados; que assegure o direito ao trabalho, à educação e saúde, férias remuneradas e aposentadoria para todos os trabalhadores; em que sejam respeitados todos os direitos dos trabalhadores, destacando-se a total independência do movimento sindical do Estado, dos patrões e dos partidos políticos.

Certamente, as características do regime democrático a ser instaurado no país com o fim da ditadura dependerão fundamentalmente do nível de unidade, organização e consciência alcançado pelo movimento operário e popular. Cabe aos comunistas empenhar-se no esforço de mobilização da classe operária e demais setores populares para alcançar formas cada vez mais avançadas de democracia e, nesse processo, chegar à conquista do poder pelo bloco de forças sociais e políticas interessadas em realizar as profundas transformações a que me referi acima, e que deverão constituir os primeiros passos rumo ao socialismo, e, portanto, à mais avançada democracia que a humanidade já conhece – a democracia socialista.

Nós, comunistas, não podemos abdicar de nossa condição de lutadores pelo socialismo, restringindo-nos à suposta "democracia" que nos querem impingir agora os governantes, nem às conquistas muito limitadas alcançadas pela atual "abertura", que na prática exclui as grandes massas populares. Não podemos concordar com uma situação que assegure liberdades apenas para as elites, em que a grande maioria da sociedade continua na miséria e sem a garantia dos mais elementares direitos humanos.

Um partido comunista não pode, em nome de uma suposta democracia abstrata e acima das classes, abdicar do seu papel revolucionário e assumir a posição de freio dos movimentos populares, de fiador de um pacto com a burguesia, em que sejam sacrificados os interesses e as aspirações dos trabalhadores. Ao contrário, para os comunistas, a luta pelas liberdades políticas é inseparável da luta pelas reivindicações econômicas e sociais das massas trabalhadoras. E no Brasil atual, a classe operária está dando provas, cada vez mais evidentes, de que não está mais disposta a aceitar a "democracia" que sempre lhe foi imposta pelas elites e pelas classes dominantes. Os trabalhadores estão passando a exigir sua participação efetiva em um novo regime democrático a ser construído com o fim da ditadura, o que significa que lutarão por uma democracia em que tenham não apenas o direito de eleger representantes ao parlamento, mas lhes sejam assegurados melhores salários e condições mais dignas de vida, em que seus direitos sejam uma realidade e não apenas uma ficção. E o dever dos comunistas é dirigir essas lutas dos trabalhadores, contribuindo para sua unidade, organização e conscientização, mostrando-lhes que é necessário caminhar para o socialismo, única forma de assegurar sua real emancipação.

Simultaneamente, apresenta-se a questão da aliança dos comunistas com outras forças sociais e políticas. No momento atual, o objetivo mais importante a ser alcançado é a derrota da ditadura e, para isto, a consequente conquista de reivindicações políticas que ampliem cada vez mais a brecha já aberta no regime e levem ao estabelecimento de uma democracia no país. Não devemos, portanto, poupar esforços no sentido de aglutinar as mais amplas forças sociais e políticas, mesmo aquelas mais vacilantes e que sabemos que nos abandonarão em etapas ulteriores da luta. Seria, no entanto, abdicar de nosso papel revolucionário tratarmos apenas dos entendimentos "por cima", com os dirigentes dos diversos partidos políticos ou correntes de opinião, com as personalidades políticas, esquecendo-nos que para os comunistas o fundamental é a organização, a unificação e a luta permanente pela elevação do nível político da classe operária e das massas populares. Só assim contribuiremos para fortalecer o movimento popular e a frente oposicionista de luta contra a ditadura, compelindo seus setores liberais burgueses mais vacilantes e se definirem com mais clareza, e contribuindo, também, fundamentalmente, para que os trabalhadores venham a ser a força dirigente do conjunto das forças heterogêneas unificadas em ampla frente única.

Só assim agindo, realizarão os comunistas uma política capaz de impulsionar o movimento de massas, uma política que não pode ser a de ficar a reboque dos aliados burgueses, mas, ao contrário, a de não poupar esforços para que as massas assumam a liderança do processo de luta contra a ditadura e pela conquista da democracia, assim como de sua ampliação e aprofundamento continuado.

Não podemos, pois, compactuar com aqueles que defendem "evitar tensões", freando a luta dos trabalhadores em nome de salvaguardar supostas alianças com setores da burguesia. Ao contrário, sem cair em aventuras, é hoje, mais do que nunca, necessário contribuir para transformar as lutas de diferentes setores de nosso povo em um poderoso movimento popular, bem como é dever dos comunistas tomar a iniciativa da luta pelas reivindicações econômicas e políticas dos trabalhadores, visando sempre alcançar a derrota da ditadura e a conquista de uma democracia em que os trabalhadores comecem a impor sua vontade.

Com base na argumentação acima desenvolvida, não se pode deixar de chegar à conclusão lógica de que é totalmente infundada a contraposição, que vem sendo a mim atribuída, entre uma suposta "frente de esquerda" e uma "frente democrática" ou de oposição. Jamais coloquei o problema dessa maneira, o que não passa de mais uma deturpação do meu pensamento, útil àqueles que precisam tergiversar minhas ideias para poder combatê-las. Penso que, para chegarmos à construção de uma efetiva frente democrática de todas as forças que se opõem ao atual regime, é necessário que se unam as forças de "esquerda" – quer dizer, aquelas que lutam pelo socialismo – no trabalho decisivo de organização das massas "de baixo para cima"; que elas se aglutinem, sem excluir também entendimentos entre seus dirigentes, com base numa plataforma de unidade de ação, e que, dessa maneira, cheguem a reunir em torno de si os demais setores oposicionistas, tornando-se a força motriz da frente democrática. Esta é a perspectiva revolucionária de encaminhamento da luta contra a ditadura, a que mais interessa à classe operária e a todos os trabalhadores. Será a constituição em nosso país, pela primeira vez, da unidade de diversas forças que lutam pelo socialismo. Colocam-se contra essa possibilidade os que preferem ficar a reboque da burguesia e que buscam, com isto, mais uma vez, chegar em nosso país a uma democracia para as elites, da qual não participariam os trabalhadores.

Quando me referi à necessidade das diferentes forças de "esquerda" caminharem juntas, tenho em vista a nova situação que vem se formando no País. Estamos vivendo um período, quando a reanimação do movimento operário e popular vem revelando, por um lado, que todas as forças de "esquerda", incluindo o PCB, tem cometido graves erros, tanto de avaliação da situação nacional, como de encaminhamento das soluções necessárias e possíveis e, consequentemente, de atuação. E, por outro lado, a necessidade de formação de uma liderança efetiva, capaz de dirigir as lutas de massas dentro de uma perspectiva revolucionária correta e adequada à situação brasileira. Está, portanto, na ordem do dia a questão da unidade de todos que se propõem a lutar efetivamente por uma perspectiva socialista para o Brasil.

No que diz respeito ao PCB, sou de opinião de que, tendo sido correto combater os desvios "esquerdistas" e "golpistas", após o golpe de 1964, caímos do outro lado, em posições próximas do reboquismo e da passividade. Devemos reconhecer, inclusive, que o PCB não teve a capacidade de apresentar uma alternativa (principalmente uma estratégia) correta de luta contra a ditadura, contribuindo, assim, para que muitos revolucionários honestos, particularmente os jovens que não queriam se conformar com o arbítrio instaurado no país, enveredassem pelo caminho de ações individuais ou desligadas das massas e que só poderiam conduzir a sucessivas derrotas.

É importante ainda chamar a atenção dos comunistas para o fato de nas fileiras do PCB ter-se convertido a luta justa contra os desvios "esquerdistas" e "golpistas" numa obsessão quase cega, que nos tem levado frequentemente a identificar qualquer atitude ou posição combativa pelas causas justas dos trabalhadores com um suposto "esquerdismo" ou "golpismo".

Tudo isso torna imprescindível que se inicie entre os comunistas, tanto dentro, como fora do PCB, um amplo processo de análise autocrítica das posições das diferentes forças de "esquerda" e, em particular, do PCB. É necessário rever com espírito autocrítico a orientação política que mantivemos em diferentes períodos históricos e em especial, as resoluções aprovadas no VI Congresso e nos anos que se seguiram. Devemos examinar a que resultados concretos fomos levados pela aplicação de tais resoluções e fazer um esforço coletivo que conduza à elaboração de soluções adequadas à situação do Brasil de hoje, partindo do princípio de que nosso objetivo final, enquanto comunistas, só pode ser um: a construção da sociedade socialista e do comunismo em nossa terra. E para isso, é imprescindível que todos aqueles que queiram contribuir para a vitória desses objetivos unam suas forças e procurem chegar a um programa comum, sem cair nem na cópia de modelos estrangeiros, nem na negação das leis gerais do desenvolvimento social.

Quando me referi à necessidade de formular o programa dos comunistas, tenho em vista chegarmos, através de um processo de discussão efetivamente livre, à elaboração do caminho para o socialismo nas condições brasileiras e à sua aprovação de forma democrática.

Como já tive ocasião de assinalar, a própria prática social vem mostrando o quanto as forças de "esquerda" estão atrasadas na realização desse objetivo. Não pretendo apresentar nesta carta uma proposta de programa. Sou de opinião que essa tarefa só poderá ser realizada com a colaboração de todos que, em nosso país, estão empenhados na luta pelo socialismo, comunistas ou não, membros do PCB, de outras organizações de "esquerda" ou "independentes".

Penso que o eixo central desse programa deve ser tal que apresente, com a necessária clareza, qual o processo que, nas condições de nosso país, poderá e deverá ligar a luta atual pela derrota definitiva da ditadura e a conquista de um regime democrático com a luta pelo socialismo no Brasil.

Trata-se, portanto, de se enfrentar e dar solução a um conjunto de questões teóricas e práticas de grande complexidade. Questões que só poderão ser elaboradas através do estudo aprofundado das transformações econômicas, sociais, políticas e culturais que se vêm processando em nosso país, bem como das novas condições em que se encontra o mundo na atualidade.

Penso que, na elaboração do programa é necessário partir de algumas ideias básicas que pretendo desenvolver posteriormente, para os debates do VII Congresso. Em primeiro lugar, partir do pressuposto de que cabe aos comunistas, desde já, organizar e unir as massas trabalhadoras na luta pelas reivindicações econômicas e políticas que se apresentam no próprio processo de luta contra a ditadura. É partindo dessas lutas, da atividade cotidiana junto aos mais diferentes setores populares, principalmente junto à classe operária, que poderemos avançar no sentido do esclarecimento das massas para que cheguem à compreensão da necessidade das transformações radicais de cunho antimonopolista, anti-imperialista e antilatifundiário. É necessário mostrar aos trabalhadores que os grandes problemas que afetam a vida de nosso povo só poderão ser solucionados com a liquidação do poder dos monopólios nacionais e estrangeiros e do latifúndio, e que isto só será conseguido com a formação de um bloco de forças antimonopolistas, anti-imperialistas e antilatifundiárias, capaz de assumir o poder e de dar início a essas transformações.

Poder que, pelo seu próprio caráter, significará um passo decisivo rumo ao socialismo. E para que esse processo tenha êxito, é indispensável que a classe operária – a única consequentemente revolucionária – seja capaz de exercer o papel dirigente do referido bloco de forças. Mas este papel dirigente só se conquista na luta. O dever dos comunistas é exatamente o de contribuir para que esse objetivo seja alcançado.

Companheiros e amigos!

Esta carta constitui como que a reafirmação da confiança que tenho nos comunistas e na classe operária, na sua capacidade de reflexão sobre a grave situação que atravessa o PCB. Chegou o momento em que é indispensável que os comunistas rompam com a passividade e tomem os destinos do PCB em suas mãos, rebelando-se contra as arbitrariedades e os métodos mandonistas de direção, e tratando de eleger, em todos os níveis partidários, direções que realmente sejam a expressão democrática da maioria dos comunistas. Penso ter evidenciado o quanto tem de excepcional a situação que me levou a formular este apelo a todos os comunistas para iniciar um processo de mudanças radicais que deverá ser coroado com a discussão e aprovação democráticas de uma orientação verdadeiramente revolucionária, e a eleição também democrática de um novo tipo de direção à altura desta nova orientação.

Rio de Janeiro, março de 1980
Luiz Carlos Prestes

APRENDER COM OS ERROS DO PASSADO PARA CONSTRUIR UM PARTIDO NOVO, EFETIVAMENTE REVOLUCIONÁRIO

Escrito em 1981, antes de 25 de março, quando o PCB completou 59 anos, com o subtítulo: 25 de Março: O PCB completa 59 anos de lutas pelos interesses dos trabalhadores, pelas liberdades e por todas as causas justas de nosso povo.

É com justo orgulho que os comunistas, seus amigos e simpatizantes comemoram mais um aniversário de fundação, em nossa terra, do Partido Comunista.

A criação do PC no Brasil – fundado à luz e sob a influência do grande acontecimento histórico que foi a realização da revolução pelo proletariado da Rússia, dirigido pelo Partido Bolchevique, que tinha à sua frente o gênio de Lênin – foi, no fundamental, a consequência necessária do amadurecimento da classe operária que já sentia a necessidade de uma organização política própria, capaz de dirigir as lutas por suas reivindicações de classe e de lutar consequentemente por um novo regime político, de realizar transformações sociais profundas que libertem os trabalhadores da exploração de que são vítimas.

Recordamos nesta data o pequeno grupo, constituído, na sua quase totalidade, por operários e dirigentes sindicais (de origem anarco-sindicalista), tendo à frente o intelectual de destaque que foi Astrogildo Pereira, grupo que soube vencer todas as dificuldades e enfrentar mil incompreensões para, voltado para o futuro, fundar em nosso país o primeiro partido político dos oprimidos. Apesar de todas as perseguições, das repetidas vezes que foi considerado totalmente aniquilado pelas forças reacionárias, este partido manteve-se vivo e atuante, sempre ressurgindo com novo e maior vigor, de forma a ser hoje a expressão inédita em nosso país do único partido político que já entra no sexagésimo ano de vida. E isto num país como o nosso, cujo atraso cultural e político está concretamente expresso na falta de organizações políticas estáveis, já que as classes dominantes, para enganar a população, diante de cada crise e da consequente desmoralização de seus partidos políticos, tratam de modificar, na defesa de seus interesses, o nome dos partidos políticos, de reduzi-los, por exemplo, a simples ajuntamentos políticos, como a ARENA e o MDB, para, em seguida, como aconteceu recentemente, em nome de uma chamada reestruturação partidária, dividir a "oposição" de maneira a poder manter, através do voto, o sistema de dominação dos monopólios nacionais e estrangeiros.

Nosso Partido não pode, na verdade, ser eliminado, nem desaparecer, porque é a expressão política da classe mais avançada da sociedade capitalista, aquela que, inexoravelmente, cresce com o próprio desenvolvimento do capitalismo.

Desde sua fundação, nas dezenas de anos decorridos, teve sempre o mérito de levantar e lutar com abnegação pelas principais causas justas dos trabalhadores e das demais camadas sociais oprimidas ou exploradas da população brasileira. Lutou sempre pela melhoria das condições de vida dos trabalhadores, pela limitação da jornada de trabalho, por uma legislação trabalhista mais justa, pela fixação pelo Estado de um salário mínimo, bem como pelo 13º salário e demais reivindicações dos trabalhadores. Foram os comunistas os primeiros a levantar o problema da reforma agrária, lutar pela eliminação do latifúndio, contra as formas pré-capitalistas de exploração dos trabalhadores do campo e pela entrega da terra aos que nela efetivamente trabalham. Coube, também aos comunistas, a iniciativa em nossa terra de desmascarar a opressão imperialista e dar passos importantes no caminho da luta contra a exploração do nosso povo pelo capital estrangeiro. Mesmo nas condições da mais brutal repressão policial, exerceram os comunistas papel de destaque na luta em defesa das riquezas naturais da nação, na luta contra a entrega dos minérios e, em particular, do petróleo aos trustes imperialistas, participando ativamente da histórica campanha pelo monopólio estatal da exploração do petróleo. Nosso Partido, que mobilizou massas em defesa da União Soviética, traiçoeiramente atacada pelo banditismo hitleriano, sendo numerosos os seus membros que participaram do contingente militar que lutou na Itália, após o fim da Segunda Guerra Mundial, exigiu que os soldados norte-americanos abandonassem o solo de nossa pátria e fossem eliminadas as bases militares ianques que durante a guerra foram instaladas em nosso país. Participando sempre de todas as lutas pela redemocratização do país, além de utilizar o voto, tanto na legalidade como nos períodos de maior repressão, os comunistas se fizeram representar na Constituinte de 1946, na qual, apesar do número reduzido de representantes que constituíam a bancada comunista, tiveram papel destacado no esforço para que fossem registrados na Constituição de 1946 os principais direitos democráticos, inclusive o direito de greve para os operários, de tal forma que, apesar das características fundamentais reacionárias da referida Constituição, é ela, no terreno dos direitos civis, a mais democrática que já teve nosso povo. Quando pesou sobre nosso povo a terrível ameaça de fascistização do país, foram os comunistas que tiveram a iniciativa de formar a ampla Aliança Nacional Libertadora e de empunhar armas em defesa da democracia. Apesar dos erros que foram cometidos e que ainda não foram de maneira suficiente analisados, o movimento armado de 1935 representa na vida de nosso Partido o ponto mais elevado de sua atividade política – movimento "Por Pão, Terra e Liberdade" – movimento que por ser patriótico e honesto, não podia, como ensina Lênin, deixar de produzir frutos e de, apesar de derrotado, não ter permitido a implantação de um regime fascista em nosso país.

Com o golpe militar reacionário de 1964, mais uma vez, os comunistas, apesar dos erros cometidos e que contribuíram para a vitória fácil da contrarrevolução, continuaram resistindo e lutando pelas liberdades democráticas e souberam travar uma justa luta contra as tendências equivocadas daqueles que se lançaram, inoportunamente, à luta armada. Tanto no período anterior ao golpe, como depois dele, foram numerosos os comunistas que sacrificaram suas vidas na luta pelos interesses da classe operária e do povo. Somente no governo do sr. Dutra, 55 companheiros tombaram sob as balas assassinas da reação e, após 1964, durante o governo do sr. Geisel, morre na tortura o heroico dirigente da Juventude Comunista – José Montenegro de Lima – e são sequestrados e continuam até hoje desaparecidos os membros do CC:

David Capistrano da Costa, Elson Costa, João Massena, Luís Maranhão Filho, Valter Ribeiro, Hiran Pereira, Itair Veloso, Jaime Miranda, Orlando Bonfim e Nestor Veras.

Citando estes nomes que refletem as qualidades máximas do verdadeiro comunista, a honra e a dignidade do soldado do proletariado, queremos aqui homenagear a todos os companheiros que nestes 59 anos de luta, sofreram nas prisões da reação e chegaram muitos deles até ao sacrifício da própria vida pelos interesses dos trabalhadores, por um futuro de felicidade para o povo, da liberdade, independência e progresso para a pátria. Seu sacrifício não foi em vão e a memória deles estará sempre presente na luta dos comunistas pelo socialismo e pela instauração vitoriosa em nossa terra da sociedade comunista.

Mas a maior homenagem que a todos podemos prestar consiste, agora, em sermos honestos conosco mesmos, em sermos capazes de reconhecer que não tivemos a capacidade de fazer do PCB um partido efetivamente revolucionário, de transformá-lo na vanguarda da classe operária, na organização política capaz de conduzir os trabalhadores à revolução socialista. No fundamental, o principal erro que cometemos consiste na incapacidade de nossa parte de articular corretamente todas as lutas a que anteriormente nos referimos com uma estratégia efetivamente revolucionária, com uma estratégia que, partindo de uma análise correta da realidade brasileira, apontasse o caminho para o socialismo nas condições de nosso país.

Na verdade, devemos reconhecer que não conhecíamos e fomos incapazes de pôr em prática a grande lição de Lênin: "É necessário dizer as coisas como elas são: o Programa do Partido deve conter o que é absolutamente indiscutível, o que foi efetivamente comprovado e só então será um programa marxista." Onde estão, porém, as raízes do erro cometido? Não podemos deixar de reconhecer que elas estão no nosso próprio atraso cultural, como parcela que padece do efetivo atraso cultural da sociedade brasileira, da consequente tendência a copiar ou transferir mecanicamente soluções adotadas para organizações revolucionárias de outros países para o nosso – dogmatismo, portanto –, além de nosso próprio desconhecimento da realidade brasileira, a par de insuficiente conhecimento da teoria marxista-leninista.

Olvidando que nosso país conquistara a independência política no princípio do século XIX e que no fim do século surgira a burguesia industrial, já na época do imperialismo e, por isso, já nascida como uma burguesia dependente e associada do imperialismo, negávamos já em pleno século XX que a formação econômico-social dominante no Brasil fosse a capitalista, embora desde o início marcada como dependente, mas de qualquer forma capitalista.

Víamos o Brasil como um país semicolonial e chegamos a afirmar que dependia da eliminação da dominação imperialista e da liquidação do latifúndio o desenvolvimento do capitalismo no Brasil. Esta falsa apreciação da realidade nos levou, ainda em 1945, a definir o caráter da revolução brasileira como democrático-burguesa, transpondo ao nosso Partido aquilo que Lênin, com acerto, afirmava para as condições da Rússia czarista em 1905.

Negando o caráter capitalista da economia brasileira, aplicávamos mecanicamente e esquematicamente em nosso país as Teses para os países coloniais e semicoloniais aprovadas pelo VI Congresso da Internacional Comunista. Isto está expresso com bastante clareza no Manifesto de 5 de julho de 1935, onde, estranhamente, a uma estratégia de direita, porque negava que já se realizara no país a revolução burguesa, adotávamos, simultaneamente, uma tática "esquerdista". Mas é nos documentos da

Conferência da Mantiqueira, de 1943, e nos elaborados a partir de 1945, que se torna mais claro ainda o caráter oportunista de direita da estratégia que adotávamos.

"Insistimos em negar o caráter capitalista da formação social econômica dominante no país. Negando-se à autocrítica dessa estratégia oportunista de direita... o Comitê Central revelou falta de honestidade e incapacidade moral para dirigir o Partido."

Desconhecendo que em qualquer circunstância, numa sociedade capitalista, a contradição fundamental é a existente entre o proletariado e a burguesia, a pretexto da luta contra o nazismo, defendíamos a unidade que "pode e deve ser alcançada em torno do governo constituído, o que aí temos", quer dizer, o Estado Novo getulista. Nos documentos da direção do Partido, já por mim assinados, após a libertação em 1945 dos presos políticos, toda a concepção da unidade nacional que pregávamos estava inteiramente ligada à visão estratégica da luta pelo desenvolvimento do capitalismo na democracia que seria conquistada e assegurada com a vitória mundial sobre o nazifascismo. Insistimos, portanto, em negar o caráter capitalista da formação econômico-social dominante em nosso país, para nós ainda considerado como semicolonial e semifeudal. Apresentávamos, por isso, como contradição fundamental na sociedade brasileira, a existente entre a nação e o imperialismo. Erro de caráter oportunista, repetido até os documentos do VI Congresso de 1967.

Negando-se à autocrítica dessa estratégia oportunista de direita, o CC não quis compreender que estava superada a Resolução Política do VI Congresso. A proposta a este respeito, feita na reunião de maio de 1979, foi rejeitada com apenas dois votos a favor – o meu e o de outro camarada. Insistia o CC em que a contradição fundamental na sociedade brasileira fosse, ainda, a existente entre a nação e o imperialismo. Não tomava, nem ao menos, conhecimento da vitória que tiveram as delegações dos Partidos Comunistas e Operários da América Latina, inclusive com a participação do nosso, com a aprovação da Resolução dos Partidos Comunistas e Operários – na Conferência Internacional de 1969 – em que já então separamos a análise da situação concreta na maioria de nossos países daquela existente nos países coloniais e semicoloniais da Ásia e África. Reconhece-se naquela Resolução:

"Na América Latina a maioria dos países conquistou a independência estatal nos princípios do século passado; tiveram em conjunto um relativo desenvolvimento capitalista; formou-se, cresce e se forja na luta um numeroso proletariado, tanto na cidade como no campo..."

Negava-se também o CC a tomar conhecimento da Resolução da Conferência dos Partidos Comunistas da América Latina e do Caribe, realizada em 1975 em Havana, que já reconhecia que:

"...O Socialismo é o único sistema capaz de garantir o desenvolvimento verdadeiro da América Latina com o ritmo acelerado que exigem nossos povos..."

Insistindo na estratégia errada, oportunista de direita, que já nos levou, durante tantos anos, a erros na política cotidiana, assim como a profundas deformações na organização do Partido, o CC revelou sua falta de honestidade e sua incapacidade moral para dirigir o Partido.

Tanto mais que é impossível construir um partido efetivamente revolucionário, capaz de enraizar-se na classe operária, se se baseia numa falsa concepção da revolução. Não estará nessa orientação estratégica direitista o completo insucesso na realização do que chegamos a chamar de "Desafio Histórico" na Resolução do VI Congresso? E não revela toda a história do movimento comunista que a falta de combate, de esforços para combater essa estratégia de direita, leva inevitavelmente à traição à classe operária, aos entendimentos espúrios com a reação e seus governantes e também ao antissovietismo?

Enfim, as deformações em nosso Partido chegaram a tal ponto que me senti no dever de escrever a *Carta aos comunistas*. Nela chamo a atenção para que saibamos elaborar uma nova estratégia, efetivamente revolucionária, que aponte para a construção do bloco de forças antimonopolistas, capaz de conquistar, sob a direção da classe operária, o poder político – antimonopolista, anti-imperialista e antilatifundiário – que abra caminho para o socialismo. Para alcançar essa meta revolucionária, necessitamos construir um novo Partido, efetivamente revolucionário, o que só se alcançará através do trabalho de massas e aplicando uma política correta de alianças, que, através da conquista do mais amplo democratismo, da conquista de uma democracia para as massas, que crie para a classe operária as condições concretas para organizar o bloco de forças antimonopolistas, indispensável para liquidar o poder dos monopólios e de, portanto, abrir caminho para o Socialismo.

Ao entrarmos no sexagésimo ano de nosso Partido, é esta a tarefa principal que enfrentamos, tarefa difícil, mas que será vitoriosa na medida em que os comunistas forem capazes de reconhecer as raízes dos erros que cometeram, que livres da cegueira oportunista dos que defendem postos e só sabem ser comunistas na qualidade de dirigentes, sejam capazes de realizar uma verdadeira autocrítica – única arma de que dispomos para transformar os erros cometidos e as sérias deformações de que padece nossa organização, nos ensinamentos que nos permitirão construir o Partido político de que necessita a classe operária e nosso povo para conquistar a nova sociedade, livre da exploração do homem pelo homem e chegarmos a construir em nosso país a Sociedade Comunista.

13

HELEIETH IARA BONGIOVANI SAFFIOTI

Filha de uma costureira e de um pedreiro, nasceu em Ibirá, uma pequena cidade do estado de São Paulo, em 1934. Graduou-se em Ciências Sociais pela Faculdade de Filosofia, Ciências e Letras da Universidade de São Paulo em 1960, quando começou suas primeiras pesquisas acadêmicas sobre a condição feminina no Brasil, tema que seria objeto de sua tese de livre-docência para a Faculdade de Filosofia, Ciências e Letras de Araraquara, da Universidade Estadual de São Paulo (UNESP), intitulada *A mulher na sociedade de classe: mito e realidade*, sob orientação do professor Florestan Fernandes, defendida em 1967 e publicada pela editora Vozes em 1976. O livro foi um *best-seller* na época e constitui até hoje uma referência nos estudos de gênero.

FORÇA DE TRABALHO FEMININA NO BRASIL: NO INTERIOR DAS CIFRAS

Trabalho apresentado em Dubrovnik, Iugoslávia, em um encontro patrocinado pela UNESCO entre 10 e 14 de dezembro de 1984.

Qualquer modo de produção, como fenômeno histórico que é, não surge inteiramente acabado, nem se realiza de forma pura. Em cada uma de suas concreções singulares, o tempo requerido para sua plena realização varia em função de numerosos fatores sócio-culturais específicos de cada sociedade. Observam-se, entretanto, certas invariâncias no que respeita à absorção retardada e jamais plenamente realizada de determinados contingentes demográficos por parte das atividades organizadas em moldes tipicamente capitalistas, nas formações sociais estruturadas segundo as determinações de modo de produção capitalista (MPC).

A condição de homem livre do trabalhador nas sociedades competitivas, requisito essencial para a realização histórica do modo de produção capitalista[206], não se efetiva, imediatamente, para todos os membros da sociedade. Não somente durante o período de constituição da sociedade de classes, mas também no seu próprio funcionamento, enquanto sociedade competitiva plenamente constituída, interferem fatores aparentemente desvinculados da ordem social capitalista (aparentemente meras sobrevivências de formações sociais já superadas) e em contradição com ela (também aparentemente). Fatores de ordem natural,

---

206. N.A.: "A única coisa que distingue uns dos outros tipos econômicos da sociedade, por exemplo, a sociedade da escravidão da sociedade do trabalho assalariado, é a forma pela qual este trabalho excedente é arrancado ao produtor imediato, ao trabalhador". (26:164)

como sexo e etnia, operam largamente no próprio seio das formações sociais capitalistas, colocando a nu a violenta contradição entre o princípio nuclear do capitalismo – A ACUMULAÇÃO – e a proposta ideológica deste, mesmo sistema – A EQUIDADE (44, 54)[207].

Dado que a estrutura de classes é altamente limitativa das potencialidades humanas, há que se renovarem, permanentemente, as crenças nas limitações impostas pelos caracteres naturais de certo contingente populacional (contingente este que pode variar e efetivamente varia segundo as condições sócio-culturais de cada concreção singular da sociedade de classes) como se a ordem social competitiva não se expandisse suficientemente, isto é, como se a liberdade formal não se tornasse concreta e palpável em virtude das desvantagens maiores ou menores com que cada um joga no processo de luta pela existência. Do ponto de vista da aparência, portanto, não é a estrutura de classes que limita o desenvolvimento das potencialidades humanas, mas, ao contrário, a ausência de potencialidades de determinadas categorias sociais que dificulta e mesmo impede a realização plena da ordem social competitiva. Na verdade, quer quando os mencionados fatores naturais justificam uma discriminação social *de fato*, quer quando justificam uma discriminação social *de jure*, não cabe pensá-los como mecanismos autônomos operando contra a ordem social capitalista. Ao contrário, uma visão globalizadora da sociedade de classes não poderá deixar de percebê-los como mecanismos coadjutores da realização histórica do sistema de produção capitalista (47)

Rigorosamente, o modo de produção capitalista resulta simultaneamente da incorporação-superação dos modos de produção que historicamente o antecederam. Como afirma o próprio Marx, "grosso modo, os modos de produção asiático, antigo, feudal e burguês moderno podem ser qualificados de épocas progressivas de formação social econômica" (28:5). Esta formação socioeconômica refere-se ao advento do capitalismo que, de

---

207. N.E.: As referências bibliográficas podem ser conferidas pelo link abaixo. A numeração refere-se à bibliografia em ordem alfabética. https://repositorio.unesp.br/bitstream/handle/11449/108258/ISSN1984-0241-1985-8-95-141.pdf?sequence=1&isAllowed=y

certa forma, traz em seu bojo as determinações e contradições das sociedades anteriores, embora estas sejam de difícil reconhecimento na medida em que se apresentam sob novas formas e interagem de maneira inédita com as determinações específicas do MPC. Ainda que de forma estiolada ou mesmo travestida, relações sociais típicas de sociedades anteriores podem ser reencontradas nas sociedades burguesas, constituindo estas últimas a chave para a compreensão das formações sociais que a precederam historicamente (29:169-70).

Embora muitos adeptos do materialismo histórico tenham compreendido o conceito de modo de produção de forma economicista, as obras de Marx e Engels não autorizam este tipo de entendimento. Na tentativa de não alongar muito esta discussão, optou-se pela transcrição de um texto coletivo, de autoria dos pensadores referidos, cuja riqueza pode ser aferida.

> Produzir a vida, tanto a sua própria, através do trabalho, quanto a vida do outro, através da procriação, nos aparece pois, desde agora, como uma dupla relação: de uma parte, como uma relação natural, de outra parte, como uma relação social – social no sentido da ação conjugada de muitos indivíduos, pouco importando em que condições, de que maneira e com que objetivo. Disto decorre que um modo de produção determinado [...] está permanentemente vinculado a um modo de cooperação determinado [...], e que este modo de cooperação é, ele próprio, uma "força produtiva". (30:21).

Este excerto permite verificar o caráter não-economicista do conceito de modo de produção, na medida em que:

1. A produção da vida envolve:
   a) A produção da vida material propriamente dita, ou sejam, os meios de subsistência necessários à satisfação das necessidades humanas;
   b) a reprodução dos seres humanos;

c) relações sociais ou um modo de cooperação entre os indivíduos, capazes de permitir a produção e a reprodução da vida;
d) o conceito de força produtiva ultrapassa os limites do mundo meramente material, englobando as próprias relações sociais que se desenvolvem entre os seres humanos.
2. O determinismo econômico em última instância implica a compreensão ampla de força produtiva derivada do duplo caráter de produzir a vida: a relação dos homens com a natureza e a relação dos homens entre si. Logo, as representações que os homens fazem do seu modo de produzir a vida funcionam também como forças propulsoras da produção da vida em sentido lato.
3. Os autores não hierarquizam produção e reprodução da vida. Quer a produção, quer a reprodução da vida apresentam uma dupla dimensão: natural e social. O fenômeno da reprodução da vida é aqui encarado pelos autores em sentido muito mais amplo do que a reprodução que tem lugar no interior da família. Esta sim, na p. 20 da mesma obra, é considerada como uma relação subalterna face às novas relações sociais engendradas pelo aumento das necessidades e face às novas necessidades geradas pelo aumento da população. O fenômeno da reprodução não se confunde, portanto, com a instituição FAMÍLIA.

Especificamente sobre a família, pode-se transcrever um excerto de uma obra de Engels:

> O casamento conjugal não entra, pois, na história, como a reconciliação entre o homem e a mulher e muito menos ainda como a forma suprema do casamento. Ao contrário: ele aparece como a sujeição de um sexo pelo outro, como a proclamação de um conflito dos dois sexos, desconhecido até então em toda a pré-história. Em um velho manuscrito inédito [*A ideologia alemã*], redigido por Marx e eu próprio em 1846, eu encontro estas linhas: 'A primeira divisão do trabalho é a que se estabelece entre o homem e a mulher para a procriação.' E agora eu posso agregar: A

primeira oposição de classe que se manifesta na história coincide com o desenvolvimento do antagonismo entre o homem e a mulher no casamento conjugal e a primeira opressão de classe, com a opressão do sexo feminino pelo sexo masculino. O casamento conjugal foi um grande progresso histórico, mas ao mesmo tempo ele inaugura, ao lado da escravidão e da propriedade privada, esta época que se prolonga até nossos dias e na qual cada progresso é simultaneamente um passo atrás relativo, uma vez que o bem-estar e o desenvolvimento de uns são obtidos através do sofrimento e do recalque dos outros. O casamento conjugal é a forma celular da sociedade civilizada, forma na qual nós podemos já estudar a natureza dos antagonismos e das contradições que nela se desenvolvem plenamente. (2:64-5).

Este texto reveste-se da maior importância, na medida em que, não apenas reconhece a opressão da mulher pelo homem, como atribui ao conflito entre os sexos o estatuto de ANTAGO-NISMO. Por outro lado, sua pobreza reside no raciocínio analógico, que induz Engels a identificar as relações entre homens e mulheres com as relações entre as classes sociais. Se em ambos os casos está presente a natureza antagônica das relações – entre as classes e entre os sexos – pode-se admitir a identidade dos dois fenômenos no plano estrutural. Este nível, contudo, é insuficiente, sobretudo para pensadores que se propuseram, não apenas compreender e explicar a sociedade capitalista, como também atuar energicamente no sentido de sua transformação (31:61-4).

No que tange aos estudos sobre as discriminações sofridas pelas mulheres, interessa utilizar conceitos subversivos, capazes de desvendar as relações de poder político e econômico nas relações sociais de produção e nas relações sociais de reprodução. Como esta última tem lugar no seio da família nuclear nas formações sociais capitalistas da atualidade, cabe lidar com estes dois sistemas: o aparato da produção, geograficamente distanciado do domicílio, e o da reprodução, situado no domínio do privado.

Não basta, contudo, utilizar da dialética materialista os conceitos que se revelarem adequados. Há que se ir além, formulando novos conceitos, também subversivos, capazes de apreender, na prática cotidiana dos atores sociais, se de fato se deseja transformar o mundo, muitos fenômenos, dentre os quais podem ser ressaltados:

1. patriarcado e capitalismo são duas faces de um mesmo modo de produzir e reproduzir a vida;
2. sendo o patriarcado, embora historicamente anterior ao advento do capitalismo, uma vez que esteve presente e atuante em todas "as épocas progressivas da formação social econômica" burguesa, consubstancial ao MPC, a formação social capitalista agudiza, sobremaneira, as contradições atuantes em qualquer sociedade centrada na propriedade dos meios de produção;
3. as imbricações das relações entre os sexos com as relações entre as classes sociais têm consequências dramáticas para a classe trabalhadora, podendo qualquer desatenção quanto à divisão sexual do trabalho conduzir as lutas a fragorosas derrotas, em virtude de práticas políticas e mesmo objetivos conflitantes;
4. a divisão sexual do trabalho está na base da subordinação da mulher ao homem, relação de dominação esta que coloca o fenômeno da reprodução como subordinado da produção;
5. as classes sociais não são homogêneas – em termos de sexo, fenômeno que as Ciências Sociais têm ignorado sistematicamente;
6. da constatação anterior derivam práticas políticas distintas e mesmo metas diferentes para homens e mulheres;
7. se a dominação patriarcal e o despotismo do capital são faces de uma mesma moeda:
    a) as relações sociais de produção não se restringem ao domínio do trabalho "público", invadindo o terreno "privado" das relações sociais de reprodução;
    b) as relações sociais de reprodução extrapolam o domínio "privado" do lar para penetrar vigorosamente no âmbito da produção "pública";

8. o antagonismo entre as categorias de sexo não pode ser pensado exclusivamente enquanto fenômeno situado no interior de cada classe social. As contradições entre as classes sociais e entre os sexos não são paralelas, mas cruzadas (47:21-2). Disto pode-se inferir:
   a) que as alianças entre as mulheres esbarram no antagonismo entre as classes sociais;
   b) que as lutas políticas da classe trabalhadora trazem em seu bojo o antagonismo entre as categorias de sexo;
9. as contradições entre as classes sociais e entre as categorias de sexo merecem o mesmo estatuto teórico, quando se deseja ultrapassar o nível estrutural e apreender a dinâmica das práticas sociais. Uma relação de subordinação entre estes dois antagonismos, qualquer que seja a direção desta sujeição, impede a apreensão da riqueza de determinações que definem um concreto histórico[208], provocando o fracasso das estratégias cujo alvo seja a superação destas contradições (42).

O que tem sido tratado aqui como um sistema de dominação social, cultural, político e econômico apresenta duas dimensões: o patriarcado e o capitalismo. Na medida mesma em que são inseparáveis suas faces, é preciso sublinhar:

1. que não se trata de dois sistemas justapostos e ou interdependentes, auxiliando-se mutuamente, mas mantendo cada um deles sua autonomia relativa;
2. que é impossível separar os tipos de dominação próprios do patriarcado, como, por exemplo, o social, o cultural e o político, caracterizando como específica do capitalismo a dominação econômica;
3. todos estes tipos de dominação são exercidos a partir da combinação singular entre capitalismo e patriarcado, estando todos presentes quer no domínio da produção, quer no da reprodução.

---

208. N.A.: "O concreto é concreto porque ele é a síntese de múltiplas determinações, portanto, unidade da diversidade".(29:165)

Zilfah Eisenstein (10) realiza uma tentativa de analisar a divisão sexual do trabalho e a sociedade no que denomina patriarcado capitalista, concebendo dois sistemas – patriarcado e capitalismo – em permanente interação e dependência mútua. Para esta autora, do mesmo modo que o patriarcado é suficientemente maleável para ajustar-se às necessidades do capital, este também é suficientemente flexível para adaptar-se às necessidades do patriarcado. Esta concepção dual fica bastante clara através da transcrição que se segue.

O capitalismo usa o patriarcado e o patriarcado está determinado pelas necessidades do capital. Esta afirmação não solapa o dito anteriormente, ou seja, que ao mesmo tempo em que um sistema utiliza o outro, deve organizar-se em função das necessidades deste outro precisamente para proteger as qualidades específicas do outro. De outra forma, o outro sistema perderia seu caráter específico e com ele seu valor único. Para dizê-lo da maneira mais simples possível: o patriarcado (supremacia masculina) proporciona a ordenação sexual hierárquica da sociedade para o controle político e como um sistema político não pôde ser reduzido à sua estrutura econômica; enquanto o capitalismo como sistema econômico de classes, impulsionado pela busca de lucros, alimenta a ordem patriarcal. Juntos eles formam a economia política da sociedade, não unicamente um ou o outro, mas uma combinação particular dos dois. (10:28)

Embora a análise de Eisenstein dê um passo adiante, na medida em que revela a imbricação do patriarcado com o capitalismo, subsiste uma concepção dualista, impondo a percepção das necessidades específicas de cada um dos dois sistemas em presença e da contribuição de cada um para a formação da economia política da sociedade. O patriarcado é concebido como sistema político, enquanto o capitalismo é captado apenas em sua dimensão econômica. O sistema de classes sociais não pode ser pensado simplesmente no plano econômico, pois se trata de uma realidade multifacetada, onde também tem lugar os outros tipos de dominação: social, cultural e política, além da econômica. De outra parte, o patriarcado não se resume em um sistema de dominação política, porquanto no seu seio também fluem os outros tipos de dominação, inclusive a econômica. A necessidade de buscar características específicas de cada sistema em jogo nasce da própria natureza dualista de conceber a formação social capitalista. Se o patriarcado sempre integrou as configurações históricas anteriores ao capitalismo, não há razão, pelo mero fato de o processo econômico ter aflorado à superfície da sociedade e o dinheiro ter passado a permear todas as relações sociais para deixar de concebê-lo como consubstancial ao capitalismo.²⁰⁹ O próprio título do artigo de Eisenstein, assim como o título do livro em que está inserido, contêm a expressão patriarcado capitalista. Esta expressão induz a pensar que houve um patriarcado escravista e um patriarcado feudal. Desta sorte, nas etapas progressivas da formação da sociedade burguesa, o elemento constante foi o patriarcado, ao qual foram se agregando sucessivamente diferentes modalidades de organização da produção: escravista, feudal e capitalista. A partir da análise de Eisenstein sobre o patriarcado capitalista pode-se pensar também na interdependência entre, de um lado, o patriarcado e, de outro, o escravismo e o feudalismo, em distintos momentos da história. Ainda partindo de sua análise, poder-se-ia dizer que o patriarcado sempre manteve sua autonomia relativa enquanto sistema político, ainda que em diferentes épocas serviu e beneficiou-se de seu acoplamento com os distintos modos de produção: escravista, feudal, capitalista. Não está em questão a anterioridade histórica do patriarcado em relação ao capitalismo, fenômeno já amplamente conhecido, discutido e aceito.

Trata-se de situar a emergência da supremacia masculina simultaneamente com o surgimento da propriedade privada (11:125-6; 22:7-67), a fim de eliminar as dicotomias: patriarcado

---

209. N.A.: A expressão consubstancial é de Danièle Kergoat e foi expressa no VIII ENCONTRO DA ANPOCS 1984. Esta autora apresenta proposta interessante para analisar as relações sociais fora dos quadros das categorias dominantes(21).

x escravismo, patriarcado × feudalismo, patriarcado × capitalismo. Havendo a supremacia masculina e a propriedade privada sido resultado do mesmo parto histórico, cabe pensar o patriarcado como componente intrínseco, como consubstancial ao escravismo, ao feudalismo e ao capitalismo. Cada um dos três tipos macro-estruturais mencionados organiza a seu modo a produção e reprodução. Como afirma Marx, cada modo de produção tem suas próprias leis de reprodução.[210]

O exame destes dois fenômenos – produção material e reprodução de seres humanos – ao longo da história, revela que ambos caminharam na mesma direção. Seria inconcebível nos países de capitalismo avançado hoje que os casais decidissem ter tantos filhos quantos viessem na expectativa de que sobrevivessem alguns para lhes dar amparo na velhice. Mas isto foi uma realidade no passado e ainda persiste em regiões subdesenvolvidas, onde há enormes carências alimentares, sanitárias, médicas etc. Neste tipo de circunstância, a mulher tem sido, por excelência, uma "máquina de parir", além de contribuir para a produção de bens e serviços.

Nesta questão não se pode esquecer a mediação do Estado, enquanto organismo aparentemente neutro, mas, na verdade, implementando políticas favorecedoras dos objetivos da classe dominante. Em outros termos, o Estado filtra as pressões da classe dominada, cedendo, às vezes, nas minudências, mas levando a cabo políticas conducentes às metas econômicas dos donos do poder no patriarcado capitalismo. O Estado, além de auxiliar a classe dominante a disciplinar a força do trabalho, também direciona o processo de reprodução humana. A implementação de uma mesma política pode dar conta das duas tarefas mencionadas. Grosso modo, o capitalismo concorrencial tem um pronunciado interesse pela reprodução da força de trabalho, enquanto o capitalismo monopolista, face à abundância de mão-de-obra,

---

210. N.A.: "Portanto, ao produzir a acumulação do capital, a população trabalhadora produz também, em proporções cada vez maiores, os meios para seu próprio excesso relativo. Esta é uma lei de população peculiar do regime de produção capitalista, pois em realidade todo regime histórico concreto de produção tem suas leis de população próprias, leis que regem de um modo historicamente concreto" (27:534).

interessa-se por limitar o número de nascimentos, prevendo as pressões que os futuros excedentes demográficos desencadearão no mercado de trabalho. Rigorosamente, trata-se do profundo medo das massas famintas ou, em outros termos, da ameaça política que estas constituem. Os países de capitalismo central difundem métodos contraceptivos para a periferia do sistema capitalista internacional, ainda que se possam presumir seus efeitos deletérios e mesmo que estes já tenham sido comprovados. Basta lembrar que as portorriquenhas serviram de cobaias para o desenvolvimento do anticoncepcional oral e que mais de cinco milhões de mulheres já foram atingidas, nestes últimos 15 anos, em 70 países das regiões subdesenvolvidas, pelo acetato de medroxiprogesterona, comercializado sob o nome da Depo-Provera, droga esta não aprovada pelo Food and Drug Administration enquanto contraceptivo, em virtude da alta incidência de câncer de endométrio de mama, diabetes, anemia, redução imunológica etc. que provoca em animais (33). Embora as pesquisas sobre o assunto no Brasil recaiam sobre universos empíricos restritos, sabe-se ser amplo o uso dos anticoncepcionais orais e de Depo-Provera, tendo sido liberada no corrente ano a utilização do dispositivo intra-uterino (DIU). Um método muito utilizado no Brasil consiste na laqueadura de trompas, operação até o presente irreversível. Sabe-se, oficiosamente, que mais de 40% das mulheres do estado do Piauí foram esterilizadas definitivamente através da laqueadura de trompas. O crescimento assustador de operações cesarianas pode estar vinculado, dentre outros fatores, à laqueadura de trompas, momento ideal para a esterilização, porquanto a proporção de cesáreas em relação ao número total de partos passou de 15% em 1971, para 30% em 1980, e para 43,4% em 1981 (55).

Recentemente, o Ministério da Saúde surpreendeu-se com o gigantesco número de agências estrangeiras (92) praticando controle demográfico no Brasil. Sabe-se que apenas uma destas agências – a BEMFAM – conta com mais de três mil postos em operação no país. A previdência social no Brasil pratica, há tempo, o planejamento familiar, embora as posições dos diferentes governos posteriores ao golpe de Estado de 1964 tenham sido suficientemente ambíguas para dar à população a ilusão de liberdade, no terreno da reprodução, e, ao mesmo tempo, fechar os olhos para as agências estrangeiras de controle de natalidade que aqui operam. No corrente ano, teve início a implantação, por parte do Ministério da Saúde, do programa Assistência Integral à Saúde da Mulher, contemplando a questão do planejamento familiar e, desta forma, assumindo publicamente uma política definida em matéria de população. Não há, entretanto, consenso no seio dos vários braços do Estado brasileiro quanto às metas da política demográfica, quanto aos métodos a serem utilizados e quanto ao subaparelho de Estado mais capaz de levar a bom termo objetivos previamente fixados. Enquanto o Ministério da Saúde começa a implementar seu plano – e o planejamento familiar deve estar afeito ao braço do Estado destinado a cuidar da saúde – o Ministro do Estado Maior das Forças Armadas, Waldir Vasconcelos, promete que o atual Presidente da República, antes de terminar seu mandato a 15/3/85, decretará a criação do Conselho Nacional de Política Demográfica, que terá como função a implementação do Programa de Planejamento Familiar e que ficará subordinado ao Conselho de Segurança Nacional. Trata-se, pois, da militarização da função disciplinadora da reprodução humana, desde sempre desempenhada por um braço civil do Estado.[211]

No que tange ao fenômeno reprodução da força de trabalho no Brasil, as políticas implementadas por empresários e pelo Estado variaram amplamente, indo desde a importação de mão-de-obra, passando pelo custeio da qualificação, da moradia, do vestuário e da alimentação do trabalhador, e chegando até a posição acima referida do controle militar da reprodução da força de trabalho (4:36;58;60). Já em 1966, Juliet Mitchell (34) indicava os domínios nos quais as mulheres desempenhavam suas funções, ou seja, produção, reprodução, sexualidade e socialização das gerações imaturas, esferas estas que a autora denomina

---

211. N.A.: Felizmente para o Brasil, o ministro do EMFA fracassou integralmente em suas numerosas tentativas de militarizar o planejamento familiar. A "Nova" República está completando seis meses e o programa de planejamento familiar em execução, ainda que deixe a desejar, não pode ser adjetivado de autoritário.

de estruturas. Embora tenha apreendido corretamente as esferas em que atuam as mulheres, deixou de marcar as diferenças que separam, de um lado, a produção, e, de outro, a reprodução, englobando o exercício da sexualidade, a reprodução biológica e a reprodução social ou socialização dos imaturos. Desta sorte, ao invés de investir seus esforços no desvendamento das inter-relações e interdependências entre a produção e a reprodução, preferiu enveredar pela utilização dos conceitos althusserianos[212], como o de sobredeterminação e o de unidade de ruptura.

É somente nas sociedades altamente desenvolvidas do Ocidente que uma autêntica liberação das mulheres pode ser enfrentada hoje. Mas, para que isso ocorra, deverá haver uma transformação de todas as estruturas nas quais elas estão integradas, e uma unidade de ruptura. Um movimento revolucionário deve basear sua análise no desenvolvimento desigual de cada estrutura, e atacar o elo mais fraco na combinação. Isto pode então tornar-se o ponto de partida para uma transformação geral. (34:30)

Para Mitchell o elo mais fraco situa-se no domínio da sexualidade, na medida em que a liberalização dos costumes sexuais já havia minado, na época (1966), a instituição do casamento. Quase duas décadas decorreram desde então e a reprodução de seres humanos continuou a se fazer, seja através do casamento, seja através de múltiplos arranjos que, se contrariam as regras clássicas do exercício da sexualidade, já estão quase inteiramente absorvidos por todas as camadas sociais. A bem da verdade, diga-se que Mitchell não postulava a liberação da mulher a partir exclusivamente da ruptura de um elo mais fraco da referida cadeia. Segundo ela, era necessário que se criassem as condições

---

212. N.A.: "Althusser lança a noção de uma totalidade complexa na qual cada setor independente tem sua própria realidade autônoma, mas cada um dos quais é, em última instância, mas só em última instância, determinado pelo econômico. Esta totalidade complexa significa que nenhuma contradição social é simples. [...] Para descrever esta complexidade, Althusser usa o termo freudiano 'sobredeterminação'. A expressão *unite de rupture* refere-se ao momento em que as contradições tanto se reforçam umas às outras que se condensam em condições para a mudança revolucionária" (2:87-116).

que Althusser denominou de unidade de ruptura. Parece que o rompimento do elo da cadeia revela-se insuficiente para tanto. Embora Mitchell, há quase duas décadas, tenha detectado pontos fundamentais nas funções desempenhadas pelas mulheres, dado o universo conceituai em que se situou, ateve-se ao plano estrutural, deixando de examinar as relações sociais entre as categorias de sexo e entre as classes sociais. Recentemente, duas pesquisadoras francesas enfocaram a questão da produção e reprodução, ultrapassando o nível estrutural e tentando captar as interrelações entre as práticas das categorias de sexo e das classes sociais (8:156-73). Por se tratar de uma das mais bem sucedidas tentativas de analisar o problema e ser extremamente estimulante no que tange à formulação de novos conceitos destinados a captar realidades obscurecidas pelas categorias conceituais convencionais, dar-se-á amplo espaço a este artigo no presente trabalho.

De sua primeira proposta – análise materialista das relações sociais – resulta o resgate da onipresença do político em todas as relações humanas. O patriarcado, enquanto sistema sociopolítico, interfere quer na produção material, quer na produção de seres humanos. O capitalismo, assim penetrado pelo sistema sociopolítico da supremacia masculina, ao invés de produzir para satisfazer as necessidades humanas, submetendo, desta sorte, a produção à reprodução, opera exatamente em sentido oposto, subjugando a reprodução à produção. As autoras levantam a hipótese de que esta subordinação da reprodução à produção apóia-se em outra submissão, ou seja, a das mulheres aos homens, tendo como respaldo a divisão sexual do trabalho. Em consequência desta hipótese, as mulheres são destinadas prioritariamente à reprodução, fenômeno sempre acompanhado de perda no campo sociopolítico. Evidentemente, não se podem separar as mulheres na esfera da reprodução e os homens na esfera da produção, porquanto ambos são agentes sociais nos dois domínios, reproduzindo-se em ambas as esferas a divisão sexual do trabalho que subordina as mulheres aos homens.

Em virtude da separação entre local de trabalho e local de domicílio e de novas formas de produzir bens materiais, introduzidas pelo MPC, este reorganiza a reprodução, que passa a ser cenário simultaneamente da luta de classes e da luta entre os sexos. De outra parte, a reprodução passa, desde logo, ao domínio público, sendo gerida pelo Estado. Como ficou anteriormente mencionado para o Brasil, as autoras registram a penetração do Estado, por delegação dos capitalistas, no conjunto dos aparelhos atuais de reprodução, nos quais se verifica a onipresença do poder político, reforçando a aguda despossessão das mulheres e provocando a interiorização de regras de conduta de sexo e de classe. Suspeitam as autoras que seja exatamente neste nível "que se manifesta mais fortemente a osmose capitalismo-patriarcado, que se cria e recria mutuamente" (8:160).

Dada a coincidência de certas ideias, vale a pena transcrever mais um excerto das referidas autoras:

> A relação antagônica entre os sexos exprime-se aqui e lá, na produção e na reprodução. Ela não está, de maneira alguma, circunscrita à família; tampouco, aliás, a relação social entre o capital e o trabalho é circunscrita à produção. É preciso, pois, banir toda visão idílica de uma aliança dos sexos na luta de classes... É preciso também abandonar a alternativa: luta de sexos ou luta de classes. As mulheres, em sua prática, jamais se confrontam com tal dilema, pelo menos nestes termos. Elas não podem, embora quisessem, conduzir eficazmente uma sem a outra e, neste sentido, são duplamente exploradas onde se encontram (8:160-1).

A questão do cruzamento, por oposição a paralelismo, das relações entre os sexos e entre as classes sociais, assim como as desvantagens da priorização de uma das lutas – de sexo e de classes – estão abordadas em outros textos (48: 11; 49; 51; 112).

As autoras refutam a tese da autonomia relativa da família, uma vez que as relações de classes operam também no seio dos aparelhos de reprodução. A tentativa de abordar, enquanto unidade, a produção de bens e a produção de seres humanos, apoiando-se a análise das formas sociais da reprodução sobre as relações sociais de produção para delas apreender a evolução de acordo com as formas de desenvolvimento do capitalismo, as autoras denominam enfoque *anthroponomique* (3).

Vale a pena, ainda, transcrever mais um pequeno excerto do artigo em pauta:

> Do ponto de vista de uma análise estrutural, com efeito, pode-se dizer que as relações entre os sexos na produção e na reprodução, não são de natureza diferente; relação de dominação ideológico-política e de apropriação – que situam as mulheres em situação de inferioridade, de serviço e de submissão. Mas, percebe-se claramente que a análise estrutural não permite dar conta nem das lutas levadas a cabo aqui e lá no interior destas relações, nem daquilo que realmente se passa entre a produção e a reprodução." (8:165)

A observação pertinente aqui incide sobre a própria concepção de patriarcado e a distinção entre uma análise estrutural da produção e da reprodução e uma análise das relações sociais de sexos e de classes. Ao tentar mostrar a simbiose entre patriarcado e capitalismo, sobretudo no seio dos aparelhos de reprodução, as autoras definem patriarcado como um sistema sociopolítico, profundamente atuante tanto na produção de bens quanto na produção de seres humanos. A nível estrutural, imputam a responsabilidade pela inferiorização da mulher, quer na produção, quer na reprodução, a uma relação de dominação ideológico-política e de APROPRIAÇÃO. Ora, se as relações de apropriação e, por conseguinte, de despossessão da mulher, estão presentes e atuantes na produção e na reprodução, só restam duas alternativas:

1. o patriarcado não se resume a um sistema sociopolítico-ideológico, mas apresenta também uma forte dimensão econômica;
2. as relações de produção, na medida em que operam também no domínio da reprodução, respondem pelas relações de apropriação que subordinam a mulher ao homem.

Na segunda alternativa está presente a adesão à determinação, ainda que em última instância, do econômico, tese à qual as autoras não aderem, como se pode verificar pelo excerto que se segue.

Para nós a especificidade do MPC reside algures, nas formas de subordinação da reprodução à produção, na extensão das práticas de dominação de uma classe ao conjunto do campo social, na coerência e na imbricação das relações sociais de classes e de sexos, na extensão das lutas que animam o processo de despossessão. Dizer que este movimento se origina na produção não significa para nós uma adesão, ainda que em última instância, ao primado da economia. Não se trata mais de se interrogar sobre os efeitos das relações sociais de produção na reprodução, mas de tentar mostrar como o desenvolvimento das modalidades capitalistas de produção de bens reforça em todos os domínios a despossessão e a luta contra a despossessão. (8:168)

Se não mais se trata de se indagar sobre os efeitos das relações sociais de produção na reprodução, mas de revelar o caráter expropriatório do capitalismo, em todas as suas realizações históricas, em relação às mulheres, a partir da produção de bens materiais, fica patente o primado da economia, ainda que ele seja quase negado.

Como justificar a não adesão ao determinismo econômico, em última instância, se o patriarcado é concebido como sistema sociopolítico (8:162) ou como sistema ideológico-político (8:165) e se "a produção e a reprodução são indissociáveis; uma é impensável sem a outra, cada uma é condição da outra"? (8:156)

Ora, ou se situa a origem das relações de apropriação no campo da produção material, admitindo-se uma autonomia relativa entre a produção e a reprodução, ou se concebe a unidade produção-reprodução, simultaneamente com a simbiose entre o patriarcado e o capitalismo. Esta última hipótese parece ser a mais plausível e heurística, desde que o patriarcado seja concebido como um sistema de dominação social, cultural, política, ideológica e econômica. Concebido com todas estas dimensões, que também estão presentes no capitalismo, elimina-se a necessidade da busca das origens da sujeição da mulher pelo homem, exclui-se a hipótese da autonomia relativa, de um lado, da produção de bens, e, de outro, da produção de seres humanos, e, sobretudo, deixa-se de pensar em eventuais tensões entre o patriarcado e o capitalismo, já que o raciocínio encaminha-se para a compreensão da simbiose entre estes dois sistemas. Desta maneira, facilita-se a apreensão das relações de produção no interior dos aparelhos de reprodução, da mesma forma como se torna mais fácil a apreensão das relações de reprodução no seio dos aparatos da produção material. Em outros termos, parece ser este o caminho mais adequado para analisar o CRUZAMENTO das relações sociais entre as categorias de sexo e das relações sociais entre as classes sociais.

Embora se saiba há tempo (48; 49;51) ser impossível um feminismo de todas as mulheres, uma vez que esta categoria de sexo – como também a outra – é atravessada pela divisão da sociedade em classes sociais, Combes e Haicault, dentre as numerosas contribuições que apresentam no artigo examinado, trazem uma de inestimável valor para a formulação de estratégias, visando à instauração de uma sociedade em que homens e mulheres sejam, efetivamente, iguais do ponto de vista social. Realmente, na tentativa de apreender simultaneamente as relações de sexo e de classes e a atuação de ambas nos aparelhos de produção e de reprodução, o problema deixa de ser a priorização de uma luta em detrimento da outra ou de colocar uma na dependência da outra, para transformar-se na natureza das alianças entre homens e mulheres de uma mesma classe social. Ou seja, estas alianças trazem em seu bojo a oposição.

> Homens e mulheres estão sempre e em todos os lugares em uma relação antagônica, na medida em que eles pertencem a uma ou a outra categoria de sexo (opressora e oprimida), e ao mesmo tempo em uma relação de aliança construída sobre uma base desigual, visto que eles

pertencem à mesma classe social, isto é, a uma ou a outra das duas únicas classes aqui em questão, definidas pela relação de exploração. (8:170)

Isto mostra quão eficaz é a simbiose do patriarcado-capitalismo. Visto que a dominação de classe, caracteristicamente uma relação vertical, é atravessada pela subordinação de um sexo ao outro, relação também vertical, mas permeando horizontalmente a estrutura de classes, ambas as relações de dominação-subordinação potenciam-se pela simbiose acima mencionada, só permitindo, no interior da mesma classe social, relações sociais ao mesmo tempo de aliança e de oposição.

Disto decorre que o capitalismo não pode ser pensado exclusivamente através da lógica do capital, ignorando-se sua outra face, ou seja, o patriarcado. O capitalismo, enquanto modo de produção, não pode, pois, ser entendido como objeto abstrato-formal, mas como o resultado de uma progressiva explicitação histórica, através dos modos de produção que lhe precederam, da mais desenvolvida forma de organização da unidade produção--reprodução, sob o signo da separação entre o produtor imediato e os meios de produção.

Uma vez bem explicitada a simbiose entre patriarcado-capitalismo, utilizar-se-á doravante a expressão mais simples CAPITALISMO, tendo-se sempre no espírito que o sistema patriarcal é consubstancial ao MPC.

Este referencial teórico explica a desigual incorporação das mulheres na força de trabalho de qualquer nação capitalista. Convém insistir que a referida incorporação das mulheres na força de trabalho é desigual em dois sentidos: quantitativo e qualitativo. Quanto à primeira desigualdade, cabe lembrar que:

A dona-de-casa emergiu, simultaneamente, com o proletário – os dois trabalhadores característicos da sociedade capitalista desenvolvida. (67; 50; 52)

Embora o MPC não seja o único modo de produção centrado na propriedade privada dos meios de produção, distingue-se dos que o antecederam não só pelo fato de haver completado o processo de separação entre o trabalhador imediato e os meios de produção, como também por haver generalizado a categoria mercadoria, transformando a própria força de trabalho em mercadoria a ser comercializada entre seus possuidores e os detentores do capital. Mais do que isto, o MPC foi o primeiro modo de produção a criar tecnologia capaz de multiplicar a capacidade produtiva dos seres humanos. À medida que se processava a sofisticação tecnológica – processo ainda em curso – certos contingentes humanos deixavam de ser necessários para a produção de bens materiais. Embora muito se tenha dito e escrito sobre a capacidade da tecnologia de gerar empregos, o contrário ficou provado no setor industrial, com máquinas poupadoras de mão-de-obra e com robôs, em seguida nas atividades agropecuárias, com a introdução de diversas tecnologias capazes de substituir centenas de trabalhadores, e, finalmente, no setor terciário das atividades econômicas, com o enorme avanço da tecnologia da informática.

Para deixar de lado o fato de que a economia capitalista opera por ciclos de prosperidade e ciclos de recessão, o desemprego tecnológico constitui fato de fácil constatação. Enquanto nos modos de produção anteriores ao MPC, não se podia prescindir de muitos braços para produzir os meios de subsistência necessários à produção e à reprodução da força de trabalho do trabalhador e das camadas parasitárias, as tecnologias desenvolvidas pelo MPC substituem, com vantagens econômicas e políticas para o capitalista, enormes contingentes humanos aptos a trabalhar. Estes contingentes são integrados por homens e mulheres e podem ser mobilizados nos momentos de expansão das atividades econômicas. Neste sentido, constituem força de trabalho reserva para uso oportuno do capitalismo.

Como bem mostra o excerto extraído de Zaretsky, o processo de proletarização não se deu de forma igual para homens e mulheres. Os trabalhadores proletarizam-se. Quanto às mulheres, parte sofre o mesmo processo de proletarização, conjugando a jornada fora do lar com a jornada doméstica; a outra parte transforma-se em dona-de-casa, ou seja, é confinada aos afazeres domésticos, prestando serviços no domínio da reprodução e alijada da esfera da produção.

A separação geográfica entre local de trabalho e local de residência teve um peso notável neste processo, mas não foi o único fator a contribuir para o alijamento de parcela das mulheres do campo da produção. O papel desempenhado pela tecnologia na inovação dos métodos de produção foi certamente decisivo. Talvez possa se afirmar que ainda o é. Em comparação com os modos de produção historicamente anteriores, o MPC absorve menor quantum relativo de força de trabalho. Nem se faz necessária a consulta às estatísticas para demonstrar tal discrepância, na medida em que apenas instrumentos de trabalho rudimentares eram utilizados antes da revolução industrial. Estes instrumentos, no máximo, prolongavam os membros do trabalhador e ou aumentavam sua força física. Não há, pois, paralelismo entre estes instrumentos de trabalho e as máquinas, que crescentemente multiplicam a capacidade produtiva do trabalhador, reduzindo o número de seres humanos necessários à produção, e os robôs, que substituem trabalhadores. Por mais imperialista que seja um país capitalista – e isto lhe permite exportar um certo quantum de desemprego – jamais conseguiu oferecer trabalho a todos os seus cidadãos adultos e aptos a trabalhar. As taxas de desemprego flutuam, obviamente, segundo a conjuntura vivida pela nação, não se conhecendo situação de pleno emprego da força de trabalho.

No caso específico das mulheres, esta questão torna-se mais complexa, já que as alocadas exclusivamente ao campo da reprodução não são consideradas desempregadas. Trabalham sem remuneração e este trabalho é considerado não-trabalho, já que se situa no âmbito da reprodução e não no terreno da produção. É a partir desta última esfera que se constrói a noção de trabalho; por conseguinte, as categorias censitárias a obedecem, dificultando sobremodo a análise das atividades femininas. Do uso destas categorias e da correlata desconsideração por formas de trabalho que, embora situadas no campo da produção, não se enquadram nos moldes da produção tipicamente capitalista, por parte das agências encarregadas de coletar dados estatísticos e divulgá-los, decorrem falácias, que é preciso combater. Tomando-se qualquer YEAR BOOK OF LABOUR STATISTICS, constata-se que a taxa de atividade feminina é muito inferior nas regiões subdesenvolvidas que nas regiões desenvolvidas. Podem-se fazer dois comentários a respeito do diferencial verificado:

1. Dada a utilização de categorias de trabalho formuladas a partir da produção organizada em moldes capitalistas típicos, uma grande parcela das mulheres que trabalham na produção nas regiões subdesenvolvidas deixa de ser enumerada nas estatísticas. Em virtude, portanto, do uso de um método inadequado à captação de formas de trabalho amplamente difundidas em regiões subdesenvolvidas, as mulheres trabalhadoras são subenumeradas, não se tendo ideia precisa desta subestimação.
2. Embora o segundo comentário não possa ser desvinculado do conteúdo do primeiro, só se pode trabalhar a partir dos dados com os quais se conta. O fulcro desta segunda observação constitui o próprio critério de agrupar nações em função de seu desenvolvimento ou de seu subdesenvolvimento. Este critério oculta diferenças gigantescas no que tange à participação das mulheres na força de trabalho, quer se tomem as regiões desenvolvidas, quer se examinem as subdesenvolvidas. A título de ilustração, tomar-se-ão os dados internacionais mais recentes, a fim de expor as diferenças ocultadas pelo uso do critério ideológico de reunir em dois blocos separados os países que compõem as regiões desenvolvidas e as nações que integram as regiões subdesenvolvidas, com a finalidade de medir a taxa de atividade feminina. Deixando de lado os países socialistas, cujas taxas de incorporação da mulher na força de trabalho são muito altas, tomar-se-ão os extremos encontrados dentro de cada um dos dois blocos referidos. No conjunto de países considerados desenvolvidos, pode-se destacar a Irlanda, com uma taxa de atividade feminina de 19,7% (1977) e a Dinamarca, com 45,7% (1981). No seio do bloco subdesenvolvido, as discrepâncias são ainda mais significativas, apresentando o Alto Volta uma taxa de atividade feminina de 1,7% (1975) e Ruanda, 55,3% (1978) (66)[213]. Embora as

---

[213]. N.A.: Os dados utilizados foram coletados nas datas que se lhes seguem entre parênteses.

diferenças sejam maiores no bloco subdesenvolvido, não deixam de surpreender por seu gigantismo aquelas detectadas no seio do bloco desenvolvido. As diferenças encontradas no que respeita à taxa de atividade feminina não podem ser imputadas exclusivamente ao grau de desenvolvimento da nação. Outros fatores, tais como tradições nacionais, religião dominante, regime político, grau de estabilidade do grupo familiar, poder aquisitivo dos ganhos masculinos suficiente ou não para manter a família, mercado formal e informal de trabalho etc, interferem fortemente na taxa de atividade das mulheres.

Não apenas neste caso, as médias ocultam imensas variações. Um problema relevante, por exemplo, consiste em desvendar o número de horas semanais que as mulheres trabalham. Embora o YEAR BOOK aqui utilizado não traga este dado desagregado por sexos para os Estados Unidos, sabe-se que se trata do país por excelência do trabalho em tempo parcial para a mulher. Ademais, como são em pequeno número as mulheres que lá fazem carreira, muitas das que apenas têm um emprego, trabalham apenas durante alguns meses por ano. Desta sorte, não é suficiente verificar que em 1981 (66) 39,8% dos trabalhadores norte-americanos eram do sexo feminino. É preciso verificar em que setores da economia situam-se estas trabalhadoras, os cargos que ocupam na hierarquia ocupacional, o número de horas semanais que trabalham, o número de meses por ano em que detêm o emprego, que salários recebem etc. Não obstante as falhas no que tange à mensuração do desemprego, nos Estados Unidos, pode-se recorrer a outra fonte da OIT (6), a fim de dar uma ideia, ainda que grosseira, do comportamento deste fenômeno naquele país com relação a homens e mulheres. O documento utilizado reúne dados para o período 1978-1981. Os dados são apresentados ano a ano, mês a mês e desagregados por sexo. Exceção feita dos meses de janeiro, fevereiro, março e abril para o ano de 1981, em todos os demais meses e anos o desemprego feminino ultrapassou, muitas vezes de forma significativa, o desemprego masculino. Em

---

Como se não bastassem as dificuldades criadas pelo uso de um critério inadequado, há ainda a diferença de datas de coleta dos dados para prejudicar a comparação.

percentuais relativamente pequenos, que variam de 4,5 a 8,3, as mulheres chegaram a apresentar quase dois pontos acima dos homens, em matéria de desemprego. Certamente estes percentuais de desemprego feminimo subiriam astronomicamente, se as cifras fossem construídas com a inclusão das donas-de-casa desejosas de desempenhar uma atividade econômica extra-lar. Isto mostra que a atribuição de papéis domésticos às mulheres não é inocente. Enquanto uma boa parcela da população feminina em idade de trabalhar continuar alocada ao campo da reprodução, as taxas de desemprego feminino também continuarão baixas, ainda que superiores às masculinas. E esta estratégia é amplamente utilizada nos países capitalistas, independentemente do fato de se tratar de país desenvolvido ou subdesenvolvido. A diferença que vale a pena registrar entre estes dois tipos de nações, para os propósitos deste trabalho, consiste na magnitude do espaço econômico recoberto pelo MPC. Ainda que o capitalismo jamais tenha ocupado todo o espaço econômico[214] nem mesmo nos países muito industrializados, o volume das atividades econômicas organizadas em moldes não-capitalistas e, portanto, dos trabalhadores que a elas se dedicam é muito mais significativo nos países de baixa industrialização que nas nações hegemônicas. Em outros termos, o peso relativo do mercado informal de trabalho nas áreas periféricas do sistema capitalista internacional é incomparavelmente maior que nas áreas de alta industrialização. Convém lembrar, ainda, que há uma intensa dinâmica entre os mercados formal e informal de trabalho, não apenas em termos do intercâmbio de produtos e de agentes do trabalho, mas também em termos de formalização do informal e de informalização do formal. Em outras palavras, as atividades organizadas em moldes capitalistas típicos desorganizam formas não-capitalistas de produzir, mas também as recriam (45,46). Sobretudo nos momentos de recessão, trabalhadoras e trabalhadores recorrem ao mercado informal de trabalho que, assim, permite ampliar a renda das famílias pobres, servindo, ao mesmo tempo, como reserva

---

214. N.A.: "[...] a acumulação capitalista tem necessidade para se mover de formações sociais não-capitalistas em torno de si, uma vez que ela se desenvolve através de trocas constantes com estas formações e não pode subsistir sem contatos com semelhante meio". (23:41)

de mão-de-obra para as atividades que vierem a se organizar segundo o modelo capitalista.

Tendo sido explicitado o esquema de referência teórico que permite compreender o patriarcado-capitalismo, não será difícil entender porque as mulheres brasileiras têm sido incorporadas desigualmente, em relação aos trabalhadores masculinos, na produção industrial do país. Por outro lado, como este trabalho lidará com dados que abrangem o período 1872-1982, ter-se-á a oportunidade de comparar o tipo de participação feminina na força de trabalho brasileira antes e depois de desencadeado o processo de industrialização. Embora se planeje dispensar especial atenção às trabalhadoras da indústria há também que mostrar a contribuição feminina no setor primário das atividades econômicas, assim como, no setor terciário.

Rigorosamente, o que resta a fazer é revelar a dinâmica da incorporação das mulheres na força de trabalho do Brasil, já que a ampla discussão anterior explica porque as mulheres são, em larga escala, alocadas à esfera da reprodução à medida que o país, não apenas deixa de explorar a mão-de-obra escrava, mas vai se libertando dos resquícios do escravismo. Ter-se-á, pois, a oportunidade de comparar a participação das mulheres brasileiras na produção de bens e serviços em duas fases bem distintas da economia do país, ou seja, de 1872, quando ainda vigorava o regime escravocrata (abolido em 1888) a 1930, quando tem início a industrialização enquanto processo, e daí até o momento contemporâneo.

FORÇA DE TRABALHO FEMININA NO BRASIL

1. Período 1872-1930

Como muito bem mostraram Celso Furtado e outros (15; 38; 39; 40), a economia escravocrata brasileira, quer em sua fase colonial, quer na imperial, caracterizou-se por ser uma economia essencialmente exportadora de produtos primários, agrícolas e minerais, de cujo comércio auferia grandes lucros o capitalismo mercantil estrangeiro e de que não deixaria também de tirar numerosas vantagens o capitalismo industrial posteriormente surgido na Europa. À economia colonial do Brasil, surgida, assim, sob a égide do capitalismo comercial, caberia, como cabe ainda hoje, feitas algumas ressalvas, um papel bastante preciso na constelação capitalista internacional, que então começava a constituir-se, ou seja, de exportadora de matérias-primas e sempre dependente (não importa aqui o estatuto colonial) do país ou países dominantes do referido sistema internacional. A economia brasileira foi sempre determinada de fora, atendendo, assim, aos interesses de uma burguesia que, historicamente, foi primeiro portuguesa e holandesa, depois portuguesa e inglesa, em seguida apenas inglesa e finalmente norte-americana, francesa, inglesa, alemã, canadense, japonesa, sueca, suíça etc. e sempre (a partir do momento em que há gerações brasileiras adultas) simultaneamente brasileira, mas que, em essência, constitui apenas uma burguesia internacional para cujas atividades econômicas inexistem fronteiras geopolíticas.

Como a independência política (1822) não foi acompanhada de independência econômica, a história da economia brasileira é a história de uma permanente e renovada rearticulação no sistema capitalista internacional no qual sempre coube ao Brasil, por força da divisão do trabalho entre as nações, a posição de uma peça auxiliar da engrenagem de um sistema autopropulsor.

A utilização de mão-de-obra escrava, que representou uma solução rentável durante o domínio do capitalismo comercial, transformou-se em obstáculo à necessidade de ampliação de mercado para a comercialização dos produtos industriais europeus. Não participando do mercado de consumo, o escravo iria, progressivamente surgindo como um empecilho ao desenvolvimento das forças produtivas nacionais e, sobretudo, como um obstáculo à nova rearticulação dos subsistemas capitalistas imposta pelo avanço do industrialismo inglês. A rentabilidade da empresa agrícola baseada na mão-de-obra escrava decresce, pois, à proporção que se vão atualizando, historicamente, novas determinações do modo de produção capitalista do centro de dominância do conjunto de países tendencialmente semelhantes do ponto de vista de estrutura econômica e, consequentemente, nos próprios países periféricos.

Os três séculos e tanto de escravidão negra no Brasil constituíram, assim, o marco inicial da formação de uma estrutura econômica que, em estágios posteriores, ganharia novas determinações capitalistas. A longo prazo, o escravismo seria um ponderável fator de obstrução do desenvolvimento industrial, quer se analise a questão do ângulo da formação do mercado interno, quer se examine a incompatibilidade entre a utilização de força de trabalho escrava e o uso de tecnologia avançada. Por outro lado, a abolição da escravatura no Brasil há que ser vista no quadro histórico internacional no qual nasceu e evoluiu o escravismo moderno e, portanto, nas relações contraditórias que, durante três séculos e meio de utilização de força de trabalho escrava na economia dependente aqui estabelecida, se verificaram, quer no plano externo, quer no plano interno.

A burguesia mercantil inglesa, na medida em que derivava grandes lucros da comercialização de negros africanos para trabalharem como escravos no Brasil, lutava pela preservação do regime escravista brasileiro. De outra parte, a burguesia industrial inglesa, interessada em ampliar o mercado para seus produtos, pressionava sua "colônia" brasileira a abolir o regime escravocrata.

No plano interno, não obstante tivesse o emprego da mão-de-obra escrava representado, efetivamente, a solução para o estabelecimento da grande empresa agrária exportadora e vitalizadora do capitalismo mercantil internacional, o escravo assumia, progressivamente, a função de negador das relações de produção típicas do sistema capitalista, afetando, assim, negativamente, o pólo já constituído destas relações de produção: o grande proprietário rural. Não só a "miscigenação e o fundamento pecuniário da escravidão constituíam dois fatores de perturbação e de instabilidade nos Iiames que determinavam a relação senhor--escravo" (14:115), como também a produção baseada na mão--de-obra escrava se tornava cada vez mais cara relativamente à força de trabalho assalariada a qual, capaz de incorporar os avanços tecnológicos e não imobilizando capital, tornaria mais rentável a exploração econômica. A práxis abolicionista era bastante diversificada, compreendendo uma gama de comportamentos, que iam desde a adesão às ideias emancipacionistas, por motivos que revelavam uma compreensão da irreversibilidade do processo desencadeado, até às posições denotadoras de uma visão mais rica da formação socioeconômica brasileira e do tipo de sua inserção no cenário internacional. Na verdade, "lutando pela abolição do trabalho escravizado, os brancos lutavam em benefício de seus próprios interesses", não se importando, pois, em "transformar, como se afirmava, o escravo em cidadão, mas (em) transfigurar o trabalho escravo em trabalho livre" (19:235,7).

Na verdade, a Abolição, momento final de um longo processo de desintegração da ordem social escravocrata-senhorial[215], seria apenas o momento inicial, a condição *sine qua non*, do difícil e moroso processo de constituição de uma etapa superior da economia brasileira, cujos primeiros efeitos marcantes só viriam a surgir nos anos que se seguem à crise mundial de 1929, quando, finalmente, o mercado interno se constituiria no principal fator dinâmico do sistema econômico nacional.

A realização histórica de mais uma determinação do modo de produção capitalista – o salariato – constitui, pois, um enriquecimento não somente da concreção singular deste sistema que tinha lugar no Brasil, mas também, obviamente, da engrenagem internacional integrada por países tendencialmente do mesmo tipo.

Contrariamente ao que frequentemente se supõe, não há porque buscar correlações positivas entre a instituição do salariato e um maior aproveitamento de mão-de-obra. A economia baseada em força de trabalho assalariada expulsa mão-de-obra, permanentemente ou periodicamente, ao contrário da economia escravocrata a qual paga, durante certos períodos, força de trabalho ociosa ou improdutiva. Esta assertiva é válida do ponto de vista lógico. Concretamente, as alterações no montante de força de trabalho utilizada, quando se passa de uma economia escravocrata para uma economia assalariada, dependem de uma série de

---

215. N.A.: Deixando-se de lado as contradições inerentes ao sistema escravocrata e mesmo ao sistema "capitalista-escravocrata", contradições essas que vinham solapando as bases do sistema de produção brasileiro, o processo legal de libertação do negro teve início quase 60 anos antes da Abolição. As leis de 1831, de 1871 e de 1885 declaravam livres, respectivamente, os africanos importados a partir daquela data, os que nascessem, daí em diante, de mãe escrava, e os escravos que contassem mais de 60 anos.

fatores, dentre os quais o grau de avanço da tecnologia e as possibilidades de comercialização dos artigos produzidos. No caso das economias dependentes localizadas na periferia do sistema capitalista internacional importa, de imediato, a posição, no mercado externo, dos artigos por elas produzidos. Na indústria açucareira, onde os capitais ingleses protegidos pela lei de 1875 haviam introduzido inovações técnicas e cujo produto encontrava dificuldades de exportação (com a independência de Cuba), houve redução na procura de mão-de-obra. No setor cafeeiro em expansão, a importação de mão-de-obra europeia determinaria uma subocupação da força de trabalho dos recém-libertos. Embora estes fossem incapazes de promover transformações econômicas por estarem ainda presos a um nível muito baixo de aspirações e, em grande parte, por se terem internado na economia de subsistência, a instituição do salariato vai, progressivamente, criando um mercado interno capaz de dinamizar a economia nacional.

Embora seja difícil estabelecer comparações da distribuição da população brasileira em idades produtivas pelos grandes ramos da economia nacional entre os vários períodos da história do país[216], os dados existentes revelam que a concentração de mulheres, em certas áreas dos empreendimentos econômicos, variou segundo a gradativa diferenciação da estrutura econômica da nação e que a plena constituição do MPC no Brasil expeliu força de trabalho feminina. Segundo os dados oferecidos pelo primeiro recenseamento efetuado no Brasil, em 1872, e excluindo-se as pessoas categorizadas como sem profissão, as mulheres representavam 45,5% da força de trabalho efetiva da nação, sendo que 33,0% deste total de mulheres estavam ocupadas no setor de serviços domésticos. Da totalidade das pessoas empregadas neste setor, as mulheres representavam nada menos que 81,2%. É preciso

---

216. N.A.: As dificuldades de um estudo deste gênero advêm de dois fatos. Primeiro, a inexistência de dados sistemáticos sobre a mão-de-obra efetiva do Brasil escravocrata. O censo de 1872 obedeceu a critérios de difícil aplicação na atualidade. Segundo, as dificuldades de comparação surgem em virtude de serem diversos os critérios utilizados em cada censo brasileiro no que diz respeito à categorização das funções econômicas desempenhadas pela população, reunindo-se, muitas vezes, categorias que deveriam ser apresentadas separadamente. Há ainda a assinalar as dificuldades criadas pela agregação dos dados referentes aos dois sexos, vício que perdura até hoje, embora em menor escala.

considerar que a estrutura da economia brasileira de então, por ser muito pouco diferenciada, concentrava os maiores contingentes, quer masculinos, quer femininos, na agricultura, vindo, em seguida, os serviços domésticos para as mulheres. Dentre os homens, 68,0% eram lavradores que, somados aos criadores de gado perfaziam 81,2% da população masculina trabalhadora. A população economicamente ativa (PEA) feminina estava assim constituída: 35,0% de empregadas na agricultura, 33,0% de ocupadas em serviço doméstico em lar alheio, 20,0% de costureiras por conta própria, 5,3% de empregadas nas indústrias de tecidos e 6,7% de mulheres ocupadas em outras atividades. Há que registrar que, como o país possuía praticamente, no setor de indústrias de transformação, só indústrias têxteis, pois era insignificante o pessoal empregado nas indústrias de chapéus e de calçados, o contingente ocupado nas atividades secundárias era constituído, em sua maior parte de mulheres. Os empregados nas fábricas de tecidos alcançavam quase 80% do total dos trabalhadores do setor industrial. Dos 137.033 trabalhadores de indústrias têxteis, nada menos que 131.886, ou seja, 96,2%, eram mulheres. Há que se considerar, contudo, que as fábricas de tecidos de então aproximavam-se muito mais do artesanato do que das modernas fábricas de hoje. No setor de confecções, considerado pelo censo de 1872 como setor de vestuário, a mulher não comparece, estando presentes 8.953 trabalhadores masculinos. Entretanto, a confecção se fazia fundamentalmente em moldes artesanais, somando 498.775 as costureiras computadas pelo censo. Levando-se em conta o número de costureiras, as mulheres representavam nada menos que 84,9% dos trabalhadores chamados manuais pelo censo de 1872, ou seja, os trabalhadores que o censo classificou de costureiras e operários. Como se mostrou mais acima, era bastante alta a participação das mulheres no total de trabalhadores brasileiros (45,5%). Este nível de incorporação da mulher na força de trabalho jamais foi alcançado posteriormente. Ainda que se excluam da PEA feminina de 1872 os 33,0% ocupados em serviços domésticos, chega-se a uma participação feminina na força de trabalho do país de 37,4%, nível este que ainda permanece inatingido nos dias atuais.

O recenseamento de 1900 revela que a presença da mulher na PEA permaneceu quase a mesma. Excluindo-se as pessoas classificadas como indivíduos de profissões ignoradas, de cuja totalidade 31,6% eram mulheres, e as pessoas ocupadas em profissões improdutivas, nas quais a força de trabalho feminina representava 56,6%, era de 45,3% a participação da mulher nas atividades econômicas. Todavia, 52,6% da totalidade das trabalhadoras brasileiras de então dedicavam-se aos serviços domésticos e 24,6% à agricultura, 14,2% localizando-se nas artes e ofícios, apenas 4,2% nas indústrias manufatureiras e os restantes 4,4% ao comércio e outras atividades. Nas atividades primárias 21,1% da força de trabalho efetiva eram constituídos de mulheres, representando elas 91,3% da mão-de-obra empregada nas atividades secundárias e 75,2% em outras atividades que não as mal especificadas, ignoradas e improdutivas. A existência quase que exclusiva de manufaturas de tecidos constituía o fator responsável pelo predomínio das mulheres nas atividades secundárias, conseguindo os setores de serviços domésticos e de artes e ofícios desviar ponderável parcela de mão-de-obra feminina da agricultura. Esta situação da quase paridade da mão-de-obra feminina com a masculina, entretanto, não perduraria.

No presente século, a indústria só se transformaria em pólo dinâmico da economia brasileira a partir de 1930. Este fato, contudo, não deve conduzir ao esquecimento de que a sociedade agrária exportadora anterior abrigava em seu seio atividades industriais que, dada sua natureza, absorviam notáveis contingentes de força de trabalho feminina. Não se pode esquecer, tampouco, que um pequeno surto industrial teve lugar no Brasil durante a I Guerra Mundial. Enquanto em 1907 o número de estabelecimentos industriais totalizava 3.258, absorvendo 151.841 operários, em 1920, estas cifras haviam aumentado para, respectivamente, 13.336 e 275.512. Se em 1900 as trabalhadoras compareciam com 91,3% dos efetivos empregados no setor secundário das atividades econômicas, esta proporção cai para 33,7% em 1920, quando a indústria já havia experimentado certa diferenciação, a fim de atender às necessidades antes satisfeitas por importações, prejudicadas pela I Guerra Mundial.

O Quadro 1 mostra a distribuição da força de trabalho feminina nos ramos industriais.

Quadro 1. Participação de emprego feminino em ramos industriais – 1920

Ramos	Total de operários	N° de mulheres	%
Têxtil	112.195	57.706	51
Alimentação	51.871	15.027	28
Vestuário e toucador	28.248	11.412	40
Cerâmica	18.883	1.769	9
Produtos químicos	15.350	4.866	31
Metalurgia	12.161	107	8
Mobiliário	7.944	692	8
Construção material transporte	5.118	150	2
Couros e peles	4.605	143	3
Edificação	3.600	31	8

Fonte: Recenseamento do Brasil, realizado a 1.º de setembro de 1920, Diretoria Geral de Estatística do Ministério da Agricultura, Indústria e Comércio, Tipografia de Estatística, Rio de Janeiro, 1927.

Como resultado do primeiro surto industrial no Brasil têm-se uma assustadora queda da participação da mulher nas atividades industriais, que caem de 91,3%, em 1872, para 33,7%, em 1920, e uma redução também altamente significativa da presença feminina na indústria têxtil, embora até a atualidade o ramo industrial que mais absorve mão-de-obra feminina, passando de 96,2% em 1872, para 51,0%, em 1920. Esta queda da participação das mulheres na PEA industrial repercute seriamente na magnitude de sua presença no conjunto dos trabalhadores brasileiros. Efetivamente, excluindo-se as pessoas que viviam de suas rendas, as de profissões não declaradas e as sem profissão do censo de 1920, apura-se uma taxa de participação feminina na PEA total brasileira de tão-somente 15,3%. Do total da mão-de-obra empregada nas atividades primárias as mulheres passaram a representar apenas 9,4%; nas atividades secundárias a força de trabalho feminina perdeu a hegemonia ostentada por cerca de meio século, caindo para 33,7% do total de trabalhadores do setor; e nas atividades terciárias as mulheres representavam 22,2% dos trabalhadores. O desenvolvimento da indústria, intensificado pela guerra de 1914-1918, que permitiu um aumento de 83,3% da população operária no curto espaço de 13 anos, fez-se através de ampla utilização da força de trabalho masculina, baixando, em termos percentuais, o aproveitamento da mão-de-obra feminina nas atividades secundárias.

A subordinação da mulher ao homem, não apenas na esfera da reprodução, mastambém na da produção, fica patente no Quadro 2.

Quadro 2. Pessoal empregado segundo Categoria Ocupacional e Sexo – Setor Industrial – Brasil – 1920

Categorias	Nº Total de pessoas ocupadas	Participação feminina (%)
Administração, Engenheiros, Empregados, Técnicos	6.304	0,2
Escriturários, Vendedores, pessoal de escritório em geral	13.334	0,3
Operários	275.512	33,7

Fonte: Censo de 1920, *op. cit.*

Como o Brasil continua desenvolvendo o patriarcado-capitalismo, o peso de interferência da variável sexo na hierarquia ocupacional da indústria não sofreu redução correspondente ao enorme avanço das mulheres em termos de anos de escolaridade. Em 1970, Pastore e Lopes (35) constataram que na base da pirâmide ocupacional do ramo industrial, ou seja, no seio da mão-de-obra não especializada, as mulheres compareciam com 25% dos efetivos, caindo esta proporção para 14,3% no interior da mão-de-obra de nível médio, e ficando reduzida a 5,0% quando se passava ao exame da composição por sexo da categoria de profissionais de nível superior. Estes dados referem-se ao estado de São Paulo, unidade da Federação em que mais desenvolvido se encontra o parque industrial. A fim de dar uma ideia da importância dos dados retirados de Pastore e Lopes, lembre-se que em 1969 o estado de São Paulo concentrava 35,6% da Renda Interna do Brasil.

Considerando-se que o estado de São Paulo reúne cerca de 19% da população do país, o rendimento por habitante é no estado quase duas vezes maior que na nação. A renda industrial do estado de São Paulo é 5,4 vezes maior que a das demais regiões do oaís. Apenas 12,4% da Renda Interna provinha, em 1969, de sua agricultura, enquanto 40% eram gerados em suas indústrias. No resto do Brasil os valores eram de 26,6% para a agricultura e 17,5% para a indústria. Sendo isto suficiente para dar uma ideia da importância econômica do estado de São Paulo, a questão que se coloca é a seguinte: que percentual representam as mulheres empregadas nos postos mais elevados das indústrias situadas nos estados do Norte e do Nordeste? Um exame deste fenômeno da divisão sexual do trabalho no interior das indústrias, estado por estado, revelaria, certamente, gigantescas discrepâncias[217].

Talvez valha a pena deter-se um pouco mais na década de 1920, já que o Brasil não fez recenseamento em 1930 e que, portanto, será necessário saltar para o exame dos dados do censo de 1940.

Na zona urbana sempre houve um mercado informal de trabalho, que deve ter sido na década de 1920 maior que o atual em termos relativos. Desta sorte, as mulheres das camadas subprivilegiadas encontravam trabalho como empregadas domésticas em residências, como lavadeiras, passadeiras, doceiras, costureiras etc. Embora se ignore o número de brasileiras que se empregavam como domésticas em 1920, a cifra deveria ser muito alta, já que este tipo de trabalho é a grande componente do item Prestação de Serviços Pessoais e que no total desta categoria a presença da mulher era de 64,9%. A sociedade de então colocava a jovem originária de estrato médio diante de restritas opções: ser professora primária, enfermeira ou parteira. A concessão que a sociedade fazia resumia-se, portanto, em permitir que a mulher praticasse fora do lar funções que já desempenhava no interior da própria família, de maneira empírica. Um pouco de qualificação

---

217. N.A.: Hoje já é possível fazer um acurado estudo da distribuição das mulheres nas hierarquias ocupacionais do Brasil e de cada um de seus 23 Estados, uma vez que a partir dos dados coletados para o censo de 1980 a Fundação Instituto Brasileiro de Geografia e Estatística (FIBCE) passou a publicar dados detalhados sobre força de trabalho. A publicação chama-se CENSO DEMOGRÁFICO MÃO-DE-OBRA.

profissional permitia prestar a outros seres humanos serviços que a mulher, em certa medida, devia oferecer aos membros de sua família. Embora a criação das primeiras escolas de medicina no século passado tenha dado início a um processo de expropriação do saber feminino, já completado nas áreas mais industrializadas e ainda em curso nas zonas menos desenvolvidas, na década de 1920, podendo-se esticar esta data até os anos 1950, as mulheres dominavam conhecimentos de anatomia, ervas medicinais, higiene, nutrição etc, que lhes garantiam o exercício, ainda que não diário e em tempo integral, de atividades gradativamente institucionalizadas e simultaneamente, algumas, masculinizadas. Esta expropriação de uma série de saberes femininos, realizada em nome do avanço técnico científico, pauperizou as mulheres, colocando todas elas, até mesmo as muito pobres, na dependência da medicina oficial, dentre cujas características se podem ressaltar as excessivas institucionalização e medicalização. Tanto assim é que já são grossas as fileiras daqueles que, recusando a medicina agressiva, buscam na natureza os remédios para seus males.

Ainda que as primeiras professoras primárias fossem consideradas prostitutas, a penetração das mulheres nas escolas normais vai operando-se gradativamente, passando elas a se profissionalizar. O Quadro 3 revela a progressiva penetração feminina nos ensinos secundários e superior, no início do presente século.

Quadro 3. Participação da Mulher no Ensino Secundário e Superior (Número de Inscritos)

Anos	Nível secundário		Nível superior	
	Homens	Mulheres	Homens	Mulheres
1907	3.721	1.221	2.455	32
1908	4.329	973	3.045	29
1909	4.596	1.460	3.323	39
1912	7.165	2.145	3.630	53

Fontes: Anuário Estatística do Brasil (1900-1912). Ministério da Agricultura, Indústra e Comércio, Rio de Janeiro, 1916.

Embora fosse ainda muito tímida a presença da mulher na escola, sobretudo de nível superior, vale a pena cotejar esta situação com dados de cerca de duas a três décadas atrás, a fim de se poderem avaliar as conquistas femininas em matéria de escolarização.

Quadro 4. Ensino Pós-Primário – 1880.

Designação dos Estabelecimentos	Nº de estabelecimentos			Nº de alunos		
	H	M	Total	H	M	Total
Liceus ou colégios do Estado	1	–	1	154	–	154
Liceus ou ateneus privinciais	16	1	17	1.933	180	2.113
Aulas públicas avulsas do ensino secundário ou clássico	46	–	46	690	–	690
Pensionistas ou colégios particulares	67	40	107	2.804	1.289	4.093
Aulas particulares do ensino secundário ou clássico	16	–	16	125	–	125
Seminários menores	10	–	10	797	–	797
Institutos de Ensino Profissional	9	–	9	658	–	658
SOMA	165	41	206	7.161	1.469	8.630

Fonte: CASTRO, T.L. A mulher e a sociedade. Rio de Janeiro, Francisco Alves Ed., s.d. (Provavelmente escrito em 1880). Sobre a educação da mulher ver também SAFFIOTI, H.I.B. Education for women in Brazil from the colonial period to the present. In: ___Women in class society. cap. 7. p. 140-78.

2. Período 1930-1960

O colapso da divisão internacional do trabalho ocasionado pela crise de 1929, que internamente se vinha gestando há três décadas sob a forma de crise no setor cafeeiro exportador, apresenta-se ao Brasil como propício ao desencadeamento do processo de industrialização. Já que a importação estava prejudicada, impunha-se fabricar no país os produtos de que necessitava a população.

O movimento revolucionário de 1930, encarnando as aspirações populares e as ideias nacionalistas que se vinham manifestando já desde o fim do império, representa, pois, num momento em que a vigilância do centro hegemônico do sistema capitalista internacional se enfraquece em razão da crise mundial, uma séria tentativa, parcialmente concretizada, posteriormente, de desenvolvimento de uma economia autônoma. Não logrando, entretanto, estabelecer um parque industrial, que pudesse prescindir da importação de bens de capital, a política implementada pelo governo saído da revolução de 1930, a par de conseguir criar impulsos internos e, assim, permitir ao país superar, com vantagens imediatas, a crise do setor exportador, deixaria profundas sequelas no organismo da economia nacional. A política cambial dos anos 1930, que visava a subsidiar as exportações de café, provoca, simultaneamente, um encarecimento muito grande das importações. Todavia, dada a existência de capacidade ociosa em algumas das indústrias, cujos produtos se destinavam ao mercado interno, e dada a presença no país de um pequeno núcleo de indústrias de bens de capital, a produção industrial pôde ascender rapidamente, passando a ser o fator dinâmico principal no processo de criação de renda (15:233). Quanto à renda gerada, só em 1956 a indústria sobrepujou a agricultura. Todavia, desde 1934 o comércio externo havia cedido lugar ao investimento interno como centro dinâmico da economia. Embora nos primeiros anos da crise a produção industrial do Brasil tenha decrescido e só se tenha restabelecido o nível da produção de 1928 em 1934, a indústria passa, a partir daí, a apresentar bons índices de crescimento. Não obstante estar, no período de 1927 a 1939, embutido o período em que as indústrias operavam com capacidade ociosa, sua produção apresentou um incremento de cerca de 70%, passando a crescer à taxa média anual de 7,9% no período 1939-1949.[218]

Qualquer esforço de industrialização num país de economia dependente e essencialmente agrícola encontrará barreiras impostas de fora e mais ou menos insuperáveis, segundo a modalidade da divisão internacional vigente. A estagnação a que foi submetida a economia brasileira no período 1937-1942 (uma parcela deste período está embutida no período 1939-1949, em que a produção industrial apresentou elevada taxa de crescimento) revela como os países perifericamente integrados no sistema capitalista internacional estão sujeitos, em virtude de sua própria

---

218. N.A.: Dados da Fundação Getúlio Vargas permitiram o cálculo da taxa de crescimento entre 1927 e 1939. Os outros dados foram retirados de Malan et alii (2S:269).

dependência, a verem diminuídos, se não praticamente anulados, seus esforços de autonomização, nos momentos de recomposição do referido sistema mundial. Assim, todos os avanços do Brasil em direção à superação do subdesenvolvimento refletem o aproveitamento de conjunturas internacionais menos desfavoráveis ao atendimento das pressões internas exercidas pelas massas urbanas que veem, na expansão estrutural do sistema capitalista brasileiro, possibilidades cada vez maiores de elevar seu consumo.

O efeito-demonstração exercido pelo alto padrão de vida das populações dos países altamente desenvolvidos, criando elevadas aspirações de consumo em largos contingentes humanos dos países periféricos, sobretudo dos grupos localizados nas zonas urbanas e suburbanas, tem impedido que a acumulação de capital antecedesse, na história, a aspiração ao consumo de massa no Brasil. Como as duas impulsões sociais estivessem presentes conjuntamente, mormente a partir da década de 1920, o equilíbrio entre a importação e a exportação, de um lado, e produção e consumo, de outro, tem tornado difícil a estabilização quer da estrutura de poder interna, quer das relações internacionais. Há, deste ângulo, dois conjuntos de fenômenos a serem considerados. A política de atendimento simultâneo dos interesses das burguesias agrária e industrial, reduzindo-se a taxa cambial e as tarifas aduaneiras desde os primeiros anos da República, não somente permitiu, mas também incentivou a conservação, no Brasil, de disparidades chocantes entre o nível de vida da população urbana e o da população rural.

A pluridimensionalidade dos empreendimentos econômicos no Brasil[219] possibilitou aos grupos econômicos fazer certas con-

---

219. N.A.: Embora parcial por abranger somente o estado de São Paulo, o levantamento efetuado pelo Instituto de Ciências Sociais do Brasil, em 1962, apurou que "35.0% dos grupos econômicos nacionais possuem empresas agrárias (agrícolas, agropecuárias, agromercantis ou agroindustriais) muitas vezes sem conexão alguma com as principais atividades do grupo. E é sabido que no nordeste os grandes usineiros que dominam a agroindústria do açúcar se acham em regra ligados aos principais empreendimentos industriais, comerciais e financeiros da região, e se projetam mesmo, frequentemente, para outros centros do país". (41:107-8) "A coexistência latifúndio-minifúndio como formas dominantes da propriedade da terra é a característica fundamental dessa distribuição da posse da terra altamente concentrada. Como implicações que daí decorrem tem-se a má exploração da terra (principalmente nas grandes propriedades) e a sobrevivência (e mesmo proliferação) de formas de tendência em que a terra

cessões aos assalariados urbanos, uma vez que a acumulação capitalista é favorecida pela exploração, no setor agrário, de uma mão-de-obra que, ou vive à margem do regime legal de trabalho ou se constitui na maior vítima do desemprego disfarçado[220]. Assim, o setor agrário da economia brasileira, sobretudo o cafeeiro, financiou, pelo menos parcialmente, a expansão da indústria nacional, confundindo-se, pois, novamente de modo parcial burguesias agrária e industrial. À expensas do trabalhador rural, a burguesia brasileira, em seu papel de burguesia industrial, pôde ser relativamente pródiga na distribuição do produto do trabalho sempre que as pressões da população urbana se fizeram sentir de modo mais agudo. Não obstante, não logrou a indústria nacional promover o equilíbrio entre a produção de bens de consumo e o consumo desejado por um número sempre crescente de habitantes. A intensificação do processo de migração rural-urbana, mormente a partir de 1930, revela que a industrialização brasileira, embora tivesse promovido uma articulação da economia nacional, não chegou a realizar, propriamente, sua integração.

As áreas econômicas em decadência forneceram vastos contingentes humanos às áreas vitalizadas, sobretudo aos centros urbano-industriais. Como o setor secundário não foi capaz de absorver a força de trabalho disponível, a mão-de-obra ociosa exerceu (e exerce ainda), na sua função de exército industrial de reserva, pressão sobre o nível dos salários, não permitindo que a remuneração corresponda à produtividade do trabalho. Sendo o ritmo da urbanização mais rápido do que o da industrialização, acentua-se a disnomia do sistema nacional de produção-distribuição-consumo (37:126), uma vez que nem os centros urbano--industriais têm sido capazes de oferecer pleno emprego à sua crescente população, nem os setores menos avançados da economia nacional conseguem produzir o suficiente montante de bens

---

não é diretamente explorada pelo proprietário, tais como a parceria e o arrendamento, além de facilitar o aparecimento de 'ocupantes' e posseiros". (57:138)

220. N.A.: "[...] nas zonas açucareiras do nordeste, o trabalhador rural vive hoje em piores condições que no passado. E o fato diretamente responsável por isso foi precisamente o desenvolvimento e a apuração das relações capitalistas de produção e trabalho. Coisa semelhante vem ocorrendo em São Paulo, com a substituição do antigo "colono" das fazendas de café, pelo diarista, isto é, o assalariado puro". (41:153)

de consumo para suprir as necessidades da população urbana. Mesmo no período de 1949 a 1959, quando a indústria brasileira cresceu intensamente, a absorção de mão-de-obra pelo setor secundário não chega a atingir 50% do crescimento da população urbana.[221] A absorção de tecnologia estrangeira avançada através das facilidades cambiais para a importação de equipamentos explica a não alteração da estrutura ocupacional da população (incluindo-se os dois sexos) do decênio 1949-1959, apesar dos enormes investimentos aqui realizados nesse período (16). O modelo de substituição de importações gerou uma estrutura econômico-social com características específicas.

A despeito da relativamente elevada taxa de crescimento alcançada nos últimos anos (1950-1960) pela economia brasileira e do grau de diversificação atingido pelo seu setor industrial, o processo de desenvolvimento econômico foi essencialmente desequilibrado em três níveis convergentes: setorial, regional e social.

Em termos setoriais, toda a ênfase foi concentrada no secundário, sobretudo nas indústrias de transformação, e o próprio terciário, que se beneficiou de uma série de investimentos de infra-estrutura, em transportes e energia, teve uma taxa de crescimento moderada no pós guerra, sobretudo em alguns setores de serviços e da Administração Pública, que se apresentam em muitos aspectos obsoletos. O setor agrícola, apesar de ter apresentado uma taxa de expansão razoável, sobretudo no período recente, permaneceu, ao menos em termos globais, com a sua estrutura inalterada.

Com efeito, o crescimento da agricultura entre 1950 e 1960 deveu-se menos ao aumento dos rendimentos

---

221. N.A.: Entre 1949 e 1959, o emprego industrial cresceu a uma taxa anual de 2,5%, enquanto a população brasileira cresceu a um ritmo anual de 3,05%, e a população urbana aumentou a uma taxa anual de 5,4% (37:125).

médios dos cultivos do que à incorporação de novas áreas. Essa ampliação da margem extensiva de cultivo, realizado sob o impulso da expansão do mercado urbano, foi levada a cabo basicamente com as mesmas funções de produção, isto é, sem uma absorção de progresso tecnológico similar à do setor secundário. (61:103-4).

Com efeito, pelo Quadro 5 pode-se verificar que a produtividade da agricultura praticamente não se alterou, enquanto a da indústria quase duplicou.

Quadro 5. Brasil: produtividade real do pessoal ocupado na agricultura e na indústria (cruzeiros constantes de 1949).

Anos	Produto real (bilhões Cr$)	Pessoal ocupado	Produto gerado por habitante ocupado
		Agricultura	
1950	51,3	10.996.834	4,7
1960	77,9	15.521.701	5,0
		Indústria	
1950	44,3	1.177.644	37,6
1960	105,9	1.519.711	69,7

Fonte: "Contas Nacionais" da Funcação Getúlio Vargas e censos demográficos. *Apud*. TAVARES, M. da C. Da substituição de importações ao capitalismo financeiro. Rio de Janeiro, Zahar, 1972.

O desequilíbrio setorial fica patente nos dados acima apresentados. Quanto aos desequilíbrios regionais, insinuava-se uma tendência à redução das disparidades entre, de um lado, o Centro-Sul e, de outro, o Norte e o Nordeste, em 1955. Isto, entretanto, não se devia a uma diminuição da concentração industrial da região Centro-Sul, sobretudo o estado de São Paulo, mas a um aumento da participação da agricultura dos estados mais pobres na Renda Nacional.

Os enormes desequilíbrios sociais agravaram-se no período de 1950 a 1960. As migrações campo-cidade geraram as chamadas "populações urbanas marginais", que não encontraram emprego nos setores dinâmicos da economia. Já se mencionou a pequena capacidade da indústria de gerar empregos em número correspondente à demanda. Este fato impediu a redução das desigualdades sociais. A explicação do agravamento das desigualdades sociais enriquece-se quando se tomam dados da indústria de transformação. Efetivamente, a indústria de transformação cresceu, no período 1954-1958, a uma taxa anual de 9,7%, enquanto o emprego aumentou apenas 0,2% ao ano. O Quadro 6 mostrará que, embora a economia estivesse crescendo, a pauperização da população brasileira, especialmente das camadas mais pobres, se processava. Este fenômeno, como se poderá verificar, continua a ocorrer até hoje, sendo que na atualidade 40% da força de trabalho brasileira ganham até um salário mínimo.

Quadro 6. Índices de Salário Mínimo, Médio e Produtividade (1957 = 100)

Ano	Salário Mínimo Real	Salário Médio Real	PIB "Per Capita"
1957	100,0	100,0	100,0
1960	81,8	102,0	114,2
1965	72,4	100,0	123,4
1970	56,2	96,9	154,9
1975	46,4	117,8	232,3
1980	52,5	144,8	312,4

Obs.: O índice do salário mínimo inclui o 13.º salário a partir de 1962.
O índice de salário médio real corresponde à média de 18 sindicatos em São Paulo entre 1957 e 1974.

Fonte: BACHA & TAYLOR Models of growth and distribution for Brazil. Washington, World Bank, 1980. A partir de 1975 a fonte é a FIBGE, salários da indústria de transformação. Todos os índices foram deflacionados pelo Índice de Custo de Vida do DIEESE.

Apud: PEREIRA, L.C.B. Economia brasileira. São Paulo, Brasiliense, 1982. p.82.

Para os propósitos deste trabalho, está suficientemente clara a situação econômica do Brasil no período considerado, a fim de que se possam fornecer dados sobre a incorporação das mulheres na força de trabalho nacional.

Quadro 7. Setor de atividade, por sexo, segundo os recenseamentos gerais do Brasil de 1940, 1950, 1960 – Pessoas de 10 anos e mais.

Setor de atividade	1940		1950		1960	
	H	M	H	M	H	M
PEA total	11.958.968	2.799.630	14.609.798	2.507.564	18.597.163	4.054.100
%	81,0	19,0	85,4	14,6	82,1	17,9
Setor Primário	8.415.068	1.310.625	9.495.865	758.380	10.941.580	1.221.477
%	87,0	13,0	93,0	7,0	90,0	10,0
Setor Secund.	1.220.818	297.617	1.901	391.565	2.456.289	506.871
%	80,0	20,0	83,0	17,0	83,0	17,0
Setor Terciário	2.323.082	1.191.388	3.158.632	1.357.619	5.199.294	2.325.752
%	66,0	34,0	70,0	30,0	70,0	30,0
Não econ. ativas	2.475.643	11.803.608	3.478.477	15.962.151	5.542.295	20.567.909
%	27,3	82,7	17,9	82,1	21,2	78,8
Taxa de atividade	82,8	19,2	80,7	13,5	77,0	16,4

Fonte: Recenseamentos Gerais do Brasil, 1940, 1950, 1960. Fundação Instituto Brasileiro de Geografia e Estatística (FIBGE), Rio de Janeiro.

Não houve, no período considerado, alterações fundamentais no montante relativo de mulheres integradas na PEA. De 1940 para 1950 houve uma queda apreciável da presença feminina no conjunto de trabalhadores brasileiros, ou seja, 4,4 pontos percentuais. Esta cifra éè grande para o pequeno percentual de mulheres na PEA. Todavia, na década seguinte, 1950-1960, as mulheres recuperam boa parcela do espaço que haviam perdido anteriormente. Em 1960, contudo, a presença da mulher na PEA continuava a ser inferior à correspondente ao ano de 1940. Isto não tem nada de surpreendente no quadro da evolução de uma economia dependente e penetrada de fora pelo MPC. Mais interessante será organizar os dados de outra forma, de modo a poder-se perceber a dinâmica da PEA feminina pelos diferentes setores de atividades.

Quadro 8. Pessoas de 10 anos e mais economicamente ativas, por setor de atividade e segundo o sexo – Brasil – %

Setor de atividades	1940		1950		1960	
	H	M	H	M	H	M
Primário	70,4	46,8	65,0	30,2	58,8	30,1
Secundário	10,2	10,6	13,4	15,6	13,2	12,5
Terciário	19,4	42,6	21,6	54,2	28,0	57,4
Total	100,0	100,0	100,0	100,0	100,0	100,0

Fonte: A mesma do quadro anterior.

Embora o quantum relativo de homens haja caído expressivamente no período em exame (mais de 10 pontos percentuais), no setor primário, ainda era ponderável a força de trabalho masculina dedicada às atividades primárias. A saída das mulheres deste setor foi bem maior. No limite superior do período, elas estavam reduzidas a menos de dois terços do percentual que as representava no limite inferior destas duas décadas. Quanto às atividades industriais, os ganhos masculinos foram maiores, ou seja, três pontos percentuais, no período. Isto significa um aumento da ordem de 22% em duas décadas. Quanto ao comportamento da força de trabalho feminina neste ramo de atividades, o ganho representou quase 50% na primeira década, perdendo as mulheres uma boa parte do espaço já conquistado, no decorrer do segundo decênio em questão. Pelo menos parcialmente, a explicação desta perda deve residir no comportamento da indústria têxtil, o ramo industrial que mais absorve mão-de-obra feminina. Do mesmo modo como a indústria têxtil (e também a do vestuário) absorveu muita mão-de-obra feminina na década de 1940, pode responder, pelo menos em parte, pela queda do percentual de mulheres empregadas no setor industrial. Efetivamente, embora o produto da indústria têxtil tenha sofrido um aumento de 73% no período 1949-1959, o número de operários que este ramo empregava sofreu uma redução de 2,5% (64;43). Isto significa uma enorme perda em termos de empregos industriais para mulheres, pois no período 1949-1959 a indústria têxtil, não apenas deixou de absorver novos operários, como demitiu 2,5% dos que mantinha no início do decênio. Embora não se conte com dados desagregados por sexo para poder afirmar que a expulsão de força de trabalho incidiu majoritariamente sobre as mulheres, é muito provável que isto seja verdadeiro, porquanto naquele momento a predominância quantitativa dos trabalhadores femininos era expressiva no ramo têxtil.

O ritmo de crescimento da mão-de-obra feminina no setor terciário, no período, é praticamente o dobro do ritmo apresentado pelo crescimento da força de trabalho masculina no setor. A maioria das trabalhadoras deste ramo desempenham funções subalternas, localizando-se no chamado "baixo terciário", especialmente na Prestação de Serviços Pessoais. Num país subdesenvolvido há um fantástico número de funções que podem ser englobadas neste item. Um importante contingente de mulheres dedica-se aos serviços domésticos remunerados. Do total da força de trabalho feminina empregada no terciário, 44% em 1940, e 41% em 1970, realizavam trabalhos domésticos em lar alheio. De acordo com o que já se afirmou atrás, em 1872, 33% das trabalhadoras brasileiras estavam nesta situação. Um século mais tarde, em 1970, a situação não era muito diferente, pois as empregadas domésticas totalizam 27% da PEA feminina. Na década de 1970, em virtude certamente do "milagre brasileiro", este percentual foi-se reduzindo até chegar a 20% em 1980. Com a crise econômica, que já dura quatro anos, contudo, é possível que muitas mulheres tenham buscado emprego nas residências dos 10% mais ricos da população brasileira, que se apropriam de mais de 50% da renda nacional (50,8%, em 1980).

Como não se pretende esgotar o assunto neste trabalho, remete-se o leitor para outras obras (5;24;59), ao mesmo tempo em que se passa a examinar o último período.

3. Período 1960-1982

Rigorosamente, a internacionalização moderna (juntou-se o adjetivo moderno, uma vez que as portas do Brasil sempre estiveram abertas, seja para a pilhagem *tout court*, seja como campo de investimento produtivo para capitais estrangeiros) da economia brasileira teve início com a Instrução 113 da SUMOC que, datada de janeiro de 1955, tornava mais baratas as importações realizadas por empresas estrangeiras aqui instaladas e mais caras as feitas pelas firmas nacionais. É, pois, sob a égide de tamanha magnanimidade que capitais das mais distintas procedências criam aqui a indústria automobilística, a partir de 1956, quando o Brasi já possuía uma grande indústria de autopeças e fabricava duas marcas de automóveis. O golpe de Estado de 1964 encontrou, portanto, o caminho aberto, transformando-o numa espetacular via expressa para facilitar a entrada das empresas transnacionais.

À empresa multinacional são inerentes a inovação tecnológica e a estrutura oligopólica. Apresentam pronunciada preferência pelos seguintes ramos industriais: alimentos e fumo, produtos químicos, metais e equipamentos, elétrico, eletrônica e material de transporte, para deixar de lado o petróleo que, no Brasil, constitui monopólio estatal. Vernon (63:56) oferece dados a este respeito: em 1970, 78% das filiais das multinacionais americanas, 75% das alemãs e 65% das inglesas exploravam os setores mencionados. A presença de filiais de empresas multinacionais em países subdesenvolvidos (e não só neles) acarreta uma série de transformações em suas economias. Estas filiais criam solidariedade de interesses em relação ao fornecimento de insumos básicos, dada sua capacidade de homogeneizar os perfis industriais. Além de forçar a modernização das empresas nacionais, acabam por se constituir em um supra-Estado, na medida em que precisam de coordenação política no plano supranacional. Têm influência decisiva na comercialização de produtos industrializados entre países, sobretudo no caso do intercâmbio entre matrizes e filiais. Como elas têm o controle sobre os fluxos financeiros de curto prazo, facilitam a internacionalização da atividade bancária. Esta situação causa problemas de toda ordem ao Brasil, sem que este tenha poder para, pelo menos, encaminhar soluções favoráveis à sua população (56).

O período 1956-1960 experimentou uma grande expansão, mas desaguou numa crise que reunia superacumulação e fortes pressões inflacionárias, localizando-se o início do período crítico em 1962 e atingindo seu clímax nos princípios de 1964. O primeiro governo depois do golpe militar, em 1964, toma medidas visando à recuperação e os resultados que se obtêm nos últimos quatro anos da década de 1960 são os seguintes:

1. A reforma fiscal e financeira de 1966 melhora as condições de financiamento do gasto público corrente e de investimentos tradicionais ligados à construção civil.
2. A verdade tarifária, isto é, a elevação e reestruturação dos preços dos serviços de utilidade pública e a negociação externa deslancham o programa de energia elétrica, reanimando o setor de material elétrico, os grandes construtores e as firmas de engenharia.
3. A operação do sistema institucional de crédito ao consumidor, acoplado ao instrumento da correção monetária com desconto antecipado dos títulos, reanima a demanda da indústria automobilística e de outros bens duráveis de consumo mais difundido.
4. O sistema financeiro da habitação reanima e ativa a construção civil residencial.
5. Os incentivos à exportação permitem subsídios à produção têxtil e de maquinaria, auxiliando a recuperação.
6. A política de salários e a política de financiamento favorecem a concentração da renda pessoal, que realimenta o consumo diferenciado da classe média alta, bem como a proliferação dos serviços pessoais. (62:127)

Como esses programas provocam o crescimento do emprego e da renda urbana, realimentando, assim, a demanda corrente, a economia retoma um rápido crescimento, antes mesmo de se esgotar a capacidade ociosa criada pelo investimento realizado em período anterior. A partir de 1970-71 a indústria passa a operar a plena capacidade. No período 1971-73, a taxa média de crescimento do conjunto dos setores produtores de bens de capital foi elevadíssima, ou seja, cerca de 39% ao ano. Esta taxa foi excessivamente alta e sua consequência natural foi a reversão do ciclo. Uma vez mantida alta a capacidade produtiva no período 1974-77, surge a tendência à sobreacumulação, gerando um hiato entre a capacidade produtiva e a demanda efetiva da indústria. Já em 1975 têm início as quedas sucessivas nas taxas de investimento dos setores de material elétrico e de comunicações, têxtil, de alimentos, material de transporte e química. Como quase todos estes ramos empregam mão-de-obra feminina, as quedas nas taxas de investimentos tiveram repercussões negativas para o emprego de mulheres, especialmente no período 1978-80, como se mostrará mais tarde. Na verdade, o "milagre" brasileiro estava terminado em meados de 1974, quando a economia começa a ingressar numa fase crítica.

A recessão só não vem (veio posteriormente) porque, em primeiro lugar, o investimento das grandes empresas não é paralisado, mas apenas diminui seu ritmo, e, em segundo lugar, porque o gasto público se manteve em nível elevado, tudo isso sufragado por uma política monetária permissiva. Em 1975, a crise já é por demais patente, uma vez que o investimento privado sofre corte substancial. (32:155).

As políticas econômicas implementadas a partir de 1977, momento em que a crise já era grave, não fizeram senão aprofundar a enfermidade da economia brasileira, cujos anos mais fortes de recessão, provocada inclusive com o auxílio do Fundo Monetário Internacional, foram os últimos quatro. Há alguns indícios de pequena recuperação no setor industrial. São ainda menores as taxas de recuperação em matéria de emprego (9).

Já que para a temática fundamental analisada neste trabalho interessa conhecer, prioritariamente, a dinâmica dos ramos da economia que mais empregam força de trabalho feminina, impôs-se uma exposição, ainda que breve, sobre a internacionalização da economia brasileira no que tange à presença do capital estrangeiro nas indústrias de ponta que, na década de 1970, absorveram grandes efetivos de mão-de-obra feminina.

É pronunciada a correlação entre os períodos de intenso crescimento econômico no Brasil e o aumento de filiais de empresas transnacionais aqui. Constatou-se, em 1975, que de uma amostra de 242 filiais de multinacionais americanas aqui instaladas, 52 começaram a operar durante o surto industrial no período pós guerra e no decênio subsequente, aproveitando-se a Instrução 113 da SUMOC, e 129 foram implantadas durante a fase do "milagre", 1968-1973. A localização destas filiais de transnacionais pelos setores da indústria no Brasil não é distinta daquela que ocorre a nível mundial. Os capitais estrangeiros revelam uma especial preferência pelos setores dinâmicos da indústria de transformação.

Do total de investimentos diretos estrangeiros registrados no Brasil em 1978 (13,7 bilhões de U.S. dólares), 77% estão concentrados na indústria de transformação e em particular nos seguintes setores: Metalurgia (8,4%), Mecânica (8,6%), Material Elétrico e de Comunicações (8,7%), Material de Transportes (13,9%) e Química (14,0%). Estes capitais advêm fundamentalmente dos países industrializados e a distribuição do total geral é a seguinte: Estados Unidos (28%), Alemanha (15%), Suíça (11,7%), Japão (10,2%) e Comunidade Econômica Européia (exclusive Alemanha) (17%). (56:40)

Convém assinalar que o capital estrangeiro não despreza outros ramos da economia, localizando-se também na agropecuária, na esfera da comercialização e em outras indústrias não mencionadas acima como: tratores e máquinas agrícolas, alimentos, bebidas e fumo, madeira, polpa e papel (53:18). São notáveis também as grandes extensões de terras detidas por pessoas jurídicas estrangeiras em certas regiões do Brasil. Estavam neste caso, em 1976, 39,9% da área da região Norte e 43,1% da região Centro-oeste. É impressionante a magnitude das áreas de propriedade de pessoas jurídicas estrangeiras no interior de um estado. Estão neste caso 26,5% da área do estado do Pará, situado na região Norte, e 37,8% da área do estado de Mato Grosso (atualmente dividido em dois estados), situado na região Centro-oeste (53-54).

A terra é, muitas vezes, comprada por estrangeiros como reserva de mercado, impedindo que nela se plantem alimentos ou se desenvolva pecuária. Outras vezes, ela é explorada em termos de empresa capitalista. Em ambos os casos, o fenômeno repercute sobre o emprego feminino, ora impedindo que famílias camponesas se instalem em terras improdutivas, ora destruindo a economia familiar e implantando o salariato.

Presumindo ter ficado claro o quadro econômico do período em apreço, passa-se ao Quadro 9 que mostra a inserção da mulher na PEA brasileira.

Quadro 9. Setor de atividade, por sexo, segundo os recenseamentos gerais do Brasil de 1970 e 1980 e a PNAD 1982, que exclui população rural da região Norte – Pessoas de 10 anos e mais

Setor de atividade	1970		1980		1982	
	H	M	H	M	H	M
PEA total	23.390.478	6.154.806	31.757.833	12.038.930	32.488.768	15.437.083
%	79,2	20,8	72,5	27,5	67,8	32,2
Setor Primário	11.792.294	1.279.091	11.376.454	1.732.961	11.163.186	2.976.272
%	91,0	9,0	86,8	13,2	79,0	21,0
Setor Secund.	4.619.676	644.129	8.885.952	1.789.025	9.225.984	1.986.730
%	88,0	12,0	83,2	16,8	82,3	17,7
Setor Terciário	6.978.517	4.231.586	10.904.568	8.224.865	12.099.598	10.474.081
%	62,0	38,0	57,0	43,0	53,6	46,4
Não econ. ativas	9.190.359	27.268.678	11.696.757	32.656.428	12.239.364	30.740.584
%	25,2	74,8	26,4	73,6	28,5	71,5
Taxa de atividade	71,8	18,4	73,1	26,9	72,6	33,4

Fonte: Recenseamentos Gerais do Brasil, 1970 e 1980 e PNAD 1982 (A PNAD exclui a população rural da região Norte). Fundação Instituto Brasileiro de Geografia e Estatística, Rio de Janeiro.

No período em pauta houve transformações substanciais na composição da PEA brasileira, tanto no que diz respeito ao sexo dos trabalhadores, quanto à sua distribuição pelos diferentes ramos das atividades econômicas. Na década de 1970, dado o ritmo acelerado do crescimento da economia brasileira durante o período do "milagre", houve um significativo progresso no grau de absorção da força de trabalho feminina em toda a economia. Efetivamente, entre 1970 e 1980 a presença da mulher na PEA praticamente dobra, apresentando um aumento de 95,6%. Obviamente, a demanda de empregos por parte das mulheres foi fruto do processo de pauperização a que foi submetida a população brasileira em virtude da política de compressão dos salários. Mas é certo, também, que o mercado de trabalho, dadas as taxas de acumulação verificadas no período, ofereceu condições de absorver o montante de mulheres representado por 95,6% das empregadas em 1970. Ainda que os dados da PNAD não sejam diretamente comparáveis aos dos censos, pois apresentam o viés da superestimação da mão-de-obra feminina exatamente em razão de não serem computadas as populações rurais da região Norte, pode-se ter uma ideia, mesmo grosseira, do crescimento da presença feminina na PEA. Com efeito, em apenas dois anos, a PEA feminina cresceu 28,2%.

No setor primário, no seio do qual a agricultura é a maior absorvedora de mão-de-obra feminina, o contingente de trabalhadoras sofreu um incremento de 35,5% entre 1970 e 1980. No período 1980-1982, o crescimento das trabalhadoras rurais foi de nada menos que 71,7%. Isto pode dever-se ao fato de que antes da penetração maciça do capitalismo no campo, as mulheres, trabalhando em economia familiar, eram muito subestimadas. Com a expansão do capitalismo nas zonas rurais, a tendência caminha no sentido do assalariamento, o que facilita maior fidedignidade no compute.

No setor secundário, as trabalhadoras apresentaram um crescimento extraordinário, ou seja, de 177,7%, entre 1970 e 1980. Um estudo feito por um grupo de mulheres cientistas sociais (17:91) mostra que, no período 1970-1978, enquanto a força de trabalho masculina apresentou um aumento de 97,2% na indústria de transformação, a presença da mulher cresceu 195,6% no mesmo período e subsetor. Parece, pois, que o grande crescimento da força de trabalho feminina no setor secundário deve-se, sobretudo, a esta penetração maciça de mulheres na indústria de transformação, já que o setor compõe-se também de Outras Atividades Industriais e Indústria da Construção Civil, onde o número de elementos femininos é irrisório. Segundo o estudo em pauta, a grande penetração das mulheres na indústria de transformação dirigiu-se particularmente para subsetores da indústria metalúrgica, tais como o de equipamentos elétricos e eletrônicos e o de auto-peças.

No total do número de empregados ocupados na indústria em 1976, 19,5% são do sexo feminino. Em 1976, as trabalhadoras constituíam 10,5% do total da mão-de-obra no ramo metalúrgico, 9,2% no ramo mecânico, 31,1% no ramo de material elétrico e comunicações, 8,6% no ramo de material de transporte, isto é, um total de 188.452 empregos (13,3%) nas indústrias metalúrgicas, mecânicas, de material elétrico e comunicações e material de transporte. Também constituíam 15,3% do total de empregados ocupados no ramo químico, 36,2% no ramo farmacêutico, 31,5% no ramo plástico. Nas indústrias ditas "tradicionais" a porcentagem de mão-de-obra feminina é ainda elevada: 64,3% no ramo do vestuário, calçados, tecidos, 46,7% no ramo têxtil e 53,9% na indústria do fumo. (17:92)

Tomando-se os dados retirados da PNAD 1978, utilizados no referido trabalho coletivo, os dados do censo de 1980 e os dados da PNAD 1982, chega-se ao Quadro 10.

Quadro 10. Pessoas ocupadas na indústria de transformação em 1978, 1980 e 1982

1978		1980		1982	
H	M	H	M	H	M
5.192.239	1.799.586	5.276.417	1.663.004	4.580.803	1.562.928

Crescimento			
	1978-1980	1980-1982	1978-1982
Homens	1,6%	-13,2%	-11,8%
Mulheres	-7,6%	-6,1%	-13,2%

Fonte: PNAD 1978. Censo Demográfico de 1980 – Mão-de-Obra. FIBGE, 1983. PNAD, 1982.

Enquanto os homens empregados na indústria de transformação conseguiram atravessar o período de 1978-1980 com um inexpressivo ganho em matéria de número de empregos, as mulheres já sofreram uma significativa expulsão do setor, antes mesmo que a crise se agravasse. À medida que a crise econômica se aprofunda, os homens são duramente atingidos, caindo o emprego masculino no setor em apreço em 13,2%. Para as mulheres a expulsão continua, ainda que em ritmo menos acelerado. No cômputo geral, entretanto, considerando-se o período 1978-1982, as perdas foram maiores para as mulheres. Ainda que se trate de períodos muito curtos, tornando as conclusões precárias, os dados confirmam a tese de que as mulheres são as primeiras a experimentarem o desemprego, quando se declara uma crise econômica séria.

Certamente, as mulheres expulsas das indústrias de transformação foram alocadas em outros subsetores do ramo industrial, já que a participação da mulher nas atividades secundárias não apenas não baixou, como também sofreu um ligeiro acréscimo, isto é, praticamente um ponto percentual entre 1980 e 1982.

No setor terciário, as mulheres vêm, gradativamente, ao longo do tempo, ganhando espaço, embora ainda não tenham alcançado paridade com os homens. Neste setor, elas estão concentradas maciçamente na Prestação de Serviços e nas Atividades Sociais. Mudanças profundas tiveram lugar a partir de 1970, na medida em que o número de empregadas domésticas baixou de 27,0% da PEA feminina, em 1970, para 20,0%, em 1980.

No período 1940-1970, a força de trabalho masculina sofreu um incremento de 104,9% no setor terciário, enquanto a feminina cresceu 138,3%. No período 1970-1982 a taxa de crescimento dos homens foi bem inferior à do período anterior, enquanto o ritmo de crescimento das mulheres acelerou-se. Com efeito, os trabalhadores do terciário apresentaram um crescimento de 73,4% contra um aumento de 147,5% das mulheres, no espaço de 12 anos. Este fenômeno poderá ser visto mais facilmente se se apresentarem os dados organizados de forma diversa.

Quadro 11. Pessoas de 10 anos e mais economicamente ativas, por setor de atividade e segundo sexo – Brasil – %

Setor de atividade	1970		1980		1982	
	H	M	H	M	H	M
Primário	50,4	20,8	36,5	14,8	34,4	19,3
Secundário	19,8	10,4	28,5	15,2	28,4	12,8
Terciário	29,8	68,8	35,0	70,0	37,2	67,9
Total	100,0	100,0	100,0	100,0	100,0	100,0

Fonte: Idem Quadro 10.

No período 1970-1982, foi o seguinte o movimento no interior da PEA masculina: - 5,4% no setor primário, + 99,7% no setor secundário e + 73,4% no setor terciário. Os valores correspondentes para as mulheres foram: primário: + 132,7%; secundário: + 208,4%; terciário: + 147,5%. Fica, portanto, claro que a força de trabalho feminina vem ampliando seu espaço no mercado de trabalho nos doze anos considerados.

A própria taxa de atividade masculina e feminina, na sua evolução, está refletindo a dinâmica do conjunto dos trabalhadores brasileiros. No período de 1940 a 1982, houve uma sensível queda da taxa de atividade masculina, caindo de 82,8%, no limite inferior do período, para 72,6% no limite superior da mesma fase. O fenômeno da queda, entretanto, não se deu de maneira uniforme. A taxa de atividade masculina caiu sensivelmente, ou seja, mais de dez pontos percentuais, entre 1940 e 1970, subindo ligeiramente daí para o ano de 1980 para, em seguida, voltar a descender. No seio da PEA feminina, este fenômeno é ainda mais instável. A taxa de atividade feminina, que já era bastante baixa em 1940 (19,2%), cai abruptamente para 13,5% em 1950, tomando um sentido ascensional, ainda que tímido, nas duas décadas compreendidas entre 1950 e 1970, para tomar, não se sabe por quanto tempo, um ritmo acelerado de crescimento entre 1970 e 1982. A taxa de atividade feminina era de 33,4% em 1982.

O trabalho de Hirata & Humphrey (18), ainda que recaindo sobre um universo empírico restrito, traz hipóteses interessantes sobre a divisão sexual do trabalho na indústria. Com a penetração das mulheres em campos anteriormente ocupados só por homens, a divisão sexual do trabalho sofreu alterações que sugerem uma redução da instabilidade do emprego industrial feminino.

Há que se considerar, por outro lado, o engajamento de homens e mulheres que não encontram emprego no setor formal do mercado de trabalho e que desenvolvem atividades não formalizadas, mas que completam o orçamento familiar, permitindo a um grande número de famílias pobres atravessar períodos de crise econômica e, portanto, de nível mais elevado de desemprego, com um grau de consumo superior ao que teria sido possível sem o recurso ao mercado informal de trabalho.

Alguns estudos pontuais foram realizados no Brasil sobre este mercado informal de trabalho. Embora no momento não se tenha acesso a todos, explorar-se-ão as descobertas feitas pelos estudos com que se conta. Ainda que o Quadro 12 não traga os dados desagregados por sexo, serve para dar uma ideia do peso relativo do mercado informal de trabalho na cidade de Salvador, capital do estado da Bahia.

Quadro 12. Formas de organização produtiva em Salvador

Formas de organização	Porcentagem de população ocupada com remuneração	Porcentagem da população de 19 anos ou mais
Economia doméstica remunerada	8,6%	5,0%
Produção simples de mercadorias(a)	24,7%	14,2%
Economia capitalista privada(b)	39,9%	22,9%
Emprego público	26,7%	15,3%
Econ. domést. não remunerada (c)		29,5%
Desocupados		13,1%
TOTAL	100,0% (N=572)	100,0% (N=1.107)

Fonte: JELIN, E. Formas de organização da atividade econômica e estrutura ocupacional: o caso de Salvador, Estado da Bahia – Brasil. *Estudos CEBRAP* (9):76, ju./set. 2971.

(a) As porcentagens e posições intermediárias entre economia doméstica e produção simples, incluídas nesta última categoria, são 6,0% e 3,4% para as duas colunas. Estas posições intermediárias incluem as pessoas que trabalham até quatro horas diárias em ocupações em que as tarefas que se realizam são tipicamente domésticas.

(b) As porcentagens de posições intermediárias entre produção simples e economia capitalista, incluídas nesta última categoria, são 6,4% e 3,7% para as duas colunas. Estas posições intermediárias incluem as pessoas que trabalham em pequenas empresas, em setores econômicos onde se encontra tipicamente a organização para a produção simples.

(c) Para estimar-se esta porcentagem dividiram-se as mulheres que não trabalham de forma remunerada, segundo vivam ou não com seus cônjuges. Tomou-se o total das que vivem com seus cônjuges, como indicação do número daquelas que realizam tarefas domésticas.

O recurso de alocar um ou mais membros da família no mercado informal de trabalho nem sempre constitui uma estratégia de sobrevivência do grupo familiar. Daí não poder-se estabelecer um vínculo necessário entre, de um lado, o mercado informal de trabalho, e, de outro, a marginalidade, o subemprego ou a miséria. Com frequência, o emprego de alguns membros da família em atividades organizadas em moldes capitalistas e o emprego de outro ou outros no mercado de trabalho não formalizado constituem mecanismos propiciadores de ascensão social, como bem demonstrou Woortmann (65) em seu estudo sobre a capital nacional, Brasília.

Idealmente, caberia ao pai de família assegurar a reprodução dos membros da família através de seu trabalho, enquanto à dona-de-casa caberia a gerência do consumo doméstico, não menos necessária para tal reprodução. No entanto, salários insuficientes e instabilidade empregatícia fazem com que a renda do pai não cubra o "gasto", pondo em risco a reprodução da própria família. Reorganiza-se, então, o grupo doméstico, enquanto unidade econômica, para reproduzir a família enquanto categoria ideológica. A estratégia básica é a articulação entre o "emprego" (trabalho assalariado) e o "serviço" (trabalho autônomo), para usarmos as expressões do grupo estudado por Melo Marin, e entre ambos e os "afazeres domésticos", todos igualmente importantes para a reprodução da família. Tal articulação se faz, ao longo do tempo, pelo grupo doméstico e é este, e não o indivíduo, que deve constituir a unidade de análise. O grupo doméstico, por outro lado, age segundo os princípios da família, que constitui a referência ideológica de sua atuação.

A família trabalhadora como um *work team* surge como resposta desenvolvida pela classe trabalhadora para movimentar-se no espaço social condicionado pelo capital, ao mesmo tempo que cria espaços. A lógica do capital age sobre o parentesco e sobre os papéis sexuais, e estes por sua vez informam estratégias desenvolvidas por aquela classe para minimizar sua subordinação. A família

existe no interior de uma situação de classe que sobredetermina o conteúdo específico dos princípios gerais do parentesco e dos papéis familiares, notadamente os de *pai de família* e de *dona-de-casa*, assim como a especificidade da articulação entre a produção de valores-de-uso e de valores-de-troca através desses papéis. A família trabalhadora supõe então um grupo doméstico como unidade de consumo planejado e como organização voltada para a otimização do emprego de seus recursos de força de trabalho. Distribuir essa força de trabalho através tanto do mercado de trabalho assalariado como do mercado de "serviços", ou alocá-la à produção doméstica de mercadorias, é um dos aspectos centrais dessas estratégias. [...]
A oposição complementar entre os papéis de *pai de família* e de *dona-de-casa* não é apenas uma questão de ideologia. É também o resultado da contradição entre o preço da força de trabalho – o salário – e o custo de reprodução da família. [...] Na classe trabalhadora, os papéis no grupo doméstico são econômicos – inclusive o trabalho não pago da *dona-de-casa* enquanto tal –, ainda que expressos por uma linguagem de parentesco e por um código de gênero, isto é, por uma dimensão ideológica. (65:72 3)

Obviamente, nas camadas mais pobres – e aqui vale a pena lembrar que 40% dos trabalhadores brasileiros ganham apenas até um salário mínimo (CrS 166.560,00 a partir de 1/11/84, correspondente a cerca de 58 dólares ao mês) – a mulher trabalha, visando à complementação do orçamento doméstico. Muitas vezes, o trabalho feminino integra, no mesmo nível que o masculino, um projeto de ascensão social.

Estudando um bairro operário próximo à Cidade Industrial de Contagem, estado de Minas Gerais, Fausto Neto (13:66) detectou, em sua amostra, 44% de mulheres que, sem abrir mão de seus afazeres domésticos, conjugavam estas tarefas com uma outra ocupação que lhes permitisse auferir algum quantum de renda.

Embora Fausto Neto veja consequências nefastas para a família operária em virtude do trabalho extra-lar da mulher (13:67), pode-se a isto contrapor o argumento de que a dupla jornada de trabalho das mulheres mina o fundamento econômico da autoridade paterna. Desta sorte, na medida em que as necessidades econômicas vão impelindo as mulheres para o trabalho remunerado, o homem se sente pressionado a ganhar mais, a fim de manter seu poder no seio da família. Trata-se, pois, de somar ao seu salário outras formas de rendimento. O setor informal do mercado de trabalho oferece a "solução", quer no caso da mulher, quer no do chefe da família.

Não obstante não se disponha de dados globais para poder-se afirmar que o mercado informal de trabalho absorve mais mão-de-obra feminina que masculina, há a favor desta tese o maior grau de compatibilidade entre os "serviços" prestados no mercado não formalizado e a jornada doméstica de trabalho. De outra parte, Jelin mostra de que forma as mulheres baianas inserem-se no mercado não formalizado de trabalho e em que proporções o fazem.

Quase 40% das mulheres ocupadas na produção simples de mercadorias trabalham menos de quatro horas por dia, o que indica haver uma dedicação apenas parcial às tarefas remuneradas, frequentemente em atividades semelhantes às realizadas no âmbito doméstico [...]. As mulheres casadas com filhos dispõem de menos tempo para trabalhar para terceiros e preferem o trabalho em suas próprias casas ou acertos informais que podem ser desfeitos quando a situação familiar o exige.
Isto é, para uma grande proporção das produtoras independentes, a atividade central é a de dona-de-casa e o trabalho remunerado a ela se subordina, dependendo das pressões e obrigações familiares. (20)

À falta de dados globais para o país e à luz da observação, pode-se presumir que as atividades econômicas não formalizadas absorvem relativamente mais mulheres que homens. Além do argumento da maior compatibilidade entre as atividades do mercado informal de trabalho e a jornada doméstica de trabalho, acima indicado, há outros fatores que reforçam esta tese. O ciclo de vida conta em grande medida. Mulheres que, em virtude de terem filhos pequenos ou de serem consideradas demasiadamente velhas para desempenhar um trabalho regular, são rejeitadas pelo mercado formal de trabalho, podem, perfeitamente, engajar-se em atividades não formalizadas que, de um lado, poderão estar subordinadas às obrigações familiares, e, de outro, representarão sua exclusiva fonte de renda monetarizada. Com o homem a dinâmica é outra. Ou ele se estabelece por conta própria, podendo não contar com auxílio de força de trabalho familiar, ou ele suplementa, com atividades não formalizadas, um salário ganho regularmente no mercado formal de trabalho. Quando se somam às trabalhadoras que, nos campos e nas cidades, desempenham atividades inseridas no mercado informal de trabalho, as trabalhadoras a domicílio re-engendradas pelo capitalismo (1), tem-se a impressão de que cerca de metade das mulheres que trabalham no Brasil o fazem em atividades de precária ou nenhuma regulamentação. Isto é, um enorme contingente de trabalhadoras desempenha suas funções em atividades que vão desde aquelas de total caráter clandestino até as que apresentam uma formalização precária, como é o caso do emprego doméstico remunerado.

Em pleno estado de São Paulo, unidade mais industrializada da Federação, há cidades onde praticamente todas as mulheres (e muitas crianças) estão engajadas na indústria do bordado. A maioria destas indústrias oferece empregos inteiramente clandestinos, já que as trabalhadoras não têm registro em carteira de trabalho. O artesanato das regiões Norte e Nordeste, que engaja enormes efetivos de mulheres, opera também em termos de economia invisível ou, para usar um termo mais forte, clandestina. Como não há registros sistemáticos destas atividades, mas apenas estudos de casos, é impossível conhecer, com precisão, o percentual de trabalhadoras que, embora auferindo alguma renda no desempenho destas atividades não formalizadas, não gozam dos benefícios oferecidos pelo emprego formal.

O mercado informal de trabalho é muito heterogêneo, não apenas em termos dos tipos de atividades que engloba, como também em termos de salários. Do mesmo modo como uma excelente cozinheira em casa de família rica pode ganhar cerca de dois salários mínimos e mais a moradia e a alimentação, a bordadeira especializada do Nordeste, que gasta dias de trabalho na produção de uma peça, aufere renda mínima, ficando o grosso da rentabilidade do negócio com quem faz a comercialização do produto. Em suma, para o Brasil como totalidade, é o que se pode afirmar, baseando-se em observações e nos estudos de casos.

Não se dispondo de outra alternativa senão deixar de lado a força de trabalho desempenhando funções no mercado informal de trabalho, é chegado o momento de sistematizar a participação feminina na PEA brasileira desde o primeiro censo aqui realizado até os últimos dados com que se contam.

Quadro 13. Evolução da participação feminina na PEA brasileira, em percentagem da PEA total, destacando-se a proporção de mulheres empregadas na indústria.

Anos	PEA feminina em relação à PEA total	Participação % da PEA feminina na indústria
1872	45,5	78,3*
1900	45,3	36,1*
1920	15,3	26,4
1940	15,9	18,8
1950	14,7	16,2
1960	17,9	16,7
1970	20,8	11,8
1976	29,2	16,6
1977	31,6	16,8
1978	32,6	17,7
1980	27,5	16,8
1982	32,2	17,7

Fonte: Além de todos os censos e PNADs indicados, acrescentem-se as PNADs 1976,1977,1978,1982.

* Inclui atividades artesanais.

O Quadro 13 permite uma excelente visualização da evolução da PEA feminina brasileira, assim como do engajamento das mulheres nas atividades industriais. A partir do primeiro surto industrial vivenciado pelo Brasil durante a I Guerra Mundial, a participação das mulheres na PEA declinou abruptamente, mantendo-se bem baixa durante cinco decênios – de 1920 a 1970. Foi só a partir do "milagre econômico brasileiro" – 1968-1973/4 – que a presença da mulher na força de trabalho brasileira começou a sofrer incrementos significativos.

Quanto à participação feminina nas atividades industriais, convém deixar de lado os dados referentes a 1872 e a 1900, por razões já expostas, acrescidas do baixo grau de fidedignidade das informações. Com o primeiro surto industrial (a industrialização provocada pelas dificuldades de importação em função da guerra de 1914-1918 era meramente intersticial, não podendo, de maneira alguma, ser caracterizada como um processo), a força de trabalho feminina ocupa um espaço bastante razoável nas atividades industriais. A partir de 1930, quando começa efetivamente o processo de industrialização no Brasil, caiu substancialmente a força de trabalho feminina empregada na indústria. Esta tendência descendente é progressiva até 1970, quando, em virtude do grande dinamismo apresentado pela economia brasileira, começa a aumentar a presença da mulher na indústria. Entre 1970, quando a força de trabalho feminina na indústria atingiu seu percentual mais baixo, e 1982, já em plena crise econômica, a participação da mulher nos diferentes ramos industriais ganhou praticamente seis pontos percentuais. À falta de dados mais recentes, não se sabe como o fenômeno vem se comportando nos últimos dois anos. Nestas circunstâncias, fica difícil fazer prognósticos.

Como em todos os países de economia de livre empresa, as trabalhadoras brasileiras recebem, em média, salários inferiores aos masculinos. Mesmo desempenhando a mesma função na empresa, a mulher percebe salários menores que os dos homens. Como esta prática está proibida pela legislação brasileira, que garante salário igual para trabalho igual, as firmas usam a estratégia de denominar diferentemente funções iguais quando executadas por trabalhadores dos dois sexos. A mesma função, então, recebe um nome quando executada por um homem e outro nome quando exercida por uma mulher.

Serão aqui apresentados os Quadros 14, 15, 16, 17 e 18 mostrando a discriminação salarial contra a mulher, embora não se pretenda sobrecarregar o texto com Quadros. Ademais, não há dados disponíveis, no momento, que permitam ilustrar o fenômeno em cada período aqui abordado. Por outro lado, nem todos os dados são comparáveis, não só em função de sua organização, como também em razão de mudanças da moeda brasileira.

Quadro 14. Salários industriais em 1920, segundo o sexo.

Salários mensais em mil réis	% de Mulheres	% de Homens
Até 29.900	40,7	10,9
De 3.000 a 3.900	21,3	12,0
De 4.000 a 5.900	25,4	33,4
De 6.000 a 7.900	9,6	34,2
De 8.000 a mais	3,0	19,5
Total	100,0	100,0

Fonte: Salários, recenseamento do Brasil, 01 de setembro de 1920, Ministério da Agricultura, Indústria e Comércio, Diretoria Geral de Estatística, Rio de Janeiro, 1928.

Em 1920, quando as mulheres representavam cerca de dois terços dos trabalhadores do ramo têxtil, eram brutalmente discriminadas em termos salariais, como revela o Quadro 15.

Quadro 15. Distribuição percentual dos operários têxteis, segundo faixas salariais e sexo – Brasil – 1920.

Salários mensais em mil réis	% de Mulheres	% de Homens	Total
Até 2.900	73,8	26,2	100,0
De 3.000 a 3900	63,2	36,8	100,0
De 4.000 a 5.900	49,9	50,1	100,0
De 6.000 a 7.900	42,1	47,9	100,0
De 8.000 a mais	21,8	78,2	100,0

Fonte: A mesma do Quadro 14.

Quadro 16. Características de Distribuição de Rendimentos da PEA com Rendimento – Brasil.

Ano	Sexo	R.M		CORTES				PERCENTUAIS		
			20-		50-		10+		5+	1+
		(Cr$ 1970)	R.M	(Cr$ 1970)	R.M	(Cr$ 1970)	R.M	(Cr$ 1970)	R.M	R.M
										(Cr$ 1970)
1970	HOMEM	307 (100,0%)	54 (100,0%)		93 (100,0 %)		1446 (100,0%)		2129 (100,0%)	4556 (100,0%)
	MULHER	188 (61,2%)	28 (51,8%)		55 (59,1%)		766 (53,0%)		1041 (48,9%)	1955 (42,9%)
1976	HOMEM	603 (100,0%)	102 (100,0%)		167 (100,0%)		3109 (100,0%)		4620 (100,%)	10579 (100,0%)
	MULHER	303 (48,6%)	44 (43,1%)		90 (53,9%)		1381 (44,4%)		2026 (43,8%)	4572 (43,2%)

Fonte: Tabulações Especiais do Censo Demográfico de 1970 – DEISO – IBGE – Apud Indicadores Sociais tabelas selecionadas 1979. Superintendência de Estudos Geográficos e Sócio-Econômicos, Secretaria de Planejamento da Presidência da República, FIBGE, 1979.

Em 1970, as trabalhadoras brasileiras ganhavam, em média, 61,2% dos salários percebidos pelos homens. No estado de São Paulo tem-se acentuado a discriminação salarial contra a mulher, sobretudo no setor secundário das atividades econômicas. (43:50) Como se pode facilmente verificar, as diferenças salariais entre homens e mulheres tornaram-se muito mais pronunciadas em 1976 do que eram em 1970. De um rendimento médio de 61,2% do masculino, em 1970, as mulheres passaram a auferir, em média, apenas 48,6% do que percebiam os homens em 1976. O fosso foi, portanto, ampliado de quase treze pontos percentuais, o que redundou em rendimentos médios femininos inferiores à metade dos rendimentos médios masculinos. A ampliação da discriminação salarial contra a mulher verifica-se em todos os grupos de rendas, exceção feita do 1,0% mais alto, onde houve um ganho de 0,3% por parte das mulheres. Como se observa, este ganho é absolutamente negligenciável. As discriminações salariais são mais agudas nos 5,0% mais ricos do que no seio dos 50,0% mais pobres. Este fenômeno talvez se explique em função da maior complexidade da estrutura ocupacional nos altos escalões e, correlatamente, em razão da maior homogeneidade de funções desempenhadas pelos mais pobres e menos qualificados. Esta hipótese parece plausível na medida em que o fenômeno se apresenta agudizado quando se cruzam dados como grau de escolarização e discriminações salariais contra as mulheres, segundo se poderá observar no Quadro 17.

Quadro 17. Salários das mulheres em relação aos salários dos homens, por nível de instrução, segundo as regiões – Brasil 1970 (salário dos homens = 1)

Regiões/estados	Total	Analfabetos	Elementar	Médio 1º ciclo	Médio 2º ciclo	Superior
Rio de Janeiro	0,80	0,79	0,72	0,79	0,69	0,79
São Paulo	0,82	0,86	0,77	0,70	0,78	0,77
Sul	0,79	0,84	0,77	0,67	0,67	0,77
MG e ES	0,85	0,93	0,77	0,79	0,58	0,58
Nordeste	0,86	0,96	0,88	0,48	0,51	0,36

Fonte: IPEA/CNRH. Apud Mtb, SENAI, SENAC. A Formação profissional da mulher trabalhadora no Brasil. 1976.

A hipótese aventada para explicar a localização dos maiores diferenciais nas faixas mais altas de rendas ou no seio de trabalhadores apresentando maior grau de escolaridade, parece fortalecer-se quando se chama a atenção para o fato de que estas violentas discriminações contra as mulheres estavam ocorrendo em pleno boom das atividades industriais brasileiras. Como foi implementada uma política de compressão dos salários, na base da pirâmide ocupacional era restrita a margem de manobra para a concretização de uma brutal discriminação salarial contra a mulher. Nos níveis mais altos da hierarquia ocupacional, onde se situam os trabalhadores portadores de mais elevado índice de escolaridade e onde o governo sempre permitiu a livre negociação do salário, era possível aprofundar o hiato entre os salários masculinos e femininos. Se assim se processam os movimentos, a nível dos salários de homens e mulheres, em um período de acelerada acumulação na economia brasileira, presume-se haver uma tendência à acentuação da discriminação salarial em prejuízo da mulher em período de crise. O Quadro 18 mostrará a validade desta inferência.

Quadro 18. Distribuição percentual das pessoas de 10 anos e mais que trabalham, por faixa de renda e segundo o sexo - Brasil

ANO	Até um salário mínimo		Até dois salários mínimos	
	Homem	Mulher	Homem	Mulher
1976	27,5	46,4	54,9	67,5
1978	33,2	60,1	61,8	82,5
1982	33,2	56,7	62,8	80,7

Fonte: PNADs 1976, 1978 e Anuário Estatístico do Brasil. FIBGE, 1983

Tomando-se os dois extremos do período para os que ganham até um salário mínimo, a situação piorou sensivelmente para os homens, mas fê-lo em grau mais profundo ainda para as mulheres. Isto é, os muito pobres, os 40% de assalariados que ganham até um mínimo legal, tornaram-se mais miseráveis. Como este contingente está embutido no segundo conjunto de trabalhadores, ou seja, os que ganham até dois salários mínimos, o número de beneficiados fica bastante reduzido. Em 1976, são apenas 11,1% das trabalhadoras com salários entre um e dois mínimos, estando neste caso 20,7% das trabalhadoras em 1978 e 24,0%, em 1982. De qualquer forma, cresceu substancialmente a proporção de trabalhadoras ganhando salários entre um e dois mínimos legais. Todavia, parece que a vantagem reside neste pequeno contingente, pois à medida que se avança em direção às faixas mais altas de renda, a distância entre os percentuais masculinos e os femininos vão crescendo. Apenas para ilustrar a questão, aqui estão alguns dados: em 1982, havia 7,8% de homens e apenas 4,0% de mulheres na faixa de cinco a dez salários mínimos; na faixa seguinte, ou seja, dez salários e mais, havia 4,8% de homens e somente 1,2% de mulheres.

Há que se considerar também que, embora os salários agrícolas para mulheres sejam baixos, podem elevar-se graças a um esforço brutal das trabalhadoras, uma vez que o pagamento é fixado, em geral, por produção. Com a penetração do capitalismo no campo, números crescentes de mulheres (e também de homens) estão deixando a economia familiar para se assalariarem, seja no corte da cana, na colheita da laranja ou em qualquer outra atividade agrícola. Este fenômeno está aumentando o grau de monetarização da economia e pode estar pesando na explicação do Quadro 18, que engloba trabalhadores urbanos e rurais. Em não havendo tempo para bem analisar este fenômeno, que se apresentem, pelo menos, alguns dados sobre o PEA agrícola.

Quadro 19. PEA Agrícola do Brasil em 1980, por sexo e posição na ocupação.

Mulheres	Brasil	Rio de Janeiro	São Paulo
PEA	1.601.661 (100,0%)	12.897 (100,0%)	184.547 (100,0%)
Empregadas	526.209(32,8%)	8.514 (66,0%)	141.369 (76,6%)
F.T. Familiar	1.075.452(67,2%)	4.383 (34,0%)	43.178 (23,4%)
Homens			
PEA	10.995.483 (100,0%)	180.970 (100,0%)	987.100 (100,0%)
Empregados	4.283.383 (39,0%)	119.392 (66,0%)	662.514 (67,1%)
F.T Familiar	6.712.100 (61,0)	61.578 (34,0%)	324.586 (32,9%)

Fonte: Censo Demográfico de 1980 - Mão-de-Obra. FIBGE, 1983.

Como se nota, já é grande o número de assalariados homens e mulheres no conjunto do país, além de a diferença entre os sexos não ser tão significativa. No estado do Rio de Janeiro, homens e mulheres estão equiparados em termos de penetração no regime de salariato, sendo que no estado de São Paulo as mulheres já ultrapassaram os homens neste processo de abandono da economia familiar em direção ao salariato em quase dez pontos percentuais. É fácil ver que nos estados de agricultura mais moderna, o salariato predomina em relação à economia familiar. Dá-se o fenômeno inverso em regiões como o Norte e o Nordeste, onde estão presentes em larga escala, de um lado, o minifúndio, onde se pratica a agricultura de subsistência, com seu correlato natural, o latifúndio improdutivo, e, de outro lado, a empresa agrícola capitalista, altamente mecanizada, ou a pecuária capitalista, pouco absorvedora de mão-de-obra.

O Brasil é extremamente grande e diferenciado em cada uma de suas regiões para permitir uma análise rápida de sua força de trabalho. Muitas questões que mereceriam ser discutidas foram deixadas de lado, ora por falta de tempo, ora por falta de dados sistemáticos. Agora, é preciso, pois, que se conclua.

CONCLUSÕES

O referencial teórico exposto no início deste trabalho explica, em grande parte, o tipo de incorporação da força de trabalho feminina brasileira e sua dinâmica.

Sendo o patriarcado e o capitalismo, rigorosamente, um só sistema de exploração de homens por outros homens, de mulheres por homens, de mulheres por outras mulheres e de homens por mulheres, predominando, porém, a dominação masculina sobre a mulher, a participação feminina na força de trabalho total será sempre desigual, se comparada à masculina.

Se a este cruzamento das contradições de sexo e de classes se somar o fato de o Brasil ter sido penetrado de fora pelo capitalismo, só podendo desenvolver o "capitalismo associado", dependente do centro hegemônico do sistema capitalista internacional, a situação da mulher ainda se agrava mais.

O empobrecimento profundo da maioria esmagadora da população brasileira, fruto da pilhagem imperialista e das alianças que sempre existiram entre a burguesia nacional e a burguesia internacional, pode ser verificado pelo aceleramento do ritmo de concentração da renda nacional.

QUADRO 20 - Distribuição de Renda no Brasil (%).

Camadas das Participação na Renda de Salários

população	1960	1970	1980
20% mais pobres	3,9	3,4	2,8
50% mais pobres	17,4	14,9	12,6
10% mais ricos	39,6	46,7	50,9
5% mais ricos	28,3	34,1	37,9
1% mais rico	11,9	14,7	16,9

Fonte: IBGE, Censo de 1960, 1970 e 1980.

Neste contexto, cresce o grau de exploração de todos os trabalhadores, especialmente das mulheres mais pobres, que enfrentam duas jornadas de trabalho, por serem obrigadas a complementar o orçamento doméstico. As menos pobres também se sentem nesta obrigação na medida em que são bombardeadas pela publicidade que torna permanente o apelo ao consumo. É tão pesado o fardo das trabalhadoras manuais, que sua grande aspiração é amealhar economia para poder deixar de acumular duas jornadas de trabalho. Para estas o trabalho, não sendo gratificante, não pode se constituir numa via de realização pessoal. Nem sequer as trabalhadoras manuais em geral adquirem o domínio da tecnologia, pois é muito baixo seu acesso aos equipamentos mais complexos. Mais do que isto, têm seus saberes expropriados em matéria de medicina popular, assim como no campo da socialização dos filhos, tornando-se crescentemente dependentes do hospital, do médico, da farmácia que lhes vende os produtos das multinacionais, da escola, da televisão, enfim, de todos os aparelhos dotados de poder para assegurar a subordinação milenar da mulher ao homem e, sobretudo, à lógica do patriarcado-capitalismo.

Um grau intenso de pauperização impele grandes contingentes de mulheres para o mercado de trabalho, mesmo que não tenha recebido qualificação para tal. Outras são especialmente preparadas para o desempenho de uma profissão. Em ambos os casos, contudo, não reside na necessidade de ampliar o orçamento doméstico, nem no desejo criado pela socialização de desempenhar um papel profissional, a decisão final da solução buscada. Tudo depende, em última instância, das condições do mercado. Em havendo expansão das atividades econômicas, crescem as probabilidades de as mulheres virem a ocupar postos no mundo do trabalho.

Se o MPC pudesse realizar-se de modo puro e meramente convivesse com a ideologia patriarcal, sob a forma de ranço de etapas históricas já vencidas, as oportunidades de emprego para mulheres poderiam ser maiores, na medida em que elas se sujeitariam a precárias condições de trabalho e a baixos salários. Se assim fosse, existiria e operaria a lógica do capital, visando exclusivamente ao lucro.

Dada a simbiose patriarcado-capitalismo, entretanto, a meta da maximização do lucro é mediada pela supremacia masculina. E é desta forma que, pela via da subordinação da mulher ao homem e pela alocação prioritária da mulher aos aparelhos de reprodução, o patriarcado-capitalismo garante, simultaneamente, a reprodução da família trabalhadora e explora em grau mais intenso a força de trabalho feminina, quando dela necessita e nas proporções em que dela precisa.

Enquanto perdurar o sistema patriarcado-capitalismo, homens e mulheres jamais serão socialmente iguais. Disto resulta que a incorporação da força de trabalho feminina apresentará sempre características específicas, nos quais poderá ser reconhecida toda sorte de discriminações. Nem tudo, porém, está perdido. Com muita luta, poder-se-á chegar a uma sociedade em que as desigualdades sociais entre homens e mulheres atinjam o nível do tolerável.

14

AGUSTÍN CUEVA DÁVILA

Nascido em 1937 em Ibarra, no Equador, Agustín Cueva soube combinar a crítica literária, a pesquisa sociológica, a docência universitária e a atividade política. Líder do agitado movimento estudantil equatoriano de fins dos anos 1950, Cueva foi expulso da Universidade Católica do Equador, onde estudava direito, e concluiu seus estudos na Universidade Central do Equador. Durante os anos 1970, seus aportes à sociologia crítica converteram-no em um dos mais brilhantes representantes do marxismo latino-americano. Envolveu-se nesse período em intensa polêmica em torno da teoria da dependência, tanto em suas versões desenvolvimentistas quanto em suas visões marxistas. Em que pese a arremetida conservadora no campo das ciências sociais nos anos 1980, Cueva nunca abandonou a perspectiva marxista. Nesses anos, travou uma batalha teórico-política fundamental a respeito da situação das ciências sociais, da validade epistemológica do marxismo, da nova situação política latino-americana e do caráter das democracias no continente.

OS MOVIMENTOS SOCIAIS NO EQUADOR CONTEMPORÂNEO: O CASO DO MOVIMENTO INDÍGENA

Publicado em espanhol na Revista de Ciências Humanas, v. 9, nº 13, 1993. Tradução por Andrey Santiago.

I – ALGUNS MARCOS

As características do atual movimento indígena do Equador mal poderiam ser entendidas sem tomar em consideração alguns antecedentes históricos que se assinalam em continuação:
1) As mudanças feitas no conceito de cultura nacional nos anos 1960, que terminaram por deixar marcado nessa conceituação uma orientação crítica (entenda-se: crítica do sistema econômico, social e político vigente) e que deixou uma vez para a vocação popular que incluía a reivindicação, ainda que difusa, das culturas indígenas. Essas mudanças foram produzidas tanto por razões internas, de luta contra um sistema aniquilado e em crise[222], quanto por razões externas, que de alguma maneira projetavam no país um clima contestador ao que acontecia mundialmente[223].

---

222. N.A.: Vide José Steinleger: "Tiempos de incertidumbre. Política, literatura y sociedad en el Ecuador (1960-87)", in: revista *Casa de Las Américas*, nº 169, julho-agosto de 1988, Havana, Cuba; Fernando Tinejero: *De la evasión al desencanto*, Ed. El Conejo, Quito, Ecuador, 1987, esp. p. 81 e ss.; Agustin Cueva: *Entre la ira y la esperanza*, Planeta Letraviva, 5a ed., Quito, 1987 (a primeira edição data de 1967).

223. N.A.: Muito foi escrito em todo o mundo sobre a dinâmica particular dos anos 1960. A título de exemplo indicamos: Todd Gitlin: *The sixties: years of hope, days of rage*, Bantam Books, New York, 1987; Hervé Hamon e Patrick Rotman: *Génération. 1: Les années de rêve*, Editions

2) As lutas de caráter político, especialmente as protagonizadas pelo movimento estudantil da mesma década, que terminaram por deixar registrado um novo selo democrático ao sistema educacional equatoriano em todos os níveis médio e superior.
3) A reforma agrária iniciada em 1964, que, apesar de suas grandes limitações, dissolveu as chamadas "formas precárias de posse de terra", quer dizer, os últimos vestígios importantes da servidão outrora predominante no beco interandino. Além disso, e por causa do efeito "psicológico" dessa reforma, o latifúndio tradicional foi dissolvido ou enfraquecido em muitas áreas, por meio de parcelamentos, transferências de domínio etc. Dessa forma, muitas áreas da Serra foram "recampesinadas", no sentido estrito da palavra, e, portanto, foram *reindigenizadas*. O espaço "indígena" estava se rearticulando, foi gradualmente recomposto. Como Galo Ramón escreve:

> O lento e pausado acesso à terra que conseguiram os indígenas serranos a partir da década de sessenta, foi feito mais por transações mercantis, cercos diários, do que pela reforma agrária, e a aquisição de títulos de terras globais alcançados pelos povos amazônicos, permitiram uma revitalização sem precedentes da organização comunitária e da própria identidade indígena.[224]

O "boom" petroleiro da década de 1970 permitiu, por sua parte, que se estabelecesse uma infinidade de programas de redistribuição rural com o fim de modernizar a agropecuária e a apaziguar algumas de suas mais evidentes contradições. Esses objetivos certamente não foram alcançados, mas o novo discurso modernizador removeu muitas concepções tradicionais, além de abrir espaços para a organização camponesa.[225]

---

du Seuil, Paris, 1987; Luiz Carlos Maciel: *Anos 60*, L&PM Editores S/A, Porto Alegre, Brasil, 1987.

224. N.A.: *Indios, crisis y proyecto popular alternativo*, Centro Andino de Acción Popular, Quito, 1988.

225. N.A.: Este processo de organização seguiu uma linha sinuosa, com altos e baixos marcados: ascenso em 1972 e parte de 1973, declive acentuado em 1974, novo ascenso em 1975.

5) O "boom" petroleiro permitiu, desse modo, ampliar um sistema educacional que, como já se viu, estava imbuído de conteúdos democráticos que estavam em curso na última década. Assim, um significativo número de indígenas teve acesso a ele, graças a qual se produziu um feito de enorme importância para o movimento que aqui analisamos: a formação de quadros médios e de uma camada de intelectuais de origem realmente indígenas. Era a primeira vez que isso acontecia no país, salvo, claro, alguns casos anteriores de verdadeira exceção *individual*. Como reconhece a Confederação de Organizações Indígenas do Equador:

> A educação se incidiu de duas maneiras em nosso processo de organização: por um lado nos proveu de conhecimentos e de um espaço para questionar a situação socioeconômica e política do nosso país, e por outro, criou expectativas de trabalho e ascensão social que não foram satisfeitas pela sociedade, dada a pouca oferta de empregos, assim como o feito de ser discriminados: isso induziu a reflexão a questionar cada vez mais o sistema. Nas organizações, e ao analisar nossas diversas histórias, encontramos que na maioria dos casos, os indígenas que impulsionam a formação e que se constituem como nossos dirigentes são aqueles que tiveram acesso a educação. A castilianização e a alfabetização também devem afetar as características da liderança indígena.[226]

6) Foi também importante o apoio teórico que o movimento indígena recebeu das ciências sociais progressistas do país (e da América Latina no geral), especialmente da chamada "nova

---

A esse respeito, vide Alicia lbarra: *Los indígenas y el Estado en el Ecuador*, Ediciones AbyaYala, Quito, 1987, p. 93 e ss. Sobre a política agrária do Estado equatoriano em geral é possível consultar também os livros *Estado y agro en el Ecuador: 1960-1980*, de Gustavo Cosse, Corporación Editora Nacional, Quito, 1984, e *La reforma agraria ecuatoriana*, de Osvaldo Barsky, Corporación Editora Nacional, Quito, 1984.

226. N.A.: Confederación de Organizaciones indígenas del Ecuador (CONAIE): *Las nacionalidades indígenas en el Ecuador. Nuestro proceso organizativo*, Ediciones Tinkui-Conaie, Quito, 1989, p.312.

antropologia"; assim como a bagagem política que "herdou" da tradição de esquerda, fortemente arraigada em muitos movimentos populares e partidos do Equador. Em ambos os casos – da nova antropologia e da tradição de esquerda – a relação não foi simples nem mecânica e até hoje ainda existem certos conflitos, não obstante, seria impossível entender as orientações atuais do movimento indígena se não se evidencia tais referências.

7) Igualmente importante foi o papel desempenhado por parte de certos setores eclesiásticos de pensamento renovado. Como recordam as próprias organizações indígenas:

> As mudanças suscitadas na Igreja Católica a partir do Conselho do Vaticano e dos Congressos de Melgar, Medellin, Iquitos, etc. Junto a Declaração de Barbados, permitiram que alguns setores da Igreja optassem pelos mais pobres e que, na América Latina, priorizarem a necessidade de apoiar a formação de organizações indígenas. Desta maneira a Igreja haveria de converter-se em meados da década de 1960, em mediadora, substituindo o trabalho que os partidos de esquerda estavam fazendo através da FEI. Da mesma forma, outras instituições relacionadas à Igreja, como o CEDOC e sua subsidiária FENOC, desempenharam esse papel dentro da estrutura sindical.[227]

8) Enfim, convém realçar que a acumulação do fator ético como propulsor da organização indígena se facilitou no Equador devido a relativa homogeneidade cultural da população indígena. De fato, existem no país *dez* nacionalidades indígenas, os grupos de expressão *quíchua* são amplamente majoritários: representam

---

227. N.A.: CONAIE, op. cit., p. 312. A FEI, ou seja, a Federação Equatoriana de Índios, à qual se refere, foi fundada em 1926, vinculada ao Partido Comunista Equatoriano e à Confereação dos Trabalhadores Equatorianos. Como assinala Alicia Iabrra (op. cit., p. 88), "[…] esta organização foi adquirindo certo controle sobre o processo de mobilização dos camponeses das fazendas da Assistência Social na serra, constituindo a zona de Cauambe seu centro de ação. Neste sentido, a FEI foi vislumbrada como a organização de acolhia as reivindicações camponesas, razão pela qual chegou a ter incidência significativa em algumas províncias do país, fundamentalmente entre o campesinato indígena que posteriormente obtém terra através das reformas agrárias de 1964 e 1973 […]".

aproximadamente 90% da população, que por sua vez representa cerca de 40% da população equatoriana (ou seja, são cerca de 3 milhões de quíchuas dentre os 10 milhões de equatorianos).

9) A experiência da década de 1960, em particular a luta pelo cumprimento da lei de reforma agrária expedida em 1964, permitiu que em 1972 se desse um salto muito importante, ao constituir a organização chamada **ECUARUNARI** (Homens do Equador), que agrupa indígenas da Serra, região onde habita a maior parte da população de língua e cultura quíchua; isto é, mais de 3 milhões de pessoas desta nacionalidade.

10) Em 1980, se organizou, de seu modo, a **CONFENIAE** (Confederação de Nacionalidades Indígenas da Amazônia Equatoriana), que representa as *seis* nacionalidades que vem da região oriental do país. Esse feito foi acelerado por certos processos específicos desencadeados pelo "boom" petroleiro":

> Na região oriental, as populações indígenas Quíchua e Shuar dinamizaram suas organizações de base e regionais em resposta a agressiva ocupação e exploração de seus territórios, obrigados também pelo risco de extinção e encurralamento experimentado por outras minorias éticas da Amazônia equatoriana, tais como os Cofán, Siona-Secoya e Huaorani, afetadas violentamente por atividades de exploração humana e exploração de petróleo. Obrigados a se assentar em "centros" e "comunas" como mecanismo alternativo a crescente usurpação de suas terras, esses grupos étnicos regionais começaram a passar abruptamente das formas de ocupação transumana para as modalidades sedentárias do tipo camponês, com a correspondente afetação de suas instituições tradicionais. No entanto, eles não tinham outra possibilidade senão aproveitar as formas legais promovidas pelo Estado, mas sem perder a possibilidade de reivindicar seus territórios comunais em paralelo.

Para esse fim, as organizações de segundo grau começaram a aparecer.[228]

11) Em 1980 se avançou a conformação de uma organização indígena de caráter nacional ao fundar-se a CONACNIE (Conselho Nacional de Coordenação das Nacionalidades Indígenas do Equador); entidade que em 1986 foi rebatizada de CONAIE (Confederação de Nacionalidades Indígenas do Equador), que engloba a todas as organizações regionais e locais do país, incluídas as da Costa, onde a população indígena é pouco numerosa (3500 Awas; 7000 Chacis; 1500 Tsachis; mais uma cifra não bem determinada de imigrantes que vieram da Serra e do Oriente).

12) Em todo esse processo existem outros dois eventos nacionais que merecem destaque pela relevância que tiveram no processo de politização das massas e organizações camponesas. O primeiro é o retorno do país à ordem civil em 1979 (após sete anos de ditadura militar) e a emissão de uma nova Constituição no mesmo ano, que pela primeira vez reconheceu o direito de votar aos analfabetos. Grandes massas de indígenas analfabetos começaram a participar, então, desse nível de política nacional, enquanto os diferentes partidos e candidatos lutavam para capturar esse importante contingente de novos eleitores.

O segundo evento que deve ser mencionado consiste na experiência autoritária vivida sob o governo do engenheiro León Febres Cordero (1984-88). Como escreveu o pesquisador Manuel Chiriboga em maio de 1987:

> É apenas recente e parcialmente pressionado por um contexto autoritário que coloca em risco os territórios e as organizações indígenas, onde certos setores do movimento indígena veem a necessidade de mais participação ativa na política.[229]

---

228. N.A.: Alicia Ibarra, op. cit., p. 96.
229. N.A.: Manuel Chiriboga: "Movimiento campesino e indígena y participación política en Ecuador: la construcción de identidades en una sociedad heterogénea", in: rev. *Ecuador Debate*, nº 13, maio de 1987, p. 113.

Em outras palavras, na medida em que o governo neodireitista de Febres Cordero ataca igualmente contra todas as organizações e contra todos os interesses populares de mestiços, negros e índios, eles percebem que, em última análise, e apesar de sua inegável *especificidade*, fazem parte da categoria *povo*. A dialética entre o local, o regional e o nacional é transformada a partir desse momento, revelando mais claramente a dimensão política do problema. Segundo o mesmo autor:

> Em poucas palavras, o autoritarismo estatal está gerando uma relação mais complexa entre organizações locais e nacionais. Se é pressionado pela autonomia local, ao mesmo tempo é advertido a necessidade de se ter uma presença nacional forte que reivindique as demandas nacionais dos setores populares.[230]

II – O PROJETO

O que propõe exatamente o movimento indígena do Equador? Para ter uma elucidação sobre essa questão podemos examinar o resumo de seu projeto escrito pelos próprios autores, que diz isto:

> O movimento indígena criou instrumentos conceituais e discutimos a coerência de nossos postulados teóricos com a prática cotidiana. Assim, adotamos o conceito de nacionalidade indígena entendida como uma comunidade de história, língua, cultura e território; lutamos para que se reconheça o caráter plurinacional, pluriétnico e plurilíngue da sociedade equatoriana; pelo reconhecimento dos territórios nativos que são tanto a base de nossa subsistência e de nossa reprodução social e cultural de diferentes nacionalidades; pelo respeito a diversidade e a identidade cultural, pelo direito a uma educação na nossa língua nativa com conteúdos de acordo com cada cultura, pelo direito

---

230. N.A.: M. Chiriboga, ibid., p. 100.

ao desenvolvimento autogestionário e pelo direito a ter uma representação política que permita defender nossos direitos e aumentar a nossa voz.[231]

A questão das nacionalidades. Como é bem sabido, o conceito de nacionalidade não é novo, nem originário da América e os próprios indígenas têm consciência disto: dizem claramente "adotamos" e não "cunhamos". Mas, a nosso conhecimento, tal adoção não constitui uma deficiência, mas uma característica positiva do movimento equatoriano, que não é considerado isolado e único no mundo, mas inserido de forma problemática e crítica na história universal. Dentro dela, cada nacionalidade indígena participa como uma comunidade específica, dotada de uma história, idioma, cultura e território específicos. Atualmente, por exemplo, uma das características históricas comuns são os 500 anos de resistência à conquista e à colonização; isto é, a manutenção de uma certa identidade, apesar desses processos esmagadores. É essa resistência que define fundamentalmente os indígenas, dando-lhe unidade no sentido de uma diversidade cultural bastante grande que, como já visto, acaba configurando 10 nacionalidades indígenas diferentes no território do Equador. Assim, é natural que se afirme que o Estado equatoriano deixa de se apresentar como uma única comunidade nacional e é reconhecido como o que realmente é: um Estado plurinacional, pluricultural, pluriétnico, plurilíngue. O que sem dúvida representará o fim de uma comunidade ilusória, mas também o nascimento de um novo princípio de identidade: de uma identidade diversificada e muito mais rica, valiosa precisamente por causa de sua pluralidade em igualdade.

Pluralidade e unidade. Alguns se perguntaram, de modo legítimo, se essa pluralidade – sobretudo entendida como reconhecimento de plurinacionalidade – não corre o risco de atomizar o Estado equatoriano, com tanto maior perigo quanto se trata de um Estado subdesenvolvido e dependente, que não tem seu processo de consolidação "nacional" terminado. À essa inquietude, o movimento indígena responde da seguinte maneira:

---
231. N.A.: CONAIE, op. cit., p. 313.

Essa proposta política de Estado Plurinacional não busca constituir "estados a parte", como está sendo insinuado pelo temor difundido por alguns setores da sociedade. Pelo contrário, se trata de refletir a realidade desse país e desse continente, com base no respeito às diferenças nacionais e culturais e a instauração da igualdade social, política e econômica.²³²

De fato, o que impede até agora a consolidação do Estado-Nação equatoriano é a opressão, a discriminação, o estado de subjugação que estão submetidos as nacionalidades indígenas do país; sua **não participação** na elaboração de um projeto nacional plural. Portanto, quanto mais se reconhece essa diversidade, entendida como a diferença entre os iguais (social, econômica e politicamente), e não como desigualdade imposta estruturalmente, quanto mais isso ocorrer, mais se facilitará a integração do país.

Na realidade, os "temores" a que alude o documento indígena são bem mais temores quanto à pluralidade em pé a igualdade, do que uma desintegração do Estado equatoriano.

Portanto, e para o desconforto da ala romântica do neoindigenismo²³³, a linha fundamental do movimento indígena equatoriano nunca teve a intenção de "separar" de forma alguma, mas simplesmente preservar e solicitar que sua especificidade fosse reconhecida. Para começar, ele tem clara consciência de fazer parte de um conjunto maior de contradições e também pertencer ao grupo de pessoas exploradas do país:

> Ao definir o Equador como um Estado multinacional e multiétnico, não se deve esquecer que essa realidade também está imersa em outras ordens de contradições, tais como as regionais, mas fundamentalmente o que existe entre setores social e economicamente dominantes e

---

232. N.A.: CONAIE: *500 años de resistencia India*, Quito, abril de 188, p. 10-11.
233. N.A.: O livro que constitui uma boa amostra desta corrente no Equador é o de José Sánchez-Parga: *Actores y discursos culturales. Ecuador: 1972-88*, Centro Andino de Acción Popular, Quito, 1988.

a maioria oprimida, ou seja, o reconhecimento do direito das nacionalidades indígenas não visa unilateralizar essa dimensão, mas patentear dentro de uma realidade em que as complexidades da sociedade passam pela luta entre exploradores e explorados, no caso em que para os nativos essa exploração não ocorreu apenas na relação proprietário-trabalhador, em termos individuais, mas também em termos coletivos, como povos oprimidos.[234]

Como corolário do exposto, o movimento indígena dá à sua luta um favor não apenas nacional, mas continental e, finalmente, universal:

> O CONAIE é uma organização indígena de povos oprimidos e explorados; e nossa luta é anticolonial, anticapitalista e anti-imperialista.[235]

Alguns, sem dúvida, preferem um movimento indígena menos politizado e mais "folclórico", "mágico" se possível. A orientação das maiores organizações indígenas do Equador não vai por esse caminho.

Etnia e classe. Ao referir-se ao discurso do movimento indígena equatoriano, um conhecido representante do movimento neoindigenista romântico (etnopopulismo, como também se chama)[236] lamenta que o tal discurso "se encontra atravessado por uma falta de definições coerentes" e, volta a dizer, revelando onde reside realmente o fundo de sua preocupação:

> Em primeiro lugar, esse discurso não conseguiu se tornar refratário à ideologia marxista da esquerda nacional, impondo como imperativo que as reivindicações culturais devessem passar só depois das reivindicações classistas

---

234. N.A.: *Memórias del Segundo Congreso de la CONAIE*, Ediciones TINCUI-CONAIE, Quito, fevereiro de 1989, p. 109.

235. N.A.: Ibid., p. 61.

236. N.A.: Sobre as diferentes correntes indigenistas que intervêm no debate atual podem consultar-se os capítulo I e IV do citado livro de Alicia Ibarra.

e por uma transformação das condições socioeconômicas onde somente essas seriam possíveis de serem a entidades. Nesse sentido, uma "tendência étnica" foi discriminada dentro do movimento indígena, cuja centralidade no discurso e nas práticas seria a afirmação cultural.[237]

É claro que é seu direito desejar que o pensamento político indígena se torne refratário à ideologia marxista e ao progresso[238], e até pensar que o único indígena autêntico é o indígena enlatado, que é passível para exportação, para alimentar os sonhos no exterior de uma "vida natural, anterior ao pecado da civilização".

Tudo isso não autoriza, no entanto, distorcer a tese do movimento indígena equatoriano, que não diz que as reivindicações culturais devem passar pelas reivindicações classistas, mas sim buscar um equilíbrio justo entre a questão de classe e a questão étnica. Nas palavras da CONAIE:

No processo de consolidação de nossas organizações, houve flutuações em torno de várias linhas políticas referentes à nossa situação como indígena. De maneira muito sucinta, essas linhas podem ser resumidas da seguinte forma:
A de reivindicação étnica exclusivamente. assumiu caracteres racistas na medida em que é defendida uma luta dos povos indígenas contra os mestiços e onde, a posição mais extrema coloca a expulsão do invasor e o retorno a Tahuantinsuyo,
A que suscita uma reivindicação em termos classistas, ou seja, subordina a etnia e as lutas como lutas dentro de um contexto sindical.

---

237. N.A.: Sánchez-Parga, op. cit., 116.

238. N.A.: O senhor Sánchez-Parga me acusa, por exemplo, de ter "uma versão muito ocidental e burguesa da cultura" por ter sustentado, em alguns dos meus trabalho, que "as condições materiais da vida na miséria absoluta não são propícias para o reflorescimento cultural". (op. cit., p. 179). Tudo bem que ele veja as coisas do ponto de vista da "pós-modernidade" (como reza o título do capítulo que me critica), mas isso não deveria impedi-lo de ser um pouquinho mais sensível a certos problemas da "pré-modernidade".

A que entende que a luta indígena tem uma dupla dimensão, de classe e de etnia. Esta linha é a que mantemos na CONAIE atualmente, e dentro desta perspectiva buscamos a colaboração com outros setores organizados tanto sindicais como populares para lutar pela transformação da sociedade. Mantemos a independência da organização indígena, incluindo dentro delas as reivindicações tanto de base econômica, quanto também cultural.[239]

Educação bilíngue. Outro aspecto da política seguida pelas organizações indígenas onde se adverte a busca de um nítido equilíbrio entre certas demandas específicas do movimento e certos requerimentos mais universais do mesmo, isso se dá de grande modo no plano da educação. Nesse sentido também é descartado as teses românticas que ostentavam que a única maneira de preservar a "pureza" da cultura indígena era evitando a alfabetização e a educação formal, e se descarta também as teses isolacionistas que colocavam que a alfabetização e a educação deveriam dar-se exclusivamente nos idiomas indígenas. Agora, parece unanimemente aceito que esses processos devem acontecer de maneira bilíngue, mas que devem ter condições que evitem que esses se convertam em simples instrumentos de "castellanização" e "ocidentalização".

Como conseguir isso? Primeiro, as organizações indígenas aspiram dirigir tais processos, com seus próprios quadros de educadores em alfabetização (o que não exclui a colaboração de pessoas não indígenas). Em segundo lugar, estão dispostos a impedir que a educação se torne alienante e, para isso, propõem definir novos conteúdos e perspectivas que reflitam uma visão indígena do mundo e da história. Como afirmou Luis Montaluiza, por exemplo:

> Houve 500 anos de uma educação alienante, castelhana e aculturalizante, destinada a semear outros valores que respondem à política dos povos invasores e, atualmente, das

---

239. N.A.: CONAIE: *Las nacionalidades indígenas em el Ecuador...*, p. 315.

potências imperialistas. Consideramos essencial recuperar, retomar a condução da educação dos povos indígenas do país. Por isso, um plano abrangente de educação bilíngue foi desenvolvido.[240]

O mesmo dirigente em outro momento urge mudar a visão histórica colonizante – em que os heróis e os feitos celebrados são sempre "ocidentais" – por outra que recupere os autênticos valores, saberes e sacrifícios de nossos povos. Outra prova da inserção da população indígena no cenário nacional, embora também de maneira específica, é sua participação nas eleições presidenciais e legislativas de 1988. Como observam os pesquisadores Manuel Chiriboga e Fredy Rivera, essa participação foi, para começar, maciça, o que permite "desmistificar concepções que atribuam fraca participação eleitoral aos setores indígenas". Sua incidência é alta, pois está acima da média nacional de absenteísmo que oscila entre 25 e 30%."[241]

Com relação às preferências do eleitorado indígena, os mesmos pesquisadores observam o seguinte:

> 70% do eleitorado indígena optou pela centro-esquerda, 11,5% pelo populismo e 9% pela direita. Se desagregarmos o voto maior, vemos que 40% votaram em uma posição de centro e 26% na esquerda, dessa maneira de se expressar politicamente através do processo eleitoral, que concede à centro-esquerda um lugar privilegiado, seguido pela esquerda e, finalmente, populismo e centro, difere do comportamento eleitoral geral de janeiro, onde o populismo teve mais peso. No entanto, o comportamento político dos povos indígenas não está fora do contexto nacional.[242]

---

240. N.A.: Entrevista com Luis Montaluiza, in: *Chamiza*, Boletín de Educación y Comunicación Popular, nº 17, Quito, outubro de 188.

241. N.A.: "Elecciones de enero 1988 participación indígena", in: rev. *Equador Debate*, nº 17, Quito, março de 188, p. 194.

242. N.A.: Ibid., p. 195.

Na verdade, não está fora, mas o espectro da votação indígena se inclina muito mais para a esquerda do que no resto do país; não é apenas o populismo que tem menos peso, mas também a direita.

O fato de o "centro" ter obtido a maioria dos votos entre os eleitores indígenas não significa, contudo, que o governo social-democrata de Rodrigo Borja (principal representante desse "centro") tenha o apoio irrestrito desse setor da população. Pelo contrário, as organizações indígenas têm sido muito claras ao se distanciar das primeiras, enfatizando que Borja não representa seus interesses ou os do povo em geral, e dizendo não ao acordo sugerido pelo governo. Nas palavras do CONAIE:

> O governo pediu concertação. Ele quer que lidemos com os pobres diante da crise, sacrificando-nos mais em benefício dos ricos. Com isso, Borja deseja que os indígenas, camponeses, trabalhadores, não protestem, não lutem e que deixem seu governo em paz e com tranquilidade. Isso não é possível para nós, porque o governo tem como autoridade os inimigos do nosso povo...[243]

Sectarismo da CONAIE? Pensamos que não. Independentemente de o governo Borja ter ou não como autoridade os inimigos apontados pelo documento com nomes e sobrenomes, acontece que na América do Sul temos até agora a experiência mais triste com os governos socialdemocratas: da Argentina ao Peru e da Venezuela ao Brasil, nada fizeram senão empobrecer as massas populares, submeter-se aos piores mecanismos de dependência e reduzir a democracia a uma questão puramente política, justificada como um "mal menor" e não como a personificação das aspirações históricas de nossos povos.

Para concluir. Desde 25 ou 30 anos atrás, a questão indígena foi colocada como um problema de integração dos "índios" na sociedade nacional; isto é, como o de sua incorporação subordinada a um determinado mundo, que era o mundo do mestiço

---

[243]. N.A.: CONAIE: *Memorias del Segundo Congreso...*, p. 32.

branco. Hoje, os indígenas têm sua própria proposta para a construção de um novo tipo de sociedade que responda a um projeto histórico igualmente novo, no qual podemos participar, em pé de igualdade, de todas as nacionalidades que compõem o Equador. Parte essencial dessa aspiração constitui o Projeto de Lei de nacionalidades indígenas, preparado pelos próprios membros dessas nacionalidades, e que o leitor encontrará reproduzido como anexo no final deste artigo.

É, obviamente, um documento legal e amplamente declarativo, que acima de tudo estabelecerá certas regras de relacionamento entre o Estado equatoriano em geral e as nacionalidades indígenas em particular. Isso é muito importante, mas constitui ainda um primeiro passo. A tarefa mais árdua e decisiva está pela frente: lutar contra cinco séculos de colonialismo externo e "interno" e contra pelo menos um século de imperialismo, que moldou não apenas as estruturas objetivas mais profundas e suas expressões jurídico-estatais, mas também a mentalidade de uma "sociedade civil" de grande modo racista e discriminatória, que graças à contribuição indígena começa a pensar seriamente na possibilidade de transformar-se em uma entidade verdadeiramente soberana, democrática e plural.

Este livro foi composto em Adobe Caslon Pro e
Neue Haas Grotesk Display Pro.